PERMANENT TEGENWOORDIGE TIJD

Suzanne Corkin

Permanent tegenwoordige tijd

HET ONVERGETELIJKE LEVEN VAN DE MAN
DIE ZIJN GEHEUGEN VERLOOR

Vertaald door Mario Molegraaf

2013 Prometheus · Bert Bakker Amsterdam

Ter nagedachtenis aan Henry Gustave Molaison
26 februari 1926 – 2 december 2008

Oorspronkelijke titel *Permanent Present Tense*
© 2013 Suzanne Corkin
© 2013 Nederlandse vertaling Prometheus • Bert Bakker en Mario Molegraaf
Omslagontwerp CMRB
Foto omslag FPG/Hulton Archive/Getty Images
Foto auteur Patrick E Gillooly MIT News Office
www.prometheusbertbakker.nl
ISBN 978 90 351 3495 9

Inhoud

Proloog – de man achter de initialen 7

1. Voorspel van de tragedie 17
2. 'Een echt experimentele operatie' 36
3. Penfield en Milner 52
4. Dertig seconden 70
5. Stof voor herinneringen 97
6. 'Ruzie met mezelf' 120
7. Coderen, opslaan, terughalen 136
8. Geheugen zonder herinnering I – het leren van motorische vaardigheden 177
9. Geheugen zonder herinnering II – klassieke conditionering, perceptueel leren en priming 209
10. Henry's universum 230
11. Feiten kennen 270
12. Beroemder en ongezonder 301
13. Henry's erfenis 324

Epiloog 343
Noten 355
Illustratieverantwoording 392
Woord van dank 394
Register 398

Proloog – de man achter de initialen

Henry Molaison en ik zaten tegenover elkaar, een microfoon op de smalle tafel tussen ons. Naast hem stond zijn looprek en in de witte mand die er van voren aan was bevestigd, zat een boekje met kruiswoordpuzzels; hij had er altijd één onder handbereik. Henry droeg zijn gebruikelijke kledij – een broek met een band van elastiek, een sportief overhemd, witte sokken en praktische zwarte schoenen. Zijn grote gezicht, deels bedekt met een grote bril, had een aangename, aandachtige uitdrukking.

'Hoe voel je je vandaag?' vroeg ik hem.

'Ik voel me best,' reageerde Henry.

'Goed zo. Je ziet er prima uit.'

'Nou, dank je.'

'Ik begrijp dat je een beetje moeite hebt om je dingen te herinneren.'

'Zeker. Ik heb – nou ja, een heleboel moeite om me dingen te herinneren, weet je. Het is me wel duidelijk dat ik veel tijd steek in kruiswoordpuzzels. En, nou ja, ik heb er in zekere zin baat bij.'

Henry en ik hadden het even over zijn kruiswoordpuzzels, een terugkerend gespreksonderwerp. Toen vroeg ik: 'Hoe lang heb je moeite met je dingen te herinneren?'

'Dat weet ik zelf niet. Ik kan het niet zeggen omdat ik het me niet herinner.'

'Nou, gaat het volgens jou om dagen of om weken? Maanden? Jaren?'

'Nou, tja, ik kan het niet precies in dagen, weken, maanden of jaren uitdrukken.'

'Maar heb je dit probleem volgens jou langer dan een jaar?'

'Zo lang ongeveer, denk ik. Een jaar of langer. Want ik meen – dat is zomaar een idee van mezelf – dat ik, nou ja, mogelijk een operatie of zo heb gehad.'

Ons gesprek vond plaats in mei 1992, bijna veertig jaar nadat Henry's vermogen om langetermijnherinneringen te vormen verdween ten gevolge van een riskante chirurgische ingreep. In 1953 onderging hij een bilaterale resectie van het mediale deel van de temporale kwab, een experimentele hersenoperatie, bedoeld om de ernstige epilepsie te verzachten waaraan hij sinds zijn kindertijd leed. Sinds zijn eerste aanval in 1936 was zijn toestand verergerd, waardoor het almaar moeilijker werd om aan normale activiteiten deel te nemen. De operatie hield zijn aanvallen in bedwang, maar had een onverwacht en verwoestend gevolg – een extreme amnesie die Henry van het vermogen beroofde nieuwe herinneringen te vormen, en daarmee de loop van de rest van zijn leven bepaalde.[1]

Amnesie is het onvermogen blijvende herinneringen te vestigen die je later bewust kunt terughalen. De oorsprong van het woord ligt in het Griekse *amnèsia*, dat 'het vergeten' of 'verlies aan herinnering' betekent, maar het gebrek gaat verder dan vergeten. Amnesiepatiënten zoals Henry zijn hun vermogen kwijt om hun directe tegenwoordige ervaringen in blijvende herinneringen om te zetten. Deze toestand, die tijdelijk of permanent kan zijn, komt gewoonlijk voort uit een hersentrauma, zoals encefalitis, een infarct of hoofdletsel. Amnesie kan ook ontstaan door een zeldzame psychiatrische aandoening, psychogene amnesie, waarvoor geen neurologische oorzaak is vastgesteld. In het geval van Henry was de amnesie een gevolg van de chirurgische verwijdering van delen van zijn hersenen, en was die permanent.

Henry was een jongeman van 27 toen hij de operatie onderging. Inmiddels was hij 66 en was hij om valpartijen te voorkomen op een looprek aangewezen. Maar voor hem was er slechts een korte periode verstreken. In de tientallen jaren na zijn operatie leefde hij in een permanent tegenwoordige tijd: de gezichten van mensen die hij had ontmoet, plaatsen die hij had bezocht of momenten die hij had beleefd, kon hij zich niet meer herinneren. Zijn ervaringen gleden seconden

nadat ze waren gebeurd zijn bewustzijn uit. Mijn gesprekken met Henry verdwenen onmiddellijk uit zijn geest.
 'Wat doe je op een gewone dag?'
 'Tja, dat is lastig – ik kan... ik kan me geen dingen herinneren.'
 'Weet je wat je gisteren deed?'
 'Nee, dat weet ik niet.'
 'En vanmorgen?'
 'Zelfs dat herinner ik me niet.'
 'Kun je zeggen wat je tussen de middag hebt gegeten?'
 'Ik weet het eerlijk gezegd niet. Ik heb geen...'
 'Wat ga je volgens jou morgen doen?'
 'Als het maar nuttig is,' zei hij op zijn aardige, directe toon.
 'Goed antwoord,' zei ik. 'Hebben we elkaar eerder ontmoet, jij en ik?'
 'Ja, volgens mij wel.'
 'Waar?'
 'Nou, op de middelbare school.'
 'Op de middelbare school?'
 'Ja.'
 'Welke middelbare school?'
 'In East Hartford.'
 'Hebben we elkaar afgezien van de middelbare school ergens ontmoet?'
 Henry zweeg even. 'Om je de waarheid te zeggen, ik kan het me niet – nee. Volgens mij niet.'

Ten tijde van ons gesprek had ik dertig jaar met Henry gewerkt. Ik ontmoette hem voor het eerst in 1962, toen ik postdoctoraal student was. We hadden elkaar niet ontmoet op de middelbare school, zoals Henry geloofde, maar onze levens hadden elkaar door louter toeval overlapt. Ik ben opgegroeid in Connecticut, nabij Hartford, een paar kilometer van het huis waar Henry woonde. Op mijn zevende raakte ik goed bevriend met een meisje dat tegenover ons woonde. Ik herinner me dat haar vader door onze straat zoefde in zijn brandweerrode Jaguar en in het weekend, gekleed in een monteursoverall, aan het prutsen was aan de machinerie onder de auto.

De vader van mijn vriendin was neurochirurg. Als kind had ik geen idee wat een neurochirurg deed. Jaren later, toen ik postdoctoraal student was aan de faculteit psychologie van McGill University, keerde deze man terug in mijn leven. Bij het lezen van artikelen in medische tijdschriften over het geheugen stuitte ik op een verslag van een arts die een hersenoperatie had uitgevoerd om de hardnekkige epilepsie van een jongeman te genezen. Door de operatie verloor de patiënt zijn vermogen nieuwe herinneringen te vormen. De arts die als coauteur van het artikel optrad was de vader van mijn vriendin, William Beecher Scoville. De patiënt was Henry.

Deze connectie uit mijn kindertijd met Henry's neurochirurg maakte het lezen over de 'amnesiepatiënt, H.M.' boeiender. Later, toen ik op Brenda Milners laboratorium aan het Montreal Neurological Institute ging werken, kreeg ik het geval Henry in de schoot geworpen. Voor mijn proefschrift kon ik hem in 1962 testen toen hij voor wetenschappelijk onderzoek naar Milners laboratorium kwam. Zij was de eerste psycholoog geweest die Henry na zijn operatie had getest en haar en Scovilles beschouwing uit 1957, waarin de operatie van Henry en de vreselijke gevolgen daarvan werden beschreven, zorgde voor een revolutie in de kennis van het geheugen.[2]

Ik probeerde het wetenschappelijke inzicht in Henry's amnesie te vergroten door zijn geheugen te onderzoeken via zijn tastzin, zijn *somatosensorisch* systeem. Mijn eerste onderzoek met hem was beknopt en kort, het duurde een week. Maar na mijn vertrek naar het Massachusetts Institute of Technology, het MIT, besefte ik hoe uitzonderlijk belangrijk Henry was als deelnemer aan onderzoek, en ik bestudeerde hem vervolgens de rest van zijn leven, 46 jaar. Sinds zijn dood staat mijn werk in het teken van het verbinden van 55 jaar van rijke gedragsgegevens met wat zijn na zijn dood onderzochte hersenen ons zullen leren.[3]

Toen ik Henry voor het eerst ontmoette, vertelde hij me verhalen over zijn vroegere leven. Ik had meteen een beeld van de plaatsen waarover hij het had en kon me iets voorstellen bij zijn levensgeschiedenis. Verschillende generaties van mijn familie hebben in Hartford en omstreken gewoond: mijn moeder zat op Henry's middelbare school, en mijn vader groeide in de buurt op waar Henry voor en na zijn operatie woonde. Ik werd geboren in Hartford Hospital, hetzelfde ziekenhuis waar Henry's hersenoperatie werd verricht. Gezien al deze verbanden tussen onze achtergronden en ervaringen was het interessant dat hij, wanneer ik hem vroeg of we elkaar eerder hadden ontmoet, gewoonlijk reageerde met: 'Ja, op de middelbare school.' Ik kan alleen maar gissen hoe Henry het verband legde tussen zijn ervaringen op de middelbare school en mij. Een mogelijkheid is dat ik op iemand leek die hij destijds kende. Een andere mogelijkheid is dat hij tijdens zijn vele bezoeken aan MIT voor tests geleidelijk een gevoel van vertrouwdheid voor me opbouwde en dit idee rangschikte tussen zijn middelbareschoolherinneringen.

Henry was beroemd, maar wist het niet. Door zijn opmerkelijke toestand was hij het onderwerp van wetenschappelijk onderzoek en publieke fascinatie geworden. Tientallen jaren lang kreeg ik verzoeken van de media om hem te interviewen en te filmen. Elke keer wanneer ik hem vertelde hoe bijzonder hij was, kon hij even begrijpen maar niet vasthouden wat ik had gezegd.

De Canadian Broadcasting Corporation nam ons gesprek uit 1992 op voor twee radio-uitzendingen, de ene gewijd aan het geheugen, de andere aan epilepsie. Een jaar eerder had Philip Hilts een artikel over Henry geschreven voor de *New York Times* en hem later tot middelpunt gemaakt van een boek, *Memory's Ghost*.[4]

Er werden wetenschappelijke artikelen en hoofdstukken van boeken over Henry geschreven, en zijn geval is een van de meest aangehaalde gevallen in de neurowetenschappelijke literatuur. Sla een inleidend leerboek psychologie open en je zult waarschijnlijk ergens op de bladzijden een beschrijving vinden van een patiënt die alleen bekend is als H.M., naast schema's van de *hippocampus* en zwart-witte MRI-beelden. Henry's handicap, voor hem en zijn familie een enorme last, betekende winst voor de wetenschap.

Tijdens zijn leven hielden de mensen die Henry kenden zijn identiteit voor zich, ze verwezen altijd naar hem met zijn initialen. Wanneer ik lezingen gaf over Henry's bijdragen aan de wetenschap, stuitte ik altijd op hevige nieuwsgierigheid naar wie hij was, maar zijn naam werd pas na zijn dood in 2008 aan de wereld onthuld.

In de loop van de tientallen jaren dat ik met Henry werkte, werd het mijn missie om te zorgen dat men hem niet alleen herinnert door korte, anonieme beschrijvingen in leerboeken. Henry Molaison was zoveel meer dan een verzameling testresultaten en hersenfoto's. Hij was een aangename, innemende, meegaande man met een scherp gevoel voor humor, die wist dat hij een slecht geheugen had en zijn lot aanvaardde. Er zat een man achter de initialen en er zat een leven achter de gegevens. Henry vertelde me vaak te hopen dat onderzoek naar zijn toestand anderen zou helpen een beter leven te leiden. Hij zou trots zijn geweest als hij had geweten hoeveel baat de wetenschap en de geneeskunde bij zijn tragedie hebben gehad.

Dit boek is een eerbetoon aan Henry en zijn leven, maar is ook een verkenning naar de wetenschap van het geheugen. Geheugen is een essentieel onderdeel van alles wat we doen, maar we zijn ons niet echt bewust van de reikwijdte en het belang ervan. We zien het geheugen als iets vanzelfsprekends. Als we lopen, praten en eten, beseffen we niet dat ons gedrag voortkomt uit informatie en vaardigheden die we eerder hebben geleerd en ons hebben ingeprent. We vertrouwen voortdurend op ons geheugen om elk moment en elke dag door te komen. We hebben het geheugen nodig om te overleven – zónder zouden we niet weten hoe we ons moesten aankleden, de weg in onze buurt moesten vinden of met anderen moesten communiceren. Het geheugen stelt ons in staat terug te keren naar onze ervaringen, van het verleden te leren en ook om plannen voor de toekomst te maken. Het biedt van moment tot moment continuïteit, van 's ochtends tot 's avonds, van dag tot dag, en van jaar tot jaar.

Door het geval-Henry verwierven we inzichten waardoor we het geheugen konden uitsplitsen in allerlei specifieke processen en de onderliggende hersencircuits konden doorgronden. We weten inmiddels dat wanneer we beschrijven wat we gisteravond hebben gegeten, een feit uit de Europese geschiedenis aanhalen of een zin op een toetsenbord tikken zonder naar de toetsen te kijken we toegang krijgen tot verschillende soorten herinneringen die in ons brein zijn opgeslagen.

Henry hielp ons te begrijpen wat er gebeurt wanneer het vermogen om informatie op te slaan ontbreekt. Hij behield veel van de kennis die hij voor zijn operatie had verworven, maar in zijn latere dagelijkse leven was hij sterk afhankelijk van de herinneringen van de mensen uit zijn omgeving. Zijn familieleden en later het personeel in zijn verpleeghuis herinnerden zich wat Henry die dag had gegeten, welke medicijnen hij moest innemen en of hij onder de douche moest. Door zijn testresultaten, medische verslagen en de transcripties van zijn interviews bleef informatie over zijn leven bewaard die hij niet kon vasthouden. Uiteraard kon geen van deze bronnen de vermogens vervangen die Henry had verloren. Want geheugen doet méér dan ons louter helpen te overleven – het beïnvloedt de kwaliteit van ons leven en draagt bij aan het vormen van onze identiteit.

Onze identiteit is samengesteld uit verhalen die we gebaseerd op onze persoonlijke identiteit construeren. Wat gebeurt er als we onze ervaringen niet lang genoeg in onze hersenen kunnen vasthouden om ze samen te binden? Het verband tussen geheugen en identiteit vormt de kern van ons begrip van ouder worden en cognitief verval. Ons geheugen verspelen aan dementie lijkt een onvoorstelbaar ongeluk, maar toch had Henry er heel zijn volwassen bestaan mee te kampen. Terwijl zijn tegenwoordige tijd voortbewoog, liet het geen spoor van herinneringen achter, als een wandelaar die geen voetsporen nalaat. Hoe kon zo iemand ooit een helder beeld hebben van wie hij was?

Degenen van ons die Henry hebben gekend, herkenden een duidelijke persoonlijkheid – vriendelijk, hartelijk en altruïstisch. Ondanks zijn amnesie had Henry een zelfbeeld. Maar het was verwrongen, leunde zwaar op zijn algemene kennis van de wereld, zijn familie en zichzelf van voor 1953. Na zijn operatie kon hij enkel de kleinste beetjes zelfkennis verwerven.

We kunnen het geheugen beschrijven via alle manieren waarop we het in ons leven tegenkomen. Maar hoe vertalen onze ervaringen zich in mechanismen in onze hersenen? Herinneringen zijn niet één gebeurtenis, geen met de klik van een sluiter op celluloid vastgelegd kiekje. We hebben achterhaald – aanvankelijk via Henry – dat geheugen niet op één plaats in de hersenen zit. Bij het geheugen zijn juist vele delen van de hersenen tegelijk betrokken. We kunnen herinneren zien als een tochtje naar de supermarkt om alle ingrediënten te kopen voor een vleesstoofpot. We kiezen het vlees, de groentes, de bouillon en de kruiden in verschillende afdelingen van de winkel en brengen ze dan thuis in een grote stoofpot samen. Evenzo brengt het oproepen van de herinnering aan je laatste verjaardag met zich mee dat je informatie ophaalt die in verschillende delen van de hersenen is opgeslagen – wat je zag, hoorde, rook en proefde – en deze opgeslagen sporen worden zodanig georganiseerd dat we de ervaring kunnen herbeleven.

Een populaire wijze om herinneringen te beschouwen is om een metafoor uit de computerkunde te lenen: herinneringen zijn informatie die de hersenen verwerken en opslaan. Voor het welslagen van deze onderneming moet het geheugen drie stappen zetten: het moet de informatie coderen, de ruwe ervaringsgegevens omzetten in een format dat 'compatibel' is met de hersenen; het moet de informatie opslaan voor later gebruik; en het moet de informatie later uit de opslag kunnen terughalen.

In de tijd van Henry's operatie was er weinig bekend over hoe deze geheugenprocessen in de hersenen verlopen. In de jaren zestig bestond de discipline die we nu neurowetenschap noemen amper. Sinds die tijd is het geval-Henry essentieel geweest voor een reeks ingrijpende wetenschappelijke ontdekkingen over de aard van herinneringen en de specifieke processen waarmee die tot stand komen. Eén basale maar cruciale les die Henry ons bijbracht, was dat het mogelijk is het vermogen te herinneren kwijt te raken maar toch intelligent, helder en ontvankelijk te blijven. Het is mogelijk dat je een gesprek vergeet dat minuten eerder heeft plaatsgehad maar je toch het vermogen hebt lastige kruiswoordpuzzels op te lossen.

Het soort langetermijngeheugen dat Henry miste heet tegenwoordig *declaratief geheugen*, omdat mensen openlijk kunnen aangeven wat ze hebben geleerd. Daarentegen beschikte Henry wel over een langetermijngeheugen voor motorische vaardigheden, zoals hoe hij een looprek moest gebruiken; dit soort geheugen heet tegenwoordig het *niet-declaratieve* geheugen omdat mensen hun kennis door een verrichting tonen en niet onder woorden kunnen brengen wat ze hebben geleerd.[5]

Omdat neurowetenschap en vooral de wetenschap van het geheugen zich in de tweede helft van de twintigste eeuw ontwikkelden, bleef het geval-Henry zeer relevant voor het onderzoek. Toen er nieuwe theorieën over de werking van het geheugen en nieuwe apparaten om de hersenen in beeld te brengen opdoken, pasten wij ze op zijn geval toe. Tot zijn dood in 2008 stond hij mij, en meer dan honderd andere wetenschappers, geduldig toe hem te bestuderen, waardoor onze kennis van hoe de hersenen zich herinneren – of zich niet herinneren – met sprongen vooruitging.

Omdat Henry zijn hersenen in 1992 ter beschikking stelde aan Massachusetts General Hospital (Mass General) en MIT, blijft hij een rol spelen in nieuwe grenzen van de wetenschap. In de nacht na zijn dood scanden we zijn hersenen negen uur lang in een MRI-apparaat. Later werden zijn hersenen geconserveerd en vervolgens ingesloten in gelatine, ingevroren en van voor naar achteren in 2401 ultradunne plakjes gesneden. Deze plakjes zijn gedigitaliseerd en verwerkt tot een driedimensionale afbeelding die wetenschappers en het publiek op den duur op internet zullen kunnen bekijken: een nieuw middel om tot in details de anatomie van één, goed bestudeerd brein van iemand met amnesie te verkennen.

We hebben weinig voorbeelden van individuele patiënten die een wetenschappelijk vakgebied zo volledig hebben veranderd als Henry deed. Zijn verhaal is niet zomaar een medische curiositeit; het is een getuigenis van de invloed die één persoon kan hebben. Het geval-Henry beantwoordde meer vragen over het geheugen dan heel de eeuw met wetenschappelijk onderzoek ervoor. Hoewel hij zijn eigen leven in de tegenwoordige tijd leidde, had Henry een permanente invloed op de wetenschap van het geheugen en op de duizenden patiënten die baat hebben gehad bij zijn bijdragen.

I

Voorspel van de tragedie

In juni 1939 woonde de familie Molaison in Hartford (Connecticut). Recht tegenover de Bulkeley Bridge lag East Hartford, een stad die helemaal in de ban was van vliegtuigbouw, want Pratt & Whitney was er gevestigd, een wereldleider in de fabricage van vliegtuigmotoren. Piloten boden het publiek 'luchtritjes' in kleine vliegtuigen en de dertienjarige Henry had vanaf de grond opgewonden naar deze vluchten gekeken. Eindelijk ging hij het zelf ervaren, zijn cadeau toen hij naar de middenschool ging.

Henry en zijn ouders reden naar Brainard Field, weggestopt tegen de rivier de Connecticut, vijf kilometer ten zuidoosten van het centrum van Hartford. Daar betaalde Gus Molaison $ 2,50 om Henry een tochtje over de stad te laten maken in een eenmotorig Ryan-toestel, net zo een als de 'Spirit of St. Louis' waarmee Charles Lindbergh twaalf jaar eerder de Atlantische Oceaan was overgevlogen – hij alleen in een rieten stoel, met minimale noodmaatregelen om te voorkomen dat hij en slechts een motor van 223 pk in de verlaten zee zouden duiken. Het oppervlak van de Ryan bestond uit gepolijst aluminium en het interieur van de cabine was bekleed met matgroen leer. Henry kroop op de stoel van de copiloot aan de rechterkant van het toestel en de piloot liet hem de besturing zien – de knuppel waarmee je bochten kunt maken en het vliegtuig kunt laten stijgen of dalen, en de voetpedalen voor het roer van het toestel.

Toen de motor startte, begon de propeller te draaien en leek al snel te verdwijnen. De piloot duwde de gashendel naar voren en even later steeg het vliegtuig op van de baan en vloog boven het vliegveld. Op die voorjaarsdag was alles op de grond groen en fris. De piloot vloog tot boven de stad Hartford en Henry kon de bovenkanten zien van de gebouwen in het centrum – de hoogste gebouwen van Hartford, de Travelers Tower en het Old State House met de blinkende gouden koepel.

Het vliegtuig was uitgerust met twee besturingen, en de piloot liet Henry vliegen. Hij greep de knuppel, die je naar voren en naar achteren kon bewegen om de neus omlaag of omhoog te krijgen, of kon draaien om het vliegtuig zijwaarts te laten bewegen. De piloot waarschuwde hem de knuppel stevig vast te houden en die nooit abrupt naar voren te duwen, dan zou de neus van het toestel omlaaggaan waardoor het naar beneden zou duiken. Het verbaasde Henry hoe goed hij het deed – het vliegtuig vloog soepel onder zijn greep.

Toen het tijd was om te landen nam de piloot het over, maar hij liet Henry zijn hand aan de knuppel houden, die was mechanisch verbonden met de knuppel van de piloot. Hij vertelde Henry hoe hij zijn voeten op de vloer moest plaatsen tijdens de landing om te vermijden dat hij per ongeluk het roerpedaal raakte waardoor het vliegtuig uit de koers zou kunnen raken. Ze daalden, vlogen naar een flauwe bocht in de rivier waar het vliegveld lag. Toen ze de landing inzetten, zei de piloot Henry de knuppel naar achteren te houden zodat de voorkant niet te laag zou uitkomen, dan zou het toestel een 'neusduik' maken en ondersteboven landen. Ze raakten de grond zacht en taxieden tot ze op de baan tot stilstand kwamen.

Voor de jeugdige Henry moet deze korte tocht dezelfde gevoelens van avontuur en mogelijkheden hebben opgeroepen als die hij had gevoeld toen hij over Charles Lindberghs onwaarschijnlijke reis over de Atlantische Oceaan hoorde. Henry's vliegtochtje was een van de opwindendste momenten van zijn leven. Tijdens de belevenis was hij helemaal in de ban van het spektakel van het vliegtuig, de aanblik van de wereld van hoog in de lucht en de sensatie de knuppel vast te houden. Alle bijzonderheden van de tocht waren levendig in zijn geest vastgelegd.

Jaren later, nadat Henry zijn vermogen had verloren om nieuwe herinneringen te vormen, had hij alleen zijn verleden over – de kennis die hij had opgedaan tot het moment van zijn operatie. Hij herinnerde zich zijn vader en moeder, zijn vrienden van school, de huizen waar hij had gewoond en de vakanties met zijn familie. Maar wanneer je hem vroeg over deze herinneringen te praten kon hij geen enkele afzonderlijke gebeurtenis beschrijven, niet één moment in de tijd met alle beelden, geluiden en geuren die erbij hoorden. Hij had de algemene indruk van zijn ervaringen vastgehouden, maar zonder enig specifiek detail.

Henry's eerste en enige vliegtocht vormde een van de twee uitzonderingen. Zelfs als oude man kon hij zich nog het groene interieur van het vliegtuig herinneren, de bewegingen van de knuppel, het zien van de Travelers Tower en de instructies van de piloot toen hij het vliegtuig in zijn greep had – allemaal volkomen helder. In de tientallen jaren dat Henry na zijn operatie ondervraagd en geïnterviewd werd, was dit de enige langere episode uit zijn leven die hij ooit met levendige details beschreef. De andere uitzondering was de keer dat hij, op tienjarige leeftijd, zijn eerste sigaret rookte.

Henry werd geboren op 26 februari 1926 in Manchester (Connecticut), zo'n vijftien kilometer ten oosten van Hartford, in het Manchester Memorial Hospital. Henry was een gezonde, voldragen baby van zeven pond. Zijn ouders brachten hem naar huis, nog geen anderhalve kilometer verderop, in Hollister Street.

Henry's vader, Gustave Henry Molaison, bekend als Gus, kwam uit Thibodaux (Louisiana). Na Henry's operatie kon hij met een grapje over de achtergrond van zijn familie zeggen: 'De familie van mijn vader kwam uit het Zuiden en ging naar het noorden en de familie van mijn moeder kwam uit het Noorden en ging naar het zuiden.' Een verwant traceerde de oorsprong van de familie Molaison in Limoges, in Frankrijk. In de zeventiende eeuw verhuisden de Cajun-Fransen naar Nova Scotia, maar werden halverwege de achttiende eeuw weer naar Frankrijk gedeporteerd. Aan het eind van de achttiende eeuw vertrokken ze opnieuw, deze keer naar Louisiana, en de Molaisons vestigden zich in Thibodaux, een kleine gemeente op zo'n honderd kilometer ten zuidoosten van New Orleans. Henry's moeder, Elizabeth McEvitt Molaison, bekend als Lizzie, werd geboren in Manchester (Connecticut), maar haar ouders kwamen uit Noord-Ierland. Men bleef nauwe banden met de familie daar onderhouden.

Gus was lang en mager, en had donkerbruin haar, een aantrekkelijke man ondanks zijn uitstaande oren. Lizzie was een kop korter dan Gus, had krullend bruin haar en droeg een bril. Een verre verwant herinnert zich dat ze 'een heel kalm humeur' had en 'altijd glimlachte'. Gus was meer op gezelschap gesteld, vaak maakte hij grappen en lachte hij met vrienden. Gus en Lizzie waren in 1917 getrouwd in Saint Peter's Church in Hartford; hij was 24 en zij was 28. Amerika verklaarde Duitsland dat jaar de oorlog, maar Gus heeft nooit in het leger gezeten. Hij werkte als elektricien in Hartford en omstreken. Hij voorzag gebouwen van kabels, bijvoorbeeld het pand van G. Fox and Company, een opvallend warenhuis in de hoofdstraat van Hartford. Lizzie bleef thuis zoals de meeste vrouwen destijds en leerde Gus' vertrouwde zuidelijke schotels bereiden. Maar hun levens waren niet volkomen conventioneel. Gus en Lizzie waren avonturiers; ze maakten graag uitstapjes, reden naar Florida, Mississippi en Louisiana om familieleden op te zoeken, ze namen dan een tent mee uit de legerdump om onderweg in te slapen. Lizzie bewaarde foto's en souvenirs van deze uitstapjes.

Lizzie was 37 toen Henry werd geboren; hij was hun enige kind. Henry kreeg een katholieke opvoeding. Hij ging naar een particuliere kleuterschool in het naburige East Hartford en vervolgens naar de Lincoln Elementary School in Manchester voor de eerste en tweede klas. In 1931 verhuisden de Molaisons naar een eengezinswoning met een tuin in Greenlawn Street in East Hartford. Het gezin zou in Henry's kinderjaren nog diverse keren verhuizen in Hartford en omgeving. In juni 1931 gingen Henry en zijn moeder naar Buffalo (New York) voor een korte vakantie. Op een ansichtkaart naar Gus schreef Lizzie: 'Alles goed en we vermaken ons. Van...' en Henry, vijf jaar, krabbelde zijn naam eronder met potlood.

In de jaren dertig woonde de familie Molaison in een woonwijk nabij het centrum van Hartford. Henry zat op Saint Peter's Elementary School, naast de kerk waar zijn ouders waren getrouwd. Hij kreeg vrienden, leerde rolschaatsen en nam banjolessen in het Drago Music House in de hoofdstraat. In 1939 kon Henry, dertien jaar oud, Saint Peter's verlaten en doorleren op Burr Junior High

School aan Wethersfield Avenue. Inmiddels begon zijn leven te veranderen.

Henry's jeugd was niet te onderscheiden van die van een heleboel jongens uit de middenklasse in de jaren dertig. Zoals de meeste jongens had Henry af en toe een ongelukje, en op een gegeven moment liep hij licht hoofdletsel op bij een incidentje met een fiets. De berichten uit medische bronnen en familiebronnen spreken elkaar tegen over de bijzonderheden: het is niet precies duidelijk hoe oud hij was toen het gebeurde, of hij van zijn eigen fiets viel dan wel werd geraakt door een fietser toen hij liep, en of hij bewusteloos raakte. Belangrijk is dat we geen aanwijzingen hebben dat het ongeluk tot hersenbeschadiging leidde. Twee *pneumencefalogrammen* (röntgenopnamen van de hersenen) uit 1946 en 1953, voor zijn operatie, waren normaal.

Maar toen Henry op zijn tiende epileptische aanvallen begon te krijgen, dacht zijn moeder terug aan het fietsongeluk en vroeg ze zich af of dat een ernstige, maar onopgemerkte verwonding aan zijn hersenen had veroorzaakt. Misschien was dat zo, maar aan Gus' kant had de familie een verleden met epilepsie; twee neven en een nicht waren epileptisch, en Lizzie herinnerde zich te hebben gezien dat een van hen, een meisje van zes, stijf en levenloos op de grond had gelegen tijdens een familiebijeenkomst. Later betitelde Lizzie dit incident als een 'aanval'. Ze gaf de familie van haar echtgenoot altijd de schuld van Henry's toestand. Voor de onderzoeker kan de oorzaak van Henry's epilepsie zijn lichte hoofdletsel zijn geweest, zijn genetische aanleg of allebei.

Aanvankelijk had Henry last van absences, vroeger 'petit mal' genoemd. Het waren allerminst de dramatische stuiptrekkingen die veel mensen met epilepsie verbinden. Wanneer een van Henry's aanvallen opkwam, was hij eenvoudig een paar tellen geestelijk afwezig. Hij ging niet schudden, viel niet, verloor het bewustzijn niet; hij haakte alleen even af. Als hij aan het praten was, zou hij even hebben gezwegen alsof hij dagdroomde. Een waarnemer had misschien gezien dat hij slingerde, zijn hoofd boog en zwaar begon te ademen; hij maakte vaak kleine, zich herhalende schraapbewegingen met zijn vingers over zijn armen of kleding. Wanneer de aanval voorbij was, leek het of hij wakker werd. Hij schudde dan zijn hoofd en mompelde: 'Ik moet hier weer uit komen.' Soms was hij een beetje duizelig, maar vaak kon hij verder met zijn bezigheden alsof er niets was gebeurd, al was hij er zich van bewust een toeval te hebben gehad. Deze aanvallen deden zich dagelijks voor, en Henry legde omstanders dikwijls uit dat hij een toeval had gehad.

Hoewel Henry's absences aanhielden, duurden ze nooit langer dan negentig seconden. Ze weerhielden hem er dus niet van een normaal leven te leiden. Hij ging op vakantie met zijn ouders en speelde met vrienden in Colt Park, een speelterrein in zijn buurt met tennisbanen, honkbalvelden en een schaatsbaan. De toevallen verstoorden ook zijn lagere- en middelbareschooltijd niet. Hij ging op zondag naar de mis en bestudeerde de catechismus om zich voor te bereiden op het vormsel in de katholieke kerk. Zijn toevallen waren hoe dan ook geen beletsel om hem het vliegtuig te laten besturen tijdens zijn luchtritje op zijn dertiende.

Maar op zijn vijftiende verjaardag trad een ingrijpende verandering op. Henry zat in de auto van het gezin, zijn vader zat achter het stuur en zijn moeder op de achterbank. Ze waren op de weg terug naar Manchester na een paar familieleden te hebben bezocht in South Coventry, een historisch plaatsje zo'n twintig kilometer verderop. Voor hun thuiskomst kreeg Henry een aanval zoals hij nooit eerder had meegemaakt. Zijn spieren trokken samen, hij raakte volledig buiten bewustzijn en zijn lichaam schokte van de stuiptrekkingen. Zijn ouders reden regelrecht met hem naar Manchester Memorial Hospital – het ziekenhuis waar hij was geboren. Later kon hij zich dit voorval niet herinneren.

Dit was de eerste keer dat Henry een *tonisch clonisch insult* had (vroeger 'grand mal' genoemd), vernoemd naar de twee fysieke processen die zich achtereenvolgens voordoen: het verkrampen van de ledematen, gevolgd door ritmische stuiptrekkingen. Anders dan de korte absences die Henry eerder had gehad, kunnen zulke insults angstaanjagend zijn voor toeschouwers en uitputtend voor de persoon die ze heeft. Die kan het bewustzijn verliezen, op zijn tong bijten, en soms urineren, op zijn hoofd slaan en schuim op de mond krijgen. Deze hevigere aanvallen deden zich naast de regelmatig optredende absences voor en gingen voor Henry en zijn familie een groot probleem vormen.

De woorden epilepsie en epileptisch hebben dezelfde oorsprong als het Griekse werkwoord *epilambanein*, wat overmeesteren of aanvallen betekent. Epilepsie is een ziekte met een lange geschiedenis, die waarschijnlijk teruggaat tot de prehistorische mens. De eerste vastgelegde gevallen zijn uit de beschaving van Mesopotamië, in het Midden-Oosten. In een manuscript uit het Akkadische Rijk (2354-2154 v.Chr.) wordt een epileptische aanval beschreven waarbij het slachtoffer zijn hoofd naar links draaide, zijn handen en voeten verstijfden, hij schuim op de mond kreeg en bewusteloos raakte. Eeuwenlange discussies verdeelden artsen (die geloofden dat er een lichamelijke oorzaak was die kon worden bestreden met rationele ingrepen, zoals voeding en geneesmiddelen) en tovenaars, magiërs en kwakzalvers (die stelden dat epilepsie door bovennatuurlijke krachten werd veroorzaakt en moest worden bestreden met reinigingen en bezweringen om de beledigde entiteit tot bedaren te brengen).[1]

De medische inzichten over epilepsie gingen in de zestiende en zeventiende eeuw vooruit. Geleerden begonnen zich toen te richten op de reeks factoren die aan epileptische aanvallen voorafgingen, zoals plotselinge angst, opwinding, spanning en hoofdletsel. Deze verschuiving naar een wetenschappelijke interpretatie van epilepsie zette door tijdens de Verlichting. Wetenschappers legden toen de nadruk op het observeren van epileptische patiënten, en voerden experimenten op dieren én mensen uit om te proberen de biologische oorzaken van epileptische aanvallen bloot te leggen.[2]

De negentiende eeuw kende een grote vooruitgang in de kennis van epilepsie, nu medici onderscheid begonnen te maken tussen epileptische patiënten en mensen die als 'waanzinnig' werden beschouwd. In Frankrijk kwamen clinici met de termen *grand mal, petit mal* en *absences*, en voorzagen die allemaal van een gedetailleerde klinische beschrijving. Intussen raakten psychiaters geïnteresseerd in abnormale gedragingen bij patiënten, waaronder geheugenstoornissen.

Aan het eind van de negentiende eeuw gaf het werk van John Hughlings Jackson, de vader van de Britse neurologie, de studie naar epilepsie een ander aanzien. Jackson verzamelde de geschiedenissen van vele gevallen: die van zijn eigen patiënten, die waarmee zijn collega's zich hadden beziggehouden en verslagen uit de medische literatuur. Hij haalde minutieuze bijzonderheden uit deze medische verslagen en kwam, op basis van die rijke informatie, met de nieuwe gedachte dat toevallen in één hersengebied beginnen en op systematische wijze naar andere gebieden verdergaan. Dit opvallende patroon van een toeval werd bekend als Jackson-epilepsie, en de eerste pogingen tot chirurgisch ingrijpen waren gericht op patiënten bij wie de afwijking zich tot één afzonderlijk deel van de hersenen beperkte.[3]

Op voorstel van Jackson verrichtte Victor Horsley, een Londense pionier op het gebied van de neurochirurgie, de eerste operaties wegens epilepsie bij drie patiënten; over twee gevallen werd in 1886 gepubliceerd, over het derde geval in 1909. Alle drie de patiënten hadden aanvallen waarbij een arm plotseling hevig schokte. Tijdens de operaties stimuleerde Horsley de openliggende hersenen van de patiënt om het gebied te lokaliseren waar de getroffen arm was vertegenwoordigd. Vervolgens verwijderde hij dat gebied om de spasmen te stoppen. In 1909 leverde Fedor Krause, een Duitse neurochirurg, een preciezere beschrijving van epilepsiechirurgie. Een wezenlijk onderdeel van Krauses operatieve aanpak was dat hij de cortex elektrisch stimuleerde om in het menselijk brein de gebieden voor motoriek, tastzin en spraak in kaart te brengen. Deze vroege successen boden de eerste bevestiging van Jacksons inzicht dat *focale* epilepsie werd veroorzaakt door een gebied van *corticale* irritatie, en wekten de indruk dat chirurgische behandeling veilig en effectief was.[4]

In Amerika deed Harvey Cushing van het John Hopkins Hospital in 1908 bij meer dan vijftig epilepsieoperaties onderzoek naar plaatsbepaling in de cortex. Daardoor ging de kennis over waar zich in het menselijk brein de verschillende functies bevinden sterk vooruit. Door dit onderzoek met stimulatie konden chirurgen specifieke gedragsafwijkingen van hun patiënten koppelen aan specifieke gebieden in de cortex, een belangrijke voorwaarde voor epilepsiechirurgie. De zoektocht om specifieke motorische, sensorische en cognitieve processen in identificeerbare hersenbanen te plaatsen gaat vandaag de dag in duizenden laboratoria door.

In de jaren twintig opereerde Otfrid Foerster in Breslau (Duitsland) patiënten die hersentumoren hadden of epilepsie die het gevolg was van in de Eerste Wereldoorlog opgelopen hoofdwonden. Foerster verrichtte deze operaties onder plaatselijke verdoving, waarbij hij elektrische stimulaties aanwendde om de aanvallen van de patiënten terug te zien. Vervolgens sneed hij het aangedane hersengebied weg om de aanvallen te kunnen onderdrukken.

Foerster was een mentor van Wilder Penfield, oprichter en hoofd van het Montreal Neurological Institute. Na een bezoek van zes maanden aan Foersters ziekenhuis in 1928 keerde Penfield terug naar Montreal, waar hij zijn onderzoek naar corticale stimulatie en lokalisering uitbreidde. Zo kon hij bij zijn patiënten de haard van hun epilepsie heel precies bepalen en die verwijderen. Vanaf 1939 ontwikkelde hij een chirurgische ingreep, *temporale lobectomie* – het verwijderen van delen van de linker of rechter temporale hersenkwab – sindsdien op grote schaal toegepast om aanvallen die in dat deel van de hersenen ontstaan te onderdrukken.[5]

Een belangrijke doorbraak op het Montreal Neurological Institute in de jaren vijftig zou ingrijpende gevolgen hebben voor Henry Molaison. Penfield en zijn collega Herbert Jasper, een neurofysioloog, bekeken gegevens van de operaties waarbij Penfield stimulatieonderzoek had gedaan en van experimenten met stimulatie bij dieren. Ze concludeerden dat aanvallen van *temporale epilepsie* ontstonden in de *amygdala* en in de *hippocampus*, structuren diep in de *temporaalkwab*. Vanaf dat moment was het in het instituut van Penfield bij linker en rechter temporale lobectomie regel om de amygdala en een deel van de hippocampus te verwijderen. Henry's neurochirurg, William Beecher Scoville, was op de hoogte van Penfields goede resultaten van het verwijderen van de amygdala en de hippocampus, en zou naar die gegevens verwijzen als rechtvaardiging voor Henry's operatie.

We weten inmiddels dat alle epileptische aanvallen gedragsmanifestaties zijn van buitensporige elektrische activiteit in de hersenen. Onderzoekers kregen voor het eerst oog voor dit kenmerk van epilepsie door de belangrijke technische ontdekking van Hans Berger aan het eind van de jaren twintig. Berger, een Duitse psychiater, wijdde zijn loopbaan aan het ontwikkelen van een model voor de werking van de hersenen, de interactie tussen de geest en het brein. Na teleurstellende pogingen om bloedstroom en temperatuur aan gedrag te koppelen richtte hij zijn aandacht op de elektrische activiteit in de hersenen. Bij zijn vroegste experimenten bracht hij draden aan onder de schedel van een patiënt en zo kwam hij met de eerste registraties van elektrische activiteit vanuit het menselijk brein. Berger noemde deze nieuwe methode *elektro-encefalogram* (EEG) en bracht er verschillende soorten hersenritme mee thuis, sommige snel en sommige langzaam. Na een reeks technische verbeteringen, waaronder het invoeren van niet-invasieve hoofdhuidelektroden, slaagde Berger erin ongewone elektrische activiteit te registreren bij een aantal hersenafwijkingen, waaronder epilepsie, dementie en hersentumoren. Door dit nieuwe venster op de menselijke hersenen veranderde de neurologische praktijk; onderzoekers kregen aanwijzingen voor de onderliggende biologie van het brein.[6]

In 1934 bereikten berichten over Bergers opmerkelijke ontdekking de medische faculteit van Harvard. Het was daar de aanzet voor een onderzoeksproject om de elektrische activiteit in de hersenen van epilepsiepatiënten te bestuderen. In 1935 bouwde Albert Grass, afgestudeerd aan MIT en technicus, drie EEG-apparaten, het begin van de op vernieuwing gerichte Grass Instrument Company. Grass legde, in samenwerking met de neurologen William Gordon Lennox en Frederic Gibbs, EEG's op papier vast van mensen die aan petit mal leden. De weergaven vertoonden een karakteristiek patroon van hersengolven bij deze patiënten. Latere onderzoeken naar andere patiënten, die aanvallen van grand mal hadden, lieten een ander kenmerkend patroon zien.

Dit wonderbaarlijke nieuwe instrument, EEG, stelde artsen in staat de aard van de aanvallen en de plaats in de hersenen te bepalen, een belangrijke verbetering bij diagnose en behandeling. In de begintijd van epilepsieoperaties baseerden chirurgen zich op de patronen van de aanvallen van patiënten om het hersengebied te bepalen waar de aanvallen vandaan kwamen en verwijderden dan het disfunctionele weefsel. Maar soms bleek, wanneer in de operatiekamer de chirurgen de hersenen hadden geopend, het betreffende gebied normaal te zijn en werd geen weefsel verwijderd. Door EEG werd de preoperatieve evaluatie van epilepsiepatiënten sterk verbeterd en ook had men nu een middel om de elektrische activiteit tijdens de operatie te volgen. Aan het eind van de jaren dertig en in de jaren veertig ontwierp het laboratorium van Herbert Jasper methodes om vanuit de hersenschors van de patiënt en dieper gelegen gebieden EEG-patronen te registreren en activiteiten van aanvallen tijdens de operatie te lokaliseren. Scoville en zijn collega's gebruikten vergelijkbare fysiologische weergaven tijdens Henry's operatie om te proberen de oorsprong van zijn aanvallen te vinden, maar vergeefs. De beschikbaarheid van EEG-apparaten om aanvalsactiviteiten weer te geven, legde de basis voor behandeling met anti-epileptica, bedoeld om de gebrekkige hersenwerking te corrigeren die op een EEG te zien is en om het optreden van aanvallen te voorkomen. Het gebruik van medicijnen om epilepsie te behandelen gaat minstens terug tot de vierde eeuw v.Chr., toen artsen allerlei bespottelijke middelen toedienden. In deze middelen, soms gebaseerd op magische inzichten en in andere gevallen op observatie, werden de haren van kamelen verwerkt, de gal en maagwand van robben, de uitwerpselen van krokodillen, het hart en de geslachtsdelen van hazen, en het bloed van zeeschildpadden. Ook waren er amuletten van bijvoorbeeld pioenwortels. Hoewel deze middelen nu als bijgeloof worden afgedaan, waren ze volgens de verhalen in vele gevallen effectief. De op experimenten gebaseerde anticonvulsieve therapie kon beginnen doordat in 1912 Luminal (fenobarbital) en in 1938 Dilantin (fenytoïne) beschikbaar kwamen. Bij de meeste patiënten onderdrukken deze middelen de aanvallen effectief, en ze werden de ruggengraat van de behandeling van epilepsie. In Henry's tijd waren er nog diverse andere anticonvulsieve middelen aan het farmaceutisch arsenaal toegevoegd. Deze middelen konden de ernst of frequentie van aanvallen onderdrukken, maar hadden vaak onwenselijke bijwerkingen, zoals slaperigheid, misselijkheid, verlies van eetlust, hoofdpijn, geïrriteerdheid, vermoeidheid en constipatie.[7]

In het begin van de jaren vijftig stond de behandeling van epilepsie er inmiddels op drie fronten beter voor: het lokaliseren van toevallen, medicatie en operatief ingrijpen. Bij de meeste patiënten konden de aanvallen worden beteugeld door een aangepaste medicatie. Bij patiënten die een operatie nodig hadden, waren er bevredigende resultaten nadat de chirurg het specifieke gebied in de hersenschors had verwijderd waar de aanvallen vandaan kwamen. Hoeveel men verwijderde wisselde, vaak bleef het beperkt tot delen van de frontaalkwab, de temporaalkwab of de *pariëtale* kwab aan één kant van de hersenen, maar soms ging het om de hele cortex links of rechts. Over de hele wereld gebruikten neurochirurgen voor en na operaties EEG's en cognitieve tests om te kijken hoe effectief de behandeling was en om nieuwe benaderingen te evalueren.[8]

Door Henry's epilepsie hoorde hij er op school niet bij. Hij schreef zich in op Willimantic High School, maar liet een paar jaar verstek gaan toen hij het pesten door andere jongens niet meer kon verdragen. In 1943 schreef Henry zich in, hij was zeventien, als eerstejaars aan East Hartford High. Hij was lang en stil, had een bril met dikke glazen, en was een eenzaat; afgezien van een korte opdracht bij de Science Club deed hij nooit mee aan buitenschoolse activiteiten. Weinig van zijn klasgenoten op de middelbare school kenden hem. Zij die hem wel kenden vonden hem erg beleefd.

Henry's schaamte over zijn epilepsie was misschien de reden dat hij zo weinig actief was op school – door mee te doen werd de kans groter dat hij een aanval kreeg met zijn klasgenoten erbij. We kunnen slechts gissen hoe het met Henry was gegaan als hij geen epilepsie had gehad, en in welke mate zijn terughoudendheid eerder een kwestie van natuurlijke verlegenheid was dan schaamte over zijn ziekte. Destijds werd de houding in de maatschappij jegens epilepsie nog door angst en desinformatie gevoed, en Henry werd door zijn aandoening een buitenbeentje. Een leraar nam eens een van Henry's mannelijke klasgenoten terzijde en zei tegen hem: 'Jij bent groot en sterk. We hebben een probleem: een van je klasgenoten, Henry, heeft epilepsie. Als hij een aanval krijgt, moet je hem in bedwang houden terwijl ik de zuster haal.' Gelukkig hoefde de leerling nooit in actie te komen.

Een klasgenote van East Hartford High, Lucille Taylor Blasko, herinnert zich de eerste keer dat Henry haar opviel: hij lag toen op de grond van de gang in de middelbare school te schudden en te kronkelen. Van een afstand leek het haar of hij overmand was door een lachbui. De volgende dag riep de directeur van de school alle leerlingen bij elkaar in het auditorium om uit te leggen wat Henry mankeerde. Zijn bedoeling was om de leerlingen voor te lichten, maar door deze bijeenkomst gingen Henry en zijn kwaal nog meer opvallen.

Twee vrienden van Henry uit de buurt, Jack Quinlan en Duncan Johnson, gingen tijdens de Tweede Wereldoorlog in dienst terwijl Henry nog op school zat. Ze schreven elkaar brieven en door hun kleurrijke proza krijg je een glimp van Henry's sociale leven te zien. Henry was beslist geïnteresseerd in vrouwen en had afspraakjes. In 1946 lijkt hij aan Quinlan te hebben bekend dat hij op een oudere vrouw viel. Quinlan schreef terug vanuit Zhifu in China, kennelijk een reactie op Henry's onthulling: 'Mi Amigo! Jammer hoor te ontdekken dat je zonder meer een psicopaat [sic] bent. Dames van 28 zijn te chic voor jongens zoals jij, zeker de knappe die getrouwd zijn.'[9]

Henry lijkt ook van andere simpele pleziertjes te hebben genoten. Hij luisterde thuis graag naar radioprogramma's: hij was een fan van Roy Rogers, Dale Evans en Gabby Hayes, en van de familieserie *The Adventures of Ozzie and Harriet.* Hij speelde platen op een Victrola-platenspelerkast en luisterde soms met vrienden naar populaire liedjes. Henry hield van de McGuire Sisters, het trio met de lieflijke harmonieën, van de big bands uit de jaren dertig en veertig, en van populaire hits – 'My Blue Heaven', 'The Prisoners Song', 'Tennessee Waltz', 'On Top of Old Smoky' en 'Young at Heart'.

Henry werd gefascineerd door wapens. Met hulp van zijn vader bracht hij een verzameling jachtgeweren en pistolen bijeen, waaronder een oud vuursteenpistool, een wapen dat populair was in de achttiende en het begin van de negentiende eeuw. Ze lagen in Henry's slaapkamer en een geliefd tijdverdrijf was om op het platteland te gaan schieten. Hij was er trots op lid te zijn van de National Rifle Association en vond het prachtig tegenover geïnteresseerde vrienden en familieleden met zijn wapenverzameling te pronken.

In 1947, Henry was toen 21, haalde hij zijn diploma op East Hartford High. Volgens mevrouw Molaison liet de directeur hem niet meedoen aan de ceremonie, uit angst dat hij een 'zware aanval' zou krijgen. Henry bleef bij zijn ouders zitten en 'was er helemaal kapot van'. In 1968 kon hij zich het feit niet herinneren. Meer dan zestig van zijn jaargenoten tekenden zijn jaarboek, een verrassend aantal gezien zijn relatieve sociale isolement. Het is mogelijk dat tijdens een signeersessie de boeken rondgingen, en dat iedereen een handtekening zette in het jaarboek van iedereen. Zijn vriend Bob Murray schreef: 'Een klasgenoot die licht in de duisternis brengt.' Een ander: 'Voor een patente vent en een perfecte vriend. Liefs en veel geluk, Loris.' Henry koos een citaat uit Shakespeares *Julius Caesar* om bij zijn mooie jaarboekfoto te schrijven: 'Er is niets mis met eenvoudig en simpel geloven.'

Op de middelbare school had Henry gekozen voor de praktijkopleiding in plaats van voor de handelsrichting of de voorbereidende wetenschappelijke richting. Zijn lessen waren eerder gericht op ambachtelijke vaardigheden dan op wetenschap, en hij werd voorbereid op een loopbaan in de techniek. Op zijn zestiende had hij vakantiewerk als zaalwachter in een bioscoop. Na de middelbare school vond hij zijn eerste baan bij een dumphandel in Willimantic waar hij elektromotoren oplapte. Vervolgens werkte hij bij Ace Electric Motor Company, ook in Willimantic, waar hij de twee eigenaren hielp. Henry was een systematische werker, hij maakte in een zwart agendaatje nauwkeurige aantekeningen en schema's naar aanleiding van zijn werk. Bij zijn aantekeningen zitten vergelijkingen om voltage en vermogen in een elektrisch circuit te berekenen, en een schema met twee parallelle weerstanden. In zijn agenda staan ook opzetten om een modelspoorlijn te bouwen. Later vertrok Henry bij het bedrijf voor elektromotoren en werkte hij aan een lopende band bij de Underwood Typewriter Company in Hartford.

Henry reed elke dag met een buurman mee naar zijn werk. Hij kon zelf niet rijden omdat hij nog steeds elke dag veel aanvallen van petit mal had, en soms aanvallen van grand mal. Door de aanvallen was het voor Henry lastig om zijn werk te doen en vaak moest hij verstek laten gaan. Hij nam grote hoeveelheden medicijnen tegen epilepsie, maar die konden zijn aanvallen niet onderdrukken.

Inmiddels was Henry 24 en was hij onder behandeling gekomen van William Beecher Scoville. Scoville was een vooraanstaande arts. In 1939 had hij een afdeling neurochirurgie opgericht aan Hartford Hospital en hij was docent aan de medische faculteit van Yale University. Hij had eerst gestudeerd op Yale en vervolgens zijn medicijnenopleiding afgerond aan de University of Pennsylvania. Voor hij naar Hartford ging, had hij stage gelopen in een paar van de Amerikaanse topinstellingen – Cornell Hospital en Bellevue Hospital in New York, Mass General en Lahey Clinic in Boston – waar hij werd begeleid door enkele van de belangrijkste figuren in de neurochirurgie van de twintigste eeuw. Scoville, intelligent, energiek en ambitieus, sprak met een zweem van humor, maar kwam op zijn collega's vaak gereserveerd over. Men zag hem als een onafhankelijke denker en een non-conformist. Hij reed motor en hield van oude auto's. In 1975 schreef hij: 'Ik hou meer van daden dan van woorden, daarom ben ik chirurg. Ik zie graag resultaten. Ik ben in mijn hart een automonteur, ik houd van perfectie bij machines en daarom koos ik voor neurochirurgie.'[10]

Toen duidelijk was dat de beschikbare medicijnen niet voldeden om Henry's symptomen te bestrijden, opperde diens huisarts, Harvey Burton Goddard, dat Henry en zijn ouders naar Scoville moesten. Henry had waarschijnlijk zijn eerste afspraak met Scoville in 1943, toen hij zeventien was, en begon toen Dilantin te nemen, wat enige baat bood tegen de aanvallen van grand mal.

Ergens tussen 1942 en 1953 gingen Henry's ouders met hem naar de befaamde Lahey Clinic in Bostin, een tocht die Henry zich na zijn operatie kon herinneren. Er zijn geen dossiers over dat consult beschikbaar. Scoville bleef hem behandelen, dus lieten de artsen in Lahey de Molaisons waarschijnlijk weten dat ze niets konden bieden wat niet al in Hartford beschikbaar was en benadrukten ze hoe belangrijk het was door een arts uit de buurt te worden behandeld. Scoville liet Henry voor september 1946 drie keer opnemen in Hartford Hospital, maar de medische gegevens van die opnames zaten niet in de dossiers van zijn praktijk.

Op 3 september 1946, op zijn twintigste, werd Henry voor de vierde keer opgenomen en onderging hij een *pneumencefalogram* (een röntgenfoto van de hersenen) om andere afwijkingen, zoals een hersentumor, als de oorzaak van de toevallen uit te sluiten. Deze onprettige, invasieve test was destijds voor artsen de beste optie een beeld te krijgen van levend hersenweefsel zonder de schedel te openen om naar binnen te kijken. Een dokter stak een naald in Henry's ruggengraat, haalde er wat *cerebrospinaal* vocht uit en injecteerde zuurstof dat via zijn ruggenmergkanaal omhooging naar zijn hersenen. Vervolgens maakte de arts een röntgenfoto die de plaats en de omvang toonde van de ruimtes in de hersenen waar het cerebrospinale vocht normaal gesproken heenging. Op grond van deze opnames kon de arts bepalen of Henry's hersenen kleiner waren geworden door een ziekte of dat delen naar de ene kant of de andere waren verschoven door een afwijkend groeisel, zoals een tumor. Patiënten verafschuwden deze procedure omdat ze er vreselijke hoofdpijn en misselijkheid aan overhielden. Ondanks deze bijwerkingen kon Henry twee dagen later het ziekenhuis uit met goed nieuws – zijn pneumencefalogram was normaal, en het lichamelijke en neurologische onderzoek wees niet op problemen. Hoewel de diagnose enkele mogelijke oorzaken van Henry's epilepsie uitsloot, zoals een hersentumor of een beroerte, liet die niet precies zien waar zijn aanvallen vandaan kwamen. Bij zijn ontslag werd in september 1946 schriftelijk vastgesteld dat hij 'voor onbepaalde tijd moest doorgaan met Dilantin'. Henry bleef wachten op de medische doorbraak waardoor zijn leven normaal zou worden.

Op 22 december 1952, toen Henry 26 was, noteerde Scoville dat Henry de afgelopen maand hoogstens één aanval had gehad. Hij schreef dat zijn 'medicatie enorm was, vijfmaal daags Dilantin, tweemaal daags fenobarbital, driemaal daags Triodine en driemaal daags Mesantoin'. Scoville schreef Henry preventief, maandelijks bloedonderzoek voor om te zorgen dat de medicijnen geen toxisch niveau bereikten en vroeg een collega in Hartford Hospital, Howard Buckley Haylett, Henry te onderzoeken. Volgens Scovilles praktijknotities zag hij Henry drie maanden later weer, in maart 1953.

Henry kreeg ook regelmatig EEG's om te proberen het gebied in zijn hersenen te vinden waar de toevallen vandaan kwamen. Als zijn artsen zo'n haard hadden ontdekt, zouden ze misschien hebben voorgesteld dat gebied chirurgisch te verwijderen in de hoop de aanvallen te elimineren. Maar een EEG die op 17 augustus 1953, acht dagen voor zijn operatie werd gemaakt, bleek alleen op verspreide, langzame activiteit te wijzen. Henry kreeg zelfs een toeval tijdens het onderzoek, wat mogelijk had kunnen helpen, maar toch toonde de EEG geen specifieke afwijkende plaats. Twee dagen later kreeg hij weer een pneumencefalogram, en er waren geen afwijkingen op te zien. Zijn gezichtsvermogen en gehoor werden normaal bevonden. Kortom, de in 1953 beschikbare tests vertoonden geen aanwijzingen voor een specifieke afwijking in Henry's hersenen. In een zoveelste poging om een haard voor epilepsie te ontdekken werd de dag voor zijn operatie, toen hij geen zware medicatie meer had, nog een EEG gemaakt. De afwijkende golven waren nog steeds diffuus in plaats van dat ze in een bepaald gebied zaten. In de twee weken voor zijn operatie kreeg hij twee aanvallen van grand mal en dagelijks aanvallen van petit mal.

Omdat hij wist dat Henry's aanvallen al tien jaar verergerden had Scoville een experimentele operatie voorgesteld. Daarmee hoopte hij de aanvallen te beteugelen en Henry's kwaliteit van leven te verbeteren. Hij zag deze operatie als onderdeel van een reeks onderzoeksoperaties die het begrip van psychiatrische aandoeningen konden bevorderen en een oplossing konden bieden voor bepaalde hersenafwijkingen die ontraceerbaar leken. Bij de operatie zouden een paar centimeter hersenweefsel worden verwijderd uit structuren die diep in Henry's hersenen lagen, eerst aan de ene kant en vervolgens aan de andere kant. Scoville had eerder zulke operaties verricht, maar alleen bij patiënten met ernstige psychiatrische aandoeningen, vooral schizofrenie. De psychiatrische resultaten waren gemengd: Scoville gaf, in overleg met het personeel van het ziekenhuis en familieleden, de psychiatrische symptomen van de patiënt na de operatie een cijfer, vanaf min één (erger) tot vier (duidelijk verbeterd en mag naar huis). Eén patiënt werd als min één beoordeeld en twee als vier, de andere zaten daartussenin. Er werden geen cognitieve tests uitgevoerd. Henry zou de eerste patiënt zijn die deze operatie onderging in verband met niet te traceren epilepsie. In 1991, toen Henry 65 was, hoorde een verzorger hem zeggen dat hij zich herinnerde lang geleden formulieren te hebben getekend, maar hij zich niet herinnerde wanneer, of waarover ze gingen. 'Ik geloof dat ze over mijn operatie aan mijn hoofd gingen.' Er bestaan geen berichten over de gesprekken die Henry met zijn ouders had na hun ontmoetingen met Scoville, maar na tien jaar van mislukte behandelingen was iedereen het erover eens dat de operatie Henry de beste kansen bood ervan af te komen.[11]

Op maandag 24 augustus 1953 verlieten hij en zijn ouders hun huis aan Burnside Avenue, staken vanuit East Hartford de Connecticut over en reden gespannen de acht kilometer naar Hartford Hospital. Na zijn opname sprak Henry met een psychologe, Liselotte Fischer, voor een test. Ze schreef in haar verslag: 'Hij erkende "enigszins zenuwachtig" te zijn vanwege de aanstaande operatie, maar sprak de hoop uit dat hij er baat bij zou hebben, of in elk geval anderen, als die werd uitgevoerd. Zijn houding was coöperatief en zeer welwillend, en hij gaf blijk van een aangenaam gevoel voor humor.'[12]

Henry bracht de nacht in het ziekenhuis door. De volgende dag schoren personeelsleden van het ziekenhuis zijn hoofd en reden hem een operatiekamer in. In het operatieverslag van Scoville staat: 'Uiteindelijk opgenomen voor een nieuwe operatie, een bilaterale resectie van het mediale oppervlak van de temporaalkwab, daarbij inbegrepen de *uncus*, de amygdala en de *gyrus* van de hippocampus, als vervolg op recente operaties aan de temporaalkwab, uitgevoerd wegens psychomotorische epilepsie.'

Dit was een dag vol verwachting voor Scoville en van voorzichtig optimisme voor de familie Molaison. Scoville was op de hoogte van de werkwijze van andere chirurgen die de toevallen van hun patienten wilden bedwingen, en hij hoopte met zijn eigen techniek iets nieuws in de chirurgie te bereiken. Henry en zijn ouders zagen uit naar een tijd dat ze weer als een normaal gezin konden leven zonder de onverwachte inbreuken door Henry's toevallen. De vraag die iedereen bezighield was of het verwijderen van hersenweefsel Henry's epilepsie zou genezen. Niemand was erop bedacht dat hij zijn geheugen zou verliezen, maar het gebeurde wel, en op die dag werd heel zijn levensloop onherroepelijk veranderd.

2

'Een echt experimentele operatie'

Op dinsdag 25 augustus 1953 stond William Beecher Scoville boven de operatietafel en injecteerde een verdoving in de schedelhuid van zijn patiënt. Henry was bij kennis en sprak met de artsen en verpleegsters; hij had geen volledige verdoving nodig want de hersenen hebben geen pijnsensoren en zouden daarom geen enkele pijn tijdens de operatie ervaren. De enige plaatsen die verdoofd moesten worden, waren zijn hoofdhuid en zijn hersenvlies, het fibreuze weefsel tussen zijn schedel en zijn hersenen.

Toen de verdoving werkte, maakte Scoville een incisie over een rimpel in Henry's voorhoofd en trok de huid naar achteren waardoor de rode onderkant daarvan bloot kwam en het bot eronder. Net boven Henry's wenkbrauwen boorde Scoville twee gaatjes in de schedel, 4 centimeter in doorsnee en 12 centimeter uit elkaar. Hij haalde twee botschijfjes weg uit de boorgaten en legde ze opzij. De gaten werden deuropeningen naar Henry's hersenen waardoor de chirurg zijn instrumenten naar binnen kon krijgen.

Voor Scoville doorging, deed zijn team een laatste EEG-onderzoek, deze keer met elektroden die direct op en in Henry's hersenweefsel werden geplaatst. Scoville wilde voor de laatste keer proberen de bron van Henry's aanvallen te lokaliseren. De elektrische activiteit in zijn hersenen was zichtbaar als een reeks kronkellijnen, sporen genoemd, op het EEG-papier, en elk spoor kwam overeen met een ander deel van zijn hersenen. Als Scoville de epileptische activiteit tot één gebied kon isoleren, zou de experimentele operatie die hij had voorgesteld onnodig zijn. Hij zou dan eenvoudig het ene gebied kunnen verwijderen waar de aanvallen ontstonden. Maar opnieuw vertoonde de EEG elektrische activiteit die diffuus was en moeilijk viel te lokaliseren, dus ging hij volgens plan door met de operatie.

Scoville was geoefend in en een sterk voorstander van psychochirurgie. Zoals velen van zijn tijdgenoten geloofde hij dat chirurgie een radicale, maar in potentie echte oplossing bood voor wanhopige gevallen. Het verwoesten van hersenweefsel zag men destijds als een valide, zij het experimentele behandeling voor tal van psychiatrische aandoeningen, waaronder schizofrenie, depressies, angstneuroses en obsessies.

Scoville geloofde dat chirurgen op den duur in de hersenen konden graven en door een kritiek gebied te verwijderen of elektrisch te stimuleren, problemen regelrecht konden oplossen, zonder dat psychotherapie of medicijnen nodig waren. Hoewel hij Henry ging opereren wegens epilepsie, geen psychiatrische aandoening, was Scoville er door het uitproberen van deze verrichtingen toe gekomen zo'n extreme operatie op Henry uit te voeren.

Wanneer mensen aan psychochirurgie denken, denken ze meestal aan *frontale lobotomie*, waarbij de *frontale hersenkwabben* van de rest van de hersenen worden losgemaakt. De met Oscars bekroonde film *One Flew over the Cuckoo's Nest* (1975) biedt een van de scherpste culturele illustraties van wat er dan gebeurt. De film, gebaseerd op de roman van Ken Kesey, vertelt het verhaal van R.P. McMurphy, die na zijn veroordeling naar een psychiatrische inrichting wordt gestuurd omdat hij waanzinnig gedrag voorwendt. Daar spoort hij zijn medepatiënten aan om de dictatoriale en gehate zuster Ratched te tarten. Wanneer zijn plannen averechts uitpakken en leiden tot de zelfmoord van een patiënt, geeft hij Ratched de schuld en probeert hij haar te wurgen. Als straf moet McMurphy een lobotomie ondergaan. Door de operatie loopt hij deerniswekkende schade aan zijn hersenen op. Dat wekt het medelijden van een andere patiënt op en die is zo goed hem met een kussen te verstikken. (zie afb.1)

Een voorbeeld uit de realiteit van de verwoesting die een lobotomie aanricht is het bekende verhaal van Rosemary Kennedy, de dochter van Joseph Kennedy en een zus van John, Robert, Edward en Eunice. Rosemary was een knappe jonge vrouw die minder intelligent heette te zijn dan de andere kinderen. In 1941, ze zat toen op een nonnenschool in Washington, was Rosemary volgens de nonnen humeurig, had ze emotionele uitbarstingen en ontsnapte ze 's avonds van school. Uit bezorgdheid dat er mannen in het spel waren en ze in de problemen kon komen, stemde Joseph Kennedy toe in lobotomie als behandeling voor zijn 23-jarige dochter en bracht haar naar de befaamde voorvechter van psychochirurgie, Walter Freeman. Freemans medewerker, James Watts, stelde als diagnose dat Rosemary aan geagiteerde depressie leed, waardoor ze een geschikte kandidaat was voor de behandeling. De uitkomst was verwoestend en verschrikkelijk: Rosemary raakte geestelijk en lichamelijk gehandicapt, en moest de volgende 63 jaar in een inrichting doorbrengen, geïsoleerd van haar familie.[1]

Tegenwoordig is frontale lobotomie in sommige landen verboden, de behandeling heeft een slechte naam gekregen en is vrijwel achterhaald. Als je de verwoestende resultaten van deze operaties ziet, valt nauwelijks te begrijpen waarom ze ooit werden uitgevoerd. Vanaf 1938 tot 1954 stelden voorvechters van lobotomie echter dat de risico's van de behandeling werden gerechtvaardigd door de mogelijkheid om wanhopige patiënten te redden, mensen die een ellendig leven leidden en opgesloten zaten in inrichtingen. Soms konden door deze operaties patiënten terug naar hun familie en hun leven op een hoger niveau van functioneren voortzetten dan voor de operatie.

Ongetwijfeld liet Scoville zich door deze logica leiden bij zijn aanbeveling om Henry zo te behandelen. De toevallen werden frequenter, waardoor Henry's leven gevaar liep, en hij reageerde niet meer bevredigend op zeer zware medicatie. In Scovilles ogen was opereren ongetwijfeld de laatste, beste optie.

In tegenstelling tot een tumor of littekenweefsel in de hersenen, dingen die een chirurg kan herkennen en weghalen, komen psychiatrische aandoeningen niet voort uit zichtbare veranderingen in de anatomie van de hersenen of een aan het weefsel merkbare aandoening. De beweegreden voor een operatie om een psychiatrische aandoening te behandelen is dat een bepaald hersencircuit niet naar behoren werkt, ook al is dat niet waarneembaar.

Psychochirurgie werd populair toen wetenschappers de hersenen van mens en dier in kaart begonnen te brengen. Experimenten om het brein in kaart te brengen begonnen aan het eind van de negentiende eeuw en werden steeds populairder toen wetenschappers gingen begrijpen dat functies van de geest in de hersenen zijn gelokaliseerd. Het idee achter deze naspeuringen was dat specifieke sensorische, motorische en zelfs cognitieve functies, zoals taal, vertegenwoordigd waren in specifieke, gespecialiseerde hersengebieden. Deze verbanden tussen hersenen en gedrag, aan het eind van de negentiende eeuw en het begin van de twintigste eeuw aangetoond, wekten de hoop dat ziekten van de geest gelokaliseerd en chirurgisch behandeld konden worden.

De Zwitserse psychiater Gottlieb Burckhardt publiceerde het eerste verslag over psychochirurgie in 1891. Bij zes patiënten die last hadden van hallucinaties werden delen verwijderd van de hersenschors – de buitenste lagen van de hersenen net onder het bot. Burckhardts collega's reageerden zeer afwijzend op zijn lange operatieverslag, ze vonden zijn werkwijze roekeloos en onverantwoordelijk.[2]

Aan het begin van de twintigste eeuw beproefde Ludvig Puusepp, een neurochirurg uit Estland, iets anders. Drie patiënten van hem hadden manisch-depressieve klachten of aanvallen, die volgens hem door psychologische storingen werden veroorzaakt. In plaats van een stuk hersenweefsel weg te snijden zoals Burckhardt had gedaan, sneed Puusepp de vezels door – de 'telefoonlijnen' – die de frontale kwab en de pariëtale kwab verbinden. Maar hun ziekte verbeterde niet door de ingreep en Puusepp beschouwde zijn experiment als mislukt.[3]

In de jaren dertig begon men op grote schaal psychochirurgie toe te passen. De Portugese neuroloog António Egas Moniz was een voorloper en uiteindelijk kreeg hij de Nobelprijs voor zijn pogingen om een biologische behandeling te bieden bij psychiatrische aandoeningen. Moniz werd geïnspireerd door een onverwachte bron: het Comparitive Psychobiology Laboratory van de medische faculteit van Yale University. Onderzoekers hadden experimenten verricht bij chimpansees om te kijken hoe de frontale hersenkwabben werken, het deel van de hersenschors dat vlak achter het voorhoofd ligt.

Bij een zo'n experiment leerden de onderzoekers Becky en Lucy, normale chimpansees met intacte frontaalkwabben, een geheugentest te doen: ze keken toe als de onderzoeker een vrucht verborg onder een van twee kopjes. De onderzoekers lieten een scherm zakken tussen de chimpansee en de kopjes, en lieten dat een uiteenlopende periode hangen, vanaf secondes tot en met minuten. Wanneer het scherm omhoog ging, mocht de chimpansee een van de twee kopjes kiezen en de beloning pakken. Een juiste keuze weerspiegelde dat het dier in staat was zich te herinneren waar het voedsel was verstopt. Net als bij mensen zie je bij chimpansees individuele verschillen in persoonlijkheid en emotie. In tegenstelling tot Lucy had Becky een grondige hekel aan heel de training en werkte ze niet mee. Ze kreeg woedeaanvallen en rolde over de vloer, waarbij ze plaste en poepte. Ook kreeg ze emotionele uitbarstingen wanneer ze de geheugenproef verkeerd uitvoerde. De onderzoekers concludeerden dat Becky *experimentele neurose* had, een gedragsafwijking die in het laboratorium ontstond als je een dier een extreem moeilijke cognitieve taak gaf. In feite had Becky een zenuwinstorting. Anderzijds vertoonde Lucy geen extreme reacties.[4]

De onderzoekers vervolgden hun experiment om de rol van de frontaalkwabben bij complexe gedragingen te onderzoeken door ze bij Becky en Lucy weg te halen. Na de operatie mislukte de geheugentest bij beide chimpansees wanneer er meer dan een paar seconden vertraging was, wat aangaf dat de frontaalkwabben nodig waren om de locatie van het voedsel te kunnen onthouden. Omdat andere intelligente gedragingen bewaard bleven, begrepen de onderzoekers dat de chimpansees bij deze taak niet de fout ingingen door een algehele cognitieve achteruitgang. Lucy bleef net als voor de operatie graag meewerken, maar het gedrag van Becky veranderde volledig. Volkomen onverwacht verrichtte ze de taak voortaan vlug en enthousiast, en was ze niet meer prikkelbaar en vatbaar voor uitbarstingen. De onderzoekers concludeerden dat ze door de frontaalkwab-operatie was 'genezen' van haar neurose.

Deze toevallige ontdekking trok de aandacht van Moniz. Volgens hem bood het geval-Becky, samen met andere studies naar dieren en diverse klinische verslagen, genoeg aanwijzingen voor de gedachte dat je door het verwoesten van weefsel van de frontaalkwab bij mensen stoornissen in emotie en gedrag kon behandelen. Moniz speculeerde dat de abnormale gedachten en gedragingen die psychiatrische patiënten vertoonden, voortkwamen uit een afwijkende bedrading tussen de frontaalkwabben en andere hersengebieden. Hij opperde dat als je deze verkeerde verbindingen doorsneed de neurale communicatie naar gezonde banen zou worden omgeleid. Zo zouden patiënten weer normaal worden.

Om dit resultaat te bereiken kwam Moniz met de *leucotoom* ('witsnijder'), een nieuw instrument dat volgens hem nodig was bij de operatie. Het bestond uit een metalen buisje van iets meer dan 10 centimeter lang en ongeveer 2 centimeter breed dat je in de hersenen kon inbrengen via een van de twee ronde gaatjes die je in de schedel van de patiënt had gemaakt. Aanvankelijk werden al hun operaties uitgevoerd door Almeida Lima, Moniz' collega-neurochirurg. Lima boorde de gaatjes, liet de leucotoom naar de gewenste plek in de hersenen zakken en haalde dan uit de onderkant van de leucotoom een dun staaldraadje, dat ongeveer 5 centimeter uit het buisje kon. Om de verbindingen – de witte stof – onder de frontaalkwabben door te snijden, draaide hij de leucotoom langzaam één keer om. Voor een tweede snede trok hij het draadje een beetje in en liet de leucotoom nog eens draaien. Vervolgens trok Lima het draadje weer in de leucotoom, haalde het instrument uit de hersenen, vulde het gaatje in de schedel en herhaalde de procedure aan de andere kant. De manoeuvre leek op het klokhuis uit een appel halen en de effecten waren onomkeerbaar. Moniz noemde zijn verrichting *prefrontale leucotomie*.[5]

Moniz en Lima begonnen de ingreep in 1935 op mensen toe te passen. In Moniz' eerste publicatie over de operaties had hij het over twintig patiënten die tussen de 27 en 62 jaar waren. Achttien waren psychotisch – ze hadden irrationele denkbeelden, wanen of hallucinaties – en twee waren neurotisch door angststoornissen. Moniz beschreef de resultaten met zijn eerste reeks patiënten in een monografie uit 1936, waarin hij het therapeutische effect bij verschillende psychiatrische aandoeningen apart evalueerde. Hij ontdekte dat de uitkomsten tussen diverse psychiatrische groepen verschilden: patiënten die last hadden van angst, hypochondrie en melancholie vertoonden vooruitgang, terwijl er geen verandering was bij manische of schizofrene patiënten. In zijn monografie nam Moniz voor-en-na-foto's op waarop zijn patiënten na de operatie gezonder overkomen. Een nadere blik op de beschrijvingen van de individuele gevallen leert dat de uitkomsten in feite gemengd waren. Zeven patiënten werden als genezen beschouwd, zes toonden enige vooruitgang, en zeven hadden er helemaal niets aan gehad.[6]

Maar Moniz en Lima voelden zich aangemoedigd door dit inleidende experiment en besloten een tweede reeks van achttien patiënten te opereren. Hoewel de chirurgen op geen enkele manier de omvang van de hersenschade bij de eerste twintig patiënten konden bepalen, besloten ze dat meer laesies beter zouden werken, en daarom haalden ze er in de tweede reeks zes keer een 'klokhuis' uit. Moniz bagatelliseerde de ernst van de toevallen en de andere zorgwekkende bijwerkingen waarvan zijn patiënten na de ingreep last hadden. Hij concludeerde zelfs op grond van zijn resultaten dat het weghalen van de verbinding tussen de frontaalkwabben en de rest van de hersenen geen 'ernstige repercussies' had op de intelligentie en het geheugen van zijn patiënten. Nadat hij jarenlang deze operatie had gedaan bij zo'n honderd patiënten wijdde Moniz, als de uitvinder van de psychochirurgie gezien, zich aan andere dingen en in 1944 ging hij met pensioen.[7]

Na de resultaten die Moniz had geboekt steeg de populariteit van psychochirurgie. Aan het eind van de jaren dertig en in de jaren veertig werd de operatie, voortaan lobotomie geheten, vaak toegepast. Deze bloei was voor een groot deel te danken aan een beschermeling van Moniz, een jonge, ambitieuze Amerikaanse neuroloog, Walter Freeman. In samenwerking met de bekwame neurochirurg James W. Watts voerde Freeman de ingreep van Moniz in september 1936 voor het eerst in de Verenigde Staten uit. Na de operatie waren de symptomen van de patiënt, een vrouw van middelbare leeftijd die aan angsten en depressies leed, lichter en was de verzorging minder moeilijk. In de volgende drie jaar presenteerden Freeman en Watts de resultaten van hun groeiende stroom patiënten op wetenschappelijke bijeenkomsten, en geleidelijk raakte de ingreep ingeburgerd, ook bij toonaangevende instellingen als de Mayo Clinic, Mass General en de Lahey Clinic.

Freeman en Watts verfijnden hun werkwijze, ze vervingen Moniz' leucotoom door een door hen uitgevonden nieuw model waarmee je de hersenen op kon lichten en toegang kon krijgen tot de chirurgische doelen. Op het handvat van deze nieuwe leucotoom stonden hun namen. Ze kozen ervoor de schedel via de slapen binnen te gaan en richtten zich op verschillende gebieden in de frontale kwabben, al naar gelang de symptomen van de individuele patiënt. Sommige operaties waren radicaler dan andere. Eén variant, *transorbitale lobotomie*, diende om de *thalamus* te beschadigen – een belangrijk schakelstation voor informatie die de hersenen binnenkomt – en de schade aan de frontaalkwabben te beperken. In dit geval kwam Freeman de hersenen binnen via het bot boven beide ogen, waarbij hij een instrument gebruikte dat hij in zijn keuken tegenkwam, een ijspriem. De ingreep kon in tien minuten worden verricht, terwijl de patiënt in een tandartsstoel zat. Voorkomende complicaties waren blauwe ogen, hoofdpijn, epilepsie, bloedingen – en overlijden. Watts was er tegen om van de operatie met de ijspriem een gewone poliklinische ingreep te maken en daardoor kwam aan de lange samenwerking van hem en Freeman een eind. Zo kon Freeman alleen doorgaan.[8]

Het aantal operaties dat Freeman tijdens zijn loopbaan deed is verbijsterend: bij meer dan drieduizend patiënten in 23 Amerikaanse staten deed hij een lobotomie, niet alleen bij volwassen psychiatrische patiënten maar ook bij gewelddadige criminelen en schizofrene kinderen; eentje was pas vier. Vrouwen waren in de meerderheid bij Freemans patiënten, de meest bekende was Rosemary Kennedy. In Spencer (West Virginia) vestigde hij een dubieus record door op één dag 25 vrouwen te opereren. Freeman richtte zich op zijn ingreep, niet op zijn patiënten, wat in strijd is met de eed van Hippocrates.[9]

Ondanks het grote aantal patiënten dat hij had, wilde Freeman na hun operatie graag contact met hen houden. In 1967 kocht hij een Clark Cortez-camperbus, die hij 'de Lobotomobiel' noemde. Jarenlang reed hij kriskras de Verenigde Staten door om zijn ingreep met de ijspriem op medische bijeenkomsten te demonstreren en om bij meer dan zeshonderd patiënten te gaan kijken. In 1967 verloor Freeman zijn bevoegdheid om te opereren in het Herrick Memorial Hospital in Berkeley (California), nadat een van zijn lobotomiepatiënten overleed aan een hersenbloeding. Volgens een andere neurochirurg, H. Thomas Ballantine, raakte Freeman zijn bevoegdheid ook kwijt in het ziekenhuis in Georgetown en in het George Washington Hospital, wat inhield dat hij daar geen patiënten meer kon laten opnemen of behandelen. Ook mocht hij geen gebruik meer maken van de faciliteiten en het personeel. Maar daarbij bleef het verzet uit de medische wereld tegen zijn schadelijke verrichtingen. Onthutsend genoeg werd Freeman aan het eind van zijn leven door de University of Pennsylvania geëerd als een belangrijke oud-student. Hij stierf, 76 jaar oud, in 1972 aan darmkanker.[10]

Freeman stond beslist niet alleen in zijn enthousiasme over lobotomie. Na zijn bescheiden successen gingen honderden andere artsen zich aan psychochirurgie wijden. In de veertig jaar na Moniz' eerste publicatie ondergingen veertig- tot vijftigduizend mensen een lobotomie, velen tegen hun wil. Maar de brede toepassing van Freemans lobotomietechnieken wilde niet zeggen dat artsen geloofden in Moniz' theorie over het verbreken van verkeerde bedrading tussen de frontaalkwabben en andere hersengebieden. De behandeling sprak om praktische redenen aan, dokters konden weinig alternatieven bieden. De geschiedenis van de lobotomie wordt gekenmerkt door optimisme en een gebrek aan scepsis bij de artsen én bij de families van de patiënten. Duizenden mensen van alle rangen en standen ondergingen de operatie, vaak met een ondeugdelijke rechtvaardiging, met weinig evaluatie en documentatie over het therapeutische effect en de bijwerkingen. Vrouwen hadden twee keer zo veel kans op lobotomie als mannen.[11]

Een van de problemen bij de psychochirurgische beweging was dat Moniz, Freeman en andere chirurgen over hun eigen resultaten berichtten, met weinig of geen externe verificatie. Ze hadden uiteraard de neiging hun eigen ingrepen als succesvol te zien en de negatieve gevolgen te bagatelliseren. Een juiste evaluatie bij elke hersenoperatie vergt op z'n minst dat de cognitieve vermogens van de patiënt voor en na de operatie worden getest, om te bepalen of die door het hersentrauma zijn aangetast. Ideaal is dat patiënten worden getest door een onafhankelijke psycholoog die geen belang heeft bij het resultaat en op zo'n manier dat je met standaardtests het psychiatrische en cognitieve functioneren van de patiënt kunt kwantificeren. Je kunt de tests dan gebruiken om te zien hoe de ziekte van een patiënt zich in de loop van de tijd ontwikkelt – ten goede of ten kwade.

In de hoogtijdagen van de psychochirurgie was die wetenschappelijke zorgvuldigheid voor weinig patiënten weggelegd. In de meeste gevallen beoordeelden de artsen van de patiënten het slagen of het mislukken van de operatie met subjectieve waarnemingen. Daarnaast leverde de familie van de patiënt enige informatie. In vele gevallen was voor de familie elk teken dat het gedrag van de patiënt was verbeterd zo plezierig dat men andere gevolgen, zoals geheugenverlies of verlies van cognitieve vaardigheden, over het hoofd zag of aanvaardde als prijs voor de verbetering. Hoewel deze beoordelingen allerminst betrouwbaar waren, aanvaardde men in de medische wereld – bejubelde men soms – de succesverhalen die in de wetenschappelijke bladen werden gepubliceerd en waarover in de media werd bericht.

Desondanks werd aan het eind van de jaren vijftig duidelijk dat lobotomie een riskante ingreep was. Tot de meest tragische gevolgen hoorden overlijden, zelfmoord, toevallen en dementie. Freeman zelf signaleerde een *lobotomiesyndroom* dat je door de operatie kon krijgen, met symptomen als verlies van creativiteit, onvermogen om goed te reageren op omgevingsprikkels, bedplassen, futloosheid en epileptische stuiptrekkingen ten gevolge van littekenweefsel dat zich na de operatie in de hersenen vormde. Lobotomie werd geleidelijk minder toegepast door groeiende ongerustheid bij medici en wetenschappers.[12]

Later in de twintigste eeuw begonnen nieuwe antipsychotische medicijnen zoals chloorpromazine, antidepressiva zoals imipramine, en psychotherapie psychochirurgie als behandelingsvorm te vervangen. In de jaren zeventig werd een nationale commissie opgericht voor de bescherming van mensen bij biomedisch en gedragskundig onderzoek. Men verzamelde gegevens over de effecten van psychochirurgie en concludeerde dat psychochirurgische ingrepen niet volledig moesten worden verboden maar wel uitsluitend onder bepaalde omstandigheden mochten worden verricht waarbij de rechten en de veiligheid van de patiënt waren gewaarborgd. Psychochirurgen, eens de sterren van de academische psychiatrie, werden op den duur buitenstaanders in het vakgebied.[13]

Toen Henry werd geopereerd, was psychochirurgie nog in trek. Wel waren vele neurochirurgen, die zagen dat de symptomen na frontale lobotomie niet verdwenen, op jacht gegaan naar psychochirurgische varianten. Ze zochten naar gebieden buiten de frontaalkwabben die de mechanismen ondersteunden achter geestelijke instorting en geestelijk herstel. Tal van onderzoekers wilden lager en dieper de hersenen in. Bij frontale lobotomie werden onvermijdelijk de verbindingen onder de frontaalkwabben doorgesneden, terwijl men zich bij de nieuwe methodes op beperkte hersengebieden richtte.

Scoville was een van de neurochirurgen die deze alternatieve ingrepen ontwikkelde. Hoewel hij in de jaren veertig bij 43 psychotische patiënten een frontale lobotomie had uitgevoerd, vermoedde Scoville dat de psychose niet in de frontale kwab zetelde of het beste doel was voor genezing ervan. Hij geloofde dat de positieve resultaten die werden gemeld over psychoten die frontale lobotomie hadden ondergaan, eerder voortkwamen uit een verminderde angst bij de patiënten dan uit een echte verandering van hun psychose. Scoville richtte dus zijn aandacht op de binnenste delen van de temporaalkwabben, en dat leek meer hoop te bieden om patiënten te genezen. Hij raakte geïnteresseerd in dit deel van het *limbische systeem*, een groep structuren onder beide corticale hemisferen, omdat men meende dat hier de emoties zetelden.

Scoville begon, zoals hij het noemde, aan een 'plan van directe chirurgische aanvallen' op dit deel van de hersenen en bedacht een nieuwe chirurgische techniek die hij *mediale temporale lobotomie* noemde. In 1949 ging hij lobotomieën uitvoeren die op het limbische systeem waren gericht. Zijn operatie kende verschillende varianten en gewoonlijk had hij vrouwelijke patiënten die opgesloten zaten in staatsinrichtingen in Connecticut. Meestal waren het zwaar gestoorde schizofrenen, maar van twee patiënten wordt aangetekend dat ze geestelijk onvolwaardig waren door psychose en epilepsie. Scovilles ingreep was alleen bedoeld om de psychose aan te pakken. Psychose en epilepsie zijn verschillende ziekten, veroorzaakt door andere hersenafwijkingen. Het was dus louter toeval dat deze vrouwen aan beide kwalen leden. Nadat Scoville de vrouwen had geopereerd, werden hun epileptische aanvallen minder frequent en ernstig. Bij één vrouw was een lichte vermindering te zien van haar psychiatrische symptomen en de andere toonde duidelijk vooruitgang. Het verminderen van de toevallen was een toevalstreffer die Scoville ertoe aanzette te onderzoeken of temporaalkwabchirurgie uitkomst kon bieden bij epilepsie. In 1953 publiceerde hij de resultaten van de operaties bij de twee vrouwen (en bij zeventien anderen). In hetzelfde jaar opereerde hij Henry.[14]

Scoville was niet de enige die een verband zag tussen de temporaalkwabben en epilepsie. Bij eerder onderzoek was gebleken dat je bij dieren door elektrische stimulatie van temporaalkwabstructuren epilepsieachtige symptomen kon opwekken. Dat gebeurde ook wanneer epileptische patiënten tijdens een herseneoperatie in deze gebieden elektrisch werden geprikkeld. Begin jaren vijftig begon Wilder Penfield, een vooraanstaande neurochirurg van het Montreal Neurological Institute, operaties te verrichten waarbij hij weefsel verwijderde uit de linker of rechter temporaalkwab bij patiënten die last hadden van toevallen.[15]

In deze context adviseerde Scoville mediale temporale lobotomie voor Henry. Omdat Henry's epilepsie zo ernstig was en die niet kon worden beteugeld, ook niet met veel medicijnen, beschouwde Scoville hem als een goede kandidaat voor wat hij later een 'echt experimentele operatie' noemde. Hij hoopte dat hij door een aanzienlijk deel van de mediale temporaalkwabben weg te halen Henry's toevallen eindelijk tot staan kon brengen.[16]

Als we de hersenen van opzij bekijken, zien we dat de frontaalkwabben, die de ruimte achter het voorhoofd vullen, naar beneden buigen en bij een kleinere uitstulping lager in de hersenen uitkomen. Scoville richtte zich op de binnenkant van deze lagere uitstulping, de temporaalkwab. Nadat hij toegang had verkregen via een van de gaatjes die in Henry's schedel waren geboord, maakte Scoville een snede in de *dura mater*. Hij legde het glanzende en gekronkelde oppervlakte van de hersenen bloot, doorkruist met helderrode bloedvaten. De hersenen klopten lichtjes, tegelijk met Henry's ademhaling en hartslag. Scoville kwam binnen nabij het *chiasma opticum* – het gebied waar zenuwbundels van beide ogen elkaar kruisen en naar de andere kant van de hersenen lopen. Hij bracht een lange, dunne hersenspatel onder een frontaalkwab in, lichtte die op en schoof de grote bloedvaten opzij die zich rond het oppervlak van de hersenen wikkelden. Een assistent overhandigde hem iets om overtollig bloed of *cerebrospinaal* vocht mee weg te zuigen en een elektrisch apparaat om lekkende bloedvaten mee dicht te branden. Toen hij de frontaalkwab uit het onderste deel van de hersenen optilde en er spinaal vocht uit lekte, zakten de hersenen in de schedel neer, waardoor Scoville meer ruimte voor zijn werk kreeg. Hij kon nu de *uncus* zien, het voorste deel van de hippocampus. De uncus, wat 'haak' betekent, lijkt op een vuist aan het eind van een gebogen pols. Scoville had eerder ontdekt dat bij patiënten die bij bewustzijn waren zelfs zwakke elektrische stimulatie van deze structuur tot toevallen leidde, wat hem een reden gaf om de uncus te verwijderen ter behandeling van epilepsie (zie afb. 2a en afb. 2b).[17]

Om de resectie uit te voeren gebruikte Scoville een techniek die *aspiratie* heette. Daarbij leidde hij een instrumentje door het gaatje in Henry's bot, het gebied van de mediale temporaalkwab in. Dan ging hij voorzichtig zuigen en met die eenvoudige handeling werden beetje voor beetje stukjes van Henry's hersenen in het apparaat gezogen. Scoville verwijderde de uncus, de voorste helft van de hippocampus en wat hersenschors in de buurt, onder meer de *entorinale* schors. Hij verwijderde ook het grootste deel van de amygdala die tegen de hippocampus aan zit en essentieel is voor het uitdrukken en voelen van emoties. Nadat hij aan de ene kant van Henry's hersenen klaar was met zijn werk, herhaalde Scoville de procedure aan de andere kant.[18]

Door de gaatjes in Henry's schedel kon Scoville zien wat hij deed, maar het bleef toch onmogelijk om precies te bepalen hoeveel weefsel hij had verwijderd. MRI-scans toonden later dat hij had overschat hoeveel hij had weggehaald – hij geloofde dat het aan elke kant om 8 centimeter weefsel ging, maar in feite was het iets meer dan de helft daarvan uit Henry's hersenen weg.[19]

Tijdens de operatie haalde Scoville de binnenkant van de temporale pool weg, het grootste deel van de amygdala, het gebied van de hippocampus (behalve 2 centimeter achteraan) en de gyrus hippocampalis (behalve de achterste 2 centimeter). De hersenen hebben links en rechts een hippocampus, ze liggen boven de oren, diep in de temporaalkwabben. Banen die het midden van de hersenen van links naar rechts en van rechts naar links kruisen, verbinden de twee hippocampi. Door het geval-Henry weten we tegenwoordig dat schade aan de hippocampus aan beide kanten van de hersenen amnesie veroorzaakt, maar in 1953 hadden de wetenschappers geen idee dat het vermogen voor het vormen van herinneringen in dit specifieke gebied was gelokaliseerd. Dit gebrek aan kennis leidde tot Henry's tragedie, en studies naar zijn toestand vulden deze leemte.

Vóór de jaren dertig geloofden anatomen dat de voornaamste functie van de hippocampus was om het reukvermogen te ondersteunen. Niemand wist dat er een geheugennetwerk in deze structuur zat. Wetenschappers hadden wel over de rol van de structuren van de mediale temporaalkwab bij emoties geschreven. In het artikel 'A Proposed Mechanism of Emotion' uit 1937 beschreef James Papez wat 'het circuit van Papez' ging heten: een ring van structuren, waaronder de hippocampus, die anatomisch zijn verbonden en een mechanisme bieden voor het voelen en uitdrukken van emotie. In 1952 kwam Paul MacLean met het concept van het limbische systeem, met onder meer de amygdala, en sprak van het emotionele brein. Scoville en zijn collega's moeten op de hoogte zijn geweest van de centrale rol van de structuren van de mediale temporaalkwab bij emotie toen ze met mediale temporale lobotomie bezig waren.[20]

Voor Henry was het effect van het verwijderen van de voorste helft van de hippocampus hetzelfde als wanneer Scoville de hele structuur had weggezogen. De overgebleven 2 centimeter kregen geen input van de buitenwereld en functioneerden daarom niet. De voornaamste route waarlangs informatie de hippocampus bereikt is via banen in de entorinale schors die door Scoville ook werd weggehaald. Daardoor kon nieuwe informatie van het gezichtsvermogen, het gehoor, de tastzin, en van het reukvermogen het restje van de hippocampus niet bereiken.

Tijdens de operatie hield een anesthesist Henry's toestand nauwlettend in de gaten. Bij zulke ingrepen vrezen hersenchirurgen essentiële hersenfuncties zoals beweging en taal te beschadigen. Door Henry te vragen in zijn hand te knijpen kon de anesthesist testen of Henry taal kon begrijpen én of hij kon bewegen. Hoewel hij tijdens de operatie bij kennis bleef, kreeg Henry waarschijnlijk een kalmerend middel om te voorkomen dat hij rusteloos werd.

Toen Scoville de verwijdering afrondde, gaf de anesthesist Henry een algehele verdoving zodat hij niets zou voelen terwijl Scoville de operatie voltooide. Hij hechtte de snee in de buitenste membraan van de hersenen, verving de schijfjes bot in Henry's schedel en naaide zijn hoofdhuid weer aan elkaar.

Na de operatie werd Henry naar een recoveryruimte gebracht. Dokters en verpleegsters hielden hem daar nauwlettend in de gaten om te zorgen dat zich geen levensbedreigende dingen voordeden, zoals bloedingen. Verpleegsters controleerden elk kwartier zijn vitale functies tot hij wakker was en duidelijk buiten gevaar. Toen brachten ze hem terug naar zijn ziekenhuiskamer, waar zijn ouders hem konden bezoeken.

In de dagen die volgden was Henry slaperig, maar verder leek hij lichamelijk goed te herstellen van de beproeving. Maar spoedig werd duidelijk dat er iets verschrikkelijk mis was. Patiënten die herstellen van een hersenoperatie hebben vaak een periode van verwardheid, maar Henry's toestand ging veel verder. Hij herkende de verzorgers niet die elke dag naar zijn kamer kwamen en kon zich niet herinneren wat hij met hen had besproken. Ook kon hij zich de dagelijkse gang van zaken in het ziekenhuis niet herinneren. Toen Henry de weg naar de wc niet kon vinden, ook al was hij daar diverse keren eerder geweest, begon Elizabeth Molaison te beseffen dat er iets tragisch was gebeurd.

Toen zijn familie en het ziekenhuispersoneel ernaar vroegen, kon Henry zich bepaalde kleine gebeurtenissen van vlak voor de operatie herinneren, maar hij leek zich niets te herinneren van zijn verblijf in het ziekenhuis. Ook de dood van zijn oom drie jaar eerder of andere belangrijke gebeurtenissen uit zijn leven kon hij zich niet herinneren. Toen hij het ziekenhuis verliet, tweeënhalve week na zijn operatie, was duidelijk dat Henry aan ernstige geheugenbeschadiging leed – amnesie.[21]

Toch werd met de operatie bereikt wat Scoville had gehoopt. Henry's toevallen werden drastisch teruggebracht, maar dit voordeel had een verwoestende prijs. Elizabeth en Gus, die altijd voor Henry hadden moeten zorgen vanwege zijn toevallen, zaten nu met een zoon die zich niet kon herinneren wat voor dag het was, wat hij bij het ontbijt had gegeten of wat ze luttele minuten eerder hadden gezegd. Voor de rest van zijn leven zou Henry gevangenzitten in een permanent tegenwoordige tijd.

3

Penfield en Milner

Na zijn operatie had Henry verder een moeilijk maar rustig leven kunnen leiden onder de toegewijde zorg van zijn ouders. Maar zijn geval trok al snel de aandacht van de wetenschappelijke gemeenschap, die hongerde naar kennis over de menselijke hersenen. Van zijn tragedie leerden we dat onze hersenen met tal van gespecialiseerde hersencircuits allerlei verschillende verrichtingen kunnen uitvoeren bij het vormen, consolideren en terughalen van herinneringen.

Henry was niet de eerste die een ernstige, langdurige geheugenstoornis opliep na een hersenoperatie tegen epilepsie. In dezelfde tijd wachtte twee andere mannen, F.C. en P.B., hetzelfde vreselijke lot. Beide mannen werden onmiddellijk amnesisch, na operaties verricht door Wilder Penfield, oprichter en directeur van het Montreal Neurological Institute van McGill University. Penfield had bij de twee patiënten een deel van de linker temporaalkwab verwijderd om epileptische aanvallen te verlichten.[1]

Penfield bestudeerde F.C. en P.B. uitgebreid, samen met Brenda Milner, destijds postdoctoraal student aan McGill. Later hield Milner zich ook met Henry bezig. Hun onderzoek was onderdeel van een opkomende beweging onder wetenschappers om complexe mentale vermogens, zoals geheugen en kennis, met specifieke anatomische structuren in de hersenen te verbinden. Deze drie opmerkelijke gevallen – F.C., P.B. en H.M. – zorgden voor een grote stap voorwaarts in de neurowetenschap en vormden de basis van het moderne geheugenonderzoek.

Henry's verhaal is onlosmakelijk verbonden met het bijzondere leven van Penfield en zijn instituut. Penfield werd in 1891 geboren in Spokane (Washington). Zijn vader en zijn grootvader waren arts, en hij trad in hun voetsporen. Na een particuliere middelbare school voor jongens ging hij studeren aan Princeton University. Later begon hij een studie medicijnen aan het College of Physicians and Surgeons in New York. Maar na zes weken veranderde Penfield zijn plannen. Met zijn academische prestaties, zijn sportieve gaven en sociale succes sleepte hij een Rhodes Scholarship in de wacht en in 1914, hij was toen 23, werd hij toegelaten op de universiteit van Oxford in Engeland, aan Merton College.

Mijn korte relaas over Penfields leven leunt zwaar op zijn autobiografie. Hij studeerde zowel natuurwetenschap als medicijnen, en deze tweeledige voorbereiding voedde zijn levenslange passie om de twee terreinen te overbruggen. Vanaf het begin van zijn studie werkte Penfield onder giganten op deze gebieden. Tijdens zijn eerste twee jaar in Oxford waren zijn mentoren Sir Charles Scott Sherrington, in 1932 onderscheiden met de Nobelprijs voor fysiologie of geneeskunde voor zijn ontdekkingen over de functie van neuronen, en Sir William Osler, architect van het onderwijs naast het bed en het systeem van een klinische opleidingsperiode.[2]

Na zijn periode in Oxford keerde Penfield terug naar de Verenigde Staten. Het laatste jaar van zijn medische studie deed hij aan John Hopkins University. Na een coassistentschap in Boston aan het Peter Bent Brigham Hospital, onder de befaamde neurochirurg Harvey Williams Cushing, keerde Penfield terug naar Engeland voor twee jaar postdoctoraal onderwijs. Hij deed neurofysiologie in Oxford en neurologie in Londen aan het befaamde National Hospital op Queen Square.

In 1921 keerde Penfield terug naar huis en op zijn dertigste aanvaardde hij, met een ongeëvenaarde scholing, een betrekking aan het Presbyterian Hospital in New York. Daar begon hij zijn werk in de neurochirurgie. Zijn eerste patiënt was een man met een hersenabces, een met pus gevulde massa. De tweede was een vrouw met een hersentumor. Beide patiënten waren in coma toen ze in het ziekenhuis arriveerden, en ondanks Penfields heroïsche pogingen in de operatiekamer om hen te redden overleden ze allebei. Hoewel deze mislukkingen hem deprimeerden, geloofde Penfield dat tijdens zijn leven, in de neurochirurgie enorme vooruitgang zou worden geboekt.

Bij Penfields onderwijs en onderzoek draaide het vooral om weefsel dat hij bij operaties uit de hersenen van patiënten had verwijderd. Hij hoopte dat hij door zijn microscoop iets zou zien dat aanwijzingen zou opleveren voor de oorzaak van epilepsie. Maar zijn resultaten waren teleurstellend, omdat hij met zijn methodes onvoldoende indruk kreeg van de details in de cellen. Rond die tijd had hij het geluk een artikel in een Spaans tijdschrift te lezen met tekeningen van hersencellen waarin de verschillende onderdelen van elke cel duidelijk afstaken. De auteur van het artikel was Pío del Río-Hortega, een Spaanse onderzoeker aan het Instituto Cajal in Madrid, en Penfield wilde graag naar zijn laboratorium toe. In 1924 kreeg hij toestemming van zijn afdeling om voor zes maanden naar Spanje te gaan om het lab van Río-Hortega te bezoeken. Daar hield Penfield zich bezig met een fundamenteel probleem waarmee biologen te maken kregen: hoe kun je bepaalde typen cellen thuisbrengen?

Wanneer onderzoekers door een microscoop naar hersenweefsel kijken, zien ze een complexe en mysterieuze reeks weefsels. Het brein heeft allerlei verschillende soorten neuronen, die in bepaalde functies zijn gespecialiseerd. Maar hoe belangrijk neuronen ook zijn, er zijn veel meer *gliacellen*. Gliacellen – van het Griekse *glia*, lijm – voorzien de neuronen van structurele steun, en in Penfields tijd geloofde men dat ze niet van belang waren voor de overdracht van zenuwimpulsen. Maar vandaag de dag weten we dat het actieve partners van neuronen zijn, en dat de interacties tussen deze twee soorten cellen waarschijnlijk essentieel zijn voor de werking van synapsen, de contactplaats waarover het ene neuron berichten naar het volgende zendt.

Onderzoekers bestuderen neuronen en gliacellen vaak door kleurstoffen te injecteren die door een specifiek soort cel worden opgenomen, waardoor die afsteekt bij de omliggende cellen. In Madrid droeg Penfield aan het ontwikkelen van deze technologie bij, samen met Río-Hortega die geavanceerde methoden had bedacht om hersenweefsel te kleuren als een instrument om de structuur van zenuwcellen en hun verbindingen te ontraadselen. Onder supervisie van Río-Hortega produceerde Penfield de eerste betrouwbare kleurstof voor een soort gliacel die *oligodendrocyt* wordt genoemd en door hem in een publicatie uit 1924 werd beschreven. Omdat deze cellen verschijnen als reactie op hersenziekte of -letsel, kregen neuropathologen, door ze te kunnen identificeren, een methode om afwijkend hersenweefsel te onderzoeken.³

Penfield wilde vooral weten waarom een litteken in de hersenen dat door letsel bij de geboorte of een hoofdwond was ontstaan bij sommige patiënten tot epilepsie kon leiden. Vier jaar na zijn bezoek aan Spanje had hij de gelegenheid deze kwestie te bekijken. Zijn fascinatie voor epilepsie leidde tot een nieuwe reis naar Europa, een bezoek van zes maanden aan het laboratorium van Otfrid Foerster aan de universiteit van Breslau in Duitsland. Foerster had epilepsiepatiënten geopereerd en daarbij het littekenweefsel uit de hersenen verwijderd dat hun aanvallen veroorzaakte. Deze ingreep hoopte Penfield ook zelf te doen, en hij wilde graag stap voor stap zien hoe Foerster in de operatiekamer te werk ging.

In 1928 nodigde Foerster Penfield uit om te komen kijken hoe hij uit de hersenen van een patiënt een litteken verwijderde dat deze zestien jaar eerder had opgelopen door een schotwond. Penfield kon het littekenweefsel naar een klein laboratorium brengen dat speciaal was uitgerust om de nieuwe Spaanse kleurstoftechnieken toe te passen. Daar ontdekte hij waarnaar hij had gezocht: gliacellen. Hij kreeg de cellen te zien die hij eerder in andere gewonde hersenen had gezien, maar deze keer kon hij meer details zien, alle complexe vertakkingen ervan waren duidelijk te onderscheiden. Deze opwindende doorbraak was een van de hoogtepunten in Penfields leven. Hij stond oog in oog met de cellulaire afwijkingen die de toevallen van de patiënten veroorzaakten, een ontdekking die fundamenteel was voor het begrip hoe door een ziekte of letsel aan de hersenen, en door littekenvorming tijdens de genezing, epilepsie ontstond. De oorzaak begrijpen opende de deur om een therapie te vinden.

Foerster was opgewonden over Penfields ontdekkingen en hij stelde voor dat ze samen beschrijvingen zouden publiceren van twaalf gevallen van vergelijkbare operaties die hij had verricht, en die allemaal tot verbeteringen bij zijn patiënten hadden geleid. Foerster wilde dat Penfield microscopisch de hersenmonsters onderzocht die hij tijdens zijn succesvolle epilepsieoperaties had verwijderd. In dit weefsel zaten aanwijzingen voor de oorzaak van de toevallen van de patiënten.[4]

Gedurende de rest van zijn verblijf in Breslau documenteerde Penfield de aanwezigheid van microscopische afwijkingen in hersenweefsel van twaalf patiënten bij wie in de vijf jaar na hun operatie de toevallen heel goed waren onderdrukt. In hun gemeenschappelijke artikel combineerden Penfield en Foerster de positieve resultaten van de chirurgie met beschrijvingen van het abnormale hersenweefsel; ze legden dus een verband tussen oorzaak en therapie. Foersters operatie leek een veelbelovend middel om bij wanhopige patiënten toevallen te kunnen onderdrukken, en Penfield kreeg zo een heel belangrijk instrument voor de toekomst. Hij had nu de wetenschappelijke rechtvaardiging die hij wilde om abnormaal weefsel te verwijderen, zoals Foerster dat had gedaan. Er werd alleen plaatselijke verdoving toegepast. Als de patiënt tijdens de ingreep bij kennis was en meewerkte, kon Penfield door de hersenen te stimuleren de gebieden voor motoriek en taal in kaart brengen, die hij niet verwijderde, en de gebieden met afwijkingen lokaliseren die weg moesten. In de verwachting dat hij hun epilepsie zou genezen, ging Penfield zo bij een grote groep patiënten te werk. Deze revelatie plaveide de weg voor het vervolg van zijn loopbaan.

In 1928 vestigde Penfield zich in Montreal om een lang gekoesterde droom te kunnen verwezenlijken: het oprichten van een gespecialiseerd neurologisch instituut aan de McGill University. Zijn plan – dat zijn levensdoel werd – was een instituut naast, maar onafhankelijk van, een algemeen ziekenhuis te bouwen waar onderwijs werd gegeven. Hij dacht aan een neurologisch instituut met faciliteiten voor patiënten en onderzoekers in één pand, waarmee de regio een centraal punt voor onderzoek en ontdekkingen zou krijgen. Een belangrijke rol bij dit ambitieuze streven was weggelegd voor de neurochirurg William V. Cone, Penfields eerste student en een naaste medewerker in New York, die met hem mee verhuisde naar Montreal.

Penfield noemde Cone een 'briljante operateur en technicus' – een geleerde die toegewijd was aan de zorg voor patiënten, aan het perfectioneren van de methodiek bij operaties en aan het bedenken van innovaties in de pathologie. Naar Penfields mening waren ze 'mede-ontdekkers' en door de samenwerking met Cone was hij 'twee keer zo effectief'.

Penfield was goed in samenwerking, en een van zijn eerste successen was het samenbrengen van neurologen uit verschillende ziekenhuizen in Quebec tijdens een wekelijkse bijeenkomst om van gedachten te wisselen over raadselachtige of ongebruikelijke gevallen. Door deze gesprekken werd een nieuwe band gesmeed tussen Engels-Canadese en Frans-Canadese neurologen. Penfields visioen over een neurologisch instituut was een voortzetting van dit soort samenwerking, maar dan op een meer ambitieuze schaal. Het plan kon alleen met grote financiële steun worden verwezenlijkt, en nadat hij aanvankelijk geen subsidie kreeg van de Rockefeller Foundation, putte Penfield geld uit twee onwaarschijnlijke bronnen.

De eerste gift kwam van de moeder van een jongen van zestien die niet te onderdrukken zware epileptische aanvallen had, door letsel dat hij waarschijnlijk had opgelopen omdat bij de geboorte een verlostang was gebruikt. Uit dankbaarheid dat Penfield zich over het geval van haar zoon had gebogen, stuurde zijn moeder hem ongevraagd een cheque van $ 10.000 zodat hij meer onderzoek naar epilepsie kon doen. Penfield gebruikte haar geld, voor hij haar zoon opereerde, om een aantal vooraanstaande collega's te raadplegen over de chirurgische opties. Vervolgens verrichtte hij wat hij een 'echt onderzoekende operatie' noemde. Daarbij verwijderde hij een slagader uit de hersenen van de jongen, omdat hij geloofde dat die de aanvallen veroorzaakte. De ingreep was succesvol en verzachtte de toevallen van de jongen. Achttien maanden later overleed de moeder aan kanker en ze liet Penfield $ 50.000 na om zijn missie voort te zetten.

De tweede meevaller kwam van de vader van een jongeman met niet gelokaliseerde epileptische aanvallen. Penfield voerde een radicale operatie uit waarbij hij zenuwen verwijderde die verbonden waren met de slagaders die de schedel binnengingen. Voor de ingreep liet hij de ouders van de jongen weten dat hij de operatie eerder bij apen had gedaan, zonder kwalijke gevolgen. 'De jongen was veel beter na de operatie, zo niet genezen,' berichtte Penfield later. De vader van de patiënt was lid van het bestuur van de Rockefeller Foundation. Na afloop van de operatie sprak hij over het werk van Penfield met de nieuwe directeur van de afdeling medische opleidingen van de Rockefeller Foundation, Alan Gregg.

In maart 1931 sprak Penfield met Gregg in diens kantoor in Lower Manhattan. Vanaf de 26ste verdieping had je een panoramisch uitzicht over de Hudson, East River en de Long Island Sound. In deze aangename omgeving spraken de twee mannen lang en hartelijk over neurologie, neurochirurgie en het onderzoek in Europa. Penfield was zo behoedzaam niet te spreken over zijn verwachtingen over een neurologisch instituut en Gregg maakte geen toespelingen op plannen voor subsidie. Na thuiskomst stuurde Penfield Gregg een warme uitnodiging in Montreal langs te komen.

Zeven maanden later kwam Gregg bij Penfield thuis op bezoek. Hij verbijsterde zijn gastheer door de oorspronkelijke aanvraag uit zijn aktetas te halen, die op de salontafel te leggen en te zeggen: 'Dit is nu net het soort dingen waarnaar we bij de Rockefeller Foundation altijd op zoek zijn... Volgens mij begrijp ik wat je wilt... Je hoeft ons niet dankbaar te zijn. We zijn jou dankbaar. Je helpt ons door je werk te doen.' Penfield kreeg $1.232.000 van de Rockefeller Foundation.

Het Montreal Neurological Institute (ofwel L'Institut Neurologique de Montréal) ging in 1934 open en was een belichaming van de wijsheid om wetenschap, onderwijs en patiëntenzorg onder één dak te brengen. In het instituut gingen ze Penfield 'The Chief' noemen. Hij was een bekwame en vernieuwingsgezinde neurochirurg, en ook een sterke leider. Hij ging door op de benadering die hij in Breslau had gezien: epilepsiepatiënten opereren die wakker waren en bij kennis, zodat hij precies het abnormale weefsel kon aanwijzen dat voor hun aanvallen verantwoordelijk was – een techniek die bekend werd als de 'Montreal Procedure'. Deze operaties openden nieuwe mogelijkheden voor wetenschappelijke ontdekkingen over specialisaties in het menselijke brein.[5]

Brenda Milner, die een hoofdrol ging spelen in de ontwikkeling van de wetenschap van het geheugen, was postdoctoraal student in de psychologie aan McGill University toen ze begon samen te werken met Penfield. Ze werd in 1918 geboren in het Engelse Manchester en studeerde eerst experimentele psychologie aan de universiteit van Cambridge. Tot haar mentors daar behoorde een vooraanstaande experimentele psycholoog en theoreticus van het geheugen, Sir Frederic Bartlett. Haar onderzoekssupervisor, Oliver Zangwill, was ook experimenteel psycholoog. Hij was een voorloper in het onderzoek naar neurologische patiënten en had een grote interesse voor geheugenstoornissen.[6]

Milner vertrok in 1944 naar Montreal en twee jaar later had ze de eer tot de eerste werkgroep aan de McGill University te behoren van Donald O. Hebb, een specialist in de fysiologische psychologie die zeer invloedrijk was in de studie van leervermogen en geheugen. Drie jaar later werd Milner postdoctoraal student hij Hebb. Toen Penfield Hebb vroeg iemand van zijn lab te sturen om zijn chirurgische gevallen te bestuderen, greep Milner de kans aan. Haar taak was om cognitief onderzoek op te zetten en uit te voeren voor epilepsiepatiënten, tests te maken om te beoordelen wat zij voor en na een operatie konden, met als doel de effecten van de ingreep op de hersenen te documenteren. Zo begon een van de grote partnerschappen in de geschiedenis van de wetenschap.

Aan het begin van de jaren vijftig deden Milner en Penfield gedetailleerd onderzoek naar twee patiënten met een zeer atypische ziektegeschiedenis. De patiënten, F.C. en P.B., waren opmerkelijk omdat ze nieuwe gegevens verschaften over de essentiële functie van structuren in het binnendeel van beide temporaalkwabben – dezelfde structuren die Scoville uiteindelijk uit Henry's hersenen zou weghalen.[7]

Penfield opereerde een heleboel epilepsiepatiënten om hun toevallen te beteugelen, onder andere ook F.C. en P.B. Voor hun operaties leken ze niet af te wijken van de andere patiënten. Maar nadien hadden ze allebei te kampen met een complicatie waarop niemand was berekend: ze konden voortaan geen nieuwe ervaringen vastleggen. Vanwaar dit afwijkende resultaat?

Om deze vraag te kunnen beantwoorden moest Penfield weten in welk opzicht de schade bij deze twee patiënten afweek van die bij de andere patiënten die hij had behandeld. Allebei de mannen hadden een standaardprocedure ondergaan: een gedeeltelijke verwijdering van de linker temporaalkwab. Bij deze operatie verwijderde Penfield als regel de schors – de oppervlaktelaag – van het laterale deel van de temporaalkwab en tevens wisselende hoeveelheden dieper in de temporaalkwab gelegen weefsel: de amygdala, de hippocampus en de naburige hersenschors. Penfield had tijdens de operaties van de twee mannen niets ongewoons gedaan of opgemerkt.

Zodra F.C. herstelde van de operatie, was het duidelijk dat hij geen nieuwe herinneringen kon vormen. Het geval van P.B. lag enigszins anders: bij hem was de operatie in twee fases uitgevoerd, met een tussentijd van vijf jaar, en pas na de tweede fase werd hij amnesisch. Zijn eerste operatie leek op die van F.C., maar er werd minder weefsel verwijderd: Penfield spaarde de hippocampus en andere structuren die diep in de temporaalkwab liggen. Maar nadat hij naar huis ging, bleef P.B. aanvallen houden, dus opereerde Penfield vijf jaar later nog een keer. Bij die gelegenheid verwijderde hij de hippocampus en het omliggende weefsel. Toen hij bijkwam van de ingreep, bleek ook P.B. amnesisch.

Hoewel het ernstige geheugenverlies door de operatie erop wees dat het aan de hippocampus en het omringende weefsel was te wijten, was het Penfield niet duidelijk waarom de schade bij deze twee mannen afweek van die bij de andere patiënten bij wie de linker temporaalkwab was weggehaald. In de meeste van die gevallen was, zoals bij F.C. en P.B., ook een deel van de linker hippocampus weggehaald. Waarom kregen deze mannen dan amnesie, terwijl tientallen andere patiënten dat na een vergelijkbare operatie niet kregen?

Penfield en Milner vermoedden dat F.C. en P.B. een onopgemerkte afwijking hadden in het corresponderende gebied rondom hun rechter hippocampus. Ze dachten dat de afwijking die ten tijde van de operatie in de linker temporaalkwab was ontdekt, waarschijnlijk aan letsel bij de geboorte lag. Misschien was daardoor ook het mediale deel van de rechter temporaalkwab aangedaan. Herbert Jasper, een befaamde neurofysioloog in het instituut in Montreal, deed diverse EEG-onderzoeken bij F.C. en P.B en toonde uiteindelijk aan dat deze hypothese klopte. Bij allebei de mannen vond Jasper duidelijke aanwijzingen voor schade in het gebied van de hippocampus aan de niet geopereerde kant van hun hersenen. Deze afwijking, die met hun epilepsie samenhing, viel voor de ingreep niet op maar kwam bij het EEG-onderzoek na de operatie aan het licht.[8]

In 1964 verkregen onderzoekers meer duidelijkheid over het geval-P.B. Nadat hij overleed aan een hartaanval stond zijn vrouw aan Penfield toe om P.B.'s hersenen in het laboratorium te onderzoeken. Zo kon de oorzaak van de amnesie van haar echtgenoot worden opgespoord. Toen Gordon Mathieson, een neuropatholoog in Montreal, de hersenen onderzocht, kwam hij erachter dat de rechter hippocampus was gekrompen en er slechts een klein aantal neuronen over was. Deze enorme verwoesting had waarschijnlijk te maken met letsel ten tijde van zijn geboorte.[9]

De andere patiënten die Penfield had behandeld, hielden allemaal een normale temporaalkwab over, maar deze mannen hadden twee abnormale temporaalkwabben: de ene die bij de operatie was verwijderd én de andere die was blijven zitten. Door dit dubbele verlies waren zij bijzonder. Hun gevallen leerden dat de anatomische reden voor amnesie functieverlies van beide hippocampi is. Maar als iemand schade aan slechts één hippocampus heeft, de linker of de rechter, heeft dat geen catastrofale gevolgen. Door vervolgonderzoek bij honderden patiënten is ons gebleken dat je zonder gevaar aan één kant de hippocampus kunt verwijderen, het geheugenverlies blijft dan beperkt, zolang de andere hippocampus maar intact is. Eén hippocampus kan op zichzelf blijkbaar het verlies van de andere opvangen, wat erop wijst dat de twee structuren het vermogen delen om herinneringen te vormen. Details van de hersenanatomie kunnen dit gedeelde functioneren verklaren. We weten dat de linker temporaalkwab is gespecialiseerd in het verwerken van verbale informatie en de rechter temporaalkwab in het verwerken van visueel-ruimtelijke informatie. Anatomische bruggen die de hersenen van links naar rechts en van rechts naar links doorkruisen, geven beide temporaalkwabben toegang tot de gespecialiseerde informatie aan de andere kant. Wanneer een hippocampus ontbreekt, kan de andere zich met verschillende vormen van kennis bezighouden, verbaal en niet-verbaal, zodat leren en herinneren goed mogelijk blijven.[10]

Milner evalueerde de cognitieve capaciteiten van F.C. en P.B. voor en na de operatie, ze bepaalde hun algemene intelligentie en geheugen. Door de twee reeksen testresultaten te vergelijken kon ze vaststellen in welke opzichten hun cognitieve functie al dan niet was veranderd door het verwijderen van de linker temporaalkwab. Vervolgens kon ze de gebreken die ze ontdekte verbinden met de beschadigde hersenstructuren. Hun amnesie, door Milner zeer nauwgezet gedocumenteerd, was des te opvallender omdat die zich tegen een achtergrond van normale intelligentie voordeed. Voor de operatie had F.C. een gemiddeld IQ, dat van P.B. was bovengemiddeld. Na de operatie was het IQ van beide mannen niet veranderd – met andere woorden, het waren nog steeds capabele, intelligente mannen. Ze konden reeksen getallen in volgorde en omgekeerde volgorde herhalen, en eenvoudige berekeningen uit het hoofd oplossen, wat aangaf dat ze luisterden naar testprikkels, die correct begrepen en enkele seconden onthielden. Maar ondanks deze intact gebleven cognitieve vaardigheden slaagden ze er beiden niet in zich nieuwe informatie te herinneren. Hun langetermijngeheugen was weg – en zou nooit terugkomen.[11]

De resultaten van F.C. en P.B. maakten duidelijk dat hun geheugenverlies niet beperkt was tot een bepaald soort informatie, maar zich bij alle mogelijke testmaterialen voordeed, bij publieke en persoonlijke gebeurtenissen, en bij algemene kennis. F.C. en P.B. hadden *globale amnesie*. Zoals gewoonlijk het geval is, was hun ogenblikkelijke herinnering aan of herkenning van de testprikkels en alledaagse gebeurtenissen beter dan nadat minuten of uren waren verstreken; het verstrijken van de tijd eist zijn tol van het geheugen. Maar de amnesie van F.C. en P.B. was niet algeheel. In tegenstelling tot Henry hadden ze allebei een beetje langetermijngeheugen overgehouden om hen door het dagelijks leven te loodsen. F.C. kon zijn werk als handschoenmaker hervatten en P.B. zijn werk als tekenaar.

In 1954 presenteerde Milner de psychologische testresultaten van F.C. en P.B. op de jaarvergadering van de American Neurological Association in Chicago. Vóór de vergadering las Scoville een lange samenvatting van Milners toespraak en belde Penfield om hem te informeren over zijn twee vergelijkbare gevallen van amnesie, H.M. en D.C. Penfield was al geïnteresseerd in geheugenmechanismen en Scovilles gevallen trokken zijn aandacht omdat ze zijn gedachten over de neurale lokalisering van het geheugen ondersteunden. Dus vroeg Penfield aan Milner of ze Scovilles patiënten zou willen testen en ze greep deze kans. Ten tijde van de vergadering was deze samenwerking al in de maak en daarom werd Scoville gevraagd een officieel debat te openen dat op Milners presentatie volgde. Hij beschreef zijn operatietechniek en de resultaten bij dertig patiënten, van wie er 29 schizofreen waren en één aan niet te traceren toevallen leed. Bij allemaal was het mediale deel van de temporaalkwab verwijderd, maar in twee gevallen was de operatie ingrijpender geweest. Henry, de epilepsiepatiënt, was een van deze gevallen.[12]

De andere patiënt was een arts van 47 met paranoïde schizofrenie, bekend onder zijn initialen, D.C. Op den duur was D.C. gewelddadig en agressief geworden: hij had geprobeerd zijn vrouw te vermoorden. Hij werd opgenomen in een inrichting en ondanks drastische behandelingen – insulineshocktherapie om hem in coma te brengen en elektroconvulsietherapie om een toeval op te wekken – verbeterde zijn toestand niet. In een wanhoopspoging om D.C. te helpen ging Scoville in 1954 naar het Manteno State Hospital in Illinois en voerde daar zijn bilaterale temporaalkwabresectie uit. Hij werd bijgestaan door John F. Kendrick jr., een neurochirurg uit Richmond (Virginia). Deze operatie, waarbij aan beide zijden de hippocampi en de amygdalae van D.C. werden weggehaald, vond ongeveer negen maanden na Henry's operatie plaats. Na de operatie verdween het agressieve gedrag van D.C., en hoewel hij tekenen van paranoia bleef vertonen, werd hij aardiger en handelbaarder. Net als Henry had hij ingrijpend geheugenverlies: hij kon zijn ziekenhuisbed niet terugvinden en herkende het personeel niet.[13]

In zijn toespraak voor de American Neurological Association legde Scoville de nadruk op één opvallend gevolg van het gedrag, een vrijwel volledig verlies van recente herinneringen bij twee patiënten, terwijl zich geen veranderingen in de persoonlijkheid, of intellectuele achteruitgang voordeden. Hoe boeiend Scovilles klinische beschrijvingen van Henry en D.C. ook waren, ze misten de precisie van grondig, systematisch onderzoek. Het was van belang om de cognitieve capaciteiten van de twee mannen te testen, één voor één, met strikte experimenten. Cognitieve gebreken zijn vaak subtiel en kunnen over het hoofd worden gezien zonder getalsmatige toetsing en zonder de resultaten van de patiënten met die van gezonde personen te vergelijken. Penfield sprak af dat Milner negen patiënten zou bekijken van de dertig bij wie Scoville aan één kant of aan beide kanten het mediale deel van de temporaalkwab had verwijderd. Ze moesten stabiel genoeg zijn om tests te ondergaan. Een van hen was Henry.

De resultaten van Milners psychologische evaluatie van Scovilles patiënten vormden de basis voor 'Loss of Recent Memory after Bilateral Hippocampal Lesions', het toonaangevende artikel van Scoville en Milner dat in 1957 in de *Journal of Neurology, Neurosurgery and Psychiatry* verscheen. Dit vaak geciteerde stuk bood de wetenschappelijke achtergrond voor het patroon van geheugenverlies met behoud van intelligentie dat Scoville in zijn eerste klinische evaluatie van Henry en D.C. had gezien. Het stuk is om diverse redenen klassiek geworden in de neurowetenschappelijke literatuur. Het allerbelangrijkste was dat neurochirurgen te horen kregen dat het aan beide kanten van de hersenen verwoesten van het mediale deel van de temporaalkwab amnesie veroorzaakte en moest worden vermeden. De resultaten bewezen ook, voor de eerste keer, dat een bepaald gebied van de hersenen – de hippocampus en de omgeving daarvan – nodig waren voor het vormen van herinneringen op lange termijn. Verder luidde het artikel van Scoville en Milner tientallen jaren van onderzoek in naar Henry en anderen die aan amnesie leden, en zette het aan tot diermodellen van amnesie die een schat aan informatie opleverden over de biologie van geheugenprocessen.[14]

Milner onderzocht Henry voor de eerste keer in april 1955, twintig maanden na zijn operatie. Ze legde hem elke cognitieve test voor waarop ze de hand kon leggen, en haar bevindingen luidden een nieuw tijdperk in de wetenschap van het geheugen in. Haar strikt uitgevoerde tests lieten zien dat Henry's algemene intelligentie bovengemiddeld was en dat hij normale capaciteiten had op het gebied van waarnemen, abstract denken en redeneren. Maar toen ze zijn vermogen testte om zich ná het onmiddellijke moment dingen te herinneren – zijn langetermijngeheugen – werd zijn probleem duidelijk, ondanks zijn uitstekende motivatie en medewerking. Henry deed dezelfde geheugentests als F.C. en P.B., maar hij scoorde nog slechter. Wanneer hem gevraagd werd korte verhalen en geometrische tekeningen te reproduceren, lagen zijn scores ver onder het gemiddelde en waren in sommige gevallen nul. Tijdens de tests viel het Milner op dat zodra Henry op een nieuwe taak overschakelde hij zich de vorige niet meer kon herinneren en die bij een herhaling niet herkende. Bij elke afleiding was hij meteen alles kwijt.[15]

Henry's amnesie was erger dan die van F.C. en P.B., waarschijnlijk door een grotere schade aan het mediale deel van zijn temporaalkwab, en geleidelijk werd hij de maatstaf waaraan andere amnesielijders werden afgemeten. In de wetenschappelijke literatuur werden die omschreven als 'even erg als H.M.' of 'minder erg dan H.M.'. Omdat zijn amnesie niet was verstrengeld met een psychiatrische storing, was Henry een overzichtelijker geval dan D.C. Omdat zijn operatie afgezien van amnesie geen andere cognitieve gebreken had veroorzaakt, waren zijn prestaties bij geheugentests louter een maatstaf van zijn geheugencapaciteit. Henry werd de gouden standaard voor het bestuderen van amnesie.

Aan het slot van hun befaamde artikel wezen Scoville en Milner de hippocampus en de hippocampale gyrus aan als het substraat voor het zich herinneren van nieuwe informatie. De ernst van het geheugenverlies hing in alle gevallen samen met de mate waarin de hippocampus was verwijderd – hoe meer er was weggehaald, hoe groter de geheugenstoornis. Waarin Henry verschilde van patiënten met amnesie door andere oorzaken, zoals Alzheimer of hoofdletsel, was dat de geheugenstoornis verbazend specifiek was. Door de zuiverheid van zijn aandoening was hij een ideaal object om geheugenmechanismen in de menselijke hersenen te onderzoeken.[16]

Terwijl Milner zich verder verdiepte in het bestuderen van geheugenverlies, vooral bij Henry, ging Scoville andere dingen doen. Hij bleef actief als neurochirurg en publiceerde meer dan vijftig stukken in medische bladen, maar Henry zag hij niet meer. Maar ik weet uit de eerste hand dat Scoville wel in het geval-Henry geïnteresseerd bleef. Eind jaren zeventig, toen ik bij mijn ouders op bezoek was, die tegenover hem woonden, nodigde hij me bij hem thuis uit voor nieuwtjes over Henry en ons onderzoek met hem.

In zijn geschriften en lezingen deelde Scoville de catastrofale verliezen van Henry en D.C. met de medische wetenschap vanwege hun wetenschappelijke betekenis. Met het oog op een hoger belang waarschuwde hij andere neurochirurgen het gebied van de hippocampus niet aan beide zijden van de hersenen te beschadigen en dat namen ze ter harte. In een lezing uit 1974 noemde hij Henry's operatie 'een tragische vergissing'. Volgens zijn vrouw betreurde hij diep wat hij Henry had aangedaan. In 2010 schreef Scovilles kleinzoon, Luke Dittrich, een artikel voor het tijdschrift *Esquire* met een kleurrijk verslag van het leven en de loopbaan van zijn grootvader.[17]

In 1961 ging ik, als postdoctoraalstudent aan McGill University, op het laboratorium van Milner werken. Dit instituut stond bekend om de behandeling van epilepsiepatiënten en men gebruikte de chirurgische werkwijze die Penfield had ontwikkeld. In Milners lab richtte ons onderzoek zich op deze patiënten. Milner was met name sterk in het ontwerpen van tests die voor en na een operatie konden worden voorgelegd om te onderscheiden hoe een patiënt het er afbracht bij verschillende cognitieve taken – sensorische perceptie, redenering, geheugen en het oplossen van problemen – om door de ingreep veroorzaakte veranderingen in het functioneren van de hersenen te ontdekken. We hadden nauw overleg met de chirurgen en wisten na elke verrichting welk deel van de hersenen van de patiënt was verwijderd en hoe groot de excisie was.[18]

Naast het uitvoeren van de tests voor en na de operatie kreeg ik de gelegenheid de hersenoperatie van mijn patiënt te zien. Van achter een glazen raam in de kijkruimte van de grote operatiezaal kon ik over de schouder van de chirurg meekijken naar de bloot liggende hersenen van de patiënt en zien hoe de chirurg de hersenen stimuleerde om oriëntatiepunten te bepalen voor hij weefsel zou weghalen. Om te voorkomen dat de in taal en beweging gespecialiseerde gebieden beschadigd zouden raken, lokaliseerden de chirurgen deze delen door elektrisch de buitenste lagen van de hersenen te stimuleren terwijl de patiënten wakker waren. Wanneer door deze stimulatie de spraak van de patiënten werd onderbroken, een spontane beweging ontstond, of ze aan een bepaald voorwerp, een gezicht, een geluid of gevoel moesten denken, plaatsten de chirurgen een kleine letter op het gestimuleerde hersengebied. Een stenograaf die naast de operatietafel zat noteerde het gedrag dat bij elke letter hoorde. Op foto's van de hersenen zag je de letters en zo had je later aanwijzingen over de locatie van functies in de hersenschors. De elektrische stimulatie hielp ook om te bepalen waar de epileptische aanvallen vandaan kwamen, en dat gebied zou worden weggesneden. Ik kon zien waar delen van de hersenen waren verwijderd, en het verloop van elke ingreep werd later omschreven in een rapport met foto's en een tekening van de chirurg over locatie en omvang van de excisie.

Deze documentatie was cruciaal om wijs te kunnen uit de scores van de gedragstests die we in het lab verzamelden. Door testresultaten te combineren met de verslagen van de chirurgen konden we alle cognitieve afwijkingen bij onze patiënten verbinden met de hersengebieden die verloren waren gegaan, en hun normale prestaties met de gebieden in de hersenen die intact waren gebleven. Door deze gemeenschappelijke aanpak deden Milner en haar collega's belangrijke ontdekkingen over de inrichting van de linker- en rechterhersenhelften bij mensen. Het uitgangspunt was daarbij om te bepalen of een hersengebied echt noodzakelijk was voor een bepaald cognitief proces.[19]

In mijn proefschrift besprak ik hoe operaties om epilepsie te verlichten uitwerkten op het somatosensorische systeem – de tastzin.

Hiervoor bedacht en maakte ik geheugentests waarbij patiënten op hun tastzin moesten afgaan in plaats van op hun ogen of oren. Ik testte vele patiënten bij wie hersenweefsel was verwijderd uit de linker of rechter frontaalkwab, temporaalkwab of pariëtale kwab. Vooral wilde ik graag de drie amnesiepatiënten met laesies in beide hippocampi testen – patiënten over wie ik eerder had gelezen in de stukken die Milner samen met Penfield en Scoville had geschreven: F.C., P.B. en Henry. Het was geen regel dat epilepsiechirurgie tot amnesie leidde; deze drie gevallen waren zeldzaam.[20]

Ik ontmoette Henry voor het eerst in mei 1962 toen Milner had geregeld dat hij bij ons in Montreal zou langskomen voor tests. Dit was zijn eerste en enige tocht naar de stad, en het was iets gedenkwaardigs. Hij en zijn moeder kwamen met de trein, zoals ze op lange afstanden deden. Mevrouw Molaison had vliegangst en de trein was minder duur. Ze verbleven in een pension in de buurt en een week lang kwamen ze elke ochtend met z'n tweeën naar het instituut en gingen naar de wachtkamer neurologie.

In die week testten mijn collega's en ik Henry om beurten. Ik haalde hem elke dag op in de wachtkamer en bracht hem naar mijn testkamer, en wanneer we klaar waren liep ik met hem terug. Hij werkte goed mee bij het onderzoek, zoals hij de rest van zijn leven zou blijven doen, en we deden alle taken die ik voor hem had gepland. Toen al voelde ik me bevoorrecht met Henry te werken, en met F.C. en P.B. – een zeldzaam trio amnesiepatiënten. Maar in 1962 had ik geen idee hoe beroemd Henry zou worden.

Ten tijde van zijn bezoek aan Montreal was Henry in de dertig, in de kracht van zijn leven, maar volkomen afhankelijk van zijn moeder. Mevrouw Molaison, een huisvrouw die voortdurend Henry moest verzorgen, was een aangename, lieve vrouw. Tijdens het hele bezoek zat ze geduldig in de saaie wachtkamer terwijl onderzoekers met haar zoon naar verschillende testruimtes gingen. Ze was doodsbenauwd voor de grote stad waar de mensen Frans spraken, een taal die ze niet verstond, en ze bleef liever binnen de veilige muren van het instituut dan alleen op onderzoek uit te gaan.

Henry had een drukke week op het instituut. We hadden een uitgebreide reeks tests voor hem voorbereid, bedoeld om diverse facetten van zijn geheugen en andere cognitieve functies te meten. Hoewel we het toen niet wisten, zouden de resultaten van onze studies de omvang en begrenzingen tonen van zijn amnesie, en daarmee zouden we vooruitlopen op nieuwe methoden om te achterhalen hoe het geheugen in de menselijke hersenen is ingericht. Zijn geheugenverlies, dat een verwoestende invloed had op zijn dagelijkse leven, was van onschatbare waarde in de zoektocht naar de fundamenten van leren en geheugen.

4

Dertig seconden

Van begin af aan was een van de opmerkelijkste aspecten van Henry's geheugenverlies hoe verbazend specifiek dat was. Hij vergat al zijn ervaringen van na zijn operatie in 1953, maar behield veel van wat hij voordien had geleerd. Hij kende zijn ouders en andere familieleden, herinnerde zich historische feiten die hij op school had geleerd, zijn woordenschat was goed, en hij kon dagelijkse routinetaken doen, zoals zijn tanden poetsen, zich scheren en eten. Het bestuderen van wat Henry nog wel kon, bleek even leerzaam als het bestuderen van wat hij niet meer kon. Een belangrijke les die wetenschappers hebben geleerd van mensen met selectief geheugenverlies, zoals Henry, is dat herinnering niet één proces is, maar een verzameling van allerlei verschillende processen. Onze hersenen zijn net hotels met een eclectische verzameling gasten – een huis met verschillende soorten herinneringen die allemaal hun eigen kamers hebben.

Het geval-Henry wierp licht op een lange controverse: wijkt het mechanisme voor het kortetermijngeheugen af van dat voor het langetermijngeheugen. De kernvraag was of de processen die dat eerste geheugen ondersteunen, dat een beperkte hoeveelheid informatie tijdelijk bewaart, verschilt van de processen die het tweede geheugen ondersteunen dat enorme hoeveelheden informatie minuten, dagen, maanden of jaren vasthoudt.

De meesten van ons gebruiken de term kortetermijngeheugen niet correct. De term, zoals geheugenonderzoekers die hebben omschreven, verwijst niet naar ons herinneren wat we gisteren, vanochtend of ook maar twintig minuten geleden hebben gedaan. Dat soort herinneringen vallen onder het recente langetermijngeheugen. Kortetermijngeheugen is het onmiddellijke nu, de informatie die we op dit moment op onze radar hebben. Het eindigt binnen dertig seconden of minder, afhankelijk van de taak. De capaciteit is beperkt en de herinneringen vervagen meteen als we ze niet herhalen of omzetten in een vorm die in het langetermijngeheugen kan worden bewaard. Wanneer ik een vriendin mijn telefoonnummer geef, zullen de cijfers even in haar kortetermijngeheugen zitten, en ze zal die snel vergeten, tenzij ze de cijfers geestelijk verwerkt of ze opschrijft. Het kortetermijngeheugen is geen opslagruimte in de hersenen, maar een reeks processen die stukjes informatie, zoals mijn telefoonnummer, een korte periode actief houdt. Anderzijds bestaat het langetermijngeheugen uit alles wat we ons herinneren nadat luttele seconden zijn verstreken.

Was het vormen van kortetermijn- en langetermijnherinneringen onderdeel van één proces, of was er juist sprake van volledig gescheiden processen? De aanhangers van de theorie dat er twee processen waren, zochten naar overtuigende aanwijzingen dat een bepaalde patiënt het slecht deed in tests van het langetermijngeheugen, maar goed in tests van het kortetermijngeheugen, en dat het bij een andere patiënt andersom was. Deze twee resultaten samen zouden aangeven dat de twee soorten geheugen onafhankelijk van elkaar waren. Onderzoek naar patiënten met selectieve hersenbeschadiging verscherpte de discussie of het vormen van herinneringen uit één proces of uit twee processen bestaat, en Henry speelde een hoofdrol bij dit onderzoek.

Henry begon deel te nemen aan onderzoek in 1953, vlak voor zijn operatie. Scoville gaf opdracht tot een volledige psychologische evaluatie om voor de operatie een basislijn te hebben waaraan alle veranderingen door de ingreep konden worden afgemeten. De dag voor de operatie ging klinisch psychologe Liselotte K. Fischer in het Hartford Hospital bij Henry zitten voor een reeks tests, een IQ-test, een geheugentest, en een aantal andere tests om een beeld van zijn persoonlijkheid en psychologische status te krijgen. Een van de taken is een gebruikelijke maatstaf voor het kortetermijngeheugen, de DigitSpan-geheugentest. Een onderzoekster vraagt een patiënt een geleidelijk toenemende reeks getallen te herhalen. Als ze bijvoorbeeld zegt 'drie, zes, negen, acht', herhaalt de patiënt onmiddellijk 'drie, zes, negen, acht'. De onderzoekster geeft vervolgens vijf getallen, vervolgens zes, vervolgens zeven, vervolgens acht, enzovoorts. Als de patiënt acht getallen herhaalt maar negen niet haalt, dan heeft de patiënt een score van acht. Fischer deed deze test bij Henry, en vroeg hem toen om reeksen getallen in omgekeerde volgorde te herhalen, wat veel lastiger is. Als ze zei 'drie, zes, negen', zou het juiste antwoord 'negen, zes, drie' zijn. Opgeteld haalde hij voor de twee tests een score van zes – flink onder het normale resultaat.

Twee jaar na Henry's operatie, toen Milner hem net zo'n test voorlegde, was zijn score verbeterd en haalde hij een normaal resultaat. Maar dat hij zich na de operatie meer getallen wist te herinneren wil niet zeggen dat door de ingreep zijn geheugen was verbeterd. Diverse factoren kunnen aan zijn zwakke prestatie voor de operatie hebben bijgedragen. Tijdens de test zag Fischer dat hij verschillende aanvallen van petit mal had, niet onverwacht omdat Henry ter voorbereiding op de operatie geen medicijnen meer kreeg. Bovendien maakte hij zich zorgen over de aanstaande operatie. Dat bracht met nervositeit verbonden mechanismen in zijn hersenen op gang die de testresultaten mogelijk hebben verstoord en hebben gemaskeerd wat hij daadwerkelijk kon. Zijn slechte score vóór de grote gebeurtenis werd waarschijnlijk door toevallen en zenuwen veroorzaakt.

In de tientallen jaren dat mijn collega's en ik Henry bestudeerden, bleef hij normale resultaten behalen bij de DigitSpan-test. Deze ontdekking zorgde voor een scherp contrast: Henry leed aan catastrofaal geheugenverlies, toch kon hij zich kort een reeks getallen herinneren en die herhalen. Dit wees erop dat Henry's kortetermijngeheugen intact was; wat bij hem misging was het omzetten van kortetermijnherinneringen in langetermijnherinneringen. In de loop van een gesprek van een kwartier kon hij me bijvoorbeeld drie keer hetzelfde verhaal vertellen over de afkomst van de familie Molaison zonder te beseffen dat hij zichzelf herhaalde. De informatie kon in de hotellobby van Henry's hersenen worden verzameld, maar kon niet de kamers betrekken.

William James, een briljante psycholoog en filosoof, maakte als eerste onderscheid tussen twee soorten geheugen. In 1890 produceerde hij een vaak aangehaalde krachttoer in twee delen, *The Principles of Psychology*, waarin hij het primaire en het secundaire geheugen beschreef. Het primaire geheugen, zei hij, maakt ons bewust van 'het directe verleden'. De inhoud van het primaire geheugen heeft nog geen kans gehad het bewustzijn te verlaten. Het primaire geheugen omvat zo'n korte tijdsspanne dat het als 'nu' wordt gezien. Wanneer we deze zinnen lezen brengen wij slechts alle woorden op het huidige moment in onze geest in plaats van ze mettertijd op te dreggen uit het verleden.

Het secundaire geheugen is daarentegen, volgens de visie van James, 'de kennis van een gebeurtenis of feit waaraan we in de tussentijd niet hebben gedacht, met daarbij het besef dat we het eerder hebben bedacht of beleefd'. Dit soort herinneringen 'wordt teruggebracht, opgehaald, zeg maar opgevist, uit een reservoir waarin het met talloze andere dingen lag begraven en uit het zicht verdwenen was'. Met het secundaire geheugen is de informatie niet meer in de hotellobby aan het rondlopen, maar is boven aan het rusten, en moet worden gezocht en opgediept.

Opmerkelijk genoeg is James' verdeling van het geheugen kennelijk alleen uit zelfonderzoek voortgekomen. Hij voerde geen geheugenexperimenten uit met zichzelf of anderen, al heeft hij mogelijk met collega's gesproken die dat wel hadden gedaan. Maar nadat hij zijn visie had gegeven gingen de wetenschappers naar hun laboratoria om gedragsexperimenten te bedenken waarmee je deze twee geheugenprocessen uit elkaar kon houden. Hun werk resulteerde in het concept van wat tegenwoordig het kortetermijngeheugen en het langetermijngeheugen heet – het primaire en het secundaire geheugen van James.

Als het korte- en langetermijngeheugen twee verschillende soorten van cognitieve verwerking vertegenwoordigen, moeten ook hun biologische fundamenten verschillen. Door deze kwestie aan te roeren, hebben de wetenschappers twee elementaire vragen gesteld: worden het korte- en langetermijngeheugen door afzonderlijke neurale circuits ondersteund, en kunnen we in de respectievelijke hersencircuits structurele veranderingen zien die aan het opslaan van herinneringen bijdragen? Onderzoekers hebben deze fundamentele vragen uitgebreid aan de orde gesteld, met inzichten op het niveau van theoretische, cellulaire en moleculaire analyse.

Een vroege stap bij het onderzoek naar de theorie van de tweeledige werking van het geheugen werd gezet door Penfields collega, de neurowetenschapper Donald Hebb. Wetenschappers wisten al enige tijd dat hersenfuncties – het geheugen, denken of het beheersen van lichaamsbewegingen – afhingen van communicatie tussen hersencellen, *neuronen*. Een belangrijke functie van neuronen is om via een *synaps*, een minuscule ruimte tussen twee neuronen, elektrische en chemische boodschappen naar andere neuronen te sturen die in afwachting zijn van het bericht. Het was – en is nog steeds – moeilijk te begrijpen hoe een complex proces als geheugen met een meetbare activiteit in de neuronen valt te verbinden.

In 1949 opperde Hebb dat het grote verschil tussen de twee soorten herinnering is dat een langetermijnherinnering vergezeld gaat van een fysieke verandering in de verbindingen tussen neuronen, terwijl dat bij het kortetermijngeheugen niet het geval is. Hij stelde dat een kortetermijnherinnering mogelijk wordt gemaakt wanneer neuronen in een bepaald circuit in een gesloten lus constant met elkaar praten, zoals een gesprek dat in stand wordt gehouden door een groep mensen die in een kring staan. Een langetermijnherinnering ontstaat daarentegen door aanhoudende nieuwe groei aan het neuron bij de synaps. Als het kortetermijngeheugen op een gesprek lijkt, lijkt het langetermijngeheugen op een transcriptie van voorbije communicatie die naar believen tevoorschijn kan worden gehaald en herlezen.[1]

Bij het ontwikkelen van deze theorie werd Hebb waarschijnlijk geïnspireerd door de beroemde Spaanse anatoom Santiago Ramón y Cajal, die zijn loopbaan wijdde aan het door een microscoop observeren van zenuwcellen. Aan het eind van de negentiende eeuw had Ramón y Cajal geopperd dat leren gekoppeld was aan een fysieke uitgroei van een zenuwcel bij de synaps. Ook Hebb geloofde dat tijdens het leerproces de structurele verbindingen tussen twee neuronen fysiek veranderen en sterker worden. Dat synapsen structureel kunnen veranderen biedt een mogelijkheid om informatie permanent op te slaan voor later gebruik.[2]

Het model van Hebb kreeg enorme invloed. Het overbrugde de brede kloof tussen psychologie en biologie, en verbond het ogenschijnlijk onvatbare geheugenproces met een concrete verandering in de hersenen. Wetenschappers kregen zo ook een middel om vervolgexperimenten te verzinnen. Het baande de weg voor belangrijke doorbraken in het geheugenonderzoek. De regel van Hebb leeft tot de dag van vandaag aan universiteiten voort. Elke student in de neurowetenschap kan de compacte versie ervan aanhalen: 'Cells that fire together wire together.'[3]

Jaren later ging de neurobioloog Eric R. Kandel, deels geïnspireerd door het verhaal van Henry, zich bezighouden met de cellulaire neurobiologie van het korte- en langetermijngeheugen. Eind jaren zestig begonnen Kandel en zijn collega's een ongewerveld dier met een eenvoudig zenuwstelsel te bestuderen, de zeeslak (*aplysia*), om na te gaan hoe die kortetermijnherinneringen omzette in langetermijnherinneringen. De onderzoekers richtten zich op twee eenvoudige vormen van impliciet leren: *habituatie*, het proces waarbij organismen niet meer reageren op opvallende maar onbelangrijke prikkels nadat ze daar vaak aan zijn blootgesteld, en *sensitisatie*, het proces waarbij het ervaren van een krachtige prikkel leidt tot een sterkere reactie op een latere prikkel die anders een zwakkere reactie had opgeroepen. In ons dagelijks leven zijn deze onbewuste mechanismen op de achtergrond werkzaam om ons te beschermen en ons alert te houden. Bij habituatie leren we muziek te negeren die in een naburig appartement dendert en bij sensitisatie worden we na te zijn gebeten door de hond van een buurvrouw de volgende keer wanneer we een hond horen blaffen bang en gespannen.

Om deze eenvoudige vormen van leren te onderzoeken richtten Kandel en zijn medewerkers zich op de reflex van de slak om de kieuw terug te trekken, waarmee het dier zijn ademhalingsapparaat beschermt. De kieuw is gewoonlijk ontspannen, maar wanneer iets de sifon raakt (het buisje dat vloeistof uit het lichaam van de slak uitstoot), trekken de sifon en de kieuw zich terug in een opening. Kandel en zijn collega's leerden deze reactie aan om habituatie en sensitisatie te demonstreren. Bij het ene experiment raakten ze een aantal malen licht de sifon aan; de slak raakte daaraan op den duur gewend, en de reflex om de kieuw terug te trekken verzwakte. Bij het andere experiment raakten de onderzoekers de slak net zo aan, maar deze keer gaven ze tegelijk de staart van de slak een elektrische schok. In dit geval werd de slak gesensitiseerd en vertoonde hij een sterke reflex om de kieuw terug te trekken, ook wanneer de lichte aanraking niet door de schok werd vergezeld. Habituatie en sensitisatie konden, afhankelijk van het onderzoeksprotocol, één dag tot een aantal weken aanhouden.

Omdat de zeeslak zo'n eenvoudig centraal zenuwstelsel heeft, konden Kandel en zijn collega's het neurale circuit van de reflex om de kieuw terug te trekken anatomisch in kaart brengen en de synaptische verbindingen tussen de cellen in dit circuit aanwijzen. Vervolgens brachten ze elektroden in en legden de activiteit vast van afzonderlijke sensorische en motorische neuronen. Deze experimenten waren mogelijk omdat bij de zeeslak de cellen relatief groot zijn – met een diameter van tot wel één millimeter in het cellichaam. Met de elektrofysiologische gegevens werd het mogelijk de sensorische neuronen die geactiveerd werden door het aanraken van de sifon en de motorische neuronen die de reflex bewerkten aan te wijzen. Op deze manier liet Kandel zien dat leren samenhing met een toename in de elektrische kracht van de verbindingen bij synapsen, waardoor een cel effectiever met zijn naastgelegen cellen kon communiceren. Deze belangrijke studie was een van de eerste die de aandacht vestigde op de signalerende eigenschappen van neuronen, de cellulaire en moleculaire biologie van hoe de connecties tussen neuronen door leren worden beïnvloed.[4]

Cruciaal was dat Kandel en zijn collega's in dezelfde reeks experimenten lieten zien dat er verschillende mechanismen ten grondslag liggen aan het kortetermijngeheugen en het langetermijngeheugen. Het kortetermijngeheugen, zo achterhaalden ze, is gekoppeld aan veranderingen in het functioneren van de synaps, niet in de structuur. Tijdens het leren kunnen bestaande verbindingen sterker of zwakker worden, zonder enige zichtbare verandering in de structuur. Daarentegen vergt het langetermijngeheugen fysieke veranderingen bij de synaps. Het vergt ook eiwitsynthese, het kortetermijngeheugen niet. Kandels experimenten ondersteunden en versterkten Hebbs inzicht dat er twee verschillende geheugenprocessen naast elkaar bestaan.

Hebb had het concept van *synaptische plasticiteit* op tafel gelegd door zijn idee dat het herhaald stimuleren van een groep neuronen tijdens het leren geleidelijk hun verbindingen versterkt. Daarbij worden dan blijvende herinneringen gevormd. Twintig jaar later kon Kandel Hebbs theorie stevig ondersteunen door de terugkerende activiteit van afzonderlijke neuronen te verbinden met bepaalde leeractiviteiten bij de zeeslak. Zijn ontdekking dat het korte- en het langetermijngeheugen andere eiwitten nodig hebben was een belangrijke eerste stap in het ontraadselen van de moleculaire basis van het geheugen. In het voetspoor van Hebb en Kandel richten neurowetenschappers zich tegenwoordig op het identificeren van de eiwitten en de genen die ons zullen vertellen hoe cellen met elkaar praten en het leren ondersteunen.[5]

Het ontrafelen van de moleculaire machinerie die het korte- en langetermijngeheugen ondersteunt was essentieel om de achtergronden van Henry's amnesie te begrijpen. Evenzo boden gedragsstudies naar aanleiding van zijn amnesie onderzoekers de mogelijkheid te onderzoeken hoe deze twee verschillende soorten geheugen in de menselijke hersenen zijn georganiseerd. Als de theorie van één proces juist was geweest, had Henry's kortetermijngeheugen aangetast moeten zijn. In werkelijkheid was zijn kortetermijngeheugen intact gebleven, terwijl zijn langetermijngeheugen was verdwenen – wat erop wees dat er niet alleen sprake was van afzonderlijke processen, maar dat die ook van verschillende delen van de hersenen afhankelijk waren.

Doordat ze bij Hebb had gestudeerd, was Milner beïnvloed door zijn theorie van de twee geheugenprocessen. Ze zag in dat Henry experimenteel bewijs kon bieden in de discussie of er sprake was van één proces dan wel van twee processen. Tijdens Henry's bezoek aan Milners lab in 1962 verzamelde haar postdoctoraal studente Lilli Prisko gegevens over zijn kortetermijngeheugen. Ze vroeg Henry om twee eenvoudige, niet-verbale prikkels te vergelijken waar een korte tijd tussen zat. De moeilijkheid was voor hem het eerste ding lang genoeg in zijn geheugen vast te houden om te zeggen of het hetzelfde of iets anders was dan het tweede ding. Prisko koos allerlei verschillende dingen uit, waardoor ze met meerdere experimenten gegevens over Henry vergaarde. Conclusies trekken uit één experiment of taak is riskant, dus omzeilde Prisko dat probleem door Henry's kortetermijngeheugen met complementaire taken te beoordelen. Sommige gebruikten geluiden zoals klikken en tonen, en andere gebruikten visuele beelden zoals lichtflitsen, kleuren en niet-geometrische onzinnige vormen. Zij koos welbewust ook voor prikkels die zich moeilijk onder woorden laten brengen. Bij geheugentests voor kleuren zou Prisko bijvoorbeeld geen rode, oranje, gele, groene, blauwe en paarse lapjes gebruiken. Henry had de namen van de kleuren in de tussenpozen voor zichzelf kunnen herhalen om zo de boel te slim af te zijn. Daarom koos ze vijf verschillende tinten rood om de mogelijkheid van verbale herhaling zo klein mogelijk te maken.[6]

Henry lag op een stretcher in een rustige, donkere hoek, afgescheiden door een scherm van waar Prisko zat in het grote laboratorium. Er waren geen andere mensen bij. Ze riep 'de eerste' om aan te geven dat een proef begon. De prikkel bij deze proef was een reeks flitsen van een stroboscooplamp in een frequentie van drie per seconde. Na een korte tussenpoos verscheen een nieuwe reeks flitsen, het ging nu sneller, ongeveer acht per seconde. Henry moest 'anders' zeggen om aan te geven dat de twee prikkels afweken. Bij andere proeven verschenen de flitsen in dezelfde frequentie en moest hij 'eender' zeggen.

Het was niet makkelijk Henry bij dit experiment te testen, zeker in het begin niet. Soms praatte hij in plaats van rustig te zitten, hij moest worden aangespoord om te reageren, of reageerde na de eerste prikkel in plaats van op de tweede te wachten. Om de paar minuten herhaalde Prisko de instructies zodat Henry wist wat hij geacht werd te doen. Ze moest ook een aantal mislukte proeven herhalen om het experiment te voltooien.

De resultaten van het eerste experiment boden een belangrijke basis om te begrijpen hoe Henry informatie waarnam en vasthield. Hij kon de taak moeiteloos en nauwkeurig doen wanneer er geen tijd tussen de prikkels zat, in twaalf proeven maakte hij slechts één fout. Hij had duidelijk geen moeite met de instructies of het waarnemen van de prikkels in de proef: hij kon heel goed het verschil tussen de prikkels beoordelen wanneer er weinig tijd tussen zat. Met die kennis kon Prisko ervan uitgaan dat de problemen die Henry bij proeven met langere tussenpozen had het directe gevolg waren van een niet werkend geheugen.

Vervolgens testte Prisko Henry met dezelfde reeks flitsen, deze keer met vijftien, dertig of zestig seconden tussentijd. Het wordt voor iedereen moeilijker om de prikkels te onderscheiden als de tussentijd toeneemt en de kortetermijnherinneringen zwakker worden. Maar in het geval van Henry waren de verschillen enorm. Als er vijftien seconden tussen zaten, deed Henry het nog steeds goed: hij maakte twee fouten bij twaalf proeven. Wanneer er dertig seconden tussen zaten, groeide het aantal fouten tot vier. Bij zestig seconden waren zijn antwoorden bij zes van de twaalf proeven fout, precies de toevalsfactor, niet beter dan wanneer Henry om zijn antwoord te bepalen een munt had opgegooid. Ter vergelijking: normale personen hadden gemiddeld één fout bij twaalf proeven als er zestig seconden tussen de prikkels zaten, zelfs wanneer Prisko hen afleidde.

De abrupte ineenstorting van Henry's prestaties liet zien dat zijn kortetermijngeheugen minder dan zestig seconden standhield. Ergens tussen de dertig en zestig seconden liet zijn herinnering aan wat hij had gezien of gehoord hem in de steek. Met kortere tussenpozen presteerde hij boven de toevalsfactor, zijn geest hield de testprikkels vast, binnen dit beperkte tijdsbestek tenminste. Henry's resultaten strookten met die van F.C. en P.B., die door Prisko kort nadien werden getest. Ze maakten minder fouten dan Henry, maar vertoonden hetzelfde patroon van méér fouten als de tijd tussen het presenteren van de twee prikkels werd verlengd, waardoor de herinnering aan de eerste prikkel vervaagde.

Tot verrassing van Prisko bleek Henry in staat bepaalde soorten informatie vast te houden. Na de test met flitsen liet ze hem een paar minuten uitrusten. Toen begon ze aan de volgende taak, deze keer gebruikte ze hoorbare klikken. Inmiddels leek Henry er als testpersoon op vooruit te zijn gegaan. Hoewel hij nog steeds praatte, riep hij zijn antwoord niet meer na de eerste prikkel. Ze liet hem een uur pauzeren voor de volgende test, een test met kleuren. Toen hij terugkwam, was Henry volkomen vergeten wie zij was. Maar nadat hij zijn instructies had gekregen, leek hij de proefopzet beter te begrijpen, hij praatte minder en volgde de aanwijzingen goed op. Toen ze hem de volgende dag weer testte, kon ze volstaan met Henry één keer, aan het begin van elke test te instrueren. Zijn resultaten waren even slecht en hij herinnerde zich niet de test eerder te hebben gedaan, maar op een of andere manier begreep Henry wat er van hem werd verwacht.

Hoe was het mogelijk dat Henry de juiste procedures kon leren – het 'hoe moet het' – en toch steeds maar een paar seconden kon onthouden wat de specifieke testprikkel was geweest? In 1962 kon niemand dit vreemde verschil verklaren, maar in Milners lab kregen we er allemaal het gevoel door dat Henry ons veel kon bijbrengen over de achtergronden van leren en herinneren.

Prisko's testresultaten haalden de theorie onderuit dat herinneren één proces was. In diezelfde tijd dook een geval op waarvoor hetzelfde gold. Een patiënt in Engeland, bekend onder zijn initialen K.F., liep bij een motorongeluk zwaar letsel op aan de linkerzijde van zijn hoofd en zijn hersenen. Hij was tien weken buiten bewustzijn en hoewel hij in de paar jaar daarna geleidelijk opknapte, begon hij toevallen te krijgen. Net als Henry had K.F. enorme geheugenproblemen, maar het patroon was precies omgekeerd: opmerkelijk genoeg kon hij nieuwe langetermijnherinneringen vormen ondanks een gebrekkig kortetermijngeheugen. Bij de DigitSpan-test scoorde hij niet meer dan twee, en hij kon slechts één cijfer, letter of woord betrouwbaar herhalen. Als een onderzoeker woordenparen in een tempo van één woord per seconde uitsprak, kon hij beide woorden slechts de helft van de keren correct herhalen. Zijn kortetermijngeheugen had een zeer beperkte capaciteit. Desondanks scoorde K.F. normaal bij vier verschillende tests voor langetermijnherinneringen, wat aangaf dat zijn langetermijnopslag voor deze informatie intact was.[7]

Samen geven de bevindingen bij Henry en K.F. het bestaan aan van twee onafhankelijke geheugencircuits die respectievelijk het kortetermijngeheugen en het langetermijngeheugen dienen, wat sterke steun bood aan de theorie dat er twee processen zijn. De twee circuits hebben verschillende anatomische locaties: corticale processen brengen kortetermijnherinneringen tot stand en processen in de mediale temporaalkwab regelen langetermijnherinneringen.[8]

Het geval van K.F. wees erop dat de processen van het kortetermijngeheugen in de hersenschors zetelen, de buitenlagen van het brein. Scoville bleef van dit deel van Henry's hersenen af, en dus bleven alle corticale functies bij Henry bewaard, beschikbaar om informatie voor korte tijd paraat te houden. Zijn kortetermijngeheugen was dus gespaard. Vervolgonderzoek heeft laten zien dat kortetermijnherinneringen over verschillende delen van de hersenschors zijn verspreid, afhankelijk van het soort informatie dat ze vertegenwoordigen. Er zijn steeds meer aanwijzingen dat er verschillende delen van de hersenen verantwoordelijk zijn voor het tijdelijk vasthouden van herinneringen aan gezichten, lichamen, plaatsen, woorden enzovoorts. Deze herinneringen worden niet lukraak verdeeld; ze hebben juist de neiging zich nabij gebieden te groeperen die verbonden zijn met hoe de informatie voor het eerst werd waargenomen. De rechter pariëtale kwab houdt zich bijvoorbeeld bezig met ruimtelijke inzichten, dus worden kortetermijnherinneringen die met ruimtelijk inzicht te maken hebben in dat gebied bewaard. De linkerzijde van de hersenen controleert de taal, en verbale kortetermijnherinneringen komen vooral aan de linkerzijde van de hersenschors terecht. Wanneer we een beter idee hebben van het kortetermijngeheugen als een afzonderlijk proces kunnen we grondig nagaan wat er in dit korte tijdsbestek gebeurt. We weten tegenwoordig veel meer over de inhoud, capaciteit en grenzen van het kortetermijngeheugen.⁹

Informatie blijft minder dan een minuut in het kortetermijngeheugen hangen, maar we kunnen informatie eindeloos bewaren door die in gedachten te herhalen. Het herhalen ververst op effectieve wijze de kortetermijnsporen, het maakt die weer nieuw. Dit is een goed voorbeeld van een regelproces. Regelprocessen liggen ten grondslag aan ons vermogen gedachten te beheren teneinde een doel te bereiken. We gebruiken deze processen voortdurend in het dagelijkse leven, ze helpen ons om ons te richten op de taak waarmee we bezig zijn, van de ene taak op de andere over te schakelen en ongewenste inbreuken te negeren.¹⁰

Stel je een zakenman voor op een vlucht van Boston naar San Francisco, met een aansluitende vlucht naar Honolulu. Na de landing in San Francisco geeft de stewardess de gatenummers voor aansluitende vluchten. De man luistert aandachtig naar de steden die worden genoemd en wanneer hij 'Honolulu' heeft gehoord en het gatenummer, begint hij dat te herhalen, hij repeteert het tijdens het uitstappen en loopt met succes door de menigte naar de aangegeven gate. Welbewust negeert hij afleidingen onderweg zodat hij zijn bestemming niet vergeet. Het gatenummer zal waarschijnlijk meteen na het boarden uit zijn geest verdwijnen, hij heeft het net lang genoeg in zijn kortetermijngeheugen levend gehouden om van nut te zijn. We jongleren regelmatig met dergelijke complexe problemen om dingen te onthouden en ons gedrag op het bereiken van onze doelen af te stemmen.

Omdat Henry alleen op zijn kortetermijngeheugen kon vertrouwen gebruikte hij cognitieve regelprocessen om zijn falende geheugen te compenseren. Door geestelijk informatie te herhalen die men hem vroeg te onthouden kon hij gedachten soms in zijn geest vers houden tot men hem vroeg ze terug te halen. Milner zag dit vermogen tijdens haar eerste testsessie met Henry in 1955, in de praktijk van Scoville. Ze gaf Henry deze instructie: 'Ik wil dat je de getallen vijf, acht, vier onthoudt.' Vervolgens ging ze weg uit de praktijk en dronk een kop koffie met de secretaresse van Scoville. Twintig minuten later kwam ze terug en vroeg Henry: 'Wat waren de getallen?'

'Vijf, acht, vier,' was zijn antwoord. Milner was onder de indruk; kennelijk was Henry's geheugen beter dan zij zich realiseerde.

'O, dat is uitstekend!' zei ze. 'Hoe heb je dat gedaan?'

'Nou, vijf, acht en vier zijn opgeteld zeventien,' reageerde Henry. 'Deel het door twee, dan krijg je negen en acht. Onthoud acht. Dan vijf – je hebt vijf en vier over – vijf, acht, vier. Simpel.'

'Nou, dat is uitstekend. En weet je nog hoe ik heet?'

'Nee, neem me niet kwalijk. Ik heb problemen met mijn geheugen.'

'Ik ben dr. Milner en ik kom uit Montreal.'

'O, Montreal in Canada,' zei Henry. 'Ik ben een keer in Canada geweest – in Toronto.'

'O. Weet je het getal nog?'

'Getal? Was er een getal?'

De complexe berekeningen die Henry had bedacht om het nummer in zijn hoofd te houden waren weg. Zodra zijn aandacht naar iets anders werd afgeleid, was de inhoud verloren. Dat hij vergat een cijfer te hebben herhaald is ongewoon, maar zelfs mensen met intacte hersenen raken informatie kwijt wanneer ze worden afgeleid. Neem het luchthavenvoorbeeld: als de zakenman op zijn tocht door de luchthaven afgeleid was door een belangrijk nieuwsbericht op een televisiescherm zou hij waarschijnlijk het gatenummer zijn vergeten dat hij had geprobeerd in zijn kortetermijngeheugen te bewaren. Als hij zich het gatenummer wel herinnerde na te zijn afgeleid, zou dat zijn omdat hij zich baseerde op de hulpbronnen van zijn langetermijngeheugen – dat bij Henry ontbrak.[11]

Henry verliet zich op zijn kortetermijngeheugen en daarbij zijn regelprocessen. In een gesprek kwam hij normaal over omdat hij zonder moeite een vraag kon beantwoorden die hem net was gesteld. Op die manier kon hij een ogenschijnlijk moeiteloze gedachtewisseling voeren, waarbij hij overeind bleef zolang niets zijn aandacht afleidde. Hij kon namen, woorden of getallen een paar seconden in zijn geest houden en kon deze informatie herhalen, maar alleen wanneer de geheugenlast klein was en er niets tussenbeide kwam dat de lei schoonveegde. Als ik met Henry praatte en een derde een ander gesprek met hem begon, zou hij niet alleen vergeten wat ik hem net had verteld, maar zou hij zich ook in het geheel niet herinneren dat ik hem iets had verteld.

Nadat ik in 1977 mijn eigen lab begon op MIT, hadden we de gelegenheid om het effect van afleiding te testen bij Henry en bij vier andere patiënten die door andere oorzaken aan amnesie leden. Bij allemaal vertoonde het langetermijngeheugen grote gebreken en ze konden zich alleen op hun kortetermijngeheugen verlaten. We legden hun de Brown-Peterson-taak voor die test hoe vlug deelnemers informatie vergeten die ze zojuist hebben opgenomen. Ze kijken door een viewer en zien paren medeklinkers gevolgd door paren getallen, elk paar is ongeveer 0,75 seconden zichtbaar. De deelnemers krijgen bijvoorbeeld VG en dan SZ te zien, gevolgd door 83 en 27. Ze lezen de medeklinkers en de getallen, maar men vraagt hun alleen de medeklinkers te onthouden. Omdat de deelnemers bezig zijn met het lezen van de getallen kunnen ze de medeklinkers niet herhalen. Door herhalen af te snijden voor je vraagt de letters terug te halen, kun je met de taak meten hoeveel informatie mensen vergeten en hoe snel ze die vergeten. Toen de psycholoog John Brown in 1958 de afleidingstest voor het eerst presenteerde, kwam hij erachter dat gezonde mensen zich maar één paar medeklinkers goed konden herinneren. De deelnemers vergaten de andere informatie – het tweede paar – in nog geen vijf seconden wanneer ze die niet konden herhalen.[12]

In 1959 bouwden de psychologen Margaret en Lloyd Peterson voort op Browns experiment door na te gaan in hoeverre de nauwkeurigheid verandert wanneer je de vertragingstijd aanpast. In hun versie van Browns test noemde de onderzoeker drie medeklinkers, zoals MXC, en dan een getal van drie cijfers, zoals 973. De deelnemers moesten dan telkens het getal verminderen met drie – 973, 970, 967, 964 – tot ze een teken kregen om de drie medeklinkers te herhalen, MXC. Ze kregen dat signaal na verschillende tussenpozen – drie, zes, negen, twaalf, vijftien en achttien seconden. Peterson en Peterson ontdekten dat naarmate de deelnemers meer tijd aan het achteruit tellen besteedden ze zich minder medeklinkers wisten te herinneren. Na de tussenpozen van vijftien en achttien seconden herinnerden ze zich vrijwel niets. Dit onderzoek liet zien dat kortetermijnherinneringen onder de invloed van afleiding minder dan vijftien seconden standhouden.[13]

Begin jaren tachtig paste mijn lab de Brown-Peterson-taak aan om te achterhalen hoe lang Henry's kortetermijnherinneringen standhielden. Dit experiment was een onderdeel van een breed onderzoek gericht op het ontleden van de diverse processen van het *declaratieve geheugen* – een systeem dat bij gebeurtenissen en feiten het langetermijngeheugen ondersteunt. Toen Henry en vier andere amnesiepatiënten de Brown-Peterson-taak deden, was het bij de tussenpozen van drie, zes en negen seconden een nek-aan-nekrace met gezonde deelnemers zonder geheugenproblemen. Maar bij vijftien en dertig seconden lagen de scores van de patiënten, omdat hun kortetermijngeheugen helemaal vol zat, aanzienlijk onder die van de anderen. Bij dit experiment deden normale mensen een beroep op hun langetermijngeheugen om informatie op te halen die meer dan omstreeks vijftien seconden moest worden vastgehouden, maar de mensen met amnesie konden dat niet.[14] Deze studie hielp de grenzen van het kortetermijngeheugen te bepalen.

Ons begrip van het kortetermijngeheugen is dieper geworden door onze studie naar hoe we onze herinneringen in het dagelijks leven gebruiken. Als we informatie uit de wereld opnemen, zetten we allerlei complexe processen in de hersenen in. Als iemand probeert uit haar hoofd 68 met 73 te vermenigvuldigen, voert ze berekeningen uit, slaat ze de resultaten op, combineert ze getallen en kijkt ze of die kloppen. De taak vergt veel meer inspanning dan zomaar dingen ophoesten die in haar kortetermijngeheugen zitten; het is geestelijke arbeid. Ze verlaat zich op de abstracte ideeën over getallen en vermenigvuldiging, en past die kennis toe op het probleem dat aan de orde is. Zulke processen heten *werkgeheugen*: een veeleisende uitbreiding van het kortetermijngeheugen, een geestelijke werkruimte waar cognitieve processen plaatsvinden.

Waarin verschilt het werkgeheugen van het onmiddellijke, kortetermijngeheugen? Je kunt het kortetermijngeheugen als eenvoudig zien en het werkgeheugen als complex. Het werkgeheugen is het kortetermijngeheugen in de overdrive. Ze zijn allebei tijdelijk, maar met het onmiddellijke kortetermijngeheugen heb je de mogelijkheid na geen of een geringe vertraging een klein aantal dingen te reproduceren (zoals 3-6-9 zeggen), terwijl in het geval van het werkgeheugen kleine hoeveelheden informatie moeten worden opgeslagen en je tegelijk met die informatie moet werken om complexe taken te kunnen uitvoeren (zoals uit je hoofd 3, 6 en 9 met elkaar vermenigvuldigen). Wanneer we het kortetermijngeheugen inzetten, herhalen we simpelweg een beperkte hoeveelheid informatie, terwijl wanneer we het werkgeheugen gaan gebruiken we die informatie op alle gewenste manieren kunnen controleren en manipuleren. Het werkgeheugen organiseert alle cognitieve en neurale processen die nodig zijn om een doel voor de korte termijn te bereiken – lange zinnen ontcijferen, problemen oplossen, de intrige van een film volgen, een gesprek voeren, alle bijzonderheden van een honkbalmatch bijhouden.

Hoewel het concept 'werkgeheugen' voor het eerst in 1960 werd gepresenteerd, begonnen pas in de jaren tachtig in de neuropsychologische literatuur artikelen over het werkgeheugen te verschijnen. Maar in 1962 legde Milner een probleemoplossingstest aan Henry voor waarmee naar we later beseften niet alleen zijn vermogen om problemen op te lossen werd gemeten maar ook de capaciteit van zijn werkgeheugen. Milner legde vier kaarten op tafel, naast elkaar, en zei tegen Henry: 'Dit zijn je sleutelkaarten.' Op de eerste kaart stond een rode driehoek, op de tweede twee groene sterren, op de derde drie gele kruisen en op de vierde vier blauwe cirkels. Ze zei tegen hem een stapel van 128 kaarten te pakken en alle kaarten voor een van de sleutelkaarten op tafel te leggen, waar Henry vond dat ze moesten komen. Nadat hij een kaart had neergelegd, zei ze 'goed' of 'fout', en hij werd geacht deze informatie te gebruiken om zo veel mogelijk juiste keuzes te maken. Hij begon de kaarten te sorteren en aanvankelijk zei ze 'goed' als hij op basis van kleur een kaart bij een sleutelkaart legde en 'fout' wanneer hij dat op basis van vorm of aantal deed. Na tien juiste keuzes veranderde ze zonder het hem te vertellen de sorteermaatstaf. Nu zei ze 'goed' wanneer hij op grond van vorm sorteerde. Vervolgens veranderde ze opnieuw, nu gebruikte ze aantal als maatstaf om te sorteren. Henry was goed in de taak en maakte weinig fouten. Hij zette zijn werkgeheugen in: hij moest zijn aandacht gericht houden op de juiste categorie wanneer hij de kaarten op tafel legde, luisterde naar Milners reactie, en besloot de volgende kaart dienovereenkomstig neer te leggen. Maar ondanks zijn uitstekende prestatie herinnerde hij zich aan het eind van de test niet dat hij naar aanleiding van Milners wenken van strategie was veranderd – door eerst de kaarten op basis van kleur neer te leggen, vervolgens op basis van vorm en daarna op basis van aantal.[15]

Deze taak wierp meer licht op wat Henry kon en niet kon. Dat hij aan een categorie kon vasthouden zolang Milner 'goed' zei en op een andere categorie kon overgaan wanneer ze 'fout' zei, wijst erop dat hij tijdens een lange test in staat was op te letten, onderscheid maakte tussen verschillende vormen en kleuren, en flexibel kon denken en reageren. Al deze verrichtingen had hij paraat, zonder dat hij uit het langetermijngeheugen hoefde te putten. Toen de test voorbij was en Henry probeerde op de hele test terug te blikken en zich alles te herinneren wat hij net had gedaan, stond hij met de mond vol tanden. De essentiële sporen van langetermijnherinneringen waren nergens te vinden.

In dezelfde periode kreeg Milner de gelegenheid een kaartsorteerproef voor te leggen aan een patiënt bij wie Penfield het voorste deel van beide frontaalkwabben had verwijderd om epilepsie te onderdrukken. De man sorteerde alle 128 kaarten alleen op grond van vorm, ook wanneer Milner bij herhaling 'fout' zei – een extreem voorbeeld van volhardend gedrag, hij bléef de hele tijd op dezelfde manier reageren. Met de test van deze patiënt en van vele andere bij wie de linker of de rechter frontaalkwab was weggehaald toonde Milner overtuigend aan dat de flexibiliteit om te plannen en te denken die vereist was voor de sorteertaak afhing van het normale functioneren van de frontaalkwab. Op basis van deze bevindingen kunnen we zonder twijfel stellen dat de capaciteiten van Henry's frontaalkwab uitstekend waren.[16]

In de jaren negentig besteedde mijn lab bij ons onderzoek naar

Henry veel aandacht aan het beoordelen van zijn werkgeheugen. We verwachtten dat de capaciteiten van zijn werkgeheugen onaangetast zouden zijn omdat hij dingen in zijn intact gebleven kortetermijnopslag kon controleren en manipuleren. Maar de werkgeheugentests waren in twee opzichten soms lastig voor Henry. Bij één taak moest hij snel reageren om het opgelegde tempo van de test bij te houden, en in sommige gevallen had hij misschien onvoldoende tijd om over de juiste reactie te beslissen en die uit te voeren. Bij een andere taak ging het aantal prikkels dat hij moest controleren en manipuleren de capaciteit van zijn onmiddellijke geheugen te boven, en daarom was de inzet vereist van het declaratieve langetermijngeheugen, dat hij miste.

Voor de test met tijdsbeperkingen, de n-backtest, waren de prikkels lapjes kleur (rood, groen, blauw) die één voor één op een computerscherm werden gepresenteerd, in een frequentie van om de twee seconden één kleur. We vroegen Henry op een knop te drukken wanneer de huidige kleur overeenkwam met de kleur die direct voordien was verschenen en op een andere knop wanneer de kleuren niet overeenkwamen. Nadat hij een aantal van zulke proeven had gedaan, werd de taak moeilijker, omdat we hem opdracht gaven op de knop te drukken wanneer hij een kleur zag die overeenkwam met de voorvorige kleur (met één prikkel ertussen dus) en op een andere knop wanneer de voorvorige kleur niet overeenkwam.

Bij de n-backtest met kleuren bleef Henry goed presteren, wat aangaf dat drie cognitieve sleutelprocessen onaangetast waren, namelijk het vasthouden van informatie (Henry moest de kleuren als ze verschenen paraat houden), het actualiseren van informatie (hij moest de kleur die hij paraat hield voortdurend actualiseren) en reactieremming (hij moest de neiging afremmen om altijd op de niet-doelknop te drukken omdat overeenkomsten minder frequent waren dan niet-overeenkomsten). Wanneer de prikkels kleuren waren, was de tijdslimiet van twee seconden geen handicap voor hem.

We kwamen later met twee vergelijkbare n-backtests, waarbij we in plaats van kleuren zes ruimtelijke locaties en zes betekenisloze vormen gebruikten. Bij deze nieuwe prikkels presteerde Henry niet beter dan wanneer hij had gegokt. Hij had grote problemen met het vasthouden van de ruimtelijke locaties en de betekenisloze vormen in zijn werkgeheugen, omdat hij er niet snel een verbaal etiket op kon plakken om juist te reageren in het tijdsbestek van twee seconden. Als hij werd geconfronteerd met testprikkels die lastig onder woorden waren te brengen en hij snel moest reageren, lukte Henry het niet zijn taak te volbrengen.

Bij een andere test maten we Henry's vermogen om te plannen en een reeks van zijn eigen antwoorden bij te houden. Hij kreeg zes tekeningen te zien die in een rooster op een computerscherm werden getoond, drie op de bovenste rij, drie op de onderste rij. We vroegen hem één tekening te kiezen. Vervolgens kreeg hij een nieuw scherm te zien met dezelfde zes tekeningen, allemaal op een andere plaats. Deze keer moest hij een andere tekening kiezen. Bij de vier volgende proeven kreeg hij weer de zes tekeningen te zien, elke keer op een andere plaats, en weer moest hij er een kiezen die hij niet eerder had gekozen. Henry deed deze procedure drie keer achter elkaar en zijn prestatie was vergelijkbaar met die van een controledeelnemer. Maar in volgende tests, toen we het aantal tekeningen naar acht, tien en twaalf opvoerden, maakte Henry meer fouten dan de controledeelnemer. Omdat zijn fouten zich vooral bij de latere proeven voordeden, had hij er misschien last van dat hij voortdurend zijn ervaringen met de eerdere proeven in gedachten moest houden. Bovendien werden door de noodzaak acht en vervolgens twaalf dingen bij te houden waarschijnlijk de grenzen overschreden van zijn onmiddellijke geheugen, terwijl hij geen declaratief langetermijngeheugen had om op terug te vallen.

Henry's matige prestatie bij onze werkgeheugenproeven leidt niet tot de conclusie dat het werkgeheugen afhangt van een intacte hippocampus. Hij werd gedwarsboomd door de tests die vereisten dat hij snel reageerde of zijn langetermijngeheugen inzette. Wanneer de capaciteit van het onmiddellijke geheugen onvoldoende is om het aantal of de complexiteit van de prikkels paraat te houden, dragen het declaratieve geheugen en de circuits in de mediale temporaalkwab die dat ondersteunen bij aan een goede prestatie. Wanneer zoals bij Henry en andere amnesiepatiënten deze circuits niet werken, leidt dat waarschijnlijk bij lastige geheugentests tot slechte scores. In 2012 bekeken geheugenonderzoekers van de University of California, in San Diego, negentig artikelen uit de wetenschappelijke literatuur over dit onderwerp en kwamen tot dezelfde conclusie – wanneer de eisen van een taak de capaciteit van wat het werkgeheugen kan herbergen te boven gaan, wordt de prestatie ondersteund door het declaratieve langetermijngeheugen.[17]

Het werkgeheugen is een enorm onderzoeksgebied geworden, met meer dan 27.000 wetenschappelijke artikelen over dit onderwerp. Bij onderzoek in duizenden laboratoria gaat men door met het ontleden van processen en circuits in het werkgeheugen, om bij mens en dier de correlaties tussen hersenen en gedrag te bepalen. Omdat het werkgeheugen van uiteenlopende cognitieve processen afhangt – aandacht, impulsbeheersing, opslag, controle, ordening en verwerking van informatie – zijn er uiteenlopende hersencircuits tegelijk bij betrokken. Met als gevolg dat het werkgeheugen uiterst gevoelig is voor de neurologische omstandigheden. We zien dus werkgeheugenproblemen bij mensen die lijden aan ADHD, autisme, alzheimer, parkinson, HIV, herseninfarcten en zelfs bij mensen die normaal, gezond ouder worden. Mensen uit deze groepen hebben soms problemen bij de inzet van het werkgeheugen om hun doelen te bereiken, want deze zware geestelijke inspanning vereist een gezond brein. Zelfs onder subtiele afwijkingen kan de prestatie lijden.

Het concept 'werkgeheugen' dook niet vanuit de neurowetenschappelijke laboratoria op, maar vanuit de toegepaste wiskunde. Norbert Wiener, in brede kringen beschouwd als de briljantste in Amerika geboren wiskundige van zijn tijd, stelde in 1948 dat de hersenen net een rekenmachine zijn. Met dat inzicht voerde hij de *cybernetica* in, de wetenschap van regelprocessen bij mensen en machines.[18]

De metafoor van het menselijke brein als een informatieprocessor had ingrijpende gevolgen op de neurowetenschap. Zo zette het George A. Miller, Eugene Galanter en Karl H. Pribram, drie wiskundig gerichte denkers van het instituut voor gedragswetenschap van Stanford University, ertoe aan cybernetica en psychologie te verenigen in hun in 1960 verschenen werk *Plans and the Structure of Behavior*. In dit baanbrekende werk stelden ze dat gedrag moest worden geleid door een overkoepelend 'Plan'. Ze kwamen met het radicale voorstel dat je de hersenen met een computer kon vergelijken en de geest met een computerprogramma of Plan.[19]

In *Plans and the Structure of Behavior* werd de term 'werkgeheugen' geïntroduceerd, een concept dat in de cognitieve wetenschap en de cognitieve neurowetenschap al snel tot volop onderzoek leidde. Dit enorme onderzoeksterrein gaat verder dan het vormen van herinneringen: men richt zich op onze vaardigheid om complexe doelen te bereiken. Analoog aan computerprogramma's zijn er ergens specifieke doelgerichte plannen opgeslagen die men opdiept wanneer ze worden uitgevoerd. 'De specifieke plek kan een vel papier zijn,' schreven ze. 'Of (wie weet) zit die ergens in de frontaalkwabben in de hersenen.' Dus zonder ons aan een specifieke machinerie te verbinden zouden we het geheugen dat we gebruiken voor onze Plannen graag als een soort snel toegankelijk werkgeheugen zien. Zoals uit Milners kaartsorteertest met Henry bleek, hadden de auteurs niet alleen groot gelijk met hun omschrijving van het werkgeheugen, ook hun gok dat het in de frontaalkwabben van de hersenen zetelt was juist. We weten inmiddels dat de *prefrontale cortex* essentieel is om allerlei gedachten vast te houden bij het maken en uitvoeren van een plan, precies wat Henry deed bij het uitvoeren van de kaartsorteertaak.

In de volgende tien jaar kwam het onderzoek naar het werkgeheugen tot grote bloei. Psychologen en neurowetenschappers probeerden de onderliggende cognitieve en neurale processen te ontleden. In 1968 kwamen de psychologen Richard Atkinson en Richard Shiffrin met een gedetailleerd model voor het menselijke geheugen in 'Human Memory: A Proposed System and Its Control Processes', nog altijd een van de meest geciteerde geschriften in de literatuur over het geheugen van de mens. Ze verdeelden het geheugen in drie stadia: het sensorische register, de kortetermijnopslag en de langetermijnopslag. Het sensorische register is het eerste toegangspunt voor via de zintuigen binnenkomende informatie. De informatie zit er voor minder dan een seconde en vervalt dan. In hun model, dat uitgaat van één proces, is de kortetermijnopslag het werkgeheugen; het krijgt input van het sensorische register en ook van de voor lange termijn opgeslagen herinneringen. Informatie stroomt door een continuüm, van de kortetermijnopslag naar de langetermijnopslag, een relatief permanente silo.[20]

Hoe invloedrijk het model met één proces van Atkinson en Shiffrin ook was, het mechanisme van het vormen van langetermijnherinneringen werd er niet volledig door verklaard. Als het model juist zou zijn, had Henry geen amnesie kunnen hebben, want in de loop van de tijd zou informatie die aanwezig was in het kortetermijnstadium automatisch naar het langetermijnstadium zijn gestroomd. Dit gebeurde duidelijk niet – Henry's hersenen konden geen informatie van kortetermijnverwerkingsmechanismen naar langetermijnverwerkingsmechanismen vertalen. Toch is het model van Atkinson en Shiffrin interessant omdat onze kortetermijnopslag wordt aangemerkt als ons werkgeheugen waar regelprocessen een rol gaan spelen. Regelprocessen variëren van mens tot mens. We beslissen waaraan we aandacht besteden, herhalen informatie om die in de kortetermijnopslag te houden, en bedenken ezelsbruggetjes om dingen te onthouden. Met het model van Atkinson en Shiffrin begon de zoektocht om de strategieën te doorgronden die het verwerken van informatie uit het werkgeheugen beïnvloeden.

In 1974 stelden de psycholoog Alan Baddeley en zijn collega Graham J. Hitch dat het werkgeheugen niet één systeem is. Volgens hen bestond het uit drie subsystemen: een *central executive* die het voor het zeggen heeft en twee *slave systems* die het zware werk doen – één richt zich op visuele informatie en één op taal. Dit model inspireerde tot een heleboel experimenten waarbij men probeerde de mechanismen te bepalen die in elk subsysteem optraden, hoe de wisselwerking is tussen de vluchtige processen en het langetermijngeheugen, en welke hersengebieden worden ingezet als het werkgeheugen taken uitvoert. Wetenschappers hebben het werkgeheugen bestudeerd bij gezonde mensen van alle leeftijden, tweelingen, mensen die tweetalig zijn, vrouwen in de menopauze, blindgeborenen, rokers, mensen die niet kunnen slapen, aan stress lijden en mensen met allerlei neurologische en psychiatrische aandoeningen. Deze experimenten hebben een verstrekkende invloed gehad, met gevolgen voor het onderwijs, het beoordelen van behandelingen, trainingsprogramma's en het nut daarvan, en het beoordelen van psychiatrische storingen.[21]

Maar de laatste jaren is het model van Baddeley, dat uitgaat van gespecialiseerde gebieden om iets vast te houden – eentje voor wat je ziet, eentje voor wat je hoort en eentje voor eenmalige gebeurtenissen – verdrongen door het concept van een dynamischer systeem. Men denkt tegenwoordig dat er een wisselwerking is tussen de processen in het werkgeheugen en de opslag van langetermijnherinneringen. In deze opvatting wordt informatie in het werkgeheugen in leven gehouden door actieve verwerking in allerlei gebieden in de temporaalkwab, de pariëtale kwab en de occipitale kwab, in dezelfde gespecialiseerde hersengebieden waar zich de eerste perceptie van die informatie voordeed. De circuits die een rol gaan spelen wanneer we voor het eerst een naam horen, een gezicht zien of van een landschap genieten zijn dus dezelfde die actief zijn wanneer we ons later die naam, dat gezicht of dat landschap herinneren. Welk netwerk op een gegeven moment bij processen van het werkgeheugen wordt ingezet, hangt af van de inhoud van ons werkgeheugen en van wat we proberen te bereiken.

De eenentwintigste-eeuwse modellen van het werkgeheugen leggen de nadruk op de wisselwerking tussen het korte- en langetermijngeheugen. De cognitieve neurowetenschappers Bradley Postle, Mark D'Esposito en John Jonides hebben allemaal gepleit voor het idee dat het werkgeheugen specifieke informatie uit verschillende periodes integreert – alle zintuiglijke ervaringen die tot de hersenen zijn doorgedrongen plus de voor deze input relevante inhoud van het langetermijngeheugen. Stel dat we proberen uit het hoofd 36 met 36 te vermenigvuldigen, een taak waaraan het werkgeheugen te pas komt. We hebben dan toegang nodig tot onze opgeslagen kennis over getallen en vermenigvuldigen om de berekening te kunnen uitvoeren. Deze wetenschappers zien het werkgeheugen als een zich ontwikkelend fenomeen dat ontstaat door de samenwerking tussen allerlei hersengebieden. Daardoor kunnen de hersenen meerdere taken aan en kunnen ze verschillende soorten informatie tegelijk verwerken, ze kunnen zeer flexibel van de ene taak op de andere overschakelen.[22]

Stel je een vrouw in een restaurant voor, de ober somt voor haar de dagspecialiteiten op. Ze houdt de lijst met gerechten actief in haar werkgeheugen terwijl ze tegelijk elk gerecht beoordeelt, op basis van kennis die in haar langetermijngeheugen is opgeslagen. Nadat ze in haar hoofd met deze opties heeft geschoven, besluit ze: geen zwaardvis, want daar zit kwik in; geen gebakken kip, want dat is te vet; maar de vegetarische pasta lijkt op een gerecht dat ik eerder lekker vond. Ze bestelt de pasta. Hoewel ze de beslissing snel nam, kwam die tot stand door samenwerking via een netwerk van hersengebieden. Zo was ze in staat verschillende soorten informatie te controleren en te manipuleren.

Hoe zijn de hersenen tot deze verbijsterend ingewikkelde prestatie in staat? In 2001 stelden de neurochirurgen Earl K. Miller en Jonathan Cohen dat de prefrontale cortex denken en actie orkestreert om interne doelen te bereiken, zoals beslissen wat je te eten bestelt. De neurale circuits in de prefrontale cortex, die het werkgeheugen ondersteunen, stelden de vrouw uit ons voorbeeld in staat de woorden die ze net had gehoord vast te houden, visuele beelden en smaken van het eten te ervaren, herinneringen aan haar recente maaltijden op te diepen, en haar kennis en meningen over eten te bekijken. Om kort te gaan: ze werd bij haar keus geleid door een *top-downproces*. Ze gebruikte haar ervaring om tot een besluit te komen.[23]

Door top-downprocessen kunnen we de impact van allerlei zintuiglijke informatie moduleren. Tot deze bewerkingen behoren het plannen van een reeks acties, het beheren van doelen, het coördineren en controleren van automatische processen (zoals reageren op een muis in de keuken), krachtige vaste reacties afremmen, het selectief verdelen van aandacht en irrelevante zintuiglijke input onderdrukken. Zo kunnen we interne voorstellingen van doelen oproepen en de wegen om die te bereiken. De prefrontale cortex, voor in de hersenen gelegen, leidt de informatiestroom over paden naar de achterzijde van de hersenen en naar gebieden onder de hersenschors die essentieel zijn bij het oplossen van problemen en het nemen van besluiten. Een vereiste voor de prefrontale cortex is dat die flexibel is – dat die zich kan aanpassen aan veranderingen in de omgeving in of buiten het lichaam, en dat die ontvankelijk is voor nieuwe doelen en procedures.[24]

Henry's werkgeheugen was robuust genoeg om hem bingo te kunnen laten spelen, om hem zinnen te laten zeggen en om hem simpele berekeningen uit het hoofd te laten maken. Maar hij was niet in staat zijn parate gedachten te integreren met herinneringen uit het recente verleden. Wanneer hij een maaltijd bestelde in een restaurant kon hij een keus maken op basis van wat hij voor zijn operatie al dan niet lekker vond. Maar hij kon er niet bij betrekken wat hij een dag eerder had gegeten, of hij dingen met weinig calorieën moest eten in verband met zijn gewicht, en of hij moest oppassen met zout. Henry was afhankelijk van zijn verzorgers voor het invullen van die informatie en voor veel meer. In zijn dagelijkse leven kende hij vele beperkingen omdat hij essentiële langetermijngeheugencapaciteiten miste.

Hoe beleef je het leven als je alleen op je kortetermijngeheugen kunt vertrouwen? Niemand zal in twijfel trekken dat Henry een tragedie beleefde, maar hij leek zelden te lijden en was niet de hele tijd bang en verward – integendeel. Hij leefde altijd in het moment en aanvaarde volledig wat het dagelijkse leven bracht. Vanaf zijn operatie was elke nieuwe persoon die hij ontmoette voor altijd een vreemde, maar hij benaderde iedereen open en vol vertrouwen. Hij bleef even goedmoedig en aardig als de beleefde, kalme persoon die zijn klasgenoten op de middelbare school hadden gekend. Henry beantwoordde onze vragen geduldig, hij werd maar zelden boos of vroeg waarom hij vragen kreeg. Hij begreep voldoende van zijn toestand om te beseffen dat hij op anderen moest vertrouwen en aanvaardde graag hulp. In 1966, toen hij veertig was, bezocht Henry voor de eerste keer het MIT Clinical Research Center. Toen iemand hem vroeg wie zijn koffers voor hem had ingepakt, zei hij eenvoudig: 'Dat moet mijn moeder zijn geweest. Zij doet die dingen altijd.'

Henry was vrij van de trossen die ons aan de tijd verankeren, een verbinding die soms een last kan zijn. Ons langetermijngeheugen is essentieel voor onze overleving, maar belemmert ons ook. Het maakt dat we niet kunnen ontsnappen aan beschamende momenten die we hebben beleefd, aan de pijn die we voelen wanneer we denken aan beminden die we verloren, aan onze mislukkingen, trauma's en problemen. Het geheugenspoor kan aanvoelen als een zware ketting, die ons opgesloten houdt in de identiteit die we voor onszelf hebben geschapen.

We kunnen zo in herinneringen opgaan dat we niet in het hier en nu kunnen leven. Het boeddhisme en andere filosofieën leren ons dat veel van ons lijden uit onze eigen gedachten voortkomt, vooral wanneer we in het verleden en in de toekomst verwijlen. We blijven momenten en dingen herhalen die vroeger zijn gebeurd en verzinnen verhaaltjes over wat in de toekomst kan plaatsvinden. Zo zakken we weg in de emotie en angst van deze verhalen. Vaak hebben onze gedachten en gevoelens niets te maken met de concrete realiteit van het heden. Wanneer mensen mediteren, letten ze aandachtig op hun ademhaling of op een bepaald lichaamsdeel, of ze herhalen een mantra – wat hen ook maar helpt contact te houden met het huidige moment en te voorkomen dat ze in afleidende gedachten en verhaaltjes verward raken. Meditatie is een methode om de geest te oefenen een nieuwe relatie aan te gaan met de tijd, alleen de tegenwoordige tijd te kennen, onbelast door de kracht van herinneringen. Mensen die mediteren zijn jaren bezig met aandacht krijgen voor het heden – terwijl Henry niet anders kon.

Wanneer we bedenken hoeveel van de angst en de pijn in het dagelijkse leven voortkomt uit luisteren naar onze langetermijnherinneringen, uit dubben en tobben over de toekomst, kunnen we begrijpen waarom Henry een groot deel van zijn leven met betrekkelijk weinig spanning had te maken. Hij had geen last van herinneringen aan het verleden en speculaties over de toekomst. Hoe griezelig het ook lijkt om zonder langetermijngeheugen te leven, ergens beseffen wij allemaal hoe bevrijdend het kan zijn om het leven altijd te beleven zoals het nu is, in de simpelheid van een wereld met een grens van dertig seconden.

5
Stof voor herinneringen

We concentreerden ons bij Henry op twee soorten onderzoek. In het ene geval onthulden we met beeldvormende instrumenten de anatomie van zijn operatie en konden we exact laten zien welke gebieden uit zijn hersenen waren verwijderd en welke waren overgebleven. Zo precies zijn is essentieel wanneer neurowetenschappers proberen de werking van bepaalde hersengebieden met specifiek gedrag te verbinden. Bij het andere soort onderzoek werden cognitieve tests gebruikt om Henry's geheugen en andere intellectuele functies te evalueren. We wisten uit de tests van Milner uit 1955 dat zijn IQ bovengemiddeld was. Toch hadden we vragen over andere aspecten van complex denken. Bovendien was het van belang om zijn waarnemingscapaciteiten te beoordelen om te weten of hij accurate informatie over de wereld kreeg.

De wortels van geheugenvorming zijn in onze waarnemingsorganen geplant als verzamelingen afzonderlijke draden. Als we ons op dit moment op onze omgeving richten, beseffen we dat we via onze ogen, oren, neus, mond en huid tegelijk verschillende soorten informatie krijgen. We nemen beelden, geluiden, geuren, smaken en aanrakingen waar. Deze verschillende stukjes informatie worden automatisch via gescheiden paden naar onze hersenschors geleid, waar ze worden verwerkt in gebieden die in een bepaalde vorm van waarneming zijn gespecialiseerd. Dit materiaal bereikt ook onze hippocampus. Daar komen de diverse waarnemingen samen en begint de vorming van herinneringen. Het proces om een herinnering op te slaan vergt wederzijdse communicatie tussen onze hippocampus en de gebieden her en der in onze hersenschors waar de sensorische informatie het eerst werd opgevangen. Bij deze wisselwerking organiseert de hippocampus de corticale bestanddelen van een herinnering zodanig dat die kunnen worden opgehaald als een hele herinnering in plaats van als een hoopje onsamenhangende fragmenten. Met elkaar bevatten deze sporen een rijke voorstelling van onze ervaringen.

Omdat geheugenvorming sterk leunt op het ontvangen van valide informatie van de zintuigen, moest de betrouwbaarheid van Henry's sensorische functies worden bepaald. Als hij foto's van gezichten niet normaal kon waarnemen, konden we onmogelijk verwachten dat hij die zich herinnerde. Voor de andere zintuigen gold hetzelfde. Daarom vonden we het belangrijk om Henry's sensorische capaciteiten te beoordelen, en vanaf de jaren zestig tot en met de jaren tachtig hielden we ons daarmee af en toe bezig. De resultaten overtuigden ons ervan dat zijn slechte geheugen niet kon worden afgedaan als een neveneffect van gebrekkige visuele, auditieve of tactiele waarneming.

Dat Henry's geheugen tot stilstand kon komen terwijl zijn intellect intact bleef, geeft aan dat het vermogen om nieuwe herinneringen te vormen losstaat van de algemene intelligentie. Om met zekerheid vast te stellen dat zijn verstand onaangetast was, voerden we tal van experimenten uit die zich op Henry's hogere intellectuele functies richtten, zoals het oplossen van problemen, ruimtelijke oriëntatie en redenering. Een geweldig voordeel bij deze inspanningen was dat Henry testen leuk vond en een zeer oplettende en coöperatieve onderzoeksmedewerker was. Het patroon van zijn zwakke en sterke cognitieve punten, dat zich na jaren onderzoek aftekende, hielp de omvang van het amnesiesyndroom en van zijn overgebleven vermogens te bepalen. Henry gebruikte, zo goed hij kon, allerlei vaardigheden om zijn tragische geheugenstoornis te compenseren.

Toen mijn collega's en ik Henry begonnen te bestuderen, wisten we niet precies hoeveel schade zijn hersenen hadden opgelopen door de ingreep van Scoville. De enige informatie die we hadden, kwam uit Scovilles verslag over wat hij had weggehaald, en dat was op zichzelf slechts een gefundeerde gissing. In de volgende vijftig jaar kwamen geleidelijk nieuwe technieken op die ons in staat stelden Henry's hersenlaesie steeds preciezer te bekijken.[1]

We wisten door Henry's pneumencefalogram uit 1946 dat zijn hersenen voor zijn operatie normaal leken. Maar het kostte bijna een halve eeuw om een goed beeld te krijgen van Henry's hersenen na de operatie. Het in beeld brengen van de hersenen ging in de jaren zeventig met sprongen vooruit door de uitvinding van de computertomografie (CT), waarbij röntgenstralen en een krachtige computer worden gebruikt om dwarsdoorsneden van de hersenen te krijgen. Door de CT-scan kunnen artsen en onderzoekers hersenstructuren plakje voor plakje onderzoeken, ze kunnen zich op beelden van één niveau tegelijk richten en storing van omringende structuren elimineren.

In augustus 1977 vroeg ik een collega op de afdeling neurochirurgie van Mass General om een CT-scan van Henry's hersenen te laten maken. De radioloog zag aan beide kanten van Henry's hersenen in het gebied van de temporaalkwabben chirurgische klemmetjes, opzettelijk achtergelaten om het bloeden te beteugelen. Beide temporaalkwabben waren licht geatrofieerd (gekrompen) en de groeve van Sylvius (de naar de Nederlandse anatoom Sylvius vernoemde ruimtes tussen de temporale en frontale kwabben die cerebrospinaal vocht bevatten) waren aan beide kanten lichtelijk vergroot, wat ook op atrofie wijst. De kleine hersenen van Henry vertoonden net zulke aanwijzingen van krimp. De beelden lieten geen tekenen zien van een hersentumor of een andere afwijking. De CT-scan bevestigde slechts dat hij diep in beide temporaalkwabben weefsel miste, maar we konden niet precies beoordelen welke structuren waren verwijderd en in welke mate.

Halverwege de jaren zeventig waren wetenschappers er door steeds meer aanwijzingen uit tests bij mens en dier van overtuigd geraakt dat de hippocampus essentieel was om kortetermijnherinneringen in langetermijnherinneringen om te zetten, maar we hadden nog altijd direct bewijs nodig dat Henry's amnesie aan de hippocampus was te wijten. Een volgende CT-scan, uitgevoerd in 1984, bevestigde alleen de resultaten van het onderzoek uit 1977. Omdat deze scans uitsluitend de ruimtes in zijn hersenen lieten zien en niet de anatomie van wat er over was, hadden we grote behoefte aan een beter instrument.

Begin jaren negentig waren we eindelijk in staat om grondig de schade te beoordelen die aan Henry's hersenen was aangericht, dankzij de ontwikkeling van de MRI-scan (beeldvorming met magnetische resonantie), een uitvinding uit de jaren zeventig. Begin jaren tachtig kwamen er MRI-scanners in de handel, en aan het eind van de jaren tachtig werd het instrument alom toegepast. MRI is superieur aan CT als je een hersengebied van naburige hersengebieden wilt onderscheiden. Net als bij CT worden bij MRI dwarsdoorsneden gemaakt, maar in plaats van straling wordt gebruikgemaakt van radiogolven en een krachtige magneet om precieze beelden van weefsels te krijgen. Door het magnetische veld worden waterstofatomen gedwongen zich op een bepaalde manier te gedragen, terwijl de radiogolven afstuiten op de waterstofprotonen in het lichaam en een signaal produceren. Verschillende soorten weefsel geven verschillende signalen af, en die kunnen door een computer tot zwart-witbeelden worden herschapen.[2]

Met MRI-scans konden we door Henry's hoofdhuid en schedel heen naar zijn hersenen kijken. Met deze nieuwe methode konden we kleine hersenstructuren thuisbrengen en een duidelijker beeld van de schade krijgen dan met CT-scans. Vóór MRI was de enige manier om de anatomie van de hersenen tot in details te zien er direct naar te kijken, tijdens een chirurgische ingreep of bij een lijkschouwing. Henry's eerste MRI-scan uit 1992, in het Brigham and Women's Hospital in Boston, was voor ons die hem tientallen jaren hadden bestudeerd een bijzonder moment. Voor de eerste keer konden we goed naar binnen kijken in wat misschien de meest bestudeerde hersenen ter wereld waren.[3]

Henry's hersenen zagen er in grote lijnen normaal uit voor een man van 66, met uitzondering van zijn kleine hersenen – de gegroefde bol bij de hersenstam die de motorische beheersing ondersteunt. In de jaren zestig konden we deze schade alleen afleiden uit afwijkingen bij het neurologisch onderzoek, maar de MRI-beelden lieten gekrompen kleine hersenen zien, omgeven door extra ruimte gevuld met cerebrospinaal vocht. Hoewel we wisten dat Henry's kleine hersenen afweken, schrokken we van de mate van de atrofie. Deze schade was te wijten aan het afsterven van neuronen door medicijngebruik. Jarenlang had Henry Dilantin genomen om toevallen te voorkomen, tot hij oorsuizingen begon te krijgen door het medicijn. In 1984 vervingen zijn artsen de Dilantin door een ander middel tegen toevallen, maar de *tinnitus* nam niet af. Hij hield andere permanente problemen over aan Dilantin – hij raakte het gevoel in zijn handen en voeten kwijt, en hij had moeite met evenwicht en beweging. Henry strompelde met een langzame, onvaste gang van de ene plek naar de andere, zijn voeten ver uiteen voor de stabiliteit – symptomen van de atrofie in de kleine hersenen die opviel op zijn MRI-scans.

Toen de scans de binnenkant van de temporaalkwab zichtbaar maakten, konden we zien dat de operatie van veertig jaar eerder een onherstelbare leegte had achtergelaten – twee vrijwel symmetrische gaten in het midden van Henry's hersenen. Wat ontbrak was de voorste helft van beide hippocampi en de gebieden die samenwerken met de hippocampus – de *entorinale* cortex, de *perirhinale* cortex en de *parahippocampale* cortex. Verder was het grootste deel van de amygdalae verwijderd, een amandelvormige groep structuren die de emotie ondersteunt. De hele laesie in Henry's hersenen had van voor naar achter een lengte van iets meer dan 5 centimeter, veel minder dan de 8 centimeter die Scoville had geschat. In elke hersenhelft was nog ongeveer 2 centimeter hippocampus over, maar dit restweefsel was nutteloos. De paden die er informatie naartoe brachten waren verwoest (zie afb. 3).

Tijdens de MRI-scans was Henry, zoals gewoonlijk, een aangename patiënt. Hij had geen claustrofobie in de scanner en nadien gaven we hem een lunch – een sandwich, thee en zijn favoriete dessert of een gebakje. Henry was een lekkerbek en op oudere leeftijd werd zijn buik zo dik dat we ons zorgen maakten of hij wel in de buisvormige MRI-scanner zou passen. Als Henry uit de scanner kwam, wilden mijn collega's op de afdeling beeldvorming altijd graag een praatje met hem maken, dus trok hij vaak een groepje fans aan. Maar hij vroeg nooit waarom hij zo'n bezienswaardigheid was, hij accepteerde het allemaal zonder omhaal.

In 1993 en tussen 2002 en 2004 voerden we nog een aantal MRI-onderzoeken op Henry uit. Inmiddels waren de technieken om MRI's te analyseren verbeterd, en we konden nauwkeuriger de hoeveelheid hersenweefsel meten die was verwijderd of gespaard. Toen we eenmaal duidelijk de anatomie van Henry's hersenlaesies hadden bepaald, hadden we de opwindende gelegenheid zijn gebreken met de beschadigde gebieden te verbinden en wat hij goed deed met de gespaarde gebieden. De MRI-gegevens ondersteunden nadrukkelijk de conclusie dat de structuren van het mediale deel van de temporaalkwab die uit Henry's hersenen waren verwijderd essentieel zijn voor het declaratieve langetermijngeheugen, het bewust terughalen van feiten en gebeurtenissen. Henry's geheugen was ernstig aangetast, ongeacht het soort test (vrij terugroepen, op aanwijzing terugroepen, ja/nee-herkenning, meerkeuzeherkenning, leren volgens een criterium), het prikkelmateriaal (woorden, getallen, alinea's, pseudowoorden, gezichten, vormen, klikken, tonen, melodietjes, geluiden, doolhoven, publieke gebeurtenissen, persoonlijke gebeurtenissen) en de sensorische modaliteit waarmee informatie aan hem werd gepresenteerd (het gezicht, het gehoor, het somatosensorisch systeem, de reukzin). Zijn handicap was niet zomaar ernstig maar alomtegenwoordig. Deze *anterograde amnesie*, die zijn bestaan na de operatie kenmerkte, kwam neer op het niet kunnen verwerven van *episodische kennis* (het *episodisch geheugen* is het geheugen voor dingen die op een specifieke tijd en plaats zijn gebeurd) en van *semantische kennis* (algemene kennis van de wereld, waaronder nieuwe woordbetekenissen).

Een belangrijke ontdekking op de MRI-scans was dat, onder de hippocampus, aan beide kanten een beetje weefsel van het mediale deel van de temporaalkwab was achtergebleven, het achterste deel van zijn gyrus parahippocampalis (perirhinale cortex en parahippocampale cortex). We overwogen de mogelijkheid dat dit gespaard gebleven stukje hersenschors, waarvan uit studies bij apen bekend is dat het belangrijk is voor het geheugen, aan het werk was wanneer Henry ons van tijd tot tijd verraste door zich bewust iets te herinneren wat hij zich niet hoorde te herinneren. Hij kon de plattegrond tekenen van een huis waarin hij na zijn operatie was gaan wonen. Hij kon tot zes maanden nadat hij ze had bestudeerd complexe kleurenfoto's herkennen. Verder kon hij een paar bijzonderheden vertellen over sterren die na zijn operatie beroemd waren geworden. De perirhinale cortex en de parahippocampale cortex ontvangen informatie uit andere delen van de hersenschors, en deze opgeslagen informatie werd waarschijnlijk gebruikt bij het opbouwen van deze herinneringen. Aanwijzingen in experimenten bij mens en dier suggereren dat de verschillende structuren van het mediale deel van de temporaalkwab onafhankelijk van elkaar het functioneren en gedrag kunnen sturen, via specifieke corticale stromen. Door deze corticale mechanismen kon Henry in het dagelijkse leven af en toe stukjes opgeslagen informatie over de wereld terughalen.

De MRI-beelden onthulden ook dat de enorm uitgestrekte hersenschors, de cortex, aan beide zijden van Henry's hersenen normaal was. Zodoende waren zijn corticale functies – het kortetermijngeheugen, taalvermogens, vermogens om waar te nemen en het redeneervermogen – onaangetast. Daarbij steunden circuits in Henry's gezonde hersenschors en gebieden daaronder diverse soorten *niet-declaratief geheugen*, vaardigheden en gewoontes die je zonder bewust besef leert. Het geval-Henry maakte ons duidelijk dat deze vermogens niet afhangen van de hippocampus.

Ik kwam op MIT aan in 1964, na het voltooien van mijn proefschrift aan McGill University. Ik was onderzoeker aan wat toen de afdeling psychologie was. Het was een groeiende afdeling die impulsen kreeg van wetenschappers die vakgebieden vertegenwoordigden die uiteenliepen van neuro-anatomie tot psycholinguïstiek. Er heerste een inspirerende en collegiale sfeer. Onze hoogleraar, Hans-Lukas Teuber, was een Duitse immigrant en een invloedrijke figuur in het hersenonderzoek. Mijn eigen taak toen ik bij het MIT kwam, was een lab beginnen dat zich richtte op patiënten met neurologische storingen. In de loop van de jaren behoorden tot de patiëntengroep veteranen uit de Tweede Wereldoorlog en de Koreaanse Oorlog die hoofdletsel hadden opgelopen, en patiënten die in Mass General psychochirurgie hadden ondergaan. Bij het onderzoeken van deze patiëntengroepen keek ik in brede zin naar hun cognitieve en motorische functies. Mijn expertise ging verder dan mijn proefschrift waarin ik me op tastzin had gericht. Ik had altijd een bijzondere belangstelling voor het geheugen en eind jaren zeventig begon ik patiënten met alzheimer en andere neurodegeneratieve storingen te bestuderen. In de jaren tachtig breidden mijn collega's en ik onze studie naar veroudering uit naar veranderingen in de hersenen en daarmee verbonden gedrag bij gezonde mannen en vrouwen. Heel de tijd bleef mijn lab zich intensief met Henry bezighouden, waarbij we onderzoek naar zijn geval afwisselden met onderzoek naar andere soorten patiënten.

Het MIT Clinical Research Center (CRC), de thuisbasis van al dit onderzoek, werd in 1964 opgericht als deel van een bredere beweging om nationaal gefinancierde centra te stichten voor academisch onderzoek naar ziekten bij de mens. Tijdens het bewind van John F. Kennedy en Lyndon B. Johnson groeide de rol van de nationale regering in de gezondheidszorg en daarbij was onder meer biomedisch onderzoek gebaat. De klinische onderzoekscentra waartoe dat leidde, betaald door de National Institutes of Health, waren van groot belang bij het toepassen van wetenschappelijke technieken om aandoeningen in een klinische omgeving te bestuderen. Ons CRC was een kleine afdeling van tien bedden, op één etage van een onopvallend gebouw van baksteen en beton op het terrein van MIT. Patiënten konden er overnachten, en dan konden ze eenvoudig onze testruimtes bereiken op dezelfde etage.

Het CRC werd een tweede huis voor Henry. Het personeel van het CRC en de vele onderzoekers die tijdelijk op ons lab werkten, werden familie voor hem. Henry werd vanaf 1966 tot 2000 55 keer in het CRC opgenomen voor tests. Wanneer leden van het lab hem een reeks leertaken voorlegden waarvoor dagen achter elkaar moest worden getraind verbleef hij er soms drie weken of een maand.

Henry reisde per auto van en naar het CRC, ikzelf of een andere onderzoeker van MIT reden dan. De chauffeur werd altijd begeleid door een tweede persoon voor als Henry een toeval kreeg of er iets onverwachts gebeurde. Tijdens deze ritten van twee uur keek hij de hele tijd uit het raam en soms brachten de foto's op reclameborden monologen op gang die elke rit terugkeerden.

Howard Eichenbaum, een medewerker van Wellesley College, herinnert zich zo'n tocht uit 1980 toen hij naar Bickford reed, het verpleeghuis van Henry, om hem terug te brengen naar het MIT CRC. Op weg naar Bickford reed Eichenbaum bij een McDonald's langs om te eten en keerde met een bekertje koffie terug naar zijn auto. Toen hij in Bickford aankwam, ging hij naar binnen, sprak met een personeelslid en begeleidde Henry naar zijn auto. Toen Henry gerieflijk op de achterbank zat, vertrokken ze naar Boston. Na een paar minuten zag Henry het koffiebekertje op het dashboard en zei: 'Hé, toen ik een jongen was heb ik iemand gekend die John McDonald heette!' Vervolgens vertelde hij een paar avonturen met de vriend. Eichenbaum stelde een paar vragen en was onder de indruk van deze uitgebreide jeugdherinneringen. Uiteindelijk hield het verhaal op en ging Henry naar het voorbijschietende landschap kijken. Na nog een paar minuten keek hij omhoog naar het dashboard en merkte op: 'Hé, toen ik een jongen was heb ik iemand gekend die John McDonald heette!' en herhaalde vervolgens vrijwel woordelijk hetzelfde verhaal. Eichenbaum begon weer vragen te stellen in een poging de interactie voort te zetten en te bepalen of de feiten van het verhaal eender zouden zijn. Henry was zich er niet van bewust dat hij het relaas haast letterlijk herhaalde. Na een paar minuten eindigde het gesprek en ging hij weer naar het landschap kijken. Even later keek Henry weer omhoog naar het dashboard en riep uit: 'Hé, toen ik een jongen was heb ik iemand gekend die John McDonald heette!' Eichenbaum hielp hem om hetzelfde gesprek nog eens te herhalen en stopte het bekertje daarna snel onder zijn stoel.[4]

De verpleegsters en het keukenpersoneel van het CRC waren allemaal dol op Henry. Hij had een eigen kamer met een badkamer ernaast, en elke ochtend kwamen de verpleegsters hem wekken en hem helpen zich klaar te maken voor het ontbijt. Rond negen uur begon hij met testen in een van de goed uitgeruste testruimtes verderop in de gang. Gewoonlijk deden we diverse onderzoeken tegelijk, waarbij verschillende mensen van het lab in wisselende sessies verschillende tests gaven. Om Henry niet uit te putten, lieten we hem regelmatig pauzeren, 's middags onderbraken we voor koekjes en een kop thee. De voedingsspecialiste van het CRC en haar mensen zetten hem zelfgemaakte maaltijden voor en maakten zijn favoriete dingen klaar, zoals wentelteefjes en taart. Het enige waarvan hij niet hield was lever. In de loop van de jaren kreeg Henry – altijd al een forse man – een flinke buik en hoewel de voedingsspecialiste op de calorieën lette, liet ze hem altijd een nagerecht nemen. Na de lunch en 's avonds ging hij naar de lounge waar hij praatte met de andere onderzoeksdeelnemers, met puzzels bezig was en naar films keek.

In deze ideale onderzoeksomgeving hadden mijn collega's en ik de geweldige kans om de sterke en zwakke kanten van Henry's intellect te bestuderen. In het begin keken we naar zijn waarnemingsvaardigheden. Waarneming en herinnering zijn verbonden omdat de informatie die we waarnemen via het gezicht, het gehoor, de tastzin, de reuk en de smaak het ruwe materiaal voor onze herinneringen biedt. Alle wijzen van waarnemen dragen aan het vormen van herinneringen bij, dus wilden we elementaire waarnemingsproblemen uitsluiten als oorzaak voor Henry's slechte geheugen. Tijdens zijn eerste opname in het MIT CRC in 1966 was een van onze plannen nauwkeuriger onderzoek naar zijn gezichtsvermogen en gehoor te doen dan bij eerder klinisch neurologisch onderzoek was gebeurd. Brenda Milner kwam vanuit Montreal naar MIT en met hulp van mijn collega Peter Schiller voerden we in de loop van Henry's zeventien dagen lange verblijf een breed spectrum aan tests uit.

Om te bevestigen dat Henry alle gebieden in zijn gezichtsveld kon zien – de gebieden recht voor hem, omhoog, omlaag, en aan beide zijkanten – vroegen we hem zijn kin op een kinsteuntje te leggen en naar een punt recht voor zich te staren in een komvormig toestel. Zijn taak was om elke keer wanneer er in verschillende delen van de kom een lichtje flitste op een knop te drukken, intussen moest hij zijn ogen op het fixatiepunt gericht blijven houden. Op deze manier achterhaalden we dat Henry's gezichtsveld in alle richtingen normaal was.

In een test voor visuele waarneming, de maskeertest, kreeg Henry een grote letter op een scherm te zien, onmiddellijk gevolgd door een masker dat de letter bedekte en het verwerken van de letter in Henry's visuele circuits liet stoppen. Het ging erom hoe lang de letter ontbloot moest zijn eer hij die kon benoemen. Bij een tweede taak, de metacontrasttest, kreeg Henry gedurende tien milliseconden een geheel zwarte cirkel te zien en vervolgens gedurende tien milliseconden een grotere zwarte donut waarvan de binnenrand de buitenkant van de cirkel raakte. Als de cirkel en de donut op hetzelfde moment opflitsten zag Henry de twee afzonderlijke prikkels samenvallen tot één grote zwarte cirkel. Maar als ze met een tiende van een seconde ertussen na elkaar opflitsten, verdween de cirkel en zag Henry alleen de donut. Wanneer de tussentijd tussen de cirkel en de donut tot één seconde werd verlengd, nam Henry de cirkel en de donut als afzonderlijke dingen waar. Hier ging het om de tijd die tussen de cirkel en de donut verstreek eer Henry ze als twee verschillende dingen zag. Bij beide metingen van de visuele waarneming, de maskeertest en de metacontrasttest, leek Henry's prestatie weer op die van controledeelnemers.[5]

Vervolgens testten we Henry's vermogen om complexere prikkels waar te nemen, zoals gezichten en voorwerpen. We lieten hem 54 zwart-witte patronen zien, die allemaal een gezicht voorstelden. Hij reageerde snel en accuraat wanneer hem werd gevraagd de sekse en de leeftijd van iedere persoon te beoordelen. Bij een volgende taak had hij geen moeite met het thuisbrengen van schetsachtige tekeningen van twintig voorwerpen (zie afb. 4).[6]

Om Henry's gehoor te beoordelen, lieten we hem gerieflijk plaatsnemen in een geluiddempend hokje. Via een hoofdtelefoon die we hem vroegen op te zetten, konden we hem in het ene oor of het andere tonen laten horen. Hij hield een apparaat met een knopje vast. We zetten geschreven instructies voor Henry neer, zodat hij altijd wist wat hij moest doen. Er begon een heel vage, onhoorbare toon en die werd langzaam luider. Zodra Henry de toon hoorde, drukte hij op de knop. Vervolgens werd de toon geleidelijk zachter, en Henry drukte op de knop wanneer hij de toon niet meer kon horen. Door deze procedure op verschillende geluidsfrequenties te herhalen, toonden we aan dat Henry's gehoor van lage tot hoge frequenties normaal was.

Vaststellen of Henry's tastzin normaal was, was lastiger, want doordat hij zo veel jaar Dilantin had ingenomen had hij perifere neuropathie opgelopen – sensorisch verlies dat zich beperkte tot lichaamsdelen die door handschoenen en sokken worden bedekt. Bij volgens de regels uitgevoerde tests vertoonde hij in deze gebieden een verminderde gevoeligheid, maar hij kon gewone voorwerpen toch thuisbrengen door ze te betasten en hij kon de vorm van met zijn handen waargenomen voorwerpen goed genoeg beoordelen om er replica's van te maken wanneer je hem de daarvoor benodigde blokken gaf.

De uitzondering op Henry's bewaard gebleven sensorische capaciteiten was zijn reukzin. In heel de wereld genieten mensen van de geur van vers gebakken brood, maar Henry kon niet genieten van deze hemelse ervaring en die dus niet registreren. De hippocampus ondersteunt de reukzin (*olfactie*) niet, maar diverse aangrenzende structuren doen dat wel. Wanneer we de geur van brood dat net uit de oven komt inademen, activeren we neuronen die olfactorische informatie van de neus naar de belangrijkste opvanggebieden in de hersenen voor deze waarneming overbrengen. Tot deze gebieden behoren het voorste deel van de gyrus parahippocampalis, een deel van de amygdala en de hersenschors rond de amygdala. In Scovilles operatieverslag wordt vermeld dat hij deze essentiële olfactorische gebieden uit Henry's hersenen weghaalde. Bij de operatie bleven andere belangrijke olfactorische gebieden in de frontaalkwabben gespaard. Daarom voerden we in 1983 diverse experimenten uit om te bepalen of deze, bij Henry nog intacte, delen van de hersenen iets van olfactorische waarneming konden ondersteunen.[7]

Om Henry's reukvermogen te testen vroegen we hem aan flesjes te ruiken met een gewone geur, zoals kokosnoot, pepermunt of amandel. Hij moest de naam van de geur kiezen uit vijf mogelijkheden die op een kaartje dat voor hem lag stonden geschreven. Hoewel dit geen geheugentest was, was de enige keuze die hij goed had gedestilleerd water. Toen hij aan dat flesje rook, antwoordde hij: 'Niets.' Zijn optreden maakte duidelijk dat hij de aanwezigheid van een geur normaal kon vaststellen – geur of geen geur – maar dat zijn hersenen hem géén informatie gaven over de aard van de geuren. Hij kon geuren niet correct benoemen of ze uit elkaar houden. Interessant was dat hij namen met geuren kon verbinden, maar de namen die hij koos hadden geen duidelijk verband met de feitelijke geur, en hij was er ook niet consequent in. Wanneer hij aan een flesje rook met de geur van kruidnagelen, kon hij de ene keer 'verse houtbewerking' zeggen en de volgende keer 'dode vis die aan de kust is aangespoeld'. Ik heb geen idee hoe hij tot deze antwoorden kwam.[8]

Om uit te sluiten dat zijn gebrek tot een algemeen probleem met naamgeving kon worden teruggebracht, lieten we zien dat hij voedingsmiddelen kon benoemen wanneer hij ze in een tas beetpakte (hij gebruikte zijn tastzin) of ze even te zien kreeg (hij gebruikte zijn gezichtsvermogen). Eén gebeurtenis in het bijzonder vatte precies Henry's falende reukzin samen: een citroen wist hij bij de aanblik correct thuis te brengen, toen rook hij eraan en zei: 'Gek, het ruikt niet naar citroen.'[9]

Maar Henry's reukvermogen werd niet helemaal geëlimineerd door zijn operatie. Niet alleen kon hij de aanwezigheid van een geur in vergelijking met gedestilleerd water vaststellen, hij presteerde ook normaal bij een test om intensiteit te onderscheiden. Bij deze test werd zijn vermogen gemeten om onderscheid te maken tussen verschillende sterktes van een bepaalde geur. De onderzoeker vroeg Henry om aan twee monsters te ruiken en het sterkste van de twee aan te wijzen. Hij koos correct het monster met de hoogste concentratie van de geur. Alleen had hij geen idee wat voor geur het was.[10]

De resultaten van dit ene gecombineerde onderzoek naar Henry's olfactorische perceptie gaf de wetenschap impulsen. Het was een openbaring voor neurowetenschappers dat het voor geurdetectie – 'dit flesje bevat een geur' – en het voor het onderscheiden van de intensiteit van een geur – 'deze geur is sterker' – verantwoordelijke hersencircuit losstaat van het circuit dat het onderscheiden van geuren ondersteunt – 'dit ruikt naar kruidnagels'. Henry's vermogen om zelfs zwakke geuren te bespeuren, om geurmonsters op grond van sterkte te onderscheiden en om zich aan te passen aan een sterke geur, gaf aan dat het mechanisme dat olfactorische informatie van de neus naar de hersenschors bracht op z'n minst gedeeltelijk intact was. Bovendien is het mogelijk dat een pad naar andere olfactorische delen van de cortex in zijn frontaalkwabben boven zijn ogen gespaard was gebleven, wat voor meer steun aan het behouden gedrag zorgde. Toch was de overgebleven input onvoldoende om geuren te kunnen onderscheiden, wat liet zien dat mediale temporaalkwabstructuren een beslissende rol spelen bij het koppelen en thuisbrengen van geuren. Dankzij Henry weten we nu dat het onderscheiden van geuren plaatsvindt in het voorste deel van de gyrus parahippocampalis, de amygdala en de schors rond de amygdala. Dit vermogen om de ene geur van de andere te onderscheiden en specifieke geuren te herkennen hing af van deze uit Henry's hersenen verwijderde gebieden, terwijl de elementaire processen van bespeuren, adaptatie en het onderscheiden van intensiteit via gescheiden netwerken verliep die niet waren aangetast.[11]

Het is geen regel dat amnesiepatiënten hun reukvermogen kwijt raken, en het gebrek hoorde in Henry's geval inderdaad niet bij zijn amnesie. Het verlies was te wijten aan het weghalen van hersenweefsel bij zijn operatie. Het postmortale onderzoek naar zijn hersenen gaat door en zal ons uitsluitsel geven over de compleetheid van de overgebleven olfactorische circuits, waarover we tijdens zijn leven enkel konden gissen. Met name zal het ons helpen de structuur en organisatie te begrijpen van de paden die van zijn neus naar de olfactorische hersenschorsgebieden liepen in zijn frontaalkwabben en temporaalkwabben.

Nu we wisten dat Henry's waarnemingsvermogens normaal waren, afgezien van zijn reuk, konden we zijn onvermogen om zich informatie te herinneren die hij door zijn ogen, zijn gehoor en tastzin had gekregen zonder meer aan een geheugenprobleem toeschrijven, en niet aan onvermogen de testmaterialen op dezelfde manier waar te nemen als gezonde deelnemers.

Toen we sensorisch verlies hadden uitgesloten als verklaring voor Henry's gebrekkige geheugen, konden we de gebreken gaan catalogiseren die met zijn hersenoperatie hadden te maken. We begonnen te begrijpen in welke mate het geheugen afhing van een paar centimeter weefsel in het mediale deel van de temporaalkwab – de paar centimeter die Henry miste. Tegenwoordig zijn we goed op de hoogte van de rol van de hippocampus voor het geheugen, en tientallen jaren speelde Henry een sleutelrol bij het vermeerderen van deze kennis. Maar destijds was hij onze gids bij het verkennen van niet in kaart gebracht gebied.

De tragische uitkomst van Henry's operatie zette neurowetenschappers ertoe aan om dierlijke modellen van amnesie te maken. De eerste pogingen in de jaren zestig en begin jaren zeventig om apen en ratten een geheugenstoornis als die van Henry te bezorgen hadden geen succes. Onderzoekers begonnen eind jaren zeventig vooruitgang te boeken, toen ze nieuwe en interessantere manieren verzonnen om het geheugen te testen, waarbij dieren complexe visuele prikkels moesten herkennen of doolhofonderzoek kregen. Nadat wetenschappers de activiteit van losse cellen in de hippocampus begonnen te registreren, kwam in 1978 de populaire theorie op dat de hippocampus een sleutelrol speelde bij het ruimtelijke geheugen, en dat deze neurale activiteit zorgde voor het vaststellen van cognitieve kaarten, oftewel geestelijke kaarten van je omgeving.[12]

Vanwege al deze aanwijzingen besloten Milner en ik in 1962, toen ik postdoctoraal student was aan haar lab, Henry een doolhoftest voor te leggen. We wilden Henry's geheugen onderzoeken via taken die niet sterk van verbale prikkels afhingen, zoals woorden en verhalen, want dat gebied was al door eerder onderzoek met Henry bestreken. Milner en ik sloegen dus een andere richting in en verkenden zijn vermogen tot ruimtelijk leren met twee doolhofproblemen: bij het ene werd het gezichtsvermogen ingezet, bij het andere de tastzin. Eerst oefende Milner drie dagen met Henry op de visuele doolhof, en vervolgens oefende ik vier dagen met hem op de tactiele doolhof.

De visuele doolhof (zie afb. 5a), op een tafel gelegd, was een vierkant houten bord van 33 centimeter met een reeks van tien bij tien boutkoppen die 2,5 centimeter uit elkaar stonden. Milner bedacht een pad vanaf de start in de hoek linksbeneden tot het eindpunt in de hoek rechtsboven. Henry moest dit pad met vallen en opstaan achterhalen. Hij hield een metalen stylus in zijn rechterhand en ging stap voor stap van de ene boutkop naar de andere. Als hij een verkeerde stap zette, hoorde hij een luide klik uit een foutenteller en moest hij terug naar de vorige boutkop. Uiteindelijk bereikte hij het eindpunt, waarmee de eerste training klaar was. Op de eerste trainingsdag deed Henry de proef 75 keer, evenals op de volgende twee dagen, in totaal 225 proeven. Aan het eind van elke proef noteerde Milner het aantal fouten en de gebruikte tijd.[13]

De tactiele doolhof (zie afb. 5b) was 32 bij 25 centimeter en er waren paden uitgesneden in een laag aluminium die in een houten frame rustte. Henry zat aan de ene kant, waar een zwart gordijn het frame bedekte zodat hij de doolhof niet kon zien. Ik zat aan de andere kant, die open was, zodat ik zijn hand, de stylus en de doolhof kon zien terwijl Henry erdoorheen ging. Ik liet hem kennismaken met de taak door hem te vragen beide handen onder het gordijn te leggen zodat hij de omtrek van de doolhof kon voelen en oriënteerde hem door zijn rechterhand met de stylus naar de start, vervolgens naar het eindpunt en dan weer naar de start te leiden. Ik droeg hem toen op de stylus langs de paden te bewegen om de correcte route van start naar eindpunt te vinden. Elke keer wanneer Henry een doodlopend steegje in ging, liet ik een bel rinkelen om aan te geven dat hij achteruit moest en een nieuw pad moest proberen. Henry voltooide op vier achtereenvolgende dagen twee sessies van telkens tien opgaven, en ik noteerde bij elke opgave zijn fouten en de gebruikte tijd.[14]

Bij deze experimenten uit 1962 lukte het Henry bij de visuele en de tactiele doolhof niet om het leercriterium te bereiken – driemaal achter elkaar een foutloos parcours. Zelfs nadat hij het parcours veel vaker had afgelegd dan onze controledeelnemers nodig hadden om de correcte route te leren, vertoonde hij geen vooruitgang. Bij elkaar genomen lieten deze experimenten zien dat de problemen bij de doolhoftest zich niet beperkten tot één vorm van waarneming, want het maakte niet uit of de test met of zonder visuele leiding werd uitgevoerd.

Toen Henry in 1953 uit het ziekenhuis naar huis kwam na zijn drastische operatie, werd het zijn ouders duidelijk dat hij het zelfs met gewone bezigheden lastig zou krijgen. Zijn baas bij Royal Typewriter in Hartford moet Henry aardig hebben gevonden en tevreden zijn geweest over zijn werk voor de operatie, want hij liet Henry later terugkomen voor zijn werk aan de lopende band. Maar al snel belde de baas mevrouw Molaison en zei haar dat Henry te vergeetachtig was om zijn werk te doen. Hij had nog steeds een idee van wat zijn werk behelsde, maar miste de specifieke declaratieve kennis om zijn opdracht uit te voeren – ook al was het steeds weer dezelfde taak. Henry had geen werk meer en bleef thuis bij zijn ouders, zijn moeder verzorgde hem de hele dag. De volgende dertig jaar zorgde ze in haar eentje dat hij alles kreeg wat hij nodig had. Henry bepaalde haar leven.

Henry hielp zijn ouders met huishoudelijk werk maar vergat waar bepaalde dingen die hij regelmatig gebruikte waren opgeborgen. Zijn moeder moest hem eraan herinneren waar de grasmaaier stond, zelfs wanneer hij die de dag ervoor had gebruikt. Eenmaal van huis kon hij helemaal niets zelf, ook geen korte wandeling maken. Hij las herhaaldelijk dezelfde tijdschriften en legde puzzels zonder te beseffen dat hij die al eerder had gelegd.

Tien maanden na de operatie verhuisde het gezin naar een ander huis in East Hartford, slechts een paar blokken verder in dezelfde straat. Het was voor Henry een ingrijpende verandering. Hij kon zich zijn nieuwe adres niet inprenten en kon een chauffeur niet de weg wijzen naar zijn huis. Zijn ruimtelijke geheugen – het declaratieve geheugen voor ruimtelijke locaties – werkte niet.

Vier jaar later, in 1958, kocht het gezin een bungalow van 80 vierkante meter aan Crescent Drive 63 in East Hartford. Je zou natuurlijk verwachten dat Henry ook dit adres niet kon onthouden. Maar hij zorgde voor een grote verrassing. Tijdens een bezoek aan het MIT in 1966 kende Henry dit adres en kon hij uit zijn geheugen een betrouwbare plattegrond van het huis tekenen. Verbijsterender was dat hij in 1977, drie jaar nadat hij weg was uit het huis, op mijn vraag waar hij woonde nog steeds reageerde met 'Crescent Drive 63' en opnieuw een plattegrond tekende, in aarzelende lijnen geschetst maar de deuren waren aangegeven en de kamers benoemd. Ik belde degene die toen Crescent Drive 63 bewoonde en kreeg de plattegrond. Die kwam overeen met Henry's tekening, en hij kon de rest van zijn leven dit ene adres opgeven.[15]

Het was opmerkelijk dat Henry zich de indeling kon herinneren van een huis dat hij voor zijn operatie nooit had gezien. Door zestien jaar lang dag in dag uit van de ene kamer naar de andere te lopen kon hij in de loop van de tijd een geestelijke kaart van het huis construeren. Maar zijn kennis was meer dan een vaag idee van wat waar was. Hij kon zich zijn huis bijvoorbeeld voor de geest halen en me vertellen welke kant hij op moest om van zijn slaapkamer de badkamer te bereiken, en waar zich de voor- en achterdeur bevonden. Zijn vermogen om zich het adres te herinneren in verbinding met de plattegrond wijst erop dat dit huis tot zijn kennis van de wereld was gaan behoren. Dit was informatie die hij eigenlijk niet had kunnen leren.

De plattegrond verwerven van Crescent Drive 63 verliep zonder bewust besef van het leerproces, Henry's aandacht was intussen op andere dingen gericht. Ook gewoontes leer je onbewust, maar gewoontes zijn niet-cognitief – automatisch, onvrijwillig en inflexibel. Henry's ruimtelijke kennis van het huis was cognitief. Hij kon zijn ruimtelijke kennis gebruiken om zich uit eigen wil de kamers in het huis voor te stellen, in relatie tot elkaar, om welbewust de route van punt A naar punt B te beschrijven. Deze flexibiliteit bij het navigeren op een geïnternaliseerde ruimtelijke kaart is duidelijk iets anders dan een gewoonte.

Pas toen we de MRI's van Henry's hersenen zagen, begrepen we zijn opmerkelijke vermogen om de plattegrond te tekenen. In de jaren negentig hadden wetenschappers een netwerk van hersengebieden ontdekt, waaronder de hippocampus en delen van de hersenschors, die we aanspreken wanneer we ons de topografie van ruimtes herinneren. Toen we precies konden zien welke structuren al dan niet uit Henry's hersenen waren verwijderd, ontdekten we dat enkele componenten van zijn hersennetwerk om informatie over ruimte te verwerken nog aanwezig waren. Het ging om bepaalde gebieden in de pariëtale kwab, de temporaalkwab en de occipitale kwab – de somatosensorische cortex, de pariëto-insulaire vestibulaire cortex, de visuele cortex, een deel van de achterste pariëtale schors, de inferotemporale cortex, de gyrus cinguli posterior en de retrospleniale cortex.[16]

Er was duidelijk genoeg weefsel over om herinneringen te vormen aan het huis dat hij jarenlang talloze keren had doorkruist – een mate van blootstelling die we in onze tests van Henry's leervermogens niet hadden kunnen bereiken. Door de kamers van zijn huis elke dag te doorkruisen, leerde hij via hetzelfde proces van onderdompeling dat iemand die probeert een vreemde taal te leren kan gebruiken. Eenvoudig door zijn dagelijkse routine te volgen verrijkte hij dag na dag na dag met kleine beetjes zijn geestelijke kaart – een perfect voorbeeld van louter door blootstelling leren.

Door dit verbijsterende bewijs van ruimtelijke kennis, in de loop van de tijd langzaam verworven, rees de intrigerende vraag of dit vermogen zich zou uitstrekken tot een ruimtelijke oriëntatietest in het laboratorium. Henry's amnesie was geen beletsel bij dit onderzoek want deze ruimtelijke taak was niet van zijn langetermijngeheugen afhankelijk. We probeerden te ontdekken of Henry, zonder een werkende hippocampus, in een testruimte een geestelijke cognitieve kaart kon scheppen.

Tijdens vier bezoeken van Henry aan het CRC tussen 1977 en 1983 beoordeelden we zijn ruimtelijke vermogen met behulp van een vindje-wegtaak. Het doel van de test was om zijn capaciteit te staven om een route op een in zijn hand gehouden kaart te volgen wanneer hij van het ene oriëntatiepunt naar het andere liep. De test vond plaats in een speciaal uitgerust vertrek van het CRC. In het bruine, kamerbrede tapijt zaten negen rode cirkels met een diameter van 15 centimeter, in reeksen van drie bij drie. Henry hield een grote kaart vast waarop de negen rode cirkels op de vloer als zwarte stippen waren afgebeeld. Met dikke zwarte strepen was een pad van stip naar stip getekend, met een cirkel rond het startpunt en een pijlpunt bij het eind. De test bestond uit vijftien van zulke kaarten. Op elke kaart stond de letter N (van noord) aangegeven en er was een grote rode N aan een muur van het vertrek bevestigd. Henry's taak was om van stip naar stip te lopen over het pad dat overeenkwam met dat op de kaart. Hij mocht de kaart niet draaien, dus onder het lopen was de kaart soms anders georiënteerd dan het vertrek. Het noorden was altijd boven aan de kaart, maar wanneer hij zich omdraaide kon de N aan de muur links van hem, rechts van hem, voor hem of achter hem zijn. Daardoor moest hij een reeks geestelijke vertalingen maken van het coördinatensysteem van de kaart naar de overeenkomende richting in het vertrek. Henry liep geduldig van stip naar stip, maar was doorgaans niet in staat het op de kaart aangegeven pad te volgen, en zijn prestatie verbeterde niet bij meerdere malen testen met dezelfde kaarten (zie afb. 6).

Het netwerk van hersencircuits dat hem in staat stelde de plattegrond te tekenen kon zijn optreden bij deze laboratoriumtest niet ondersteunen. Hij had zijn hippocampi nodig bij het kaartlezen. Zonder deze structuren kon Henry niet de relatie peilen tussen het begin- en eindpunt op de plattegrond van het CRC, en kon hij de veranderende positie van zijn lichaam niet aan de statische coördinaten van het vertrek aanpassen.

Henry's succesvolle verwerving van een cognitieve kaart van zijn huis en de mislukking bij zijn taak om de weg te vinden lijken tegenstrijdig. Maar de taken wijken fundamenteel af. Door talloze uren *ervaring* leerde Henry langzaam de geografie van het huis, zonder het te beseffen en zonder bewust terug te grijpen op zijn declaratievegeheugenopslag. Weliswaar was de kaarttest bij het CRC geen geheugentaak, maar van Henry werd gevraagd bliksemsnel een cognitieve kaart te vormen, een taak die hij zonder zijn hippocampi niet kon verrichten.

Terwijl het wetenschappelijke inzicht groeide over hoe de hersenen complexe gedachten verwerken, bleven mijn collega's en ik ons in de jaren negentig afvragen of de bewaarde gebieden in Henry's hersenen konden ondersteunen dat hij nieuwe dingen opstak over de fysieke wereld die hem omringde. In 1998 bestudeerde een jonge neurowetenschapper van de University of Arizona patiënten met een relatief kleine laesie aan hun rechter hippocampus of rechter parahippocampale cortex om hun epilepsie te beteugelen. Patiënten met een laesie in de rechter hippocampus hadden geen problemen bij een test van het ruimtelijke geheugen, maar patiënten met schade aan de rechter parahippocampale cortex hadden er grote problemen mee, wat erop wees dat de parahippocampale cortex essentieel is voor het ruimtelijke geheugen. Henry's rechter parahippocampale cortex was gedeeltelijk intact. Daarom vroegen we ons af of dit deel van zijn hersenen het leren van nieuwe plaatsen kon ondersteunen – het vermogen een verborgen doel te vinden. Om deze hypothese te testen kwam de onderzoekster uit Arizona over naar Boston om Henry een eenvoudige ruimtelijke geheugentest af te nemen. Henry legde die gedurende negen testdagen af tijdens twee bezoeken aan mijn laboratorium in 1998.

Bij de eerste proef vertelde de onderzoekster Henry dat er een sensor zat verstopt onder een klein tapijt, maar ze liet hem niet zien waar het tapijtje lag. De testruimte zat vol voorwerpen – bureaus, stoelen, planken en een deur – die Henry kon gebruiken om zijn positie in verhouding tot de omgeving te bepalen. Bij de leertaak moest Henry de onzichtbare sensor bij toeval vinden, zich de plaats herinneren, en dan de sensor weer op grond van zijn geheugen vinden. Voor elke proef liet de onderzoekster de sensor geluid maken door erop te trappen wanneer Henry de andere kant op keek. Ze vroeg hem de plek onder het tapijt te zoeken die het geluid produceerde wanneer hij erop stapte. Omdat het door de sensor opgewekte geluid uit een luidspreker verderop kwam, kon Henry niet op het geluid afgaan om de locatie van de sensor te vinden. Hij zocht zeer gemotiveerd, ook al moest hij bij het rondlopen zijn looprek gebruiken. Bij de eerste proef vond hij het doel. Bij de volgende proeven liep hij in 54 procent van de gevallen regelrecht naar het midden van het tapijt en vanaf dat punt nam hij, in 80 procent van de gevallen, een direct pad naar de verborgen sensor.[17]

Henry's vermogen om de sensor te lokaliseren was opmerkelijk, gezien zijn ernstige amnesie en onvermogen zich expliciet het verloop van de proef of het horen van het geluid te herinneren. Zijn prestatie bij deze taak onderstreept de rol van de parahippocampale cortex (waarvan zo'n 2 centimeter in zijn hersenen over was) bij het ruimtelijke geheugen. We weten dat hij zich niet verliet op zijn kortetermijngeheugen of zijn werkgeheugen om de taak te doen, want meer dan 60 procent van de keren dat hij de sensor wist te vinden gebeurde dat een dag na de eerste testsessie. Zijn vermogen om de sensor te lokaliseren gaf aan dat hij in staat was beperkte langetermijnherinneringen te vormen, en dat structuren voorbij de hippocampus navigeren konden ondersteunen.[18]

Maar omdat Henry niet in staat was zich bewust enige bijzonderheid van het verloop van de proeven te herinneren, concludeerden we dat het leren van de locatie van de sensor niet-declaratief verliep – leren dat onafhankelijk van het mediale deel van de temporaalkwab plaatsvond. Henry vond de sensor herhaaldelijk door zijn impliciete, niet-declaratieve kennis van de doellocatie. Of alleen zijn bewaarde parahippocampale cortex ervoor verantwoordelijk was dat hij met succes een plaats kon aanleren, was onduidelijk, omdat diverse andere intacte structuren, zoals het *corpus striatum* (onder de frontaalkwabben gelegen), ook een rol kunnen hebben gespeeld bij deze vorm van leren.

Hoewel het tientallen jaren duurde om de complete anatomie van Henry's ingreep te achterhalen, stond één anatomisch feit als een paal boven water: dat aan beide kanten van zijn hersenen een groot stuk hippocampaal weefsel ontbrak. Mede door de doolhoftests die Milner en ik met Henry uitvoerden, werd duidelijk hoe belangrijk de hippocampus is voor ruimtelijk leren. De latere ontdekking dat hij het er ook slecht afbracht bij de kaartleestest, waarbij geen geheugen nodig was, gaf aan dat zijn ruimtelijke gebrek meer was dan een kwestie van leren. Zonder zijn hippocampus kon hij complexe ruimtelijke informatie niet doelmatig verwerken. Hij miste de capaciteit om een cognitieve kaart in de gebruikelijke zin te vormen. Maar andere testresultaten brachten een uitzondering op de theorie van de cognitieve kaart aan het licht en wezen op een opdeling van het ruimtelijke geheugen. Henry's onverwachte tekeningen van het huis waar hij woonde, terwijl zijn hippocampi geen van beide functioneerden, duiden erop dat andere hersengebieden de taak van het coderen en opslaan van die rijke ruimtelijke informatie hadden overgenomen. De ruimtelijke geheugentaak waarbij Henry de onder het kleedje verstopte sensor wist te vinden gaf een indicatie welke hersenstructuur hij waarschijnlijk gebruikte toen hij zijn plattegrond tekende. Eerder was aangetoond dat deze taak afhing van de gyrus parahippocampalis, waarvan aan beide kanten een deel in Henry's hersenen was blijven zitten. Dus heel af en toe compenseerde hij op een of andere manier het verwoestende effect van de schade aan zijn hippocampus door bewaarde hersenstructuren en netwerken te mobiliseren.

Een eerste vereiste voor geheugenvorming is intacte perceptie. Henry passeerde deze horde voor het gezichtsvermogen, het gehoor en de tastzin, waardoor mijn collega's en ik via deze waarnemingsmiddelen zijn leervermogen en geheugen konden testen. Zijn amnesie was doorgedrongen tot alle soorten declaratief geheugen, ongeacht via welk waarnemingsportaal de te herinneren informatie binnen was gekomen. We staafden Henry's gebrek consequent met een breed scala aan testprikkels – woorden, verhalen, gezichten, plaatjes, taferelen, doolhoven, puzzels enzovoorts. Observaties van zijn alledaagse gedrag vulden de kennis aan die we vergaarden via strikte tests in het laboratorium. Zo kregen we een volledig beeld van zijn bestaan na de operatie.

6

'Ruzie met mezelf'

Henry deelde zelden zijn intieme gedachten met iemand, dus in de meeste gevallen moesten we zijn emotionele leven afleiden uit het waarnemen van zijn gedrag. Bij onze gesprekken met hem leek hij gelukkig en tevreden; hij glimlachte vaak en klaagde zelden. Je kunt je voorstellen dat als je in zijn schoenen zou staan je gewoonlijk angstig zou zijn, bezorgd dat je gedrag ongepast is geweest en bang voor wat morgen gaat brengen. Maar niemand zou Henry als een zenuwachtige of tobbende man beschrijven. Het is mogelijk dat hij door zijn operatie, waarbij delen van zijn emotionele brein waren weggesneden, werd beschermd tegen de angstige werkelijkheid van zijn bestaan. Toch had hij soms donkere periodes waarin hij gefrustreerd kon raken, verdrietig, agressief, of zich onbehaaglijk voelde. Gewoonlijk weken deze negatieve emoties zodra hij werd afgeleid.

Tijdens Henry's eerste bezoek aan het CRC in 1966 lag zijn moeder in Hartford Hospital nadat ze een lichte ingreep had ondergaan. Zijn vader pakte Henry's kleren in en bracht hem naar de praktijk van Scoville in Hartford. Teuber had aangeboden hem daar op te halen en naar Cambridge te brengen. Henry en zijn vader waren die ochtend bij zijn moeder in het ziekenhuis op bezoek geweest, en tegen de tijd dat hij Teuber trof, had Henry nog maar een vaag idee dat haar iets scheelde. Toen Teuber vroeg wie zijn tas voor hem had ingepakt, antwoordde hij: 'Het zal mijn moeder wel zijn geweest. Maar ik ben er toch niet zeker van. Als mijn moeder iets scheelt, dan kan het mijn vader zijn geweest.' Tijdens de tocht naar Cambridge legde Teuber herhaaldelijk aan Henry uit waar zijn moeder was en dat het goed met haar ging, maar Henry bleef een onbehaaglijk gevoel over zijn ouders houden en zich afvragen of alles wel goed was. Toen hij zijn kamer in het CRC betrok, verdween zijn angst. We vertelden hem dat hij naar huis kon bellen, maar hij begreep niet meer waarom hij dat zou willen. Maar de volgende middag vertelde Henry tegen een verpleegster dat volgens hem zijn moeder in het ziekenhuis lag of hartproblemen had. Ineens was bij hem een vaag besef teruggekeerd dat zijn moeder ziek was.

Destijds was het onduidelijk waaraan het herstellen van deze herinnering te danken was. We speculeerden dat Henry eenvoudig minder moe was dan de dag voordien. Maar sindsdien is uit tal van experimenten bij mens en dier gebleken dat slaap soms het consolideren van herinneringen verbetert. Tijdens de slaap kunnen herinneringen opnieuw worden geactiveerd en herhaald, waardoor ze sterker worden en minder vatbaar voor verstoring. Verschillende soorten geheugen worden versterkt door verschillende slaapfases, die op hun beurt verschillende hersenstructuren inzetten. De prestaties van het bewuste, declaratieve geheugen zijn bijvoorbeeld gebaat bij diepe slaap (met langzame golfbewegingen), terwijl het onbewuste, niet-declaratieve geheugen wordt versterkt door lichte slaap (REM-slaap). Onderzoekers hebben ook ontdekt dat de REM-slaap eerder het geheugen voor emotionele (met name negatieve) informatie versterkt dan het niet-emotionele geheugen. Volgens de zuster in het CRC sliep hij vrij goed tijdens zijn eerste nacht, en activering in bewaarde hersendelen, waaronder emotionele circuits, kan een fragmentarische herinnering aan de ziekte van zijn moeder hebben versterkt zodat die de volgende dag boven kwam drijven.[1]

De ziekenhuisopname van zijn moeder was tweevoudig in Henry's hersenen vertegenwoordigd, er was een feitelijk element en een emotioneel element. Hij vergat al snel de feitelijke inhoud – 'moeder ligt in het ziekenhuis voor een kleine ingreep' –, maar het vage emotionele element – 'er is iets mis' – bleef dagen hangen. Zonder een werkend hippocampaal circuit kon Henry de feiten over het ziekenhuisverblijf van zijn moeder niet in zijn langetermijngeheugen bewaren, maar door een groter netwerk van hersengebieden, het *limbische systeem* en de verbindingen daarvan, bleef zijn ongerustheid in stand. De emotionele component van de situatie had een speciale toegang en verwerking die bijdroeg aan het vormen van een affectief geheugenspoor. *Limbisch* is een anatomische term die rand betekent. In dit geval wordt verwezen naar een doorlopende band corticale en subcorticale structuren, vlak bij de grens van de bedekking van de hersenschors. In 1877 geloofde men dat deze hersenschorsring zich bezighield met de reukzin, maar in een nieuwe theorie uit 1937 werd het systeem omschreven als een anatomische basis voor emotioneel gedrag (zie afb. 7).[2]

Volgens de opvatting uit 1937 over dit circuit reist informatie in een lus van het ene hersengebied naar het andere – van de hippocampale formatie naar de *mamillaire lichamen*, van de *hypothalamus* naar de *anterieure kern*, van de thalamus naar de *gyrus cinguli* en terug naar de hippocampale formatie. In 1952 voegde een andere onderzoeker de amygdala toe aan het circuit. Men gelooft niet langer dat de hippocampus bemiddelt bij emoties, inmiddels wordt de amygdala gezien als het centrum van emotionele reacties. Deze complexe structuur ontvangt informatie van alle zintuigen en van gebieden die gevoelens van welbevinden en smart verwerken. De amygdala stuurt ook informatie terug naar veel van deze gebieden, en zo ontstaan enorme netwerken die gespecialiseerd zijn in emotionele waarneming, emotionele uitdrukking en emotioneel geheugen. In een toenemend aantal studies wordt het idee verworpen dat verschillende emoties één op één in specifieke hersengebieden terechtkomen. Men stelt juist dat emotionele reacties zich altijd door samenwerking van vele hersengebieden ontwikkelen. Volgens deze opvatting slaat het brein afzonderlijke emotionele ervaringen op, voor alle soorten emotie, door een breed scala aan hersenstructuren in het limbische systeem en verder in te zetten – netwerken die elementaire cognitieve processen ondersteunen, zowel emotioneel als niet-emotioneel. Henry's hersenen waren soms in staat zulke netwerken te scheppen.[3]

Het verwijderen van Henry's amygdala en hippocampus leidde tot een storing in zijn elementaire limbische circuit, je kon dus redelijkerwijs verwachten dat zijn vermogen om emoties te verwerken zou afwijken. Maar uit onze eerste studies naar Henry bleek dat hij een scala aan emoties kon ervaren. Tijdens zijn eerste bezoek aan MIT in 1966 wekte een verpleegster van het CRC Henry elke dag om vier uur om zijn vitale functies op te nemen. Ze babbelde dan even met hem en maakte vervolgens zorgvuldige aantekeningen in zijn dossier. Acht van de zestien nachten van zijn verblijf vroeg hij waar zijn ouders waren en of het goed met hen ging. Omdat er nog delen van zijn verspreide limbische systeem werkten, kon hij zich ongerust maken over zijn ouders – en was hij gedoemd deze emotie steeds opnieuw te ervaren.

Het geheugen kan een last zijn: het dwingt ons onaangename gebeurtenissen uit het verleden te herbeleven. Maar zonder zijn geheugen kon Henry nooit naar behoren treuren of de verliezen verwerken die onvermijdelijk bij het leven horen. Hij herinnerde zich niet dat in 1950 een favoriete oom was gestorven. Volgens zijn moeder raakte hij elke keer wanneer hij het nieuws hoorde in de war. Wanneer deze emotie in de loop van de tijd geleidelijk vervaagde, vroeg hij soms wanneer zijn oom weer langs zou komen.

In 1966, hetzelfde jaar als zijn eerste bezoek aan het CRC, leed Henry een enorm verlies. In december, Henry was veertig, overleed zijn vader aan emfyseem in het Saint Francis Hospital in Hartford. Mevrouw Molaison vertelde me dat Henry heel gedeprimeerd was na de dood van haar echtgenoot maar dat hij niet bewust besefte dat zijn vader weg was, tenzij iemand hem erop wees. Ze vertelde ons dat Henry op een gegeven moment boos werd en het huis uit rende toen hij ontdekte dat een paar van zijn geliefde wapens ontbraken, door een oom meegenomen na de dood van zijn vader. Toen de oom vernam dat Henry boos was, gaf hij de wapens terug en Henry's woede zakte. Hij raakte in de war door het verdwijnen van de wapenverzameling omdat het een brandpunt van zijn wereld was. De wapens waren sinds zijn jeugd altijd in zijn kamers te zien geweest, het was dus logisch dat hun afwezigheid opviel en hem verdrietig maakte. Ze stonden ook voor een emotionele band met zijn vader en waren op zichzelf geliefde bezittingen.

Minstens vier jaar kon Henry het feit dat zijn vader was gestorven niet uiten. Zeven maanden na de dood van mijnheer Molaison vroeg mevrouw Molaison ons Henry niet te vertellen dat zijn vader dood was, want hij kon dan reageren alsof hij het treurige nieuws voor de allereerste keer hoorde. Ik dacht er net zo over: ik vroeg hem niet expliciet naar zijn vader omdat ik wist dat hij erdoor in de war zou raken. Maar in augustus 1968, toen ik hem testte, sprak hij over zijn vader in de verleden tijd, dus mogelijk hadden zijn hersenen in de loop van de tijd het pijnlijke feit opgenomen in onbewuste geheugensporen waarin het was opgeslagen. Toch had hij momenten dat hij onzeker was. Zonder een werkende hippocampus en amygdala vormde Henry geen emotionele langetermijnherinneringen. Hij gebruikte wat hij tot zijn beschikking had – tal van met elkaar verbonden gebieden in de hersenschors met herinneringen aan zijn vader van voor de operatie, hoe het thuis was in zijn jeugd, en het concept dood. In de loop van de tijd verbond hij de punten en begreep hij op een bepaald niveau dat zijn vader voorgoed weg was.

Na de dood van haar echtgenoot in 1966 bleef mevrouw Molaison Henry's enige verzorger. In de hoop dat hij door meer activiteit zou worden opgebeurd, regelde ze dat hij een plaats kreeg op het Hartford Regional Center, een werkplaats voor geestelijk gehandicapten. Daar deed hij eenvoudige, monotone taken als het inpakken van veelkleurige rubber ballonnen in zakjes, of sleutelhangers vastmaken aan eenvoudige kartonnen displays. Elke ochtend reed Henry's buurman Arthur Buckler – een kleine, dikke man van in de zestig die een warme, sentimentele band met Henry voelde – met hem naar het Regional Center. Buckler was daar opzichter van de onderhoudsploeg en gaf vakonderwijs. Hij loodste Henry door simpele taken als het inpakken van ballonnen. Hij droeg hem op de ballonnen te tellen en de zak, wanneer er het juiste aantal ballonnen in zat, dicht te nieten. Henry had geen last van een geringe intelligentie; in feite lag zijn IQ boven het gemiddelde: 120 in 1962. Maar hoewel zijn intelligentie de eisen van deze simpele taak ver oversteeg, had hij er door zijn amnesie toch moeite mee. Hij kon helemaal opgaan in het één voor één bekijken van de ballonnen en zodoende vergeten om bij het juiste aantal te stoppen. Maar op een dag had Henry een idee om een van de taken beter uit te voeren. Een ver familielid herinnert zich Henry's bijdrage als 'iets mechanisch waardoor een paar stappen konden worden overgeslagen'. Hij legde zijn idee voor aan de staf en men nam zijn suggestie over. Hij moet heel trots op zichzelf zijn geweest, al was het maar voor even.

Later stelde Buckler Henry aan als een algemene klusjesman op het Center. Hij moest gebouwen schilderen, de machinewerkplaats en de ketelruimte opruimen, en helpen bij onderhoudswerkzaamheden buiten. Soms stuurde Buckler Henry naar de gereedschapskamer om een hamer of een moersleutel te halen, om tot de ontdekking te komen dat Henry de opdracht was vergeten toen hij zijn bestemming had bereikt. Buckler ging ertoe over op een stuk papier een afbeelding van het benodigde gereedschap voor Henry te tekenen, en dat bleek een succesvolle strategie.

Voorjaar 1970 stortte Henry in toen hij werkzaam was op het Regional Center. Het viel mevrouw Molaison op dat Henry veel zenuwachtiger en prikkelbaarder was. Als ze met hem sprak, snauwde hij soms bruusk terug in plaats van met zijn gebruikelijke vriendelijkheid te reageren. Op een zondagmiddag gedroeg hij zich vreemd, hij zat met zijn ogen dicht en zei met rust gelaten te willen worden. Op een gegeven moment sprong hij overeind en begon op de deur te bonzen. Omstreeks vijf uur kreeg hij een toeval, heel zijn lichaam werd stijf en zijn hoofd hing slap. Na een minuut of tien eindigde de aanval maar in plaats van dat hij in slaap viel zoals gewoonlijk na een toeval gebeurde, begon hij de ene absence na de andere te krijgen. Elke keer vertoonde hij korte tijd geen reacties en nadien, wanneer zijn moeder tegen hem sprak, zei hij: 'Blijf uit mijn buurt,' en gooide hij de slaapkamerdeur dicht. Het kostte hem anderhalf uur om zich uit te kleden voor het slapen gaan.

De volgende ochtend was Henry's gedrag weer gewoon. Hij werd wakker en vroeg, als onderdeel van zijn gebruikelijke ritueel, aan zijn moeder: 'Wat ga ik vandaag doen?' Ze antwoordde dat hij naar zijn werk ging op het Hartford Regional Center. Hij kleedde zich dus aan en stapte bij meneer Buckler in de auto. Omdat Henry's linkerhand opgezwollen was en onder de blauwe plekken zat, reden ze langs Manchester Hospital om foto's te laten maken. De opnames lieten zien dat hij zijn pink had gebroken en die werd gespalkt.

Op een dinsdagochtend twee weken later, toen Henry ballonnen aan het inpakken was aan een tafel op het Regional Center, kreeg hij een totaal onverwachte en ongekende uitbarsting. Hij sprong overeind, schreeuwde dat iemand zijn ballonnen had afgepakt en brulde dat hij geen geheugen had, dat niemand iets aan hem had en hij enkel in de weg liep. Hij dreigde met zelfmoord, zei dat hij naar de hel zou gaan en zijn moeder met zich mee zou nemen. Toen anderen op hem af kwamen, trapte hij naar hen en smeet zelfs een man door het vertrek heen. Toen draaide hij zich naar een muur toe en begon er hevig met zijn hoofd tegen te bonken. Er kwam een dokter en die gaf Henry een kalmerend middel. Nadat hij rustiger was geworden, reed men hem naar zijn moeder.

De volgende dag ging Henry zonder problemen weer aan het werk, maar hij maakte een nerveuze indruk. Mevrouw Molaison belde Teuber op en vertelde over de alarmerende gedragsveranderingen bij haar zoon. Ze geloofde dat de uitbarstingen een soort toeval waren en ze was niet bang voor zijn dreigementen. Ze vroeg zich ook af of hij zo in de war was omdat zijn geheugen vooruitging – in elk geval dacht ze soms dat zijn geheugen beter was dan voorheen. Misschien, zo redeneerde ze, werd Henry zich bewuster van zijn situatie en maakte het besef dat hij anders was dan iedereen hem radeloos. Wie weet had ze gelijk: door het voortdurende terugkeren van geheugenproblemen thuis en op het Regional Center ging Henry zich misschien wanhopig en waardeloos voelen. Op den duur was hij gaan inzien dat hij een slecht geheugen had en altijd zou hebben, en had dat aanvaard. Mevrouw Molaison maakte zich zorgen dat hij naar een psychiatrische inrichting zou worden gestuurd als hij steeds uitbarstingen in het openbaar kreeg, of dat hij niet meer op het Regional Center zou mogen komen werken, terwijl hem dat volgens haar een doel gaf.

Henry bleef af en toe uitbarstingen krijgen, en bleek soms gefrustreerd dat hij zich dingen niet kon herinneren. In mei 1970 kreeg hij een nieuw symptoom, hevige buikpijn, vooral 's ochtends, en op een nacht werd zijn moeder wakker door zijn gekreun. Het viel haar op dat de pijn erger leek op werkdagen wanneer hij naar het Regional Center moest. Daarom vroeg ze zich af of iemand hem daar pestte of ervoor zorgde dat hij in de war raakte. Volgens haar was de pijn misschien een blijk van een vaag gevoelde angst die hij voelde op de dagen dat ze hem zei dat hij erheen zou gaan. Ze had ook het gevoel dat hij 's morgens knorriger was, behalve op de dagen dat hij vrij was. Mevrouw Molaison tobde over deze problemen. Ze kon onmogelijk de ware reden van Henry's symptomen achterhalen, en ze wist niet hoe ze ermee om moest gaan of hoe ze hem kon helpen.

Henry's moeder belde die maand met Teuber en legde de situatie uit. Nadat Henry de week erna over hevige buikpijn bleef klagen, stelde Teuber haar gerust: hij zou regelen dat Henry een grondig lichamelijk onderzoek kreeg. Mevrouw Molaison maakte zich er zorgen over dat hij gewicht verloor en zei dat volgens de staf van het Regional Center zijn gezondheid achteruitging.

Mijn collega's en ik voelden ons verplicht te regelen dat er voor Henry werd gezorgd, ook al waren wij onderzoekers en geen verzorgers. Teuber nam contact op met Milner en vervolgens met Scoville, die meende dat hij geen onderzoek in Hartford kon regelen zonder dat Henry's moeder aanzienlijke kosten zou moeten maken. Uiteindelijk besloten ze Henry naar Cambridge te brengen voor een langduriger bezoek en medisch onderzoek op het CRC zonder dat het de familie Molaison iets zou kosten. Alle medische zorg voor Henry bij het MIT was gratis en betekende geen financiële belasting.

Teuber reed, in het gezelschap van zijn zoon Christopher, naar East Hartford om Henry op te halen. Ze reden naar het gelijkvloerse huis aan Crescent Drive, een klein pand met crèmekleurig hout en wit lijstwerk, omgeven door een eenvoudige tuin met een grasveld en een paar bomen. Henry zat binnen netjes aangekleed klaar met een koffertje, ingepakt voor wat zijn derde bezoek aan het CRC zou worden. Het zou volgens de plannen drie weken duren. Mevrouw Molaison bedankte Teuber voor zijn hulp en merkte op dat dit de eerste keer in bijna twintig jaar zou zijn dat ze niet voor Henry hoefde te zorgen. Ze verheugde zich erop zonder Henry bij mensen op bezoek te gaan en 's avonds uit te gaan.

Tijdens deze drie weken op het CRC werd Henry grondig onderzocht door artsen van het MIT, maar zijn buikpijn leek verdwenen.

Henry bleef tijdens zijn verblijf kalm, maar was gedesoriënteerd. Op een avond zag Teubner hem toen hij in zijn verduisterde kamer zat, een kruiswoordpuzzel bij de hand. Hij vroeg Henry of hij lichamelijk onbehagen voelde. 'Nou, ik voel me geestelijk onbehaaglijk,' zei hij, 'dat ik iedereen zo tot last ben – omdat ik me niets herinner.' Hij zocht naar de juiste woorden. 'En ik blijf mezelf maar afvragen of ik dingen heb gezegd die ik niet had moeten zeggen of iets heb gedaan wat ik niet had moeten doen.' Wanneer Henry zich inspande om zich iets te herinneren zei hij: 'Ik heb ruzie met mezelf.' Het was een vast refrein. Teuber stelde hem gerust en zei dat hij die avond zijn moeder zou bellen. Ongewoon genoeg bracht Henry op een gegeven moment zijn vader ter sprake. 'Daarover ben ik met mezelf aan het discussiëren – over mijn vader,' zei Henry. 'Weet je, het is ingewikkeld in mijn geest. Aan de ene kant denk ik dat hij is geroepen – weg is – maar aan de andere kant denk ik dat hij leeft.' Hij begon te beven. 'Ik kom er maar niet achter.'

Henry was geen tobber, maar door het gesprek met Teuber leefden zijn verdriet en onzekerheid over de dood van zijn vader weer op. Hij kon het feit dat zijn vader was gestorven niet lang genoeg vasthouden om met diens dood in het reine te komen. Hij herinnerde zich niet dat hij afscheid van zijn vader had genomen, op zijn begrafenis was geweest, zijn graf had bezocht, of troost had gevonden in de liefde en het medeleven van zijn familie en vrienden. Het beven dat Teuber waarnam was een lichamelijke uitdrukking van Henry's emotionele toestand.

Na drie weken op het CRC was het tijd voor Henry om weer naar huis te gaan. Tijdens het hele bezoek klaagde hij niet over buikpijn, wat erop wees dat de problemen waarvoor hij in het CRC was opgenomen met spanningen te maken hadden, waarschijnlijk door zijn activiteiten op het Regional Center. Henry rookte een pakje sigaretten per dag en röntgenfoto's toonden een longaandoening die in 1968 nog niet zichtbaar was. Teuber belde mevrouw Molaison in verband met Henry's terugreis en gaf de telefoon toen aan Henry door. Hij was zichtbaar geroerd, zijn stem brak bijna toen hij zijn moeder zei dat hij het fijn vond haar te horen. Teuber reed Henry terug naar zijn huis in East Hartford. Mevrouw Molaison kwam naar de deur toen de auto de oprit op reed en zei dat Henry er goed uitzag, veel beter dan bij zijn vertrek. Moeder en zoon omhelsden elkaar even zonder iets te zeggen, en Henry streelde haar wangen en haar schouders.

Henry kon beslist emoties voelen en overbrengen – positieve en negatieve – hoewel hij vrijwel heel zijn amygdala miste, een van de sleutelstructuren voor emoties. Bij strikte tests kon hij emotie beoordelen op foto's van gezichten; hij kon bijvoorbeeld aangeven of iemand blij of verdrietig keek. Gewoonlijk was hij rustig, maar af en toe kon hij erg boos worden. Deze agressieve momenten waren kortstondige reacties op zijn frustratie zich belangrijke informatie niet te kunnen herinneren en op medepatiënten die hem irriteerden. Henry was niet gewelddadig. Integendeel, hij was rustig in zijn optreden, aardig en geduldig, en zijn gedrag in het sociaal verkeer was voorbeeldig. Op het CRC was hij altijd volgzaam en vriendelijk.

Met emotiewetenschap valt te verklaren waarom Henry positieve en negatieve stemmingen kon ervaren en vertonen. Emoties beslaan een breed spectrum aan ervaringen. In 1969 stelde de psycholoog Paul Ekman dat mensen in alle culturen zes elementaire emoties ervaren: verdriet, vreugde, boosheid, angst, walging en verbazing. Verschillende combinaties van deze kernemoties laten allerlei andere ontstaan, zoals genegenheid, hoop, empathie, ambivalentie, woede en schaamte. Gevoelens variëren ten opzichte van twee verschillende variabelen: de mate waarin ze aangenaam of onaangenaam zijn, en de mate waarin ze je opwinden of kalmeren. Aan je bewuste ervaring van emoties liggen een verhoogde hartslag, verhoogde bloeddruk, snellere ademhaling, toename van het glucosepeil en meer stresshormonen ten grondslag. Een bijbehorende sterkere bloedtoevoer naar je lichaam en je hersenen bereidt je voor op acties die je in staat stellen je emotionele toestand uit te drukken. Je bent klaar om weg te rennen, te vechten, te omhelzen, afhankelijk van je situatie. Je hersenen regelen alle biologische variabelen en het hersencircuit dat wordt geactiveerd varieert al naar gelang de aard van de opgewekte emotie.[4]

In 1970 was Henry, toen hij onderweg was naar zijn derde bezoek aan het CRC, getuige van een ongewone gebeurtenis. Zo kregen we meer inzicht in de werking van zijn emotionele geheugen. Toen Teuber Henry in Hartford ophaalde, regende het hard. Route 15 was kletsnat en modderig toen Teuber, zijn zoon Christopher en Henry noordwaarts naar Boston begonnen te rijden. Teuber reed op de rechterbaan toen een lichtbruine Impala voor hem plotseling in een slip raakte en tegen een steil talud aan de rechterkant van de weg belandde. De auto wankelde op de linkerwielen en kwam vervolgens weer op alle vier de wielen terecht. De auto was aan de voorkant ingedeukt en de leeglopende achterbanden sisten hard boven het geluid van de regen uit.

Teuber bracht zijn auto tot stilstand, vlak achter de geslipte auto die op de rechter rijbaan uitstak. Hij zei tegen Henry dat hij in de auto moest blijven en ging weg om te kijken hoe het met de inzittenden was – een meisje van twintig en haar moeder, allebei in de war maar ongedeerd. De moeder, een grote vrouw, begon hysterisch te huilen, terwijl een andere wagen om de geslipte auto heen manoeuvreerde en stopte. Er sprong een jongeman uit de auto, en hij en Teuber leidden de vrouwen weg van het verkeer. Teuber ging terug naar de auto om een regenjas te halen, maar hij was al zo nat dat, zo besloot hij, het toch niets meer uitmaakte. Nadat ze de auto bekeken hadden, stelden ze vast dat die ondanks de geklapte banden toch nog kon rijden. Teuber hield het verkeer tegen terwijl de jongeman de beschadigde auto van de wal afreed en op een vluchthaven aan de kant van de weg parkeerde.

Nu niemand meer in gevaar verkeerde, ging Teuber naar zijn auto terug en reed weg. Een paar minuten lang praatte Henry ongerust met Christopher over de mogelijke oorzaken van het ongeluk. Toen dwaalde hun gesprek af naar de almaar neerstromende regen. Ongeveer een kwartier nadat ze de plaats van het ongeluk hadden verlaten, passeerden ze een politieauto met zwaailichten, die op een uitwijkplaats aan de kant van de weg stond geparkeerd, achter een blauwe stationcar met een rode aanhangwagen erachter. Henry merkte op dat de politieauto de auto met de aanhangwagen vast beschermde, zodat niemand de uitwijkplaats erachter op zou rijden. Na een poosje vroeg Teuber aan Henry: 'Waarom ben ik doornat?'

'Nou, je bent uitgestapt om hulp te verlenen bij een ongeluk, toen een auto van de weg raakte,' reageerde Henry.

'Wat voor auto?'

'Een stationcar – nee, een stationcar en een bestelauto.'

Teuber vroeg Henry wat voor kleur de geslipte auto had.

'Daarover ben ik met mezelf aan het discussiëren,' reageerde Henry. 'De stationcar die van de weg raakte en op z'n zijkant lag, was blauw. Maar nu weet ik het weer – bruin.' Een paar minuten later zei Henry dat er een staatspolitieman bij het ongeluk was geweest om het verkeer om te leiden. Ongeveer twintig minuten later vroeg Teuber weer aan Henry waarom hij zo nat was.

'Omdat je naar buiten bent geweest – om de weg te vragen.'

Het ongeluk, een emotionele gebeurtenis die veel indruk op Henry had gemaakt, raakte geleidelijk vermengd met nieuwe informatie – een politieauto, zwaailichten, een andere auto aan de kant van de weg – die de oude herinnering wegduwde. In heel korte tijd leek de herinnering volledig te zijn verdwenen. Toch liet de hevige opwinding over het ongeluk een ongewoon duidelijke indruk in Henry's geest na.

Na aankomst op het CRC zei Henry, toen men hem naar de rit vroeg, dat er veel verkeer was geweest, dat er een omleiding was geweest maar dat verder alles goed was gegaan. Maar die avond vroeg Teuber weer aan Henry of hij zich iets herinnerde van de tocht van die dag. Henry zei van niet.

'Ben ik nat geworden?' vroeg Teuber.

'Ja, je bent nat geworden toen je na het ongeluk naar buiten ging.'

'Welk ongeluk?'

'Toen de auto in een slip raakte en gedeeltelijk het talud op ging – er zat een meisje in. Je ging naar buiten, de regen in, om te zien of er iemand gewond was.'

'Zat er maar één persoon in de auto?'

'Nee, nog iemand – nog een vrouw – een dikzak.'

Dit verhaal illustreert een aantal principes die centraal staan bij de werking van het geheugen. Tijdens deze tocht kreeg Henry te maken met twee spannende gebeurtenissen die zijn belangstelling wekten en zijn niveau van opwinding verhoogden. Wanneer we veel aandacht aan een gebeurtenis besteden en er opgewonden over zijn, zal onze herinnering aan die gebeurtenis sterker worden. De circuits in Henry's hersenen die zich op aandacht en emotie toelegden, werkten in dit geval op volle toeren, daardoor was hij in staat details van de mensen, de auto's en de gang van zaken te coderen. Net op het moment dat Henry deze details nog aan het herbeleven en herhalen was, kwamen de drie reizigers een politieauto en een aanhanger tegen die Henry's aandacht trokken. Henry concentreerde zich op de tweede gebeurtenis en nam alles in zich op wat daarbij plaatsvond. Maar daardoor verstoorde hij de verwerking van de eerste gebeurtenis en raakte enkele stukjes informatie kwijt.

Zulke verstoringen zijn voor ons allemaal een belangrijke oorzaak voor het vergeten van dingen. In dit geval streed de nieuwe belevenis met de politieauto, de stationcar en de aanhangwagen met informatie over het ongeluk, en verstoorde die het vasthouden van de oudere informatie. Later testte Teuber Henry's herinneringen aan het ongeluk door te vragen waarom hij doornat was, en in Henry's antwoord vermengden zich bijzonderheden van de twee gebeurtenissen, wat aangaf dat beide geheugensporen breekbaar en onvolledig waren.

In gezonde hersenen worden zulke zwakke geheugensporen op den duur robuuster door een proces dat consolidatie heet. Henry was niet in staat nieuwe informatie te consolideren omdat die activiteit interacties vergde tussen de hippocampus en de hersenschors – in zijn hersenen onmogelijk. Bij consolidatie krijgen emotionele situaties voorrang bij de verwerking in geheugencircuits, wat tot herinneringen leidt die relatief gezien moeilijk zijn uit te wissen. Toen Henry aankwam bij het CRC herinnerde hij zich de opwinding tijdens de reis niet meer, maar 's avonds gaf Teuber hem weer een hint door te vragen waarom hij nat was geworden. Net als voorheen hielp deze tip Henry om zich het gebeuren, het meisje en de dame te herinneren. Inmiddels had hij tijd gehad om te rusten, te eten en de fragmenten van de tocht te herbeleven die hij vast had weten te houden. Het mechanisme waarmee hij dit deed moest afwijken van dat in gezonde hersenen, maar opmerkelijk genoeg wist hij met succes andere circuits in te zetten om tijdelijke sporen te vormen. Indertijd hadden we geen weet van het overgebleven weefsel van het mediale deel van de temporaalkwab rond de hippocampus. Samen met bewaard gebleven gebieden van het emotionele geheugen ondersteunde dit waarschijnlijk Henry's kortstondige herinnering.[5]

Tot begin jaren tachtig kwam onze informatie over Henry's emotionele staat van mensen die zijn emotionele gedrag meemaakten en documenteerden. Rond die tijd besloten mijn collega's en ik objectiever en uitgebreider naar Henry's persoonlijkheid te gaan kijken. Omdat door de operatie zijn amygdala was beschadigd, was het ook goed zijn emotionele staat formeel te onderzoeken. We hadden in het verleden deze evaluatie achterwege gelaten omdat in de jaren zestig en zeventig vele neurowetenschappers, ook de leden van mijn lab, onderwerpen meden die in de klinische psychologie en psychiatrie thuishoorden.

We gaven Henry allerlei gestandaardiseerde persoonlijkheidstests. De resultaten wezen uit dat zijn emoties ietwat afgestompt waren, maar hij kon nog steeds een scala aan emoties vertonen. We stelden eveneens vast dat als het ging om zichzelf verzorgen hij enigszins nalatig was en toezicht nodig had. Iemand moest hem bijvoorbeeld aansporen zich te scheren en een douche te nemen. Metingen van zijn persoonlijkheid en motivatie gaven aan dat hij sociaal interactief was, maar initiatief ontbeerde. Belangrijk was dat de tests geen aanwijzingen toonden van bezorgdheid, zware depressies of psychose. Gezonde mensen ervaren leed, verdriet en frustratie, ongeveer zoals Henry's emoties toen zijn vader stierf en toen hij zich dingen niet kon herinneren. In zeldzame gevallen werd hij extreem boos, maar dit soort reactie is niet onbekend bij mensen die met ernstige handicaps hebben te kampen.

In 1984 vroeg ik een psychiater, George Murray, om Henry te beoordelen. Murray berichtte dat Henry 'altijd glimlachte en een relatief gezien warme interactie met me had'. Henry wist niet of hij een goede of slechte eetlust had, maar glimlachte toen hij vertelde dat hij niet van lever hield. Toen Murray hem vroeg of hij normaal sliep, antwoordde hij: 'Ik geloof het wel.' Hij zei dat hij niet aan de dood dacht en, voor zover hij wist, niet huilde. Op de vraag of hij zich hulpeloos voelde, zei hij: 'Ja en nee.' Voelde hij zich hopeloos? Hij zei met een brede glimlach: 'Ja, en meestal nee.' Voelde hij zich waardeloos? Henry glimlachte weer en zei: 'Dit zou hetzelfde kunnen zijn als hopeloos.' De voorafgaande vraag was in zijn kortetermijngeheugen blijven hangen. Toen Murray hem vroeg of hij zichzelf aardig vond, zette hij weer een voorzichtige glimlach op en zei: 'Ja en nee – ik kan geen hersenchirurg worden.' (In de loop van de jaren was een terugkerend thema in wat Henry zei dat hij hersenchirurg had willen worden). Murray concludeerde dat Henry 'geen enkele depressie heeft. Wat niet wil zeggen dat hij zich soms niet verdrietig kan voelen.'

Murray peilde Henry's emotionele leven vervolgens met nadere vragen over zijn ouders en muzikale voorkeuren. Ze lachten samen om hun wederzijdse afkeer van 'jive'. Toen roerde Murray het onderwerp seks aan. Hij vroeg Henry of hij wist wat een erectie was, en hij zei 'een gebouw'. Toen zei Murray: 'Goed, laat me dan andere taal bezigen,' en vroeg hem wat een 'stijve' was. Henry zei zonder te glimlachen, te fronsen of enige verandering van zijn gezichtsspieren: 'Dat krijgt een man, onder de gordel.' Henry wist dat mannen penissen hebben en vrouwen niet, en hij beschreef hoe baby's worden verwekt. Bij vragen in deze richting vertoonde Henry geen gezichtsreacties op Murray's vragen en zei dat hij geen enkel seksueel verlangen had. Murray omschreef hem als *aseksueel* – zonder libido. (Buckler, Henry's baas, had Henry omschreven als een echte heer die 'nooit ook maar keek naar de meisjes op het Center.')

In de contacten met mij en mijn collega's was Henry altijd aardig, maar passief. Hij had een voortreffelijk gevoel voor humor dat soms opdook tijdens een alledaags gesprek. Op een dag in 1984 liep bijvoorbeeld een neuroloog van ons lab met Henry vanuit een testruimte de gang op. Toen de deur achter hen dichtging, vroeg de neuroloog zich hardop af of hij zijn sleutels in het vertrek had laten liggen. Henry reageerde: 'Dan weet je in elk geval waar je ze moet zoeken!'

Henry's aangeboren ontspannen en gulle aard bleek uit het enorme geduld dat hij bij het uitvoeren van al onze tests vertoonde. Uiteraard had hij geen langetermijngeheugen, en dus was elke test een nieuwe ervaring voor hem en hij leek zich nooit te vervelen. Op een keer vatte hij, in een gesprek met een van de leden van ons lab, zijn ervaringen met tests zo samen: 'Het is grappig – het is gewoon een kwestie van leven en leren. Ik leef en jullie leren.'

7

Coderen, opslaan, terughalen

In 1972 bezocht ik mevrouw Molaison en Henry toen het Watergateschandaal het nieuws beheerste. Ik vroeg hem wat Watergate hem zei.

'Nou, ik denk dan in de eerste plaats aan een gevangenis, en ik denk aan een rel in Watergate Prison,' antwoordde hij.

'Heb je de laatste tijd op het nieuws iets over rellen of over Watergate gehoord?' vroeg ik.

'Nee. Dan denk ik aan een onderzoek dat ze ernaar doen.'

'Dat klopt,' zei ik aanmoedigend.

'Maar, eh, verder kan ik m'n vinger er niet op leggen, geloof ik.'

'Heb je ooit de naam John Dean gehoord?'

'Nou, ik denk dan in de eerste plaats aan een moordenaar, maar nadat ik dat zei, nadat ik moordenaar zei, dacht ik aan, eh, een leider, je weet wel, een vakbondsleider of arbeider die dood of gewond is. Daar denk ik aan.'

'Je hebt alles over ze gelezen in de kranten en zo,' kwam mevrouw Molaison tussenbeide.

John Dean was lid van Nixons White House Counsel. Henry was blootgesteld geweest aan al de berichtgeving over de Watergate-inbraken, maar net als een computer met een kapotte harde schijf waren zijn hersenen niet in staat deze informatie op te slaan en terug te halen.

Het moderne onderzoek naar de menselijke hersenen dankt veel aan wat in de computerwetenschap is bereikt. Onze zoektocht naar de onderliggende cognitieve werking van het langetermijngeheugen is tegenwoordig gefundeerd op de *informatietheorie*, een gedachte waarmee Claude Shannon in 1948 kwam, een ingenieur van Bell Telephone Laboratories in New Yersey. Shannon kwam op deze gedachte tijdens de totstandkoming van zijn wiskundige communicatietheorie. Hij verbond daarin kennis uit toegepaste wiskunde, elektrotechniek en cryptografie, en beschreef de overdracht van kennis als een statistisch proces. Hij bedacht de term *bit* om naar de fundamenteelste eenheid van informatie te verwijzen. In het begin van de jaren vijftig ging de cognitieve psycholoog George A. Miller de informatietheorie gebruiken in het onderzoek van de verwerking van natuurlijke taal, waarmee hij de ideeën van Shannon integreerde in de psychologie.[1]

Leren en geheugen conceptualiseren in termen van informatieverwerking was een belangrijke vooruitgang. Onderzoekers werden zo in staat gesteld het geheugen in drie verwerkingsstadia te verdelen, verwant aan verwerking door de computer. Het eerste stadium is het *coderen* van informatie door sensorische input vanuit de wereld in voorstellingen in de hersenen om te zetten. Het tweede stadium behelst het *opslaan* van deze voorstellingen zodat ze later kunnen worden opgediept. Het derde stadium behelst het *terughalen* van de opgeslagen herinneringen wanneer die nodig zijn. Onderzoekers zetten inmiddels geheugenexperimenten op om deze drie stadia afzonderlijk te onderzoeken en te kijken hoe ze zich onderling verhouden.

Wetenschappers verdeelden de onderliggende informatieverwerkingsstroom in deze aparte stadia om het wetenschappelijke onderzoek naar het geheugen overzichtelijk te maken. Deze kunstmatige verdeling is een simplificatie, maar een noodzakelijke simplificatie: onderzoekers kunnen zo tot in detail de vele processen binnen elk stadium beschrijven. In werkelijkheid is het coderen, opslaan en terughalen een constant en simultaan proces. Begrip van de delen waaruit geheugenvorming bestaat, is essentieel om er een alomvattende theorie van te kunnen maken.

Henry had geen moeite met het coderen van informatie. Als ik hem vroeg of hij melk in zijn thee wilde, drong mijn vraag door tot zijn kortetermijngeheugen en kon hij antwoorden dat hij nooit melk nam, maar wel suiker. Henry's probleem zat in de twee laatste stadia van informatieverwerking – het opslaan en terughalen van nieuwe informatie. Als ik hem afleidde door over iets anders te beginnen en hem vervolgens vroeg waarover we eerder hadden gesproken, had hij geen idee. De prikkels die zijn brein kreeg, konden kort worden vastgehouden, maar ze konden niet worden gehamsterd om er later op terug te komen.

Het geval-Henry hielp, vanaf de publicatie van het artikel van Scoville en Milner in 1957, tientallen jaren onderzoek op gang te brengen waarin men de cognitieve en neurale processen analyseerde binnen de drie stadia van geheugenvorming. Net zo belangrijk was dat het geval-Henry de fractionering van het geheugen illustreerde – het idee dat onze hersenen voortdurend jongleren met allerlei soorten kortetermijn- en langetermijngeheugenprocessen, die allemaal via een afzonderlijk, gespecialiseerd geheugencircuit verlopen. Milners grote ontdekking, namelijk dat sommige van Henry's langetermijngeheugenprocessen waren verstoord maar andere niet, leidde tot het belangrijke theoretische onderscheid tussen het declaratieve of *expliciete* geheugen (bij Henry ernstig aangetast) en het niet-declaratieve of *impliciete* geheugen (bij Henry intact).[2]

'Declaratief geheugen', geworteld in het mediale deel van de temporaalkwabben, verwijst naar het soort herinnering waarop we ons beroepen wanneer we in een alledaags gesprek zeggen 'ik herinner me' of 'ik ben vergeten'. Onder dit soort geheugen valt het vermogen ons bewust twee soorten informatie te herinneren: *episodische kennis* (de herinneringen aan specifieke ervaringen waaraan we in het verleden deel hadden) en *semantische kennis* (algemene kennis, zoals informatie die we vergaren over mensen, plaatsen, taal, kaarten en concepten, die niet met een bepaald leermoment is verbonden). In allerlei opzichten is het declaratieve geheugen de ruggengraat van het dagelijkse leven. Het stelt ons in staat de kennis te verwerven die we nodig hebben om doelen en dromen na te streven, en om als onafhankelijke mensen te functioneren.

Henry leefde 55 jaar zonder enige nieuwe declaratieve herinnering te verwerven. Hij kon ons niets vertellen over exacte dingen, zoals wat hij als ontbijt had gegeten, welke tests hij de dag voordien had gedaan, of hoe hij zijn laatste verjaardag had gevierd. Hij kon ook geen nieuwe woorden onthouden, de naam van de huidige president, de gezichten van de mensen die hij op het CRC ontmoette. Bij geheugentests waren zijn antwoorden niet beter dan wanneer hij had gegokt. De uit Henry's hersenen verwijderde structuren waren gewijd aan het declaratieve geheugen. Maar bij zijn ingreep waren andere circuits die zijn niet-declaratieve geheugen ondersteunden intact gebleven, dus kon hij wel nieuwe motorische vaardigheden aanleren en geconditioneerde reacties verwerven.

Onderzoek dat uit het geval-Henry voortkwam, wierp licht op de fundamentele processen die ten grondslag liggen aan het coderen, opslaan en terughalen van episodische kennis. De afgelopen 55 jaar heeft de wetenschap grote vooruitgang geboekt bij het karakteriseren van deze drie stadia van verwerking. In de jaren negentig werd dit onderzoek gevoed door de komst van instrumenten voor beeldvorming van de hersenen, zoals positronemissietomografie (PET) en functionele MRI. Door deze technologieën waren wetenschappers, voor de eerste keer, in staat voor alle verwerkingsstadia afzonderlijk de hersenactiviteiten te onderzoeken.

Na de ontdekking dat bewust herinneren afhangt van mechanismen in de hippocampus en de zeer nabije gyrus parahippocampalis, begonnen wetenschappers zich te buigen over elementaire vragen over de psychologie en biologie van episodisch leren. Welke specifieke cognitieve activiteiten dragen bij aan de langetermijnherinnering van één gebeurtenis? Wat voor complexe dingen gebeuren er in de hippocampus en de gyrus parahippocampalis? Wat is de rol van de hersenschors bij het langetermijngeheugen? Welke cognitieve processen en bijbehorende hersencircuits regelen hoe goed we dingen coderen, opslaan en ophalen, en hoeveel we vergeten?

Simpelweg een sensorische gebeurtenis – zien, horen, ruiken, aanraken of proeven – registreren, is geen garantie voor leren. Hoe goed we ons gebeurtenissen en feiten herinneren, hangt grotendeels af van hoe effectief ze aanvankelijk zijn gecodeerd. De waarschijnlijkheid dat we ons een naam, gezicht, datum, adres, route naar een feestje of iets anders zullen herinneren hangt samen met de rijkheid van de voorstelling. De onderzoekers spreken van het effect van de diepte van de verwerking.

De psychologen Fergus Craik en Robert Lockhart beschreven dit voor het eerst in het begin van de jaren zeventig, nadat ze een reeks experimenten hadden verricht om te zien hoe diep hun deelnemers informatie verwerkten. De onderzoekers stelden overtuigend dat wanneer het brein informatie ontvangt het die informatie op verschillende dieptes kan verwerken. Craik en Lockhart gaven hun deelnemers korte woorden zoals *speech* en *daisy* als testprikkels. Ze lieten de deelnemers elk woord kort bekijken en stelden hun dan een vraag over dit woord. Door drie soorten vragen te gebruiken hoopten de onderzoekers drie niveaus van verwerking op te wekken – oppervlakkig, gemiddeld en diep.[3]

Stel je het gedrukte woord TREIN voor. Craik en Lockhart moedigden oppervlakkige verwerking aan met vragen over de fysieke structuur van het woord (Is het woord in kleine letters gedrukt?), gemiddelde verwerking met vragen over de rijmeigenschappen van het woord (Rijmt het woord op wijn?) en diepe verwerking met vragen over de betekenis van het woord (Is het woord een transportmiddel?). Nadat de deelnemers op deze manier een lijst woorden hadden gecodeerd, was er een korte pauze, gevolgd door een verrassingsgeheugentest om te zien welke woorden ze zich herinnerden. De experimenten lieten zien dat de deelnemers zich het best de woorden herinnerden die waren gecodeerd door hun betekenis te verwerken, vervolgens woorden die waren gecodeerd via hun rijmeigenschappen, en dan woorden die via hun fysieke structuur waren gecodeerd. In het algemeen hing het vasthouden van de woorden door de deelnemers ervan af hoe gedetailleerd en precies ze over de woorden nadachten toen ze die codeerden. Craik en Lockhart lieten dus zien dat diepe verwerking voor sterkere herinneringen zorgt dan oppervlakkige verwerking.[4]

In 1981 wilden we graag weten of bij Henry het effect van de diepte van verwerking te zien zou zijn. We verzonnen daarvoor een test, waarbij we hem hielpen goed na te denken over de betekenissen van woorden. Daardoor zou zijn vermogen om deze woorden later te herkennen worden bevorderd. Zou hij woorden die hij diep had verwerkt beter herkennen dan woorden die hij oppervlakkig had verwerkt? De prikkels voor Henry's test waren dertig gewone zelfstandige naamwoorden zoals hoed, vlam en kaart. Voor het coderen liet de onderzoeker een geluidsband horen. Henry kreeg eerst een woord zoals hoed te horen en vervolgens werden er drie soorten vragen gesteld, waarop hij met ja of nee moest antwoorden. 'Gebruikt een vrouw dit woord?' richtte zich bijvoorbeeld op het fysieke (oppervlakkige) niveau. 'Rijmt het woord op glas?' richtte zich op het fonologische (gemiddelde) niveau. 'Is het woord een soort kleding?' richtte zich op het semantische (diepe) niveau.[5]

Na de fase van het coderen kreeg Henry een onverwachte geheugentest om te zien of hij de woorden herkende die hij zojuist had gecodeerd. De onderzoeker las hem drie woorden voor, vroeg hem het woord te kiezen dat hij eerder had gehoord en moedigde hem aan te gokken als hij het niet zeker wist. Henry deed de diepte-van-verwerkingtest twee keer. Als hij alleen had gegokt, had hij gemiddeld tien van de dertig antwoorden goed moeten hebben. Bij twee afzonderlijke testsessies bracht hij het er niet beter af – twaalf goed in 1980 en tien in 1982. Zijn prestatie was over de hele linie slecht. Om onze beginvraag te beantwoorden: bij hem deed het effect van de diepte van verwerking zich niet voor.[6]

Inmiddels begrijpen we dat Henry het niet alleen slecht deed omdat zijn hippocampus was beschadigd, maar ook omdat hij de essentiële connecties en interacties miste die zich voordoen tussen de structuren van het mediale deel van de temporaalkwab (waar informatie in eerste instantie wordt verwerkt) en de gebieden in de hersenschors die gespecialiseerd zijn in het opslaan van voorstellingen van woorden en andere informatie. De hippocampus mag dan een essentiële bijdrage aan het coderen leveren, de rol van de hersenschors is niet minder belangrijk. Uit functioneel MRI-onderzoek, waardoor we hersenactiviteit bij het verrichten van een taak kunnen bekijken, blijkt overtuigend dat de activering in de hersenschors bij diepe verwerking groter is dan bij oppervlakkige verwerking. Maar de hersenschors kan het coderen niet zelf verrichten. Henry's zintuigen konden woorden, plaatjes, geluiden en aanrakingen waarnemen en konden deze informatie aan zijn hersenen leveren waar de schors die registreerde. Maar na dat stadium was zijn vermogen om die informatie op te slaan zo slecht dat diepere verwerking niet hielp. Hoewel hij inkomende sensorische informatie normaal kon ontvangen en begrijpen, was hij zelfs met aanvullende bewerking niet in staat om diepe voorstellingen te vormen die tot een betere herinnering zouden leiden.[7]

In het algemeen geldt: hoe dieper we een naam, gezicht, datum, adres of iets anders karakteriseren, hoe beter we ons die herinneren. Dit is het geval wanneer we de informatie zonder hulp uit het langetermijngeheugen halen (vrij terugroepen) of wanneer die automatisch naar voren komt wanneer we diverse opties overwegen (herkenning). Stel dat je op internet een bepaald Italiaans restaurant wilt opzoeken. Als je hersenen een rijke voorstelling van het restaurant hebben, gebaseerd op eerdere bezoeken, zul je je spontaan de naam en de plaats herinneren, en voer je die informatie op de zoekmachine van je computer in. Maar als je voorstelling van het restaurant beperkt is omdat je er nooit hebt gegeten en je er maar één keer langs bent gereden, zul je je de specifieke naam niet herinneren en moet je een lijst van mogelijke restaurants bekijken tot je de zaak herkent waarnaar je zocht.

Wanneer we nieuwe informatie diep coderen, is de kans groter dat we die later kunnen terughalen omdat we er een schat aan semantische informatie aan hebben gekoppeld, die al her en der in de temporale cortex, pariëtale cortex en occipitale cortex is opgeslagen. Bij 'nadenkend herhalen' waarbij we informatie geestelijk manipuleren en verbinden met andere ons bekende feiten, is de langetermijnherinnering veel meer gebaat dan wanneer we de informatie simpelweg herhalen. Scholieren weten hoe waardevol het is om je op proefwerken en examens voor te bereiden door studiegroepjes te vormen waarbij je elkaar oefenvragen stelt over de leerstof. De discussies die dan volgen zorgen voor 'nadenkend herhalen': ze moedigen een diepere verwerking aan en een betere codering dan wanneer de scholieren simpelweg hun aantekeningen stilletjes overlezen in de bibliotheek.[8]

In tegenstelling tot onze hypothetische scholieren kon Henry niet profiteren van de dynamiek van 'nadenkend herhalen'. Maar in 1985 leverde Henry door simpelweg te herhalen een prestatie die op het eerste gezicht aan het vormen van langetermijnherinneringen deed denken. Een doctoraalassistente op mijn lab wilde testen hoe hij het verstrijken van de tijd beleefde. Ze vertelde hem dat ze het vertrek uit zou gaan en ze hem bij terugkomst zou vragen hoe lang ze weg was geweest. Ze verliet het vertrek om 14.05 en keerde terug om 14.17. Toen ze Henry vroeg hoe lang ze het vertrek uit was geweest, antwoordde hij: 'Daar heb ik je – twaalf minuten!' Ze was stomverbaasd, tot ze de grote klok zag en begreep hoe Henry het juiste antwoord had kunnen geven. Tijdens haar afwezigheid herhaalde hij telkens 14.05 voor zichzelf, hij hield het vooraan in zijn geest, en toen ze terugkwam keek hij op de klok en zag dat het 14.17 was. Vervolgens zette hij zijn werkgeheugen in voor een simpele rekensom: 14.05 van 14.17 aftrekken. Henry kon zich geen dingen herinneren, maar soms wist hij heel slimme manieren te bedenken om zijn gebrek te compenseren.[9]

Nadenkend herhalen is niet de enige manier om het geheugen op te voeren. De geschiedenis kent volop voorbeelden van mensen die ingewikkelde technieken gebruiken om zich informatie te herinneren, ze scheppen dan geestelijke voorstellingen en organiseren die zo dat de informatie later beschikbaar is. In 1596 schreef Matteo Ricci, een Italiaanse jezuïtische missionaris en geleerde die in China werkte, een korte verhandeling over de werking van het geheugen. Hij ontwierp een techniek voor Chinese mannen om zich de enorme hoeveelheid kennis in te prenten die ze nodig hadden om voor zware ambtenarenexamens te slagen. Ricci's techniek, op een Europese gedachte uit de Middeleeuwen gebaseerd, had als centrum een 'geheugenpaleis': een indrukwekkend bouwwerk met een ontvangstruimte en allerlei vertrekken die levendige, gecompliceerde afbeeldingen bevatten, zoals schilderijen die emoties opwekten. Omdat dingen met een emotionele inhoud makkelijker zijn te onthouden dan neutrale dingen is de truc om een extreme of emotionele associatie te scheppen tussen elk stukje informatie dat je je moet herinneren en een voorwerp in het vertrek. Op die manier vorm je levendige mentale associaties. Een moderne term voor Ricci's geheugentechniek is de *plaatsmethode*: jezelf een vertrouwde route voor de geest halen, duidelijke oriëntatiepunten langs die route zetten, en met elk oriëntatiepunt een ander te herinneren onderwerp associëren.[10]

Als je een geheugenpaleis wilt bouwen, kies dan een vertrouwd oriëntatiepunt – een kantoorpand, een kruidenierswinkel in de buurt of je huis. Laten we bijvoorbeeld zeggen dat je je probeert een toast in te prenten die je wilt uitbrengen op de bruid tijdens haar huwelijksreceptie. Je hebt een bepaalde reeks verhalen die je wilt onthouden – over voetbal op de lagere school, gymnastiek op de middelbare school, een reis naar Frankrijk op de middelbare school, een hond krijgen op de universiteit en later de ontmoeting met de bruidegom. Kies een vertrouwde locatie uit om je geheugenpaleis te worden – je plaatselijke supermarkt bijvoorbeeld. Zorg voor hints in de anekdotes in je toespraakje in de ordelijke plaatsing van de voedingsartikelen. Plak een opvallend geheugensteuntje op de deur van de winkel en loop dan achtereenvolgens verder naar de afdelingen met fruit, groente, vlees en diepvriesvoedsel. Als je de ingang nadert, stel je je een enorme voetbal voor die de glazen deur vult, met de bruid en haar beste vriendin op hun zevende in hun voetbaltenue, ze zitten boven op de bal en houden elkaars handen vast. Als je naar de fruitafdeling gaat, stel je je het gymnastiekteam van de bruid voor, ze staan op hun handen op de watermeloenen. Denk bij de groentes aan een reusachtige Eiffeltoren boven op de asperges. Zet in de vleesafdeling een levensgrote Siberische husky in de vitrine met een steak van vijf pond in z'n bek. En stel je in de gang met ingevroren voedsel voor dat de bruidegom in de vriezer zit, op een knie, met een gigantische zak uiringen. Wanneer je deze beelden eenmaal hebt opgebouwd en in je geest hebt vastgelegd, kun je beginnen aan een geestelijk uitstapje door de supermarkt. Je geestesoog trekt dan van het ene herinneringsbeeld naar het andere. Wanneer je je toespraakje houdt, kun je de herinneringen en anekdotes die je daar hebt opgeslagen in een specifieke volgorde terughalen. Mensen van alle leeftijden kunnen hun voordeel doen met dit soort trucs die het geheugen verbeteren.

Veel mensen die aan geheugenwedstrijden op hoog niveau meedoen, maken gebruik van de plaatsmethode. Op Pi-dag – 14 maart of 3/14 – ontvangt men bijvoorbeeld op Princeton University een heleboel mensen om te kijken wie het grootste aantal cijfers achter de komma van deze wiskundige constante kan opzeggen. In 2009 werkten onderzoekers van diverse universiteiten samen aan een functioneel MRI-onderzoek om de hersengebieden te lokaliseren die het vermogen ondersteunen om je het getal pi met een verbijsterend aantal cijfers achter de komma te herinneren. Bij zo'n experiment liggen de deelnemers op hun rug in een MRI-scanner en doen ze een gedragstaak. Wanneer bepaalde hersengebieden worden geactiveerd, neemt hun zuurstofverbruik toe. De hersenen bespeuren dit toenemende zuurstofverbruik en laten meer bloed toestromen om zuurstof naar dit deel van de hersenen te brengen. Door de toename van zuurstofhoudend bloed in dit gebied veranderen de magnetische eigenschappen ervan. We kunnen deze gelokaliseerde veranderingen in het magnetische veld opsporen met een krachtige magneet, een paar duizend keer sterker dan de magnetische aantrekkingskracht van de aarde, waardoor je betaalkaarten gegarandeerd waardeloos worden als je ze te dichtbij houdt. Op die manier kunnen we activering in kaart brengen door het hersencircuit thuis te brengen dat voor een bepaald vermogen wordt ingezet.

In het onderzoek uit 2009 stelden de functionele MRI-scans de onderzoekers in staat de hersenactiviteit te registreren van een 22-jarige student techniek bij het opzeggen van de eerste 540 cijfers van pi. De student gebruikte de plaatsmethode om zich de getallen in volgorde te herinneren, en op de functionele MRI-scans die werden gemaakt tijdens deze prestatie was te zien dat het ophalen van de gegevens tot een enorme activering leidde van bepaalde gebieden in zijn prefrontale cortex. Van deze gebieden is bekend dat ze het werkgeheugen en de oplettendheid ondersteunen, wat erop wijst dat de student cognitieve regelprocessen inzette om de ingeprente cijfers van pi op te dreunen.[11]

Hoe verwerven mensen zulke enorme hoeveelheden informatie? Om daar inzicht in te krijgen vroegen de onderzoekers aan de student techniek om een nieuwe reeks van honderd willekeurige cijfers te leren terwijl een scan werd gemaakt. Het resultaat was indrukwekkend:

na drie scans van zes minuten had de student alle honderd cijfers in de juiste volgorde gecodeerd, met behulp van zijn eigen variant op de plaatsmethode. In de vroege stadiums van het coderen toonden de functionele MRI-beelden een grotere inzet van gebieden in de hersenschors die zich op visuele verwerking, leren dat met emotie is verbonden, motorische planning, het agenderen van taken en het werkgeheugen toeleggen dan tijdens het ophalen van de cijfers van pi. Deze gebieden waren geactiveerd omdat de taak een grote geestelijke inspanning eiste, en omdat de student om te slagen tal van bronnen moest benutten, waaronder visuele processen achter in zijn hersenen en cognitieve regelprocessen voorin.

De student verklaarde dat hij bij zíjn plaatsmethode om zijn geheugenpaleis te bouwen zwaar leunde op kleur, emotie, humor, vulgariteit en seksualiteit: 'Hoe emotioneler en gruwelijker het tafereel is, hoe makkelijker het herinneren lukt.' De onderzoekers brachten zijn constante gebruik van zeer emotionele beelden in verband met een structurele afwijking in zijn hersenen – een grotere omvang van een gebied in zijn gyrus cinguli, een onderdeel van het limbische systeem. De student was briljant in het onthouden van groepen cijfers, maar hij bezat niet per se een superieur intellect of geheugen. Hij had erg zijn best gedaan en zeer effectieve cognitieve regelcircuits ontwikkeld om informatie vast te houden. Zoals een psycholoog het ooit formuleerde: 'Mensen met een goed geheugen worden niet geboren, maar gemaakt.' Een fenomenaal geheugen is binnen je bereik, wanneer je je er maar voor wilt inspannen. Wanneer je probeert namen, getallen, woorden, plaatjes enzovoorts te onthouden, zal dat je beter afgaan wanneer je hersenen optimaal actief zijn bij je eerste blootstelling aan de stof.[12]

Coderen is de toegangspoort naar het vormen van herinneringen, consolidatie en opslag volgen er kort achter. Henry kon de informatie die hem werd voorgelegd coderen en korte tijd opnemen, maar vervolgens begaf de verwerking het bij hem. Hij kon die informatie niet consolideren en opslaan.

In 1995, toen functionele MRI nog in de kinderschoenen stond, kregen we de gelegenheid Henry's coderingsprocessen in actie te zien. Bij dit experiment vroegen we hem naar foto's van taferelen te kijken en aan te geven of die zich binnenshuis of buitenshuis afspeelden. Deze vragen waren bewust eenvoudig. Hij beantwoordde ze correct, dus wisten we dat hij naar de foto's keek en ze verwerkte. De bijbehorende MRI-beelden toonden verhoogde activiteit in zijn frontaalkwabben bij de taak om de foto's te coderen. In latere experimenten in andere labs met gezonde deelnemers is doorgegaan op deze ontdekking, en de resultaten wijzen uit dat normaal gesproken bij het coderen twee afzonderlijke gebieden in de linker frontaalkwab en een gebied in de rechter frontaalkwab actief zijn. Henry kon zijn frontale cortex oppoken om de objecten die hij waarnam te coderen, maar vervolgens viel hij stil – het proces van herinneringsvorming stortte in, zwaar gehinderd door zijn onvermogen om informatie te consolideren en op te slaan.[13]

Wanneer het brein nieuwe informatie krijgt en die codeert, moet de inhoud verder worden verwerkt om die voor toekomstig gebruik beschikbaar te maken. Wat aanvankelijk is opgevangen, wordt niet onmiddellijk in de langetermijnopslag gestopt. Het langere proces waarbij herinneringen worden vastgelegd, *consolidatie*, is een blijvende verandering die zich voordoet in afzonderlijke neuronen en de moleculaire componenten daarvan. Verbindingen tussen aangrenzende cellen worden sterker of zwakker in reactie op leerervaringen. Henry's afgestorven hippocampus was niet in staat de voor consolidatie vereiste actieve processen te laten beginnen en te voltooien.

Twee ambitieuze experimentele psychologen van de universiteit van Göttingen in Duitsland, Georg Elias Müller en Alfons Pilzecker, kwamen in 1900 met het concept 'consolidatie'. Sinds die tijd worstelen wetenschappers om de mechanismen te doorgronden waarmee de hersenen herinneringen consolideren. Dit probleem is de aanzet geweest voor duizenden experimenten bij vele soorten, van insecten tot mensen, en heeft een flinke controverse laten oplaaien over de vraag hoe verschillende vormen van herinnering in onze hersenen zijn verankerd.[14]

Müller en Pilzecker deden de nieuwe ontdekking dat declaratief leren, bewust feiten en gebeurtenissen terughalen, niet onmiddellijk tot een blijvende herinnering leidt. Consolidatie hangt juist af van veranderingen in de hersenen die in de loop van de tijd geleidelijk optreden. In deze periode is het nieuw geleerde materiaal vatbaar voor verstoring. De Duitse onderzoekers kwamen tot deze conclusie na acht jaar proeven doen met een kleine groep deelnemers, waaronder hun studenten, collega's, familieleden, hun vrouwen en zijzelf. Om te beginnen bedachten ze 2210 onzinlettergrepen, voegden ze samen tot paren als KAD-BAP, en maakten ze lijsten van zes paren. Ze testten één deelnemer tegelijk, en het zware oefenen en testen duurde 24 dagen. Tijdens de oefening lazen de deelnemers de lijst van zes paren hardop voor en probeerden ze de twee onzinlettergrepen waaruit elk paar bestond geestelijk te verbinden. Daarop volgde de geheugentest: de deelnemers zagen een hint – de eerste lettergreep van elk paar, bijvoorbeeld KAD – en kregen de vraag de tweede lettergreep van het paar te noemen, BAP.[15]

De onderzoekers kwamen tot hun belangrijkste ontdekking toen ze hun analyse richtten op de *intrusiefouten* van de deelnemer. De deelnemers maakten een intrusiefout als ze bij het ophalen van de paren op de ene lijst er een onzinlettergreep uit een eerdere lijst bij deden, in de gedachte dat die tot de huidige lijst behoorde. Als de deelnemers aan dit experiment eerder de lettergreep JEK hadden geleerd paarden ze die misschien aan KAD in plaats van het correcte BAP. De psychologen meenden dat deze intrusiefouten ontstonden omdat pas geleerd materiaal in het recente geheugen van de deelnemers bleef zitten. Deze fouten waren talrijker wanneer de test twintig seconden na de oefening werd gedaan, als de hersenen de informatie nog aan het coderen waren, en werden minder frequent als de tijd tussen de oefening en de test toenam van drie tot twaalf minuten, de periode waarin de hersenen bezig waren met het consolideren van informatie. Vierentwintig uur later deden zich geen intrusiefouten voor, inmiddels hadden de deelnemers de informatie met succes geconsolideerd. De experimenten lieten zien dat consolidatie een actief proces is dat tijd vergt. De verbanden vielen meteen na het coderen gemakkelijk te verbreken, maar werden van minuut tot minuut sterker.[16]

Later onderzoek met dieren gaf steun aan de hypothese van Müller en Pilzecker. In 1949 trainde een fysiologische psycholoog aan Northwestern University groepen ratten om een rooster te vermijden dat een schokje bezorgde. Vervolgens dienden ze aan de hersenen van de ratten elektroshocks (ECS) toe op verschillende tijdstippen na het eind van elke leerproef. De groep die na twintig seconden ECS kreeg had de meeste last, en het probleem werd geleidelijk minder als de tijd tussen het leren en de ECS toenam naar veertig seconden, een minuut, vier minuten en vijftien minuten. De ratten die na een uur of langer ECS kregen, hadden geen last. Hoe langer de interval tussen coderen en ECS, en hoe meer tijd voor de consolidatie, hoe beter de herinnering. Deze resultaten laten zien dat gedurende een korte tijd na de oefening het verstoren van hersenactiviteit de mechanismen blokkeert die aan consolidatie ten grondslag liggen. In Henry's hersenen bleven de voornaamste cellulaire gebeurtenissen die zich minuten of uren na het coderen in de hippocampus en de hersenschors voordoen uit, en zodoende kon nieuwe declaratieve informatie niet worden vastgelegd.[17]

Uit deze en vele andere experimenten maakten neurowetenschappers op dat de neurale infrastructuur van herinneringen, de fysieke sporen die in de hersenen bestaan, aanvankelijk zwak zijn en geleidelijk sterker worden. Ze kunnen worden verstoord door gedragsmanipulaties in het laboratorium en door rechtstreekser aanvallen op de hersenfysiologie in de vorm van medicijnen, alcohol of hoofdpijn. Een maar al te bekend voorbeeld van de kwetsbaarheid van het vormen van herinneringen zie je vaak bij American football. Najaar 2012 wilde een linebacker die zijn eerste wedstrijd voor het team van de middelbare school speelde de running back van de tegenstander tackelen die de bal vast had. Ze botsten – helm tegen helm – en beide spelers gingen neer, maar kwamen al snel weer overeind en gingen terug naar hun posities. Twee kwarten later gingen de teamgenoten van de linebacker naar de zijlijn om de trainer te vertellen dat de jongen buiten zijn positie speelde. Wanneer ze zeiden dat hij naar zijn positie moest, deed hij dat niet. Hij werd onmiddellijk onderzocht door de fysiotherapeut van het team die vaststelde dat zijn neurologische status normaal was, hij was niet misselijk en had geen hoofdpijn. Een opvallend symptoom van de speler was dat hij zich de klap of dingen na de klap niet herinnerde. Door de klap tegen zijn hoofd was het consolideren van deze fragiele geheugensporen mislukt.

De meeste geheugentests die in klinieken en laboratoria worden uitgevoerd, beoordelen het declaratieve, episodische geheugen – het vermogen om associaties te vormen tussen woorden, elementen in een verhaal of bijzonderheden op een foto. Vóór Henry wisten geheugenonderzoekers niet goed welke hersenstructuren verantwoordelijk waren voor het leggen van deze verbanden. De essentiële les die Henry ons heeft geleerd is dat de hippocampus noodzakelijk is om associaties te vormen. Zonder werkende hippocampus bleek het voor Henry onmogelijk om associaties te vormen tussen bekende woorden; hij kon ze in zijn geheugen niet verbinden. Zijn langetermijnopslag voor nieuwe informatie was altijd leeg.

Associatie, een elementair concept in het leren bij mens en dier, is de essentie van het episodische geheugen. Associatie stelt ons in staat een unieke gebeurtenis (dit hoofdstuk lezen) te karakteriseren door de context ervan in ruimte (in de keuken, met licht dat door het raam komt) en tijd (15.00) te plaatsen. De context mag rijk zijn, met wie er verder in het vertrek is, of er muziek aan staat, specifieke gedachten over elke gelezen zin.

In het dagelijks leven ontwikkelen associaties zich in de loop van de tijd en worden sterker wanneer bepaalde dingen zich herhaaldelijk samen voordoen. Wanneer we naar een nieuwe buurt verhuizen, leren we geleidelijk de mensen kennen die in onze gemeenschap wonen – onze buren en de mensen die in de koffiebars, drogisterijen en restaurants werken waar we komen. Op den duur leren we sommige van deze mensen goed kennen, omdat we langzamerhand gegevens over hun persoonlijke leven vergaren. We komen er bijvoorbeeld achter dat de meneer achter het espressoapparaat, die altijd naar onze hond vraagt, een student is die sinds vijf jaar zijn graad probeert te halen en ervan droomt journalist te worden, en dat de oudere man in de avondwinkel die je altijd vrolijk begroet zijn kleindochter aan kanker heeft verloren. We ervaren hoe het is om in het voorjaar, de zomer, het najaar en de winter in deze buurt te wonen, en we slaan de beelden, geluiden en geuren op die de omgeving kenmerken. Op den duur bouwen onze hersenen een uitgebreide voorstelling op van onze buurt, waarin een heleboel afzonderlijke feiten en gebeurtenissen met elkaar verbonden zijn geraakt. Nadat we er een paar jaar hebben gewoond, kunnen we een levendig, gedetailleerd beeld geven van wat voor buurt het is.

De afgelopen tientallen jaren zijn wetenschappers, dankzij bijdragen van duizenden laboratoria in vele landen, de cognitieve processen en neurale voorstellingen gaan begrijpen die dit soort associaties ondersteunen. De buren van de hippocampus in de hersenschors, de parahippocampale gebieden, overstromen de hippocampus met complexe percepties, ideeën en contexten, en de hippocampus gaat deze schat aan informatie op drie manier associëren. In de eerste plaats verbindt de hippocampus afzonderlijke objecten met elkaar, en met de tijd en de plaats dat we erop stuitten – bijvoorbeeld alle objecten en mensen die we zagen, de geluiden die we hoorden en de aroma's die we vanmorgen om 7.55 uur opsnoven in onze buurtkoffiebar. In de tweede plaats verbindt de hippocampus gebeurtenissen in de tijd, om de stroom ervaringen vast te leggen die een unieke episode vormen – bijvoorbeeld dat we achtereenvolgens de koffiebar binnengaan, in de rij gaan staan, de kaart bekijken, een grote cappuccino bestellen, wachten tot onze koffie klaar is, onze bestelling ophalen en ons de deur uit haasten om te gaan werken. In de derde plaats verbindt de hippocampus allerlei gebeurtenissen en episodes op grond van wat ze gemeen hebben, om zo een netwerk van verbanden te vormen – de herinnering van vanochtend aan de koffiebar wordt bijvoorbeeld gekoppeld aan herinneringen aan maaltijden in andere koffiebars en restaurants waar we komen, aldus wordt onze algemene kennis over buitenshuis eten gevormd.[18]

Elke ochtend wanneer we de bijzonderheden van een ervaring in een koffiebar coderen, reactiveert deze nieuwe informatie allerlei gebeurtenissen uit het verleden. Dat leidt tot een geactualiseerde, rijke associatieve voorstelling die de afzonderlijke gebeurtenissen overstijgt. Bij het vormen van deze veelomvattende voorstelling van buitenshuis eten leunen we op coöperatieve interacties in onze hersenen tussen onze hippocampus en gebieden in het midden van de hersenen, een 2 centimeter lange structuur die de hersenschors en het corpus striatum verbindt met gebieden lager in de hersenen. Het kruislings integreren van episodes, afzonderlijke ervaringen koppelen die dingen gemeen hebben, leidt ons bij het nemen van beslissingen in het dagelijkse leven. (Moet ik naar de koffiebar die de beste cappuccino heeft of naar die met geweldige gebakjes?) Voor Henry was deze ingewikkelde cognitieve en neurale infrastructuur niet beschikbaar.[19]

Toen Milner Henry in 1955 voor de eerste keer testte, onderzocht ze zijn vermogen om woordassociaties te vormen door acht woordparen voor te lezen. Van sommige woordparen nam men aan dat ze gemakkelijk te onthouden waren, omdat de associatie tussen de betekenissen makkelijk viel te leggen. Andere waren moeilijk te herinneren omdat de woorden geen verband hadden.

Metaal – IJzer (makkelijk)
Baby – Huilt (makkelijk)
Drom – Donker (moeilijk)
School – Kruidenier (moeilijk)
Roos – Bloem (makkelijk)
Gehoorzamen – Centimeter (moeilijk)
Fruit – Appel (makkelijk)
Kool – Pen (moeilijk)

Vijf seconden nadat ze de lijst met woordparen had voorgelezen vroeg Milner aan Henry: 'Herinner je je wat er hoorde bij "metaal", bij "baby", bij "drom"?' enzovoorts, heel de lijst af. Bij de eerste poging had hij één correct antwoord: 'ijzer'. Milner las de lijst met woordparen nog eens voor en testte hem opnieuw. De tweede keer herinnerde hij zich 'huilt', 'ijzer' en 'bloem', die allemaal bij de makkelijke paren hoorden. De derde en laatste ronde herinnerde hij zich 'appel', 'huilt' en 'ijzer'. De moeilijke paren kon hij niet consolideren. Een halfuur later had Henry de ene associatie vastgehouden die hij bij alle drie de proeven goed had: 'metaal' – 'ijzer'. De andere associaties waren verdwenen omdat in Henry's hersenen de infrastructuur van het mediale deel van de temporaalkwab ontbrak die nodig is om ze te consolideren en op te slaan.20

Met hun baanbrekende artikel uit 1957 over Henry's operatie en de resultaten van zijn psychologische tests luidden Scoville en Milner het moderne tijdperk van het geheugenonderzoek in. Hoewel onderzoek naar eerdere patiënten, met name F.C. en P.B., erop had gewezen dat de hippocampus essentieel was bij het vormen van langetermijnherinneringen, gaf het geval-Henry de doorslag. Doordat hij het er steevast zo slecht afbracht bij een heleboel uiteenlopende geheugentests gingen duizenden geheugenonderzoekers overal op aarde zich op de hippocampus richten.[21]

We weten inmiddels dat consolidatie een essentieel aspect van het geheugen is, maar hoe gaat dit precies? Wat zijn de onderliggende processen in de hersenen? Het beantwoorden van deze vragen is van groot belang voor het begrip van Henry's geheugenstoornis.

Het consolideren van herinneringen hangt af van dialogen tussen hersencircuits, gekoppeld aan cellulaire veranderingen in celnetwerken, met name die in de hippocampus. Het vergt intense conversaties tussen de hippocampus en gebieden in de temporale cortex, pariëtale cortex en occipitale cortex waar allerlei stukjes herinnering worden opgeslagen. Deze communicatie tussen neuronen herschikt en versterkt de verbindingen tussen gebieden waar herinneringen worden verwerkt, en zorgt zo dat informatie in de hersenschors bewaard blijft.[22]

De berichten reizen van elk neuron naar de buren daarvan via een lange uitloper, een *axon*. Aan het eind van de axon steekt de boodschap, in elektrische en chemische signalen gecodeerd, de ruimte tussen de neuronen over, via een *synaps*. De synaps bevat een *synapsspleet*, een gang waarover moleculen van de ene cel naar de volgende reizen. Aan de andere kant van de synaps ontvangen *dendrieten*, boomachtige takken van een aangrenzend neuron, berichten en geven die veilig ter verwerking door aan het cellichaam van dat neuron. Elk neuron (of zenuwcel) heeft eigen uitlopers: de axon die van de zenuwcel af leidt en vele dendrieten die naar de zenuwcel toe leiden (zie afb.8).

Halverwege de twintigste eeuw begonnen wetenschappers over de connecties tussen neuronen te speculeren. In 1949 opperde de Canadese psycholoog Donald O. Hebb dat een structureel geheugenspoor in de hersenen de basis is voor het vormen van langetermijnherinneringen. Hebbs idee was dat leren tot groei in hersenstructuren leidt, en daarmee werden geheugensporen gevormd. Zijn opvattingen waren beïnvloed door de Spaanse anatoom Santiago Ramón y Cajal die in 1894 schreef dat 'geestelijke oefening' waarschijnlijk tot het groeien van axonen en dendrieten leidde. Hebb nam dit idee over en werkte het uit. Wat gebeurt er met een synaps wanneer een neuron met omliggende neuronen praat? Volgens Hebb gingen wanneer een cel een andere cel bij herhaling prikkelt kleine structuren aan beide kanten van de synaps opzwellen. (In de huidige terminologie heten de structuren aan de axon axonale zwellingen en die aan de dendriet dendritische spines). Door deze groei wordt het waarschijnlijker dat de eerste cel in de toekomst de tweede cel weer zal activeren. Wanneer dieren en mensen iets nieuws leren, worden diverse cellen dicht bij elkaar bij herhaling gelijktijdig geprikkeld, waardoor een gesloten circuit ontstaat dat tijdens het leerproces geleidelijk sterker wordt. In deze stelling, bekend als de *regel van Hebb*, wordt de synaps aangewezen als een belangrijke plaats om de fysiologische basis van leren en herinneren bloot te leggen. Destijds had Hebb geen direct fysiologisch bewijs dat gesloten paden, of lusvormige circuits, bij gedrag of leren waren betrokken. Maar het blijkt dat zijn visionaire hypothese over de flexibiliteit van de hersenen juist was – de plasticiteit van Hebb is een feit. Hebbs invloed is gebleven nu neurowetenschappers onderzoeken of dit soort plasticiteit inderdaad verantwoordelijk is voor leren en herinneren.[23]

Er werd, eind jaren zestig, veel vooruitgang geboekt in deze richting van onderzoek door de ontdekking van het verschijnsel dat *langetermijnpotentatie* (LTP) heet. Veel neurowetenschappers zien dit tegenwoordig als het fysiologische fundament van leren en herinneren.

In 1966 deed Terje Lømo, een postdoctoraalstudent aan de universiteit van Oslo, proeven met verdoofde konijnen om de rol van de hippocampus bij het kortetermijngeheugen te bezien. Toen Lømo een reeks snelle stoten elektrische stimulering toediende aan de axonen die informatie naar de hippocampus van een konijn overbrachten, ontdekte hij dat na elke opeenvolgende stoot de neuronen aan de andere kant van de synaps in de hippocampus sneller, sterker en in grotere aantallen op dezelfde input reageerden dan ze eerder hadden gedaan. De stimulering versterkte de overdracht van informatie van de ene cel naar de andere, ongeveer zoals wanneer je een radio harder zet. Een belangrijk kenmerk van de versterking was dat die meer dan een uur aanhield. Lømo noemde deze nieuwe ontdekking *frequentiepotentatie* en toonde dat die kon worden opgewekt door bij herhaling de axon van een cel te activeren. Er ontstond dan een signaal dat de synaps passeerde en voor meer activiteit zorgde in de cel die deze input kreeg. Na vervolgonderzoek bij ratten veranderden onderzoekers in het begin van de jaren zeventig de naam van dit verschijnsel in *lang aanhoudende potentatie*, en later in de jaren zeventig in langetermijnpotentatie.[24]

De ontdekking van LTP bood een breed toepasbaar model voor het onderzoek naar het vormen van herinneringen bij allerlei soorten dieren. Duizenden onderzoekers op diverse continenten blijven de moleculaire en cellulaire mechanismen bestuderen waarmee specifieke patronen van activering (d.w.z. verschillende ervaringen) de kracht van verbindingen tussen neuronen veranderen. LTP biedt opvallende aanwijzingen voor neurale plasticiteit, het vermogen van de hersenen om door ervaringen te veranderen. Neurowetenschappers hanteren twee belangrijke concepten bij de studie naar de veranderende hersenen: *structurele plasticiteit* en *functionele plasticiteit*. Het onderzoek naar structurele plasticiteit heeft ons laten zien dat de anatomie van de hippocampus niet levenslang strikt vastligt: dendrieten en de synapsen daarvan veranderen voortdurend als reactie op ervaringen. Functionele plasticiteit is een illustratie van de eigenschap van synapsen in de hippocampus en andere hersengebieden om in kracht toe en af te nemen – in wezen het vermogen van een neuron om de activiteit van andere neuronen te prikkelen. De essentie van het geheugen is het vermogen van de hersenen om te veranderen door ervaring, en LTP is een uitstekend laboratoriumvoorbeeld van zowel structurele als functionele plasticiteit.[25]

In zeer veel onderzoek dat men na de ontdekking van LTP deed, werden de drie elementaire kenmerken ervan uitgewerkt. In de eerste plaats houdt potentatie aan, vanaf een paar uur tot een paar dagen, zelfs wel tot een jaar (*persistentie*). In de tweede plaats beperkt potentatie zich tot neurale paden die actief zijn wanneer bepaalde stimulatiepatronen het proces op gang brengen waarbij nieuwe informatie wordt gecodeerd (*inputspecificiteit*). In de derde plaats moeten het neuron aan de zendende kant van de synaps en het neuron aan de ontvangende kant van de synaps simultaan actief zijn (*associativiteit*).[26]

Halverwege de jaren tachtig was een belangrijke vraag nog niet beantwoord: is LTP verantwoordelijk voor leren, zoals men zag bij dieren die een geheugentaak verrichtten? Met andere woorden, konden leren en herinneren plaatsvinden wanneer onderzoekers voorkwámen dat LTP optrad? In een onderzoek uit 1986 boog men zich over deze vraag en zo werd nog eens onderstreept dat problemen met LTP verbonden zijn met ruimtelijke amnesie. Neurowetenschappers van de University of Edinburgh trainden, in samenwerking met collega's van de University of California, in Irvine, normale ratten om naar een in een poel ondoorzichtig water verstopt platform te zwemmen (later de Morris-waterdoolhof genoemd). Na een paar dagen oefenen achterhaalde een groep ratten waar het platform zich in de poel bevond, en ze konden het gebruiken om uit de poel te klimmen. Aan een andere groep ratten dienden de onderzoekers een middel toe dat terwijl ze hun taak probeerden te leren LTP in hun hippocampi stopzette. Deze ratten hadden moeite met het vinden van het platform. Dit resultaat, dat een storing in het ruimtelijke geheugen duidelijk met het blokkeren van LTP verbindt, is vergelijkbaar met Henry's moeilijkheden om de weg naar zijn nieuwe huis te vinden nadat zijn familie was verhuisd.[27]

Een grote vooruitgang ten opzichte van de methode met een farmacologische blokkade kwam in 1996 toen diverse artikelen uit de laboratoria van twee Nobelprijswinnaars, Susumu Tonegawa en Eric Kandel, een revolutie aankondigden in de zoektocht om het soort leren en herinneren te doorgronden dat van de hippocampus afhangt. Deze vooraanstaande onderzoekers en hun vele medewerkers gebruikten de krachtige gen-knock-outtechnologie om uitsluitend het NMDA-gen (N-methyl-D-asparaginezuur) uit een bepaald soort neuron te verwijderen, namelijk de *piramidecellen*, die zich bij muizen in drie afzonderlijke delen van de hippocampus bevinden. Wanneer LTP optreedt, geven actieve cellen aan de zendende kant van de synaps een neurotransmitter af, *glutamaat*. Die opent deuren, de zogeheten NMDA-receptoren, aan de ontvangende kant van de synaps – áls deze ontvangende cellen simultaan actief zijn. Deze communicatie brengt processen op gang die leiden tot de eiwitsynthese en structurele veranderingen die bijdragen aan het vastleggen van het te herinneren feit en de synaps effectiever maken (gepotenteerd).[28]

Door het NMDA-gen selectief in één gebied tegelijk uit te schakelen, konden Tonegawa, Kandel en hun collega's beschrijven welke rol dit gen speelde bij het vormen van herinneringen, en ze ontdekten dat in de hippocampus de gebieden CA1 en CA3 (CA is de afkorting van *cornu ammonis*, het bovenste hoornvormige deel van de hippocampus) verschillende specialisaties hadden. Wanneer de uitschakeling van de NMDA-receptoren zich op CA1 richtte hadden de muizen een probleem met de Morris-waterdoolhof. Ze hadden dan meer tijd nodig dan verwante muizen met intacte NMDA-receptoren om naar het verstopte platform te zwemmen en erop te klimmen. De onderzoekers kwamen erachter dat een ander deel van de hippocampus, CA3, een eigen rol speelt bij het geheugen. Daar waren NMDA-receptoren nodig voor *patroonvoltooiing*, die zich voordoet wanneer dieren een hele herinnering moeten terughalen nadat ze slechts een deel van die herinnering als wenk hebben gekregen. Deze experimenten met een genetische blokkade waren een grote vooruitgang: ze richtten zich op specifieke cellen in de hippocampus en de rol van van receptoren afhankelijke synaptische plasticiteit in het ruimtelijke geheugen kwam erdoor vast te staan.

Maar vertonen mensen LTP? Sinds het eind van de jaren negentig hebben laboratoria in Duitsland, Oostenrijk, Canada, Australië en Engeland LTP in de menselijke hippocampus, de motorische cortex en het ruggenmerg opgewekt. Bij sommige mensen kan LTP verkeerd uitwerken, wanneer die wordt aangewakkerd of afgeremd, en het is mogelijk dat sommige neurologische en psychiatrische storingen door te veel of te weinig LTP ontstaan. Deze mogelijkheid opent tal van behandelingsopties voor de miljoenen mensen die lijden aan deze kwalen. Een opvallend kenmerk van de menselijke hersenen is de plasticiteit ervan – het vermogen om door ervaring te veranderen. Door dit uit te buiten zou het mogelijk moeten zijn problemen met LTP te corrigeren. Het is een opwindend vooruitzicht dat geheugenverlies, epilepsie, chronische pijn, angst, verslaving en andere aandoeningen die met problemen met LTP in verband zijn gebracht kunnen worden verminderd door, op strategische punten in het zenuwstelsel, een van de vele stoffen in te zetten die LTP regelen.[29]

Het lijkt steeds aannemelijker dat LTP noodzakelijk is bij leren, maar er is veel wat we niet begrijpen. Tot nu toe hebben wetenschappers niet kunnen bewijzen dat LTP even duurzaam is als onze herinneringen. LTP houdt hoogstens weken stand, terwijl langetermijnherinneringen tientallen jaren kunnen standhouden. Neurowetenschappers proberen ook te onderzoeken hoe de cellulair-moleculaire mechanismen die ze in het laboratorium direct hebben waargenomen zich verhouden tot het coderen, opslaan en terughalen van specifieke herinneringen in het dagelijkse leven. Er moet nog een heleboel gebeuren voor we de kloof kunnen overbruggen tussen processen in de cellen in onze hippocampus en hoe goed we het theorie-examen voor ons rijbewijs afleggen.

Sommige mensen ontkennen dat ze dromen, en andere zeggen dat ze hun dromen altijd vergeten. Dat komt omdat het volledig onthouden van onze dromen enige inspanning vergt. Om de inhoud van onze dromen te documenteren, moeten we pen en papier naast ons bed hebben liggen zodat we elke droom onmiddellijk na het ontwaken, voor die wegglijdt, kunnen vastleggen. Dromen bevatten gewoonlijk ervaringen uit ons verleden en mogelijk spelen ze ook een rol bij het consolideren van herinneringen. Toch hebben we nog geen direct bewijs dat dromen noodzakelijk zijn voor het consolideren van herinneringen. We dienen dus experimenten die dromen en herinneren verbinden voorzichtig te interpreteren.

Om beter te begrijpen hoe herinneringen worden geconsolideerd – verankerd – begonnen onderzoekers halverwege de jaren negentig aan slaapstudies met ratten. Bij deze experimenten werd de mentale inhoud tijdens de slaap gedocumenteerd via elektroden die in de hippocampus van de ratten waren geplaatst. De specifieke patronen van neurale activiteit die men tijdens de slaap registreerde werden vergeleken met registraties die waren gemaakt toen dezelfde dieren wakker waren. Vaak was bij deze vergelijking een duidelijke samenhang te zien tussen de twee reeksen registraties, wat enig inzicht gaf in de rol van de slaap bij het herinneren van ervaringen in wakkere toestand.

Dit onderzoek kwam voort uit de belangrijke ontdekking van *plaatscellen* in de hippocampus. In 1971 lokaliseerden neurowetenschappers aan University College in Londen gespecialiseerde neuronen in de hippocampus van de rat die aangeven waar het dier zich op het huidige ogenblik in de ruimte bevindt. Elke plaatscel correspondeert met een bepaalde zone in de ruimte van de rat – het *plaatsveld* van de cel. Wanneer de cel wordt geactiveerd, geeft die aan de rat aan waar hij zich bevindt en welke kant hij op gaat. Plaatscellen worden bijvoorbeeld geactiveerd wanneer je een rat in een doolhof zet en hij de weg moet vinden om iets lekkers te krijgen. Samen brengen deze cellen de omgeving van de rat in kaart. Plaatsvelden bieden het beste voorbeeld wat we hebben van hoe de wereld van de rat in diens hippocampus wordt voorgesteld.[30]

Sinds de ontdekking ervan hebben plaatscellen van ratten en muizen enorm veel aandacht van onderzoekers getrokken. Wanneer deze dieren doolhofexperimenten doen, worden de cellen actief in een patroon en volgorde die met verschillende locaties in de doolhof correspondeert. Zo wordt aangegeven waar het dier rent of stilstaat. Nog fascinerender is dat deze plaatscellen in dezelfde volgorde worden geactiveerd nádat je de rat uit de doolhof haalt. Dat wil zeggen dat wanneer de ratten rustig zijn – slapen of pauzeren – hun plaatscellen het patroon van neurale activiteit nog eens afspelen dat tijdens de tocht optrad.

Hoe beïnvloedt de activiteit van plaatscellen het vormen van langetermijnherinneringen? In 1997 opperden neurowetenschappers van de University of Arizona dat de hippocampus het reactiveren bevordert van patronen van activiteit in de hersenschors als je 'offline' bent. Dus als je slaapt of in wakende toestand uitrust, dan is de hersenschors minder bezig met het verwerken van inkomende informatie. Om dit idee te onderzoeken brachten de onderzoekers in de hippocampus van de ratten, nabij plaatscellen elektroden in om de activiteit daarvan te volgen. Elke sessie had drie fasen – slaap, door een doolhof rennen en slaap. De onderzoekers voorspelden dat tijdens de tweede slaapperiode de neuronale activiteit in de hippocampus op die in de hersenschors zou lijken, en dat bovendien het patroon daarvan zou overeenkomen met dat tijdens de doolhofervaring. De resultaten bevestigden hun voorspellingen. Tijdens de slaap werden de patronen van neuronale activiteit van toen de rat in de doolhof zat opnieuw uitgedrukt in de hippocampus en de hersenschors, en de geestelijke voorstellingen, de paden, in de beide hersengebieden leken op die van de voorstelling van de doolhofervaring die aan de tweede slaapperiode voorafging. Deze overeenstemming wijst erop dat circuits in de hippocampus en de hersenschors tijdens de slaap op elkaar inwerken, maar de vraag blééf: speelde deze vluchtige activiteit een rol bij het langetermijngeheugen?[31]

Met de studie uit Arizona als springplank deden Matthew Wilson, neurowetenschapper bij MIT, en zijn collega's proeven met zich vrijelijk bewegende ratten en muizen, waarbij ze simultaan de activiteit van ongeveer honderd cellen registreerden. De grote vraag achter dit onderzoek was: hoe vormen grote populaties cellen in de hippocampus herinneringen en houden ze die vast? Het antwoord kwam van de registraties van de activiteit van de plaatscellen in hippocampus van de dieren. Deze dieren hadden hoedjes op met een aantal heel kleine opname-elektroden (*tetroden*) die de wetenschappers in staat stelden een heleboel neuronen tegelijk af te luisteren. Al deze gegevens bij elkaar gaven de onderzoekers een realistisch beeld van de elektrische activiteit van tal van plaatscellen op elk gegeven moment.

Om de hersenactiviteit tijdens slapen en wakker zijn te vergelijken, bekijken de onderzoekers EEG's en verdelen ze de slaap in afzonderlijke stadia die door verschillende elektrische activiteit worden gekenmerkt. Bij mensen is de *langzamegolfslaap*, een diepe slaap, het meest gebruikelijk in de eerste helft van de nacht, en doet REM-*slaap* (*rapid eye movement*), een lichtere slaap, zich vooral in de tweede helft voor. Ook bij dieren is er sprake van langzamegolfslaap en REM-slaap.[32]

In een experiment uit 2001 registreerde het Wilson Lab de activiteit van plaatscellen in de hippocampus van ratten, eerst gedurende tien of vijftien minuten terwijl de dieren door een doolhof renden om iets lekkers te krijgen, en later van dezelfde cellen gedurende een of twee uur terwijl de ratten sliepen. Toen de onderzoekers het gedrag van de cellen in de hippocampus tijdens het door de doolhof rennen en tijdens de daarop volgende REM-slaap vergeleken, bespeurden ze een opmerkelijke overeenkomst – de twee reeksen gegevens waren zeer vergelijkbaar, wat erop wees dat de slapende ratten het gedrag dat ze eerder in de doolhof hadden geleerd nog een keer afspeelden. Hippocampale neuronen werden tijdens de REM-slaap in dezelfde volgorde actief als tijdens het leren was gebeurd.[33]

Deze patronen van neurale activiteit, die een reeks gedragingen vertegenwoordigden, duurden net zo lang als de echte ervaring. De herhaling van de activiteitspatronen van een verzameling individuele cellen, het opnieuw afspelen van een herinnering wordt *memory replay* genoemd. De wakkere ratten codeerden de reeksen in een specifiek deel van hun hippocampus (CA1) en deze elektrische activiteit was vierentwintig uur later tijdens de REM-slaap nog steeds bespeurbaar. Deze recapitulatie van neurale activiteit die gekoppeld is aan eerdere gedragservaring is een sterke aanwijzing voor een persistente herinnering. Plaatsvelden in CA1 codeerden de locatie van het dier in de ruimte, en op grond van deze informatie construeerde het geheugen reeksen locaties. Dialogen tussen de hippocampus en hersengebieden in de schors die gespecialiseerd zijn in ruimtelijke vaardigheden droegen waarschijnlijk bij aan deze prestatie. Het opnieuw afspelen tijdens de REM-slaap van activiteiten in wakende toestand versterkt misschien het consolideren van herinneringen in de hersenschors door interacties tussen circuits in de schors en in de hippocampus. Deze hypothese en vele andere moeten nog worden getoetst voor we helemaal zeker zijn van de rol van memory replay bij leren en consolideren, maar een heleboel aanwijzingen ondersteunen de visie dat plaatscellen in de hippocampus herinneren.[34]

Wilson en zijn collega's kwamen met meer aanwijzingen dat memory replay een belangrijke rol speelt bij leren en langetermijngeheugen door het onderzoeken van hersenactiviteit tijdens de langzamegolfslaap. Ze zagen dat het effect op het geheugen afweek van dat van de REM-slaap. Ze trainden ratten om op een spoor heen en weer te rennen, en beloonden hen elke keer wanneer ze het ene of het andere uiteinde bereikten met een stukje chocola. Terwijl de ratten genoten van hun zoete traktatie, registreerden de onderzoekers simultaan de activiteit van allerlei cellen in de hippocampus. Vervolgens bekeken ze dezelfde cellen wanneer de dieren sliepen. De ervaringen die de ratten hadden toen ze wakker waren, werden tijdens de langzamegolfslaap herhaald in de hippocampus, maar nu op hoge snelheid – een rondje van vier seconden op het spoor werd tijdens de langzamegolfslaap in de hersenen vijftien tot twintig keer sneller herhaald. De herinneringen die werden geheractiveerd weerspiegelden de volgorde van de gebeurtenissen, niet hun feitelijke duur. Deze geordende gebeurtenissen konden vervolgens in een kortere tijd worden afgespeeld dan het dier nodig had gehad om ze uit te voeren, en daardoor maakten ze een gecomprimeerde indruk.[35]

Als we in ons geestesoog een beeld vormen van de route die we van ons huis naar de supermarkt nemen, en onszelf dan voorstellen dat wie die route afleggen, zal het tochtje in onze geest veel minder tijd kosten dan de tijd die het kost om er daadwerkelijk met de auto heen te gaan. Ongetwijfeld comprimeren we onze droominhoud op dezelfde manier. In Wilsons experiment was de kans op dit soort memory replay het grootst tijdens de eerste paar uur van de langzamegolfslaap na het experiment, dus zal de rol ervan wel in de vroege verwerking van informatie liggen, voor het vestigen van een langetermijnherinnering.[36]

Omdat herinneringen her en der in de hersenschors zijn opgeslagen, moet activiteit daar een onderdeel zijn van het proces van geheugenvorming tijdens de slaap. We weten dat de hippocampus en de hersenschors moeten samenwerken om kennis te ontvangen, te organiseren en terug te halen, maar hoe werken uiteengelegen hersengebieden samen? Wilsons team kwam in 2007 met nog een belangrijk inzicht: toen zagen ze, tijdens de memory replay, een nauwe samenhang tussen cellulaire activiteit in de hippocampus en in de hersenschors. De onderzoekers trainden normale ratten om in een achtvormig doolhof te rennen. De ratten begonnen elke sessie van het experiment in het midden van de acht, en om een voedselbeloning te krijgen moesten ze afwisselend naar links en naar rechts rennen. Na drie weken training implanteerden de onderzoekers bij de ratten kleine elektroden in de hippocampus en de visuele cortex – een sensorisch verwerkingsgebied achter in de hersenen dat informatie ontvangt van de ogen – om de patronen van neuronale activiteit uit de twee gebieden te registreren. De wetenschappers vonden in beide gebieden aanwijzingen voor memory replay tijdens de langzamegolfslaap, wat erop wees dat ratten, net als mensen, visuele dromen hebben. De activiteitspatronen in de hippocampus leken op die in de visuele cortex.[37]

Het zou geweldig zijn als we om een beter geheugen te krijgen niets meer nodig hadden dan een nacht goed slapen boordevol memory replay. Hoewel dat nog ver weg lijkt, zijn er steeds meer aanwijzingen dat het consolideren van herinneringen en synaptische plasticiteit gebaat zijn bij slaap. Experimenten bij mensen waarbij men kijkt naar de effecten van verschillende slaapstadia op consolidatie richten zich nu op de verbanden tussen bepaalde vormen van geheugen – declaratief en niet-declaratief – en het soort slaap en de duur daarvan. Deze kennis vergroot ons begrip van het geheugen, we kunnen zo verdergaan dan gedragsexperimenten door ín de hersenen te kijken naar de neurale processen die consolidatie ondersteunen. Door de vele fysiologische veranderingen te onderzoeken die samengaan met slaap en slaapstoornissen zijn onderzoekers mogelijk in staat nieuwe remedies tegen slapeloosheid en geheugenproblemen te bedenken.

Henry's stoornis zat in het consolideren, opslaan en later terughalen van nieuwe feiten en gebeurtenissen. Toch was zijn amnesie niet per se te wijten aan een stoornis bij het terughalen: hij kon zich nog steeds feiten herinneren die hij voor zijn operatie had geconsolideerd en opgeslagen. Hij praatte graag met ons team op het CRC over zijn ervaringen van voor de operatie en het gezinsleven. Maar wanneer hij deze herinneringen ophaalde kon hij de oude geheugensporen niet met informatie in zijn huidige leven integreren. Wanneer hij het bijvoorbeeld over zijn wapenverzameling had, kon hij dit verhaal niet actualiseren door te zeggen wat ermee was gebeurd. Henry had informatie geconsolideerd voor zijn operatie maar kon die later niet herconsolideren, en zo bleven zijn herinneringssporen over zijn jeugd zonder verversingen in zijn hersenen geëtst.

Zie *herconsolideren* als het actualiseren van het geheugen, een update. Als je een koffer uitpakt en vervolgens weer inpakt, zullen de kleren een beetje anders gerangschikt zijn dan vroeger, en misschien laat je sommige dingen weg en doe je er andere bij. Door het terughalen en herconsolideren van oude herinneringen worden die ineens labiel, een staat waarin ze weer gevoelig worden voor vervorming en verstoring. Herinneringen kunnen op dat ogenblik door nieuwe informatie worden aangepast.

Als ik je vraag wanneer je voor het laatst Chinees hebt gegeten, start je een geestelijke zoektocht, gebaseerd op innerlijke gedachten over eten, maaltijden, restjes, eetstokjes enzovoorts. Je rijdt misschien door een straat in de Chinese wijk en die omgeving helpt je mogelijk ook om je geheugen op te frissen. Wanneer je je de maaltijd herinnert waarnaar ik vroeg, heractiveert het proces van ophalen de consolidatiemechanismen. Die lijken op de consolidatiemechanismen ten tijde van de oorspronkelijke maaltijd, ook al was die jaren geleden. De herinnering zal worden veranderd door je huidige gedachten. Als je er bijvoorbeeld een jaar na de Chinese maaltijd achterkwam dat je allergisch was voor *mononatriumglutamaat* (E621, ve-tsin, Chinezenpoeder), werd de herinnering aan de oorspronkelijke ervaring aangepast doordat je erbij betrekt waarom je die nacht barstende hoofdpijn had. Ook een vergelijkbare maaltijd, bijvoorbeeld wanneer je je laatste verjaardag in een Koreaans restaurant vierde, kan je herinnering belemmeren. Alles wat je denkt omstreeks het moment dat je in je geest de Chinese maaltijd overdoet, kan aan het vormen van de nieuwe herinnering bijdragen. Maar ook al stel je je herinnering elke keer wanneer je die terughaalt bloot aan vervorming, je verhoogt ook de kans dat de herziene versie in je geheugen beklijft. Het reactiveren van een oude, eerder geconsolideerde herinnering zorgt voor nieuwe geheugensporen, en door deze opeenstapeling van sporen worden oude herinneringen minder gevoelig voor verstoring door andere hersenactiviteiten. Als je de herinnering het volgende halfjaar elke maand ophaalt, zal de nieuwe herinnering robuuster zijn en meer kans maken lang in stand te blijven, al is misschien de gelijkenis met de oorspronkelijke gebeurtenis verminderd.

Terughalen is een reconstructief proces – complexer dan simpelweg de toepasselijke geheugensporen activeren. Herinneringen veranderen elke keer wanneer je ze terughaalt. Geen twee herinneringen kunnen gelijk zijn omdat door het proces van ze oproepen en benutten de inhoud verandert van de herinnering die je opnieuw opslaat. Elke keer wanneer je aan je laatste verjaardag terugdenkt, zijn de details een beetje anders – er worden details geschrapt en er komen details bij. Het consolideren doet zich nogmaals voor. Het inzicht bij neurowetenschappers dat consolideren tijdens en na het terughalen opnieuw plaatsvindt wordt de *herconsolideringshypothese* genoemd. Het primaire idee is dat herinneringen uit de opslag worden genomen, teruggehaald, en dan weer worden weggelegd, geherconsolideerd. Herinneringen zijn een mengeling van de informatie die eerder in het langetermijngeheugen was opgeslagen en de informatie in een onmiddellijke situatie.[38]

Wanneer een herinnering – een goede of een slechte – wordt teruggehaald, moet de nieuwe informatie in de terughaalomgeving worden geïntegreerd in het sinds lang bestaande netwerk dat aan die bepaalde herinnering ten grondslag ligt. Wanneer een herinnering wordt geherconsolideerd raakt nieuwe inhoud verweven met bestaande inhoud, waardoor de geherconsolideerde herinnering is opgesmukt en veranderd. Een opvallend voorbeeld zijn *valse herin-*

neringen. Neurowetenschappers aan de University of California, San Diego, vroegen universiteitsstudenten drie dagen na het nieuws hoe ze hadden gehoord over de uitspraak in het proces tegen O.J. Simpson: via de radio, via de televisie of via een vriend. Enkele van de studenten werden vijftien maanden later weer getest en gaven verhoudingsgewijs betrouwbare antwoorden. Anderen werden tweeëndertig maanden later weer getest en zij waren minder betrouwbaar, hoewel ze zelfverzekerder reageerden. In beide gevallen waren er studenten met een verkeerde herinnering aan hoe ze de informatie hadden gehoord, wat de gedachte ondersteunt dat geconsolideerde herinneringen onstabiel zijn en aangepast kunnen worden.[39]

In 1997 vonden twee neurowetenschappers aan de UPMC in Parijs fysiologische aanwijzingen waaruit bleek dat het geheugen kan worden veranderd. Ze trainden ratten op een doolhof met acht wijzers die vanaf een centraal platformpje uitsteken. Aan het eind van drie wijzers legden ze Cocoa Puffs neer om de ratten te verleiden deze drie wijzers te kiezen en niet de vijf zonder lokaas. Eén keer per dag zetten de onderzoekers elke rat midden in de doolhof en lieten het dier naar believen de paden volgen. De proef eindigde nadat het dier de drie paden met het lekkers had aangedaan. Na een paar dagen hadden de ratten deze truc helemaal door, ze gingen meteen de paden op met de Cocoa Puffs en lieten de vijf lege paden links liggen.[40]

Om de kracht te testen van de pas geconsolideerde herinneringen van de ratten, reactiveerden de onderzoekers de herinnering door de dieren één foutloze proef te laten afleggen. Vervolgens injecteerden ze de ratten onmiddellijk met dizocilpine, een geheugenverminderend middel dat de activiteit blokkeerde die essentieel was voor het consolideren van hun ervaring bij de ene foutloze proef. Vierentwintig uur later herinnerden de ratten zich niet welke wijzers de Cocoa Puffs bevatten.

Met een slimme experimentele strategie toonden de onderzoekers reconsolidering aan. Ze gaven de ratten één aanvullende testsessie, en meer oefening hadden ze niet nodig om hun vaardigheid in de doolhof van voor het middel terug te krijgen. Hun herinnering aan de doolhof was verstoord maar niet helemaal weg. De extra testsessie gaf de ratten informatie die ze reconsolideerden met de vastgelegde herinnering, en zo waren ze weer in staat op het niveau van voor het middel te presteren.[41]

In dit experiment werd vastgesteld dat wanneer een herinnering gereconsolideerd is ten minste enkele van de cellulaire ontwikkelingen die zich tijdens de eerste consolidatie voordeden worden herhaald. De aanwijzingen dat langetermijnherinneringen elke keer wanneer ze worden teruggehaald worden veranderd onderstrepen het idee dat herinnering een doorgaand dynamisch proces is dat door de gebeurtenissen in het leven wordt aangedreven. Nadere biologische bevestiging bekrachtigt de hypothese dat een lange termijn herinnering door recapitulatie sterker en stabieler wordt.

Reconsolidatie doet zich in je dagelijkse leven voortdurend voor. Stel dat je, na tien jaar afwezigheid, de plaats bezoekt waar je bent opgegroeid. Het zal je opvallen dat wat je ziet niet precies overeenkomt met wat je je herinnert. Je krijgt er misschien andere dingen te zien, te horen en zelfs te ruiken. Als je langetermijnherinneringssporen ophaalt aan je oude stekkie, actualiseer je ze door er nieuwe kenmerken van het landschap bij te betrekken en door je wortels te beoordelen vanuit het perspectief van een volwassene. Daarmee maak je gebruik van de labiliteit van de oude sporen om recentere en sterkere geheugensporen te vormen. Dit updaten vindt plaats omdat er een mismatch was tussen je oude geconsolideerde herinnering en de nieuwe informatie. Op dezelfde manier kun je je mening over mensen aanpassen: een collega die een slechte eerste indruk maakte, kan een gerespecteerde en gewaardeerde partner blijken.

Het concept 'reconsolideren' werd aan het eind van de jaren negentig geïntroduceerd en het heeft de potentie voor belangrijke doorbraken te zorgen, bijvoorbeeld bij de behandeling van posttraumatische stressstoornis (PTSS). Vele veteranen uit de oorlog in Irak zijn zozeer beschadigd door PTSS dat ze hun leven van voor de oorlog niet kunnen hervatten. Voortdurend herbeleven ze traumatische gebeurtenissen. Ze vertonen symptomen als slapeloosheid, irritatie, woede, ze kunnen zich slecht concentreren en ze zijn constant bedacht op gevaar. Een groep onderzoekers heeft een methode beproefd om de pijn van PTSS te verminderen zonder de herinnering aan het verontrustende incident helemaal uit te wissen. Hun benadering is om de patiënten propranonol te geven, een middel dat de activiteit van het *orthosympathische* zenuwstelsel dempt, dat is het instrument van het lichaam om fysiek emoties uit te drukken. Dit middel blokkeert selectief het reconsolideringsproces: wél de emotionele inhoud van de gebeurtenis, níet de feiten zelf. Zelfs na een korte behandeling met propranonol kunnen patiënten zich beter voelen. Ze weten zich nog steeds de details van de traumatische gebeurtenissen te herinneren, maar zonder extreme geestelijke pijn. Een en ander wijst erop dat propranonol tijdens het terughalen en reconsolideren van een traumatische herinnering de activiteit vermindert in met emotie verbonden gebieden, maar niet het functioneren van de hippocampus verstoort waar de primaire feiten worden gereconsolideerd.[42]

In ons dagelijkse leven heeft het geheugen voor unieke gebeurtenissen, *episodes*, ook baat bij reconsolidatie. Het reactiveren van één element van een complexe episodische herinnering reactiveert ook allerlei andere herinneringen die samenhangen met de gebeurtenis. Ik herinner me bijvoorbeeld dat tijdens mijn eerste dag op MIT iemand van de administratie op onze afdeling me liet zien hoe het fotokopieerapparaat werkte. Hij zei tegen me dat ik mijn hand op het glas moest leggen, drukte op een knop en na een paar tellen kwam er een vel papier uit met een plaatje van mijn hand. Ik was onder de indruk en liep van het fantastische apparaat weg met mijn eerste fotokopie. Toen ik mijn herinnering uit 1964 aan het fotokopieerapparaat opriep, ontketende ik een spervuur aan met die dag op MIT verbonden herinneringen. Als je regelmatig de bijzonderheden ophaalt van een bepaalde gebeurtenis in je leven, zoals de eerste dag op je werk, zal je herinnering aan deze gebeurtenis betrouwbaarder zijn dan wanneer je de tijd hebt laten verstrijken zonder de gebeurtenis ooit op te halen.

Door het onderzoek naar hoe Henry vergat, kregen we een beter begrip van hoe we ons herinneren. Meer dan honderd jaar geleden stelden Müller en Pilzecker voor het eerst dat herinneringen op den duur worden geconsolideerd en dat gedeeltelijk geconsolideerde geheugensporen kwetsbaar zijn. In 2004 borduurde een psycholoog van de University of California, in San Diego, daarop voort en kwam met een samenhangende theorie over *vergeten*, gebaseerd op samenvallende aanwijzingen uit drie vakgebieden – psychologie, psychofarmacologie en neurowetenschap. We vergeten omdat we voortdurend nieuwe herinneringen vormen die andere, nog niet helemaal geconsolideerde herinneringen verstoren. In deze proefperiode kunnen herinneringen achteruitgaan door allerlei geestelijke inspanningen, ongeacht of die al dan niet samenhangen met de onvolledig geconsolideerde herinneringen.[43]

Stel je iemand van 45 met een goede baan voor die een week op vakantie gaat naar een tennisresort. Op de lange rit vanuit huis denkt hij terug aan het gesprek dat hij de vorige middag met zijn chef heeft gehad. Ze vroeg hem een nieuw project te leiden op een gebied waarin hij deskundig is. Hij denkt terug aan wat zij zei en begint te bedenken hoe hij het nieuwe project moet aanpakken. Daarbij maakt hij in gedachten een overzicht van zijn voorstel en vervolgens overweegt hij, terwijl de kilometers voorbijvliegen, hoe hij alle fases van de onderneming uit kan voeren. Uiteindelijk komt hij in het resort aan en stopt zijn geestelijke arbeid. Hij wordt begroet door zijn gastheren en gaat onmiddellijk op in de lol. Hij ziet onbekende gezichten, hoort nieuwe namen en probeert instructies in zich op te nemen over wat hij wanneer, waar en met wie gaat doen. Hij rolt zijn koffer en tennistas tevreden naar zijn kamer, pakt snel uit en gaat naar het zwembad. Hij installeert zich in een andere wereld en laat zijn leven van alledag vervagen. De volgende zeven dagen concentreert hij zich op zijn forehand, zijn tweehandige backhand, service, smash en netspel. Heel de tijd is, zonder dat hij het weet, zijn hippocampus actief geweest met het registreren van de nieuwe beelden, geluiden, gesprekken en plaatsen, en het scheppen van een geestelijke kaart van het resort. Een week later, wanneer hij in zijn auto stapt om naar huis te rijden, zal hij waarschijnlijk allerlei details van zijn gesprek met zijn chef en zijn briljante plannen voor het nieuwe project zijn vergeten. Het spervuur van informatie van zijn vakantie onderbrak het consolideren van de informatie die hij een week eerder had gecodeerd. Pas verworven herinneringen laten zich gemakkelijk veranderen, en verstoring door erop volgende gebeurtenissen kan ze geheel of gedeeltelijk wissen.

In de loop van de tijd vergeten is normaal. Een gebeurtenis van tien jaar terug herinneren is moeilijker dan eentje van een week geleden. We vergeten het verleden omdat nieuwere activiteiten en gedachten die oude herinneringen opzij duwen. Op den duur herinneringen kwijtraken kan ook gebeuren wanneer de oorspronkelijke episode slecht was gecodeerd. Met Henry als gewillige onderzoeksdeelnemer kreeg mijn lab een unieke kans om deze onderwerpen te bezien en te bepalen of schade aan structuren in het mediale deel van de temporaalkwab vergeten verergerde.

In 1986 bedachten we een reeks experimenten voor Henry, toen 58, om helderheid te krijgen over de omstandigheden waaronder vergeten plaatsvindt. Conventionele wijsheid wilde dat amnesiepatiënten informatie sneller vergaten dan gezonde personen. Om deze theorie te testen lieten we Henry en een controlegroep 120 dia's zien, allemaal met een andere, complexe, kleurrijke tijdschriftfoto, waarop dieren stonden, gebouwen, interieurs, mensen, de natuur en afzonderlijke voorwerpen. Henry bekeek elke foto twintig seconden en probeerde die zich, zoals de instructie luidde, te herinneren. In het vervolg van de test vroegen we hem naar twee foto's naast elkaar te kijken, een al bestudeerde en een nieuwe, en te zeggen welke hij volgens hem al eerder had gezien. We spreken bij op deze manier opgehaalde herinneringen van *herkenningsgeheugen* – bewust kiezen uit twee mogelijke antwoorden, waarvan er eentje goed is.[44]

We testten Henry's geheugen voor de 120 foto's in vier sessies. De tests vonden plaats na verschillende tussenpozen nadat hij eerst aan alle 120 foto's was blootgesteld. Henry kreeg na tien minuten dertig foto's te zien, na een dag nog eens dertig, na drie dagen nog eens dertig, en na een week de laatste dertig. Om het tempo waarin Henry vergat te kunnen vergelijken met dat van de controledeelnemers moesten we zorgen dat zijn score na tien minuten gelijk was aan hun score. We bereikten deze vereiste pariteit door Henry, in de leerfase aan het begin, de foto's twintig seconden te laten zien, terwijl de controledeelnemers slechts één seconde hadden om ze te coderen.

Zo compenseerden we Henry met negentien extra seconden om elke foto te coderen.

Tot ieders verbazing stelde de informatie die Henry in twintig seconden codeerde in staat de foto's na een dag, drie dagen en een week even goed, zo niet beter te herkennen dan de controledeelnemers. Nog verbijsterender was de ontdekking dat Henry's herkenningsgeheugen zes maanden na zijn eerste blootstelling aan de foto's normaal was. Het kwam erop neer dat hij, in vergelijking met gezonde volwassenen van zijn leeftijd en opleidingsniveau, de complexe, kleurrijke foto's niet sneller vergat.[45]

Hoe kon Henry tot normale fotoherkenningscores komen terwijl de meeste andere metingen van zijn langetermijngeheugen op een mislukking wezen? Hij herinnerde zich praktisch niets over zijn alledaagse leven en scoorde bij elk ander onderzoek naar nieuwe declaratieve herinneringen minimaal. Ik had geen idee hoe ik het resultaat bij de fotoherkenning theoretisch moest verklaren. Toen ik het experiment aan collega's beschreef, speculeerde ik dat Henry alleen een vaag onderbuikgevoel had dat hem hielp een van de twee mogelijkheden te kiezen. Bij elke proef moest hij tussen twee foto's kiezen – een van de studielijst en een nieuwe. Waarop baseerde hij zijn keuze? Ofwel beschouwde hij een van de foto's als vertrouwd, ofwel beschouwde hij een van de foto's als niet vertrouwd en koos hij voor de andere. Dit proces verliep automatisch en was gebaseerd op de kracht van de herinnering aan één foto in vergelijking met de andere. We konden Henry niet vragen te beschrijven wat hij dacht, want voortdurende interrupties zouden het experiment hebben aangetast. Maar het is waarschijnlijk dat Henry automatisch cortexgebieden achter in zijn hersenen inzette, waarvan bekend is dat ze enorm veel visueel materiaal kunnen opslaan.

Omstreeks de tijd dat we deze proeven uitvoerden, deden onderzoekers in de mathematische psychologie hun voordeel met theorie over informatieverwerking door een stevig theoretisch raamwerk op te zetten voor het herkenningsgeheugen. Dit raamwerk ging terug op een model waarmee Richard Atkinson en James Juola in 1974 kwamen. Bij hun langetermijngeheugenopdrachten moesten deelnemers zich liefst zestig woorden inprenten. In de test die volgde kregen de deelnemers één woord tegelijk te zien, en ze moesten beslissen of het een van de woorden was die ze zich hadden ingeprent. Als de deelnemers snel reageerden, was de kans groot dat hun antwoord, alleen op een gevoel van vertrouwdheid gebaseerd, foutief was. Maar als ze meer tijd namen, hadden ze de kans zich expliciet te herinneren of het woord op de studielijst stond, en was de kans groot dat ze correct antwoordden. Op basis van hun resultaten omschreven de onderzoekers het herkenningsproces bij normale personen als twee onafhankelijke terughaalprocessen. Deze gedachten over het herkenningsgeheugen werden geformaliseerd in 1980 toen de cognitieve psycholoog George Mandler met het tegenwoordig populaire tweeledige procesmodel van herkenning kwam. Hij formaliseerde twee soorten herkenningsgeheugen – *vertrouwdheid* en *verzamelen*. Vervolgstudies door een andere cognitieve psycholoog brachten een fundamenteel onderscheid aan het licht tussen deze aanwendingen van het geheugen, een en ander strookte met het model uit 1974. Vertrouwdheid hangt af van snelle, automatische processen, terwijl verzamelen een langzamer, bewuster gebruik is van het geheugen, dat aandacht van je vergt.[46]

We hebben allemaal de ervaring gehad dat we op straat iemand zagen van wie we de naam niet kennen, terwijl we toch een vaag idee hadden dat we hem eerder hadden gezien. Dit soort herkenning is gebaseerd op vertrouwdheid. Het vergt geen aandacht en het verloopt automatisch. Henry gebruikte dit proces bij het thuisbrengen van de complexe tijdschriftfoto's die hij te zien had gekregen, een taak met relatief weinig cognitieve eisen. Wanneer we daarentegen een oude vriend op straat tegenkomen, herinneren we ons moeiteloos in alle bijzonderheden de mooie tijd die we hebben gehad. Dit soort herkenning is gebaseerd op *verzamelen* – een proces dat inspanning en aandacht vraagt om onze geheugenopslag te doorzoeken. Omdat dit proces afhangt van intacte hippocampi kon Henry het niet inzetten in zijn dagelijkse leven en bij de meeste strikte geheugentests.

Henry's onverwachte testresultaten uit de jaren tachtig brachten een essentieel feit aan het licht over de taakverdeling in de hersenen

– vertrouwdheid en verzamelen worden geregeld door onafhankelijke processen in gescheiden hersencircuits, één daarvan zat nog in Henry's hersenen en het andere was verwoest. Deze observatie werd later verhelderd door gedragskundige aanwijzingen uit honderden bronnen waarin verzamelen werd verbonden met processen in de hippocampus en vertrouwdheid met processen in de perirhinale cortex. Hoewel de hippocampus en de perirhinale cortex naaste, met elkaar verbonden buren zijn, leveren ze allebei een eigen bijdrage aan het terughalen van herinneringen.[47]

Dit onderscheid helpt ons begrijpen waarom Henry tot zes maanden nadat hij ze had gecodeerd complexe foto's kon herkennen. Bij zijn operatie was zijn perirhinale cortex gedeeltelijk maar niet helemaal weggehaald, dus vermoedelijk herkende Henry in onze experimenten de foto's door zijn resterende perirhinale cortex te gebruiken, samen met andere normale gebieden in zijn hersenschors. Toch volstond deze samenwerking niet om zijn langetermijngeheugen in het dagelijkse leven te ondersteunen. Onze bevinding bij de fotoherkenning was een opmerkelijke uitzondering en stond in schril contrast met zijn prestaties bij andere tests van zijn declaratieve geheugen, waarbij zijn herkenningsgeheugen steevast gebrekkig bleek.[48]

Later functioneel MRI-onderzoek ondersteunde ons idee over Henry's gevoel van vertrouwdheid met de complexe foto's die we hem laten zien. In 2003 toonde een groep cognitieve neurowetenschappers in Californië aan dat vertrouwdheid en verzamelen van verschillende anatomische gebieden in het mediale deel van de temporaalkwabben afhangen. In de MRI-scanner codeerden hun onderzoeksdeelnemers woorden zoals NIKKEL, getoond in rode letters, en andere woorden zoals HERT, getoond in groene letters. Na de scan kregen de deelnemers een herkenningsgeheugentest waarbij ze naar een willekeurige mengeling van bestudeerde en niet bestudeerde woorden keken. Ze moesten twee antwoorden geven. In de eerste plaats beoordeelden ze hoe zeker ze wisten dat ze een woord eerder wel of niet te zien hadden gekregen. Vervolgens moesten ze kiezen of de letters in elk woord rood of groen waren geweest toen ze het in de scanner voor het eerst te zien hadden gekregen, een meting van hun *brongeheugen*. Het vermogen om je de kleur van de letters te herinneren, de juistheid van de bron, gaf een oordeel over het verzamelen – bewust elk woord met de kleur ervan verbinden. Oordelen omtrent bronherinneringen konden niet op vertrouwdheid zijn gebaseerd, want op de studielijst stonden rode en groene woorden door elkaar, waardoor ze tijdens de test in dezelfde mate vertrouwd of niet-vertrouwd waren.[49]

De onderzoekers analyseerden de functionele MRI-beelden van iedere deelnemer afzonderlijk. Ze maakten onderscheid tussen enerzijds hersengebieden die verhoogde activering vertoonden wanneer de deelnemers woorden codeerden die ze later herkenden op basis van verzamelen en anderzijds hersencircuits die verhoogde activering vertoonden wanneer deelnemers woorden codeerden die ze later op basis van vertrouwdheid herkenden. De bijdrage van vertrouwdheid nam geleidelijk toe als ze zekerder waren van herkenning. Hoe zekerder deelnemers wisten dat ze een bepaald woord eerder hadden gezien, hoe groter het effect van vertrouwdheid.[50]

In overeenstemming met de theorie dat de perirhinale cortex en de hippocampus verschillende rollen spelen in het herkenningsgeheugen legden de functionele MRI-analyses twee afzonderlijke circuits bloot, eentje voor elk soort herkenningsgeheugen. De onderzoekers ontdekten een circuit dat zich toelegt op het gevoel van vertrouwdheid, het ligt in twee aangrenzende gebieden, de entorinale cortex en de perirhinale cortex. Hier nam de hersenactiviteit toe als de vertrouwdheid toenam. Twee andere gebieden toonden verhoogde activiteit wanneer de deelnemers zich correct de kleur van de letters herinnerden, dat wees op een accurate herinnering van broninformatie – de kleur –, een aanwijzing van verzamelend geheugen. Deze hotspot lag achter in de hippocampus en in de schors ernaast, de parahippocampale cortex.[51]

Deze ontdekkingen geven aan dat de hippocampus en de parahippocampale cortex gespecialiseerd zijn in verzamelen, terwijl de entorinale en perirhinale cortex gespecialiseerd zijn in vertrouwdheid. Henry's anatomische MRI-scans lieten zien dat er nog wat perirhinaal weefsel aan beide kanten van zijn hersenen zat. We namen aan dat zijn overgebleven perirhinale gebieden in actie kwamen toen we hem vroegen zich de complexe tijdschriftfoto's in te prenten. Zo kon hij later de foto's selecteren die hij eerder had gezien, op basis van hun vertrouwdheid.

Het geval-Henry liet zien dat hippocampale laesies voor ernstige problemen bij het verzamelen zorgen. Een parallelle vraag rees ten aanzien van de perirhinale cortex en vertrouwdheid. Zou iemand met een laesie die zich beperkte tot de perirhinale cortex problemen hebben bij vertrouwdheid? Het antwoord kwam in 2007 van een patiënte bij wie de vertrouwdheid niet werkte en het verzamelen bewaard was gebleven, nadat ze schade had opgelopen aan haar perirhinale cortex maar niet aan haar hippocampus. Een groep Canadese wetenschappers onderzocht het herkenningsgeheugen van deze patiënte, N.B., bij wie linksvoor een deel van de temporaalkwab was weggesneden om onbehandelbare epilepsie te bestrijden. Haar operatie was atypisch omdat, anders dan bij F.C., P.B. en Henry, haar hippocampus bleef gespaard, terwijl een groot deel van haar perirhinale cortex werd weggesneden. N.B.'s resultaten bij tests van het herkenningsgeheugen waren precies andersom als bij Henry – het verzamelen was normaal, terwijl vertrouwdheid slecht was. Dit opvallende dossier versterkt de theorie dat afzonderlijke circuits in het mediale deel van de temporaalkwab verzamelen en vertrouwdheid ondersteunen. Toch blijven onderzoekers twisten over de precieze locatie van verzamel- en vertrouwdheidsprocessen en hebben ze het onderwerp nadere studie waard geacht.[52]

Henry's declaratieve geheugen was kapot, en hij had slechts vage gevoelens van vertrouwdheid. Hij kon niet beoordelen of deze geestelijke indrukken betrouwbaar waren, maar misschien maakte dat niet uit, want ze brachten inhoud in zijn leven. Henry's bewaard gebleven vermogen voor vertrouwdheid hielp hem de achtentwintig jaar in Bickford door. Hij voelde zich op z'n gemak in de huiselijke sfeer, en volgens een personeelslid was hij 'de steunpilaar van de lounge'. Hij was heel geliefd bij de andere patiënten, en sommige vroegen uitdrukkelijk naar hem. Met zijn goede hart en beleefde gedrag was hij tolerant jegens de demente mensen die hem omringden. Zoals zijn vriendschappelijke omgang met hen duidelijk bewees, beschouwde Henry zijn medepatiënten en het personeel van Bickford beslist niet als onbekenden.

Een voordeel dat ik in mijn contacten met Henry had, was dat mijn gezicht hem bekend voorkwam. Hij geloofde dat we samen op de middelbare school hadden gezeten, en dus was ik geen buitenstaander. Hij had dezelfde associatie met een paar vrouwelijke personeelsleden van Bickford met wie hij regelmatig omging, en het herhaalde contact versterkte op den duur het gevoel dat hij sommige van deze mensen kende. Ook al veranderden in die tientallen jaren de gezichten, voorwerpen en technologie in zijn omgeving drastisch, Henry aanvaardde deze veranderingen zonder vragen, hij nam ze in zijn universum op. Voor zijn operatie had hij in zwart-wit naar televisieprogramma's gekeken. Na zijn operatie, toen er kleurentelevisie kwam, zei hij niets over het enorme verschil. Evenzo had hij er in ons lab zo weinig moeite mee achter computers te zitten om tests te doen dat het wel leek of die altijd bij zijn leven hadden gehoord. Door dit gevoel van vertrouwdheid in zijn leven kon Henry de amnesie die hem zo aantastte aan: het wortelde hem en gaf hem het idee dat hij in Bickford en het MIT bij zijn familie was.

8

Geheugen zonder herinnering 1 –
het leren van motorische vaardigheden

De schade in Henry's hersenen beperkte zich tot structuren in het mediale deel van zijn temporaalkwab, en de overgebleven gebieden, met uitzondering van de kleine hersenen, functioneerden nog normaal. Deze andere gebieden ondersteunden diverse soorten onbewust leren. Hij kon in het leven van alledag nieuwe vaardigheden verwerven en zich de uitvoering daarvan herinneren.

Een vaardigheid die Henry als oudere man moest leren, was hoe hij een looprek moest gebruiken. Hij werd daarvan afhankelijk door de bijwerkingen van zijn medicijnen tegen toevallen. Hoewel zijn operatie het gewenste gevolg had (het aantal aanvallen van grand mal dat hij had liep sterk terug), moest Henry toch medicijnen tegen epilepsie innemen. Hij had voor zijn operatie hoge doses Dilantin ingenomen en bleef het in therapeutische dosering innemen tot 1984, toen een neuroloog adviseerde om op een ander middel tegen toevallen over te schakelen. Inmiddels had de Dilantin diverse schadelijke bijwerkingen gehad, onder meer osteoporose, waardoor hij diverse botbreuken opliep. Door de Dilantin krompen zijn kleine hersenen ook sterk, de grote structuur achter in je hersenen die verantwoordelijk is voor je evenwicht en je coördinatie. Door dit krimpen van zijn hersenen stond Henry onvast op zijn benen en liep hij traag. Een ander medicijn tegen zijn toevallen, fenobarbital, is een kalmerend middel en droeg waarschijnlijk bij aan zijn algehele traagheid.

Henry's osteoporose werd zo erg dat het onveilig voor hem was om los te lopen. In 1985 brak hij zijn rechterenkel en in 1986 moest zijn linkerheup worden vervangen. Tijdens zijn herstel schreef zijn dokter een looprek voor, dan bleef hij lichamelijk actief en stond hij toch veilig op zijn benen. Toen hij dit nieuwe instrument kreeg, moest hij diverse nieuwe dingen leren om het goed te gebruiken. Henry leerde de techniek om te lopen in de praktijk aan, hij verplaatste dan zijn lichaam van een stoel naar zijn looprek, om later naar een stoel terug te keren. Toen ik hem vroeg waarom hij het looprek gebruikte, zei hij: 'Dan val ik niet.' Hij miste de bewuste, declaratieve kennis dat hij door het innemen van Dilantin osteoporose had gekregen. Hij herinnerde zich ook niet dat hij verschillende botbreuken had opgelopen waardoor hij in het ziekenhuis was beland en had moeten revalideren. Maar Henry hield van dag tot dag en van maand tot maand wel de nieuwe motorische vaardigheden vast, een opvallend voorbeeld van zijn vermogen om procedurele kennis op te doen en te behouden.

In het lab weerspiegelden strikte demonstraties van zijn vermogen om motorische vaardigheden te leren deze prestaties van alledag. Henry zette gebieden van zijn hersenen in die gespaard waren gebleven, en hij kon leren en onthouden zonder dat hij het wist. In dit verband de term *geheugen* gebruiken onderstreept dat we meer dan één soort geheugen hebben – we benutten ons bewuste, declaratieve geheugen wanneer we ons herinneren wat we bij de kruidenier moeten kopen, terwijl we ons op ons onbewuste, niet-declaratieve geheugen verlaten wanneer we nog kunnen fietsen nadat we dat tien jaar niet hebben gedaan.

De erkenning dat je kunt leren zonder je ervan bewust te zijn, was een van de belangrijkste ontwikkelingen in het onderzoek van het menselijke geheugen. In de twintigste eeuw richtte veel wetenschappelijk onderzoek naar amnesie zich op het declaratieve leren en het declaratieve geheugen, maar er ontrolde zich een parallel verhaal dat een ander soort geheugen blootlegde, het niet-declaratieve leren, dat amnesiepatiënten in staat stelde tot nieuwe taken, ondanks hun onvermogen de leerervaring expliciet te beschrijven. Voor niet-declaratief leren worden soms de termen *procedureel* of *impliciet* gebruikt. De noemer niet-declaratief dekt een breed scala aan behouden leervaardigheden – motorische vaardigheden, klassieke conditionering, perceptueel leren en *repetitie-priming*. Deze procedures verschillen in diverse opzichten: het aantal pogingen wat je voor de verwerving nodig hebt, het vereiste hersensubstraat en de duur van de kennis.[1]

De eerste beschrijving die erop wees dat een amnesiepatiënt kon leren dateert uit 1911. Édouard Claparède, een aan de universiteit van Genève verbonden psycholoog, vertelde een opmerkelijke klinische historie over een vrouw van 47 die door de ziekte van Korsakov een geheugenstoornis had; amnesie die aan thiaminegebrek wordt toegeschreven. Net als Henry behield ze de algemene kennis van de wereld die ze voor het begin van haar ziekte had verworven. Ze kon bijvoorbeeld alle Europese hoofdsteden opnoemen en uit haar hoofd simpele sommen oplossen. Maar ze kon zich geen lijst woorden of verhalen herinneren die haar werden voorgelezen en herkende de dokters niet die haar behandelden.

Om haar leercapaciteiten te onderzoeken schudde Claparède op een dag de hand van zijn patiënte terwijl hij een speld in zijn handpalm had verborgen. Ze voelde de speldenprik en deinsde terug. Toen hij haar de volgende dag met uitgestoken hand benaderde, weigerde ze die te schudden maar ze had geen idee waarom. Ze had de informatie ten tijde van het hand schudden duidelijk in zich opgenomen, maar de volgende dag kon ze zich de onbewuste herinnering aan de pijnlijke ervaring die haar reactie bepaalde niet voor de geest halen. Ze kon haar angst niet benoemen, wat aangaf dat haar declaratieve geheugen was verstoord. Maar tegelijk gaf ze geen handdruk, wat erop wees dat haar niet-declaratieve geheugen nog functioneerde.[2]

Veertig jaar later kwam Brenda Milner met op een strikt experiment gebaseerd bewijs dat bij amnesie leren bewaard kon blijven. In 1955 zocht ze, toen ze in de praktijk van Scoville in Hartford Henry voor het eerst beoordeelde, naar aanwijzingen dat hij nieuwe dingen kon leren door allerlei soorten gedragsopdrachten. Achter haar tests zat geen bepaalde hypothese, maar het resultaat was geweldig: bij een van de taken verbeterde gedurende drie dagen oefening Henry's prestatie significant. Deze opwindende, toevallige ontdekking wees erop dat de structuren die uit het mediale deel van Henry's temporaalkwab waren verwijderd voor dit soort leren niet nodig waren. Milners experiment wees erop dat het brein twee soorten langetermijngeheugen herbergt, een soort waarbij Henry faalde en een soort waarbij hij slaagde. In de volgende tientallen jaren werden, in het voetspoor van Milners ontdekking, duizenden onderzoeken naar het niet-declaratieve geheugen gepubliceerd.

Een van de tests die Milner koos, was een opdracht om een motorische vaardigheid te leren, de 'spiegeltest' (zie afb. 9). Tijdens een bezoek van Henry gebruikte ze die drie dagen achter elkaar. Ze vroeg hem elke dag een ster met vijf punten over te trekken, zijn potlood moest hij binnen de randen van de ster houden. De taak was lastig omdat de ster, op papier gedrukt, op een horizontaal plankje was bevestigd, aan Henry's gezicht onttrokken door een vrijwel verticale metalen afsluiting die direct zicht op de ster, zijn hand en het potlood blokkeerde. Hij stak zijn hand om de rechterkant van de metalen afsluiting heen en kon de ster, zijn rechterhand en het potlood zien in een spiegel, die aan de andere kant van de plank was bevestigd. Heel het beeld was omgekeerd, dus wanneer hij het potlood van zijn lichaam af rond de ster wilde trekken, moest hij het potlood naar zijn lichaam toe bewegen. De normale visuele wenken waardoor we onze bewegingen laten leiden waren ondersteboven gekeerd. Bij de taak moest hij een nieuwe motorische vaardigheid onder de knie krijgen – hij moest dit omgekeerde visuele beeld zijn handbeweging laten dicteren. Elke keer dat Henry buiten de lijnen raakte en terug moest, werd als een fout gerekend. De meeste mensen vinden de taak aanvankelijk moeilijk en frustrerend, maar geleidelijk en door oefening gaan ze vooruit. Langzamerhand tekenen ze sneller rond de ster en met minder fouten.[3]

Henry deed de test telkens weer, en er gebeurde iets bijzonders. Op de eerste dag namen zijn fouten van poging tot poging geleidelijk af en tegen de voorspellingen in onthield hij wat hij de vorige dag had geleerd. Op de tweede dag waren zijn beginscores vrijwel even goed als ze aan het eind van de eerste dag oefenen waren geweest, en hij maakte almaar minder fouten bij het rond de ster tekenen. Op de derde dag deed hij het nagenoeg perfect – hij trok de ster scherp over en raakte zelden buiten de lijnen.

Henry had een nieuwe vaardigheid geleerd. Maar het leren was buiten zijn bewuste kennis om gegaan. Op dag twee en dag drie herinnerde hij zich niet de taak eerder te hebben gedaan. Milner herinnert zich levendig de laatste dag van de test: na de ster in de spiegel bekwaam over te hebben getrokken ging Henry recht overeind zitten en zei trots: 'Wat vreemd zeg. Ik dacht dat dit moeilijk zou zijn, maar ik heb het zo te zien heel goed gedaan.'

Milner speculeerde dat je motorische vaardigheden, zoals de vaardigheid die Henry onder de knie had gekregen, kunt leren door een ander geheugencircuit in te zetten, een circuit buiten de hippocampale structuren die Henry miste. Door deze onvoorziene ontdekking kwam een schat aan leerprocessen aan het licht die niet afhangen van de circuits in het mediale deel van de temporaalkwab die bij Henry's operatie beschadigd waren geraakt, maar die door overgebleven hersengebieden worden geregeld.[4]

In 1962 bouwde ik voort op Milners verbijsterende ontdekking toen ik als postdoctoraal student van McGill University op haar lab van het Montreal Neurological Institute werkzaam was. Henry en zijn moeder waren een week in Montreal voor tests. Inmiddels hadden wetenschappers de storing van zijn declaratieve geheugen getoetst en bevestigd met onderzoek waarbij hij zich informatie moest herinneren die hem via zijn gezichtsvermogen en gehoor werd gepresenteerd. Maar niemand had getest of zijn geheugenprobleem zich ook uitstrekte tot zijn tastzin, zijn somatosensorische systeem. Bij dit project gaf ik Henry de opdracht de juiste volgorde te leren van bochten in een door de tastzin bepaalde doolhof die hij volgde met een pen. In hoofdstuk 5 beschreef ik dat het hem niet lukte de correcte route van begin- tot eindpunt te leren. Maar ook al namen zijn foutscores tijdens de tachtig pogingen niet af, Henry had toch iets nieuws geleerd. Ik legde niet alleen vast hoeveel fouten hij bij elke poging had gemaakt, maar ook hoeveel seconden er verstreken tussen zijn vertrek bij het beginpunt en zijn aankomst bij het eindpunt. Nadat hij en zijn moeder terug waren naar East Hartford maakte ik een grafiek van deze gegevens en ontdekte tot mijn verbazing dat hoewel het aantal fouten nooit veranderde de benodigde tijd tijdens dezelfde tachtig pogingen geleidelijk afnam. Van dag tot dag bewoog hij sneller door de steegjes in de doolhof, ook al kon hij zich de route niet herinneren.

Dat het Henry minder tijd kostte om de doolhof door te komen liet zien dat hij iets had geleerd – de procedure, hóe hij het moest doen. Hij herinnerde zich de route niet, maar hij voelde zich steeds meer op z'n gemak bij de taak. Dit experiment ondersteunde het idee van Milner: motorisch leren hangt van een ander geheugencircuit af dan het gebied in het mediale deel van de temporaalkwab dat aan het consolideren en opslaan van feiten en ervaringen ten grondslag ligt.

Het contrast tussen de fouten en de tijd wanneer Henry mijn tactiele doolhof volgde, ondersteunde het idee dat vrij terugroepen (declaratief geheugen) afhankelijk is van het hippocampale gebied dat hij inmiddels miste, terwijl bij het leren van vaardigheden (procedureel geheugen) andere netwerken worden aangewend die niet waren beschadigd. Voor zover ik weet, was dit resultaat uit 1962 binnen één experiment het eerste kwantitatieve bewijs van aangetast declaratief leren (onvermogen de juiste route te leren) terwijl het procedurele (niet-declaratieve) leren (verbetering van de motorische vaardigheid) bewaard was gebleven. In vervolgonderzoek bij patiënten en gezonde personen werden de belangrijke verschillen tussen deze twee soorten langetermijngeheugen nader uitgewerkt.[5]

Om een nieuwe motorische vaardigheid te leren moet de taak telkens opnieuw worden gedaan. Wanneer een motorische vaardigheid eenmaal is aangeleerd is die duurzaam – vandaar het gezegde dat je fietsen nooit verleert. Maar zoals iedere tennisser je kan vertellen, laten motorische vaardigheden zich niet in één oefensessie perfectioneren. Je moet juist door ervaring leren, en de prestatie ontwikkelt zich vanaf het staccato uitvoeren van diverse handelingen tot het integreren van deze handelingen tot één vloeiende beweging die automatisch wordt uitgevoerd. Neem bijvoorbeeld de vele stappen die het vergt om de tweehandige backhand uit te voeren. Begin met naar het net toe te staan met je tenen naar voren en je racket en lichaam startklaar. Wanneer de bal de kant van je backhand op komt, laat je je handen naar de tweehandige backhandgreep glijden. Draai dan je backswing weg van het net en laat je schouders en je lichaam dezelfde kant op draaien. Probeer de bovenkant van de racket onder je handen te houden zodat wanneer je de bal raakt de snaren van je racket de achterkant van de bal opduwen waardoor die topspin krijgt. Zet vervolgens een grote stap, en beweeg je lichaam naar voren en je armen omhoog. Verplaats bij de slag je gewicht naar je voorbeen, en laat je racket tot boven je schouder komen. Hou van begin tot eind je oog op de bal gericht en buig je knieën.

Wat een hoop informatie om mee te jongleren! Daarvoor moet je je cognitieve regelprocessen aanwenden, geregeld door je prefrontale cortex. Dan kun je de afzonderlijke stappen onthouden en ze in de juiste volgorde uitvoeren. Als nieuweling volg je bewust je optreden, seconde voor seconde. Je verwerft deze vaardigheid niet zomaar, en je moet oefenen tot alle belangrijke stappen samenkomen. Tijdens het leerproces zullen je hersenen de vele losse onderdelen van je backhand tot één, vloeiende klap in stukjes hakken. Wanneer je ze terughaalt, gedragen de gecombineerde elementen van je backhand zich als een coherente, samengevoegde groep. Weken, maanden en zelfs jaren later zul je de slag automatisch, zonder na te denken, uitvoeren – en dus kun je je aandacht en cognitieve regelprocessen richten op de strategieën die nodig zijn om de game, de set en de match te winnen.[6]

Gelukkig leent het proces van het leren van motorische vaardigheden zich voor laboratoriumonderzoek, en zo werd Henry een rijke hulpbron. De fascinerende aanwijzingen uit Milners spiegeltekentest uit 1955 en mijn eigen onderzoek uit 1964 inspireerden me om na te gaan of Henry andere motorische taken kon leren. In 1966, toen hij veertig was, kreeg ik de gelegenheid om deze vraag grondiger te bekijken. Zijn ouders gaven toestemming voor opname in het MIT Clinical Research Center (CRC) voor twee weken onderzoek – het eerste van de vijftig bezoeken die Henry in de volgende vijfendertig jaar aan het CRC bracht. In dit geval was de doel van onze tests de observatie uit te spitten dat Henry, in strijd met zijn diepe amnesie, toch nieuwe motorische vaardigheden kon leren. Met het vooruitzicht dat ik Henry veertien dagen achter elkaar zou testen, legde ik van dag tot dag zijn vorderingen in drie maatstaven voor het leren van vaardigheden vast – de *rotor-pursuit*-test, *bimanual tracking* en de *tapping*-test.[7]

Het apparaat voor de eerste test, rotor-pursuit (zie afb. 10), leek op een ouderwetse platendraaitafel met een metalen doel ter grootte van een euromunt dat ongeveer 5 centimeter van de rand af lag. Henry hield een stylus tussen zijn rechterduim en wijsvinger, en ik vroeg hem de top van de stylus op het doel te laten rusten. Na een paar seconden begon de schijf te draaien en gedurende twintig seconden deed hij zijn best de stylus in contact te houden met het draaiende doel. Ik nam de tijd op dat de stylus op het doel bleef, en eveneens het aantal keren dat die los was van het doel. Ik testte Henry en de controledeelnemers de eerste twee dagen twee keer per dag en de volgende vijf dagen één keer per dag. Vervolgens testte ik hen een week later weer om te zien hoe goed ze zich de taak herinnerden zonder oefening.[8]

In de zeven dagen testen gingen Henry's scores vooruit, maar minder dan bij de controledeelnemers. Nadere beschouwing leerde dat het aantal keren dat hij contact maakte met het doel met meer oefening toenam. Hij werd er handiger in terug te keren naar het doel wanneer hij het contact ermee kwijt was. In het algemeen bleven de controledeelnemers langer op het doel. Hoewel bij Henry de vooruitgang niet zo enorm was als bij de anderen, hield hij de nieuwe motorische vaardigheid zonder aanvullende oefening een week lang vast. Toen ik hem op dag veertien testte, presteerde hij even goed als hij op dag zeven had gedaan.[9]

De volgende week trainde ik Henry in bimanual tracking. Het apparaat was een aluminium trommel met twee smalle, asymmetrische sporen erop geschilderd (zie afb. 11). Henry hield een stylus in elke hand en zette er een op elk spoor. Zijn opdracht was om contact met de sporen te houden terwijl de trommel 20 seconden ronddraaide. Deze taak was vooral moeilijk vanuit het perspectief van motorische beheersing: Henry's hersenen moesten de bewegingen coördineren van zijn linker- en zijn rechterhand en van zijn ogen, die van het ene spoor naar het andere heen en weer bewogen. Zijn twee hersenhelften moesten dus voortdurend overleggen. Ik herhaalde de test drie keer, met een steeds hogere rotatiesnelheid, en noteerde hoeveel seconden Henry en de controledeelnemers op elk spoor bleven en hoe vaak ze eraf vielen. Net als eerder scoorde Henry slechter dan de controledeelnemers en was hij minder constant. Maar opnieuw vertoonde hij bij deze motorische vaardigheid van proef tot proef een duidelijke verbetering.[10]

Henry's suboptimale prestatie bij rotor-pursuit en bimanual tracking lag niet aan zijn geheugenprobleem. Deze twee taken waren van snelle reactietijden afhankelijk. Wanneer Henry meer tijd had om op een prikkel te reageren, deed hij het gewoon prima. Maar in het algemeen pleegde hij alles langzaam te doen. Zijn trage tempo was waarschijnlijk deels te wijten aan fenobarbital, een kalmerend middel dat voor slapeloosheid en voor epilepsie wordt voorgeschreven. Andere patiënten met vergelijkbare laesies – Scovilles patiënt D.C., en Penfields en Milners patiënten P.B. en F.C. – namen ook medicijnen tegen toevallen en liepen langzaam. Maar zijn traagheid ten spijt kon Henry duidelijk nieuwe motorische vaardigheden leren en die kennis langdurig vasthouden. We weten niet hoe hij gepresteerd zou hebben zonder zijn medicijnen tegen toevallen. Daarmee konden we niet stoppen omdat dan zijn gezondheid en veiligheid gevaar hadden gelopen.[11]

In een volgende motorische leertaak, de tappingtest, werd Henry's vermogen gemeten om op vier achtereenvolgende doelen te tikken met een stylus, eerst met elke hand apart, en dan met de twee handen tegelijk. Het doel van dit onderzoek was om te bekijken of hij het, na oefening, sneller kon en het aantal keren dat hij in de dertig toegestane seconden kon tikken zou toenemen. Het toestel (zie afb. 12) bestond uit een zwart houten bord met twee metalen cirkels, naast elkaar, verdeeld in kwadranten. De kwadranten hadden de nummers 1, 2, 3, 4, maar de cijfers waren in de twee cirkels anders gerangschikt. Eerst had Henry een stylus in zijn rechterhand en tikte hij in de volgorde 1-2-3-4 op de cirkel rechts. Vervolgens tikte hij, met een stylus in zijn linkerhand, op de cirkel links in de volgorde 1-2-3-4. Daarna vroeg ik hem gelijktijdig op de twee doelen te tikken, wat extra moeilijk was omdat Henry tegelijk op de twee 1-en, op de twee 2-en, enzovoorts moest tikken. Hij moest de bewegingen van zijn linker- en rechterhand coördineren, en omdat de locatie van de getallen op de twee cirkels afweek, moest elke hand een eigen route volgen. Henry en de controledeelnemers deden de taak twee keer, met een pauze van 45 minuten tussen de sessies.[12]

Bij deze test scoorde Henry even goed als de controledeelnemers, en toen ik hem na een pauze opnieuw testte, was hij sneller dan hij in eerste instantie was geweest. Hij consolideerde de motorische herinnering aan het tikken, waardoor hij veertig minuten later kon demonstreren dat hij het motorische gedrag had geleerd. Waarom was Henry's leren bij de tappingtest vergelijkbaar met dat van de controlegroep, maar bij rotor-pursuit en bimanual tracking niet? Een belangrijk verschil was dat bij de tappingtest geen voorgeschreven tijdsduur was, Henry kon zijn eigen tempo aanhouden. Bij de andere twee tests dicteerde daarentegen de beweging van het toestel zijn bewegingen. Het toestel bij rotor-pursuit draaide met drie verschillende snelheden, en de trommel op het toestel bij bimanual tracking bewoog automatisch in korte stappen. Bij deze twee taken moest hij ook snel voorspellen waar het doel heen ging, en doordat op de toekomst moest worden geanticipeerd was misschien input van het declaratieve geheugen vereist.[13]

Deze vroege studies over Henry wierpen licht op het onderscheid tussen declaratief en niet-declaratief leren. Om declaratieve kennis te kunnen uitdrukken heb je structuren in het mediale deel van je temporaalkwab nodig, terwijl niet-declaratieve, procedurele kennis onafhankelijk is van dat netwerk. Nieuwe vaardigheden leren, nieuwe procedures, verloopt zonder bewust besef. Wanneer we fietsen, tennissen of skiën, demonstreren we onze kundigheid – of gebrek daaraan – door de prestatie. Als we milliseconde na milliseconde proberen te analyseren wat we doen, vallen we misschien, missen we een slag of maken we een staalkantfout. Zo ondervinden musici dat hun optreden mislukt als ze noot voor noot aan een moeilijk muziekstuk proberen te denken. Ze voeren een complexe motorische reeks uit zonder erover na te denken. Wanneer de concertpianist Peter Serkin een concert van Mozart uitvoert met het Boston Symphony Orchestra zit achter zijn interpretatie de uitgebreide procedurele kennis in zijn hersenen, opgedaan door dat stuk jarenlang zorgvuldig te repeteren. Hij heeft de afzonderlijke aanslagen van de toetsen geïntegreerd tot een vloeiend geheel, en treedt op zonder bewuste verwijzing naar afzonderlijke vingerbewegingen.

Voordat het neurowetenschappers de verschillen onderzochten tussen diverse soorten leren, kwamen denkers uit de filosofie, de computerwetenschap en de psychologie met abstractere theorieën in dezelfde richting. De Britse filosoof Gilbert Ryle schreef over een bepaald onderscheid in zijn boek *The Concept of Mind* (1949). Daarin verweet hij theoretici van de geest dat ze te veel nadruk legden op kennis als het fundament van intelligentie en dat ze verzuimden te bekijken wat het voor jou als individu betekent te weten hoe je je taken uit moet voeren. Ryle gebruikte voor dit verschil de termen weten dát versus weten hóe. Wanneer we een vaardigheid leren, zoals een nieuw danspasje, zijn we misschien niet in staat de reeks bevelen die de hersenen naar onze spieren uitzenden en de respons waartoe dat leidt – weten dát – onder woorden te brengen, maar we kunnen pronken met het nieuwe pasje tegenover onze bewonderende vrienden – weten hóe.[14]

Henry's vermogen nieuwe motorische vaardigheden te leren bewees overtuigend dat de gebieden die bij zijn operatie waren weggesneden – de hippocampus en omringende structuren – niet nodig waren om nieuwe motorische vaardigheden te leren. Dus was natuurlijk de volgende vraag die we wilden beantwoorden: welke essentiële hersengebieden steunen dan wél het motorische leren? Om deze kwestie te onderzoeken richtten we ons op patiënten die niet aan amnesie leden maar andere hersenbeschadigingen hadden.

Sinds het begin van de twintigste eeuw is in de wetenschap bekend dat twee structuren, het *corpus striatum* (of striatum) en het *cerebellum* een belangrijke rol bij de regulatie van de motoriek spelen. Tot het corpus striatum behoren de *nucleus caudatus* (staartkern) en het *putamen*, twee verzamelingen neuronen onder de hersenschors. Ze ontvangen signalen van boven en beneden – neuronen in de hersenschors en neuronen lager in de hersenen. Het striatum ontvangt berichten van bepaalde gebieden in de hersenschors en stuurt signalen naar dezelfde gebieden terug via de thalamus, een gebied in het centrum van de hersenen dat sensorische en motorische activiteiten integreert. Daardoor is het striatum goed op de hoogte van wat er in het lichaam en in de wereld gaande is, en is als zodanig zeer geschikt om moeilijke motorische vaardigheden te leren.

Het cerebellum (ofwel de *kleine hersenen*) is een grote, complexe structuur aan de achterkant van de hersenen onder de visuele cortex. Henry's kleine hersenen waren aanzienlijk in formaat verminderd, maar we konden uit zijn MRI-scans niet precies opmaken waar de schade zat. Deze structuur is via gesloten circuits rechtstreeks verbonden met het striatum en met diverse gebieden in de hersenschors. Omdat de kleine hersenen informatie uit allerlei delen van de hersenen en de ruggengraat krijgen, bevinden ze zich aan de frontlinie van de motorische regulering.

Afwijkingen in het striatum zijn verantwoordelijk voor meer dan twintig aandoeningen, waaronder twee progressieve hersenziekten, de ziekte van Parkinson en de ziekte van Huntington. Binnen het striatum is bij parkinson het putamen het zwaarst aangedaan en bij huntington de nucleus caudatus.

Parkinson is een veel voorkomende aandoening met een onbekende oorzaak die gewoonlijk mensen van in de vijftig treft, vaker mannen dan vrouwen. Iemand die aan deze zieke lijdt, heeft vaak een uitdrukkingsloos gezicht, beweegt langzaam, heeft bevende handen, een gebukte houding en schuifelende passen. In de hersenen begint parkinson met neuronenverlies in de *substantia nigra* (zwarte kern), een bundel grijze stof onder de hersenschors waaruit gewoonlijk vezelbanen komen die de neurotransmitter dopamine omhoog brengen naar het striatum. Maar wanneer cellen in de substantia nigra afsterven, zoals bij parkinson gebeurt, vermindert de aanvoer van dopamine naar het putamen, wat tot motorische afwijkingen leidt.[15]

De ziekte van Huntington is een zeldzame erfelijke aandoening, veroorzaakt door neuronenverlies in de nucleus caudatus, gelijktijdig sterven cellen in de hersenschors af. De oorzaak is een afwijkend gen op het vierde chromosoom. Een bepaald stukje DNA in het gen wordt tot wel 120 keer herhaald bij mensen die de ziekte hebben, maar slechts 10 tot 35 keer bij mensen die er niet aan lijden. Het kenmerk van parkinson is te weinig beweging, maar het in het oog springende kenmerk van huntington is te veel beweging. Het opvallendste symptoom van huntington zijn ongewilde, schokkerige bewegingen van het gezicht, de armen en de heupen, waardoor het lijkt of de patiënt een dansje doet.[16]

Parkinson en huntington naast elkaar bestuderen is instructief omdat de eerste schade zich in verschillende delen van het striatum voordoet – het putamen bij parkinson, en de nucleus caudatus bij huntington. Dat biedt meer aanwijzingen over de lokalisering van verschillende vaardigheden.

Begin jaren negentig deden we in mijn lab, om de rol van het putamen bij het leren van motorische vaardigheden te bestuderen, 'spiegeltests' bij patiënten in een beginnend stadium van parkinson. We vroegen de patiënten net zo'n soort test te doen als Milner Henry liet uitvoeren. De opdracht was om zo snel mogelijk rond een ster met zes punten te tekenen zonder van het spoor af te raken. Omdat de parkinsonpatiënten een motorische storing hadden, kostte het hun meer tijd de ster rond te komen, het overtrekken ging langzamer en ze pauzeerden vaker dan controledeelnemers. Deze gebreken, die we hadden verwacht, waren een maatstaf voor motorisch presteren, niet voor het leren van motoriek. Om te bekijken of het leren van motorische vaardigheden onder hun parkinson had geleden, documenteerden we hun vooruitgang tijdens drie achtereenvolgende dagen oefenen. Vervolgens vergeleken we hun veranderingen met die bij de controledeelnemers. Via een apparaatje onder de ster wisten we precies waar de stylus bij elke proef van begin tot eind was, milliseconde na milliseconde. Met deze gegevens konden we een aantal verschillende indexen berekenen voor het leren van motorische vaardigheden. Deze metingen waren niet aangetast door gebreken in het motorische presteren, want ze waren strikt gericht op de vooruitgang bij iedere deelnemer, ongeacht het prestatieniveau waarop hij of zij begon.

Hoewel de parkinsonpatiënten naar al deze maatstaven in de loop van de drie dagen oefenen vooruitgingen, ging dat langzamer dan bij de controledeelnemers. Bij diverse maatstaven voor het leren – hoe lang het hun kostte om rond de ster te komen, hoe lang het hun kostte terug te komen op het pad wanneer ze daarvan af waren geraakt, en hoeveel tijd ze achterwaarts gingen – toonden de parkinsonpatiënten in de drie dagen minder vooruitgang dan de controledeelnemers. De problemen die de patiënten hadden bij deze taak, bood directe aanwijzingen dat het striatum betrokken is bij het leren van complexe motorische vaardigheden. Dit verleende geloofwaardigheid aan de gedachte dat Henry zijn striatum inzette om de motorische vaardigheid te leren.[17]

De ontdekking dat onze parkinsonpatiënten het niet goed deden in de spiegeltest, hield niet per se in dat ze het er bij alle taken voor motorisch leren slecht zouden afbrengen. Allerlei gebieden her en der in de hersenen ondersteunen motorische gedragingen, en het zou niet zinnig zijn als al deze gebieden ten dienste stonden aan één, universele motorische leerfunctie. De hersenen zijn een efficiënte machine waar de componenten geen overbodige taken krijgen. We veronderstelden daarom dat bij verschillende motorische vaardigheden afzonderlijke cognitieve en neurale processen worden ingezet. Het was mogelijk dat het bepaalde hersencircuit in het striatum dat bij de spiegeltest werd benut niet nodig was bij een andere taak om een vaardigheid te leren, zoals het aanleren van een specifieke volgorde van reacties.

Om de reikwijdte van het probleem bij parkinson om een vaardigheid te leren verder te onderzoeken paste mijn lab begin jaren negentig een *sequence learning*-taak aan, een procedure om reeksen te leren waarmee Mary Jo Nissen en Peter Bullemer in 1987 voor het eerst waren gekomen. Onze patiënten met parkinson zaten achter een computerscherm en kregen vier witte stipjes te zien, horizontaal over de onderkant van het scherm gerangschikt (zie afb. 13). Op een speciaal toetsenbord er vlak onder zaten vier reactieknoppen die correspondeerden met de vier stippen. De deelnemers lieten hun linker middel- en wijsvinger op de twee linkerknoppen rusten en hun rechter middel- en wijsvinger op de twee rechterknoppen. Bij elke proef verscheen er een wit vierkantje onder een van de vier stippen, en de opdracht was om, zo snel mogelijk, op de knop te drukken die overeenkwam met de plaats van het vierkant. De deelnemers wisten niet dat de vierkantjes verschenen in reeksen van tien, die bij elke proef tien keer werden herhaald, voor in totaal honderd toetsaanslagen. We wisten dat als de deelnemers achter de volgorde kwamen hun reactietijd bij proeven met de herhaalde reeks steeds sneller zou zijn, maar dat gold niet voor andere proeven met een willekeurige reeks.[18]

De parkinsonpatiënten en de controledeelnemers deden de sequence-learningtaak twee dagen achter elkaar. De tijden van de twee groepen weken niet af, de parkinsonpatiënten presteerden normaal. De reactietijden bij de herhaalde reeksen namen de eerste dag af, en de deelnemers hielden wat ze geleerd hadden vast, zodat ze aan het begin van de tweede dag even goed presteerden als aan het eind van de eerste dag. De afname in reactietijd bij de parkinsonpatiënten bij herhaalde reeksen gaf aan dat ze op een normale manier procedurele kennis hadden verworven.

Een vergelijking van de prestaties van de parkinsonpatiënten bij de twee tests, slecht bij de spiegeltest en normaal bij sequence-learning, geeft aan dat het leren van vaardigheden geen homogeen concept is en dat het leren van verschillende soorten vaardigheden een verschillend neuraal fundament heeft. Het geheugennetwerk in het striatum dat normaal gesproken de verwerving van de vaardigheid voor de spiegeltest steunt, functioneerde bij onze parkinsongroep niet, maar een neuraal circuit dat bij dezelfde patiënten nog intact was zorgde voor normaal leren in de sequence-learningtaak. We stelden onszelf vervolgens de vraag: om welk circuit gaat het en raakt het bij andere ziekten aangetast?

Onderzoek naar huntington bood een aanwijzing over het substraat van reeksen leren, gaf ons inzicht over het effect bij deze taak van schade aan de nucleus caudatus. Toen Nissen haar sequence-learningtaak voorlegde aan een groep huntingtonpatiënten vertoonden die problemen bij het leren. Hoewel hun motorische functie goed genoeg was om de proef bevredigend uit te voeren, waren ze langzamer en minder precies dan de 21 controledeelnemers. Hun gebrek hield geen verband met cognitief disfunctioneren. Dit resultaat maakt ons duidelijk dat de nucleus caudatus een essentiële rol speelt bij het leren van reeksen.[19]

De experimenten bij parkinsonpatiënten en huntingtonpatiënten laten, als je ze naast elkaar legt, zien dat verschillende aandoeningen in het striatum uiteenlopende effecten op het leren van reeksen kunnen hebben: parkinsonpatiënten presteren normaal, terwijl huntingtonpatiënten falen. Dit onderscheid wijst erop dat de nucleus caudatus, die bij huntington vroeg raakt aangetast, een essentieel substraat is voor het leren van reeksen, en het putamen, vroeg aangetast bij parkinson, niet.

Ook hersengebieden onder het striatum worden aangewend bij motorisch leren. Sinds het eind van de jaren zestig hebben neurowetenschappers een andere kijk op de plaats in de hersenen van vaardigheidsverwerving gekregen door het bestuderen van dieren en patiënten met afwijkingen aan de kleine hersenen. Die hebben symptomen als slechte coördinatie, langzame bewegingen, tremor en brabbelend praten. Afgezien van de tremor vertonen mensen die erg dronken zijn deze symptomen, evenals Henry. De ene groep, patiënten met degeneratie van de kleine hersenen, heeft problemen met het leren van reeksen, maar diverse studies laten zien dat hun fundamentele gebrek anders en ernstiger kan zijn dan dat bij parkinsonpatiënten. Patiënten met degeneratie van de kleine hersenen zijn ook langzamer en minder precies dan controledeelnemers bij het overtrekken van een eenvoudig geometrisch patroon dat ze in spiegelbeeld te zien kregen, vergelijkbaar met de omstandigheden waaronder Henry met succes de ster overtrok. In 1962 leerden we van Henry dat structuren in het mediale deel van de temporaalkwab niet nodig zijn om de vaardigheid voor de spiegeltest te leren, en dertig jaar later leerden we dat de kleine hersenen wél nodig zijn voor dat soort leren.[20]

De problemen met de spiegeltest bij patiënten met een aandoening aan de kleine hersenen weerspiegelen hun onvermogen de feedback te gebruiken die ze tijdens de test kregen om hun bewegen te sturen. Hoewel ze de visuele weergave konden zien en de veranderende positie van hun armen en handen konden voelen, konden ze deze informatie niet omzetten in nieuwe commando's om hun spieren te activeren. Ze konden hun ingebakken reacties niet overwinnen. Dit probleem is niet aan één taak gekoppeld, het gaat in feite om een alge-

1. *Vier lobben van de hersenschors (cortex cerebri)*
MRI-scan van een gezonde man van 41 waarop zijn gehele brein te zien is, van links bekeken. De vier kwabben zijn aangegeven. De frontaalkwab (Fr) regelt elementaire motorische functies en cognitieve reguleringsprocessen (doelen stellen, besluiten nemen, problemen oplossen), de temporaalkwab (Te) complexe visuele en auditieve processen, het geheugen, taal en emotie; de pariëtale kwab (Pa) tastzin, pijn en andere lichamelijke gewaarwordingen, en tevens ruimtelijke vaardigheid en taal; en de occipitale kwab (Oc) elementaire visuele processen. De pieken in de hersen-

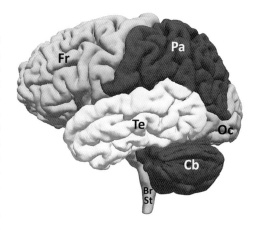

schors zijn de gyri en de dalen ertussen de sulci. De kleine hersenen (Cb van de Latijnse naam cerebellum) zijn gespecialiseerd in evenwicht en bewegingscoördinatie. In Henry's hersenen was deze structuur ernstig gekrompen, een bijwerking van Dilantin. De hersenstam (BrSt) verbindt de ruggengraat met de rest van de hersenen. Het is de toegangsweg voor informatie vanuit de zintuigen. Vitale lichaamsfuncties, zoals hartslag, bloeddruk, ademhaling en het niveau van bewustzijn, worden door circuits in de hersenstam geregeld.

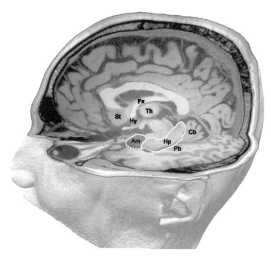

2a. *Structuren van het mediale deel van de temporaalkwab*
In dezelfde gezonde hersenen zijn de structuren uit de mediale temporaalkwab te zien die uit Henry's hersenen waren verwijderd. De amygdala (Am, donkergrijs en wit omlijnd) en het hoofd en lijf van de hippocampus (Hp, lichtgrijs en wit omlijnd). De staart van de hippocampus is voor de overzichtelijkheid weggelaten, maar zou normaal gesproken naar boven door lopen en de fornix (Fx) vormen. Die buigt zich naar voren naar het corpus mamillare van de hypothalamus (Hy). Het achterste deel van de parahippocampale cortex (Ph) bleef bij Henry gespaard, maar het voorste deel was verwijderd. Andere zichtbare structuren zijn de kleine hersenen (Cb), het striatum (St), een gebied dat betrokken is bij motorische beheersing en motorisch leren, en de thalamus (Th), een structuur waar informatie uit de ogen, oren en huid wordt doorgegeven aan paden die de input naar de hersenschors brengen.

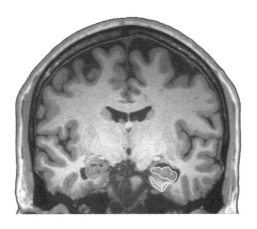

2b. *Hippocampus, entorinale cortex en perirhinale cortex*
Een andere blik op dezelfde hersenen, alsof we oog in oog stonden met de persoon. De grijze stof volgt de corticale strook over de hele hersenschors, terwijl de witte stof onder de grijze stof ligt. De hippocampus, de entorinale cortex en de perirhinale cortex zitten in het mediale deel van de temporaalkwab, rechtsonder op de foto te zien. Rond de hippocampus is een ononderbroken witte lijn getrokken, de entorinale cortex is horizontaal gearceerd en de perirhinale cortex verticaal. Bij Henry's operatie werden alle drie deze structuren aan beide kanten van de hersenen verwijderd.

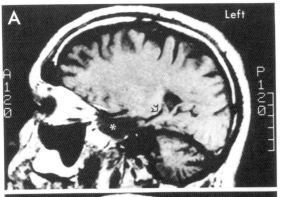

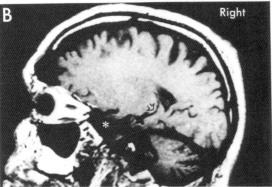

3. *Henry's* MRI
Op deze in 1992 verzamelde MRI-beelden zijn Henry's laesies aan de linker- en rechterkant van zijn hersenen te zien. Het sterretje geeft het ontbrekende deel aan van de mediale temporaalkwabstructuren. Het overgebleven deel van de hippocampale formatie is aangegeven met een open pijltje. We kunnen aan elke kant ongeveer 2 centimeter overgebleven hippocampale formatie zien. De vergrote ruimtes tussen de folia van de kleine hersenen wijzen op aanzienlijke degeneratie.

4. *Mooney Face Test*
Een onderdeel van de Mooney Face Test. Toen Henry veertig was, vroegen we hem de sekse en bij benadering de leeftijd te bepalen van alle personen die op de testprikkels waren afgebeeld. Hij scoorde hoger dan de controledeelnemers, wat aangaf dat zijn visuele perceptie intact was.

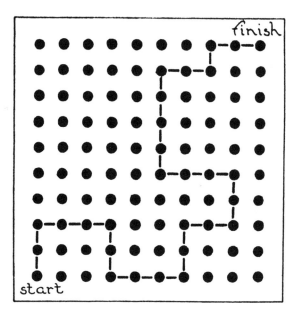

5a. *Visuele-stapsteendoolhof*
De visuele-stapsteendoolhof bestaat uit zwarte stippen, metalen boutknoppen op een houten onderstuk. Henry's taak was de correcte route (aangegeven met de zwarte lijn) te ontdekken en te onthouden. Terwijl hij van boutknop naar boutknop ging, klonk bij elke fout de klik van een foutenteller. In drie dagen training, waarin Henry de proef 215 keer voltooide, lukte het hem niet zijn aantal fouten te verminderen, wat een storing in zijn declaratieve geheugen aan het licht bracht.

5b. *Tactiele-stylusdoolhof*
De tactiele-stylusdoolhof rustte in een houten frame. Henry zat aan de ene kant, waar een zwart gordijn het frame afdekte zodat hij de doolhof niet kon zien. Ik zat aan de andere kant, die open was zodat ik zijn hand, de stylus en de doolhof kon zien terwijl Henry erdoorheen ging. Ik droeg hem op de stylus langs de paden te bewegen om de correcte route van de start naar het eindpunt te vinden, en elke keer wanneer hij een doodlopend steegje in ging, liet ik een bel rinkelen om aan te geven dat hij achteruit moest en een nieuw pad moest proberen. In vier achtereenvolgende dagen voltooide Henry telkens twee sessies van tien proeven, maar zijn foutscores namen niet af, wat wees op het falen van zijn declaratieve geheugen.

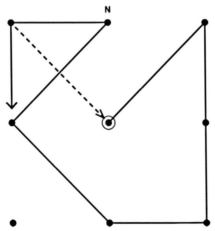

6. *Vind-je-wegtaak*
Een van de vijftien grote kaarten, gebruikt om Henry's ruimtelijke vermogen te testen. De kaart gaf de negen rode cirkels op de grond van de testruimte weer. Er was van stip naar stip met een dikke zwarte streep een pad getekend, met een cirkel rond het startpunt en een pijlpunt bij het eind. Op elke kaart stond een N (van Noord), en er was een grote rode N bevestigd aan een muur van het vertrek. Henry's opdracht was van stip naar stip te lopen over het pad dat overeenkwam met dat op de kaart. Hij liep geduldig van stip naar stip, maar was doorgaans niet in staat het op de kaart aangegeven pad te volgen, en zijn prestatie verbeterde niet bij meerdere malen testen met dezelfde kaarten. De stippellijn laat zien waar hij uit de koers raakte.

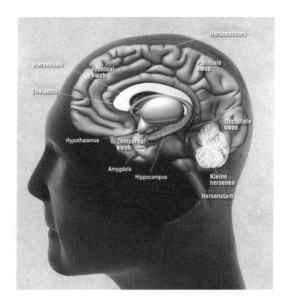

7. Limbisch systeem

Hoewel de gedachte dat één hersensysteem de emotie ondersteunt niet langer houdbaar is, wordt nog altijd de term limbisch systeem gebruikt voor een groep met elkaar verbonden structuren die een rol spelen bij het evalueren en uitdrukken van emotie: de hypothalamus, de thalamus, de amygdala, de cortex cingularis en de orbitofrontale cortex. De orbitofrontale cortex is het gebied boven het oog en de cortex cingularis is de gyris net boven de hersenbalk. Omdat de amygdala en hippocampus sterk zijn verbonden, kunnen onze emoties geheugenvorming beïnvloeden, maar de hippocampus regelt zelf geen emoties.

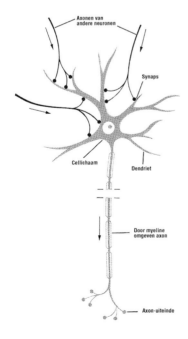

8. Een karakteristieke neuron

Onze hersenen bevatten miljarden neuronen die voortdurend met elkaar praten. Een karakteristiek neuron heeft diverse onderdelen. Elk neuron heeft een *dendritische boom* die duizenden signalen van andere neuronen ontvangt. Deze informatie wordt verwerkt in het *cellichaam* en van daaruit reist die via de *axon* om aan andere neuronen te worden overgedragen. Het punt waar neuronen elkaar raken is de *synaps*.

9. *De spiegeltest*
Uit Milners opzienbarende ontdekking uit 1962 bleek voor de eerste keer dat bij amnesie sommige vormen van leren gespaard blijven. Ze legde Henry de spiegeltest voor, waarbij hij om een ster heen moest tekenen – een lastige taak, want hij kon de ster, zijn rechterhand en het potlood alleen in een spiegel zien. Desondanks verbeterde zijn prestatie meetbaar na drie dagen oefenen. Tegelijk had hij geen bewust besef van deze ervaring of zijn prestatie, wat suggereert dat de hersenen twee verschillende soorten langetermijngeheugen herbergen, een vorm die hem goed afging (niet-declaratief) en een vorm die hem slecht afging (declaratief). Tientallen jaren later herhaalde mijn lab het spiegelexperiment en liet zien dat Henry de vaardigheid had behouden nadat we hem bijna een jaar na onze eerste sessie opnieuw testten.

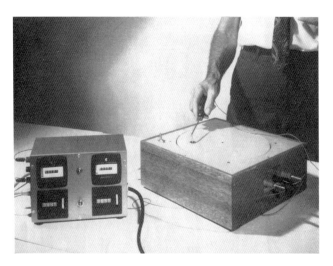

10. *De* rotor-pursuit-*test*
Om de *rotor pursuit*-test te beginnen vroeg ik Henry het topje van de stylus op het doel te laten rusten. De schijf begon te draaien, en gedurende 20 seconden deed hij zijn best om de stylus in contact met het doel te houden. Ik nam de tijd op dat de stylus op het doel bleef en eveneens het aantal keren dat die los raakte. In de zeven dagen testen gingen Henry's scores vooruit, zij het minder dan bij de controledeelnemers. Na nog een week zonder oefening had hij deze vaardigheid behouden.

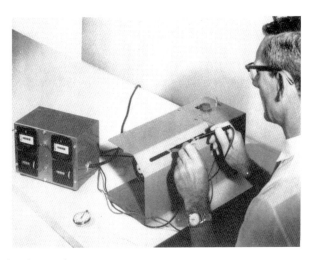

11. *De* bimanual tracking-*taak*
Henry's opdracht bij de *bimanual tracking*-taak was om contact met de sporen te houden terwijl de trommel 20 seconden ronddraaide. Deze taak was vooral moeilijk vanuit het perspectief van motorische beheersing: zijn hersenen moesten de bewegingen coördineren van zijn linker- en zijn rechterhand en van zijn ogen, die van het ene spoor naar het andere heen en weer bewogen. Hoewel Henry's scores lager waren dan die van de controledeelnemers, en hij minder constant was, vertoonde hij bij deze motorische leertaak opnieuw van proef tot proef een duidelijke verbetering.

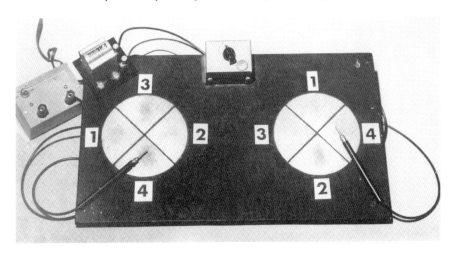

12. *De* tapping-*test*
Om de *tapping*-test te doen hield Henry een stylus in zijn rechterhand en tikte hij in de volgorde 1-2-3-4 op de cirkel rechts. Vervolgens tikte hij, met de stylus in zijn linkerhand, op de cirkel links in de volgorde 1-2-3-4. Daarna vroeg ik hem gelijktijdig op de twee doelen te tikken, wat extra moeilijk was omdat hij tegelijk op de twee 1-en, de 2-en enzovoorts moest tikken. Hij moest de bewegingen van zijn linker- en rechterhand coördineren, en omdat de locatie van de getallen op de twee cirkels afweek moest elke hand een eigen route volgen. Bij deze taak, waar hij zijn eigen tempo mocht bepalen, scoorde Henry even goed als de controledeelnemers, en toen ik hem na een pauze opnieuw testte, was hij sneller dan hij in eerste instantie was geweest.

13. *Sequence-learningtaak*
Voor de *sequence-learning*-taak vroegen we onze parkinsonpatiënten achter een computerscherm te gaan zitten en te kijken naar vier witte stipjes die horizontaal over de onderkant van het scherm waren gerangschikt. Bij elke proef verscheen er een wit vierkantje onder een van de vier stippen, en de opdracht van de deelnemer was om, zo snel mogelijk, op de toets te drukken die overeenkwam met de plaats van het vierkant. De patiënten en controledeelnemers wisten 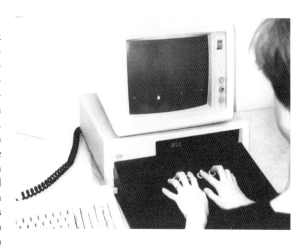 niet dat de vierkantjes verschenen in reeksen van tien die bij elke proef tien keer werden herhaald, voor in totaal honderd toetsaanslagen. Ons bleek dat parkinsonpatiënten in het vroege stadium en controledeelnemers de reeks leerden: hun reactietijden werden almaar sneller bij proeven die de herhaalde reeks bevatten, maar versnelden niet bij andere proeven met willekeurige reeksen. De huntingtonpatiënten vertoonden daarentegen dit niet-declaratieve leren niet.

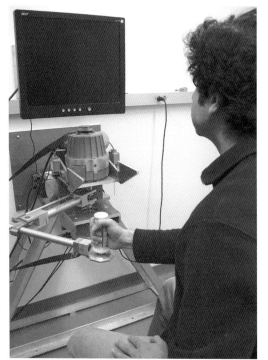

14. *Reiktaak*
Voor de reiktaak lieten we Henry losse doelen op het scherm zien en vroegen hem met de mechanische arm de cursor zo snel mogelijk naar die plaatsen te bewegen. Hij moest het doel binnen één seconde bereiken, en elke keer wanneer het hem lukte ontplofte het doel. Nadat Henry een paar minuten de cursor naar de doelen had bewogen, veranderden we de procedure zonder aankondiging. De mechanische arm legde druk op zijn hand, en duwde zijn bewegingen aan één kant uit de koers. Maar na oefening veranderde hij zijn motorische bevelen om de druk te compenseren en wist hij zijn hand weer snel in een rechte lijn naar de doelen te bewegen. We wisten dat Henry had geleerd de druk te compenseren, want toen we de druk plotseling lieten wegvallen, vertoonden zijn bewegingen grote fouten, gelijk aan het foutenpatroon van aan het begin van de oefening, maar dan omgekeerd.

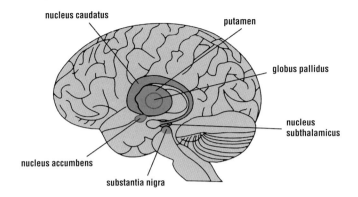

15. *Basale ganglia*
De basale ganglia zijn een reeks verspreid gelegen, met elkaar verbonden circuits die samenwerken met de hersenschors bij het regelen van houding, beweging en onbewust leren. De voornaamste structuren van de basala ganglia zijn het striatum (nucleus caudatus en putamen), de nucleus accumbens, de globus pallidus, de nucleus subthalamicus en de substantia nigra. De informatie stroomt in een lus van gebieden in de frontaalkwab en de pariëtale kwab door de basala ganglia en de thalamus, en dan weer terug naar de frontale cortex.

16. *Oogknipperconditioneringsproef*
Voor de oogknipperconditioneringsproef ging Henry in een gerieflijke stoel zitten en kreeg hij een hoofdband om met een luchtpufspuitje en monitor om te registreren wanneer hij met zijn ogen knipperde. We gaven hem deze instructies: 'Maak het jezelf maar gemakkelijk en ontspan. Van tijd tot tijd zul je een paar tonen horen en een zacht luchtpufje in je oog voelen. Als je zin hebt om te knipperen, doe dat dan. Laat je natuurlijke reacties het maar overnemen.' In een tijdsbestek van acht weken deed Henry twee soorten conditioneringstaken: *delay conditioning* en *trace conditioning*. Hoewel zijn prestatie achterbleef bij die van de controledeelnemer, vertoonde hij bij beide taken geconditioneerde reacties – een aanwijzing voor declaratief leren.

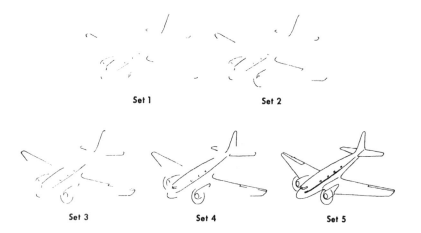

17. *Gollin*-test

Met de Gollin-test wordt perceptueel leren gemeten. Henry's taak bestond uit het bekijken van eenvoudige lijntekeningen van twintig gewone voorwerpen en dieren, zoals een vliegtuig en een eend. De test begon met een zeer schetsmatige weergave met een paar onderdelen van elk voorwerp, bijna niet te interpreteren, en eindigde met een complete, herkenbare afbeelding. Henry kreeg eerst de meest gefragmenteerde set te zien, één tekening tegelijk, allemaal ongeveer één seconde, en zei wat volgens hem de tekening voorstelde. Vervolgens kreeg hij sets steeds completere afbeeldingen te zien tot hij alle twintig dingen kon benoemen. Hij voltooide de test na vier rondes foutloos en opmerkelijk genoeg was hij iets nauwkeuriger dan de tien controledeelnemers. Een uur later kreeg Henry onaangekondigd dezelfde set afbeeldingen opnieuw te zien en hij bracht de fragmenten na minder rondes thuis. Hij had zonder expliciete kennis een perceptuele vaardigheid geleerd en die beklijfde – veilig opgeslagen in de behouden gebleven gebieden van zijn hersenschors.

18. *Patroon-priming*

De puntpatronen voor patroon-priming staan in kolom 1. Voorbeelden van de doelfiguren die Henry kopieerde staan in kolom 2. Een paar andere figuren die hadden kunnen worden getekend, zijn in de overige kolommen weergegeven. Als Henry een doelfiguur op een puntpatroon had gekopieerd, was later de kans groter dat hij die figuur op een puntpatroon tekende wanneer je hem vroeg te tekenen wat hij maar wilde. Bij drie verschillende vormen van de patroon-primingtest, hem in drie afzonderlijke testsessies voorgelegd, vertoonde Henry een normale mate van priming, wat getuigde van zijn intacte niet-declaratieve geheugen.

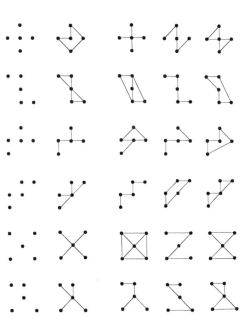

19a. *Brenda Milner, omstreeks 1957.*

19b. *William Beecher Scoville.*

20. Henry op vijfjarige leeftijd met zijn ouders.

21. Henry de dierenvriend.

22. *Henry voor zijn operatie.*

23. *Henry, 1958.*

24. *Henry met zijn ouders, na zijn operatie.*

25. *Henry, 1975.*

26. *Henry is klaar voor een test bij* MIT.

27. *Henry in het Bickford Health Care Center.*

a 1966

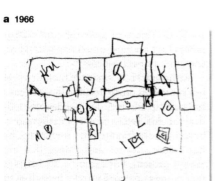

c

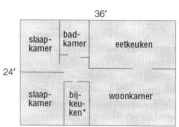

*hier bevinden zich verwarmingsketel en elektriciteit (huis rust op betonplaten)

b 1977

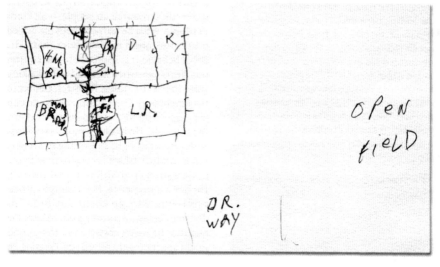

28. *Henry's tekening van de plattegrond van zijn huis.*

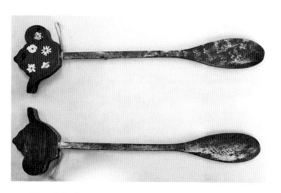

29. *Henry's lepel.*

heel falen om input van de zintuigen te integreren met commando's aan de spieren. Neem als voorbeeld typen op een toetsenbord. Bij deze vaardigheid krijgen we informatie uit diverse bronnen – het gevoel van de toetsen aan onze vingertoppen, de positie en de beweging van onze vingers en handen, en het visuele beeld van onze handen en het document op het computerscherm. Bij het typen combineren onze hersenen automatisch al deze input, ze zeggen tegen onze vingers hoe ze moeten bewegen om de juiste toetsen in de juiste volgorde te raken, en met voldoende kracht om de gewenste letters op het scherm te laten verschijnen. Gezonde mensen hebben er met oefening geen moeite mee deze complexe motorische vaardigheid te verwerven.

Een opvallend voorbeeld van het coördineren van sensorische en motorische circuits is prisma-adaptatie. Bij deze test dragen de deelnemers een bril met prisma's die het licht enkele graden naar links of rechts afbuigen, zo lijken voorwerpen ten opzichte van hun echte plaats meer naar links of naar rechts te staan. Voor de prisma's worden opgezet, oefenen de deelnemers het wijzen naar een doel met normaal zicht. Wanneer ze daarin bedreven zijn, vraagt de onderzoeker hun de prismabril te dragen. Daarmee verandert de visuele omgeving waarin het doel wordt gepresenteerd. Als de prismabril het doel iets naar links verplaatst, wijzen de deelnemers aanvankelijk rechts van het doel. Maar nadat ze een paar minuten hebben geoefend, actualiseren ze hun bewegingen en raken ze uiteindelijk het doel. Wanneer ze de prisma's afdoen en opnieuw wijzen, vertonen ze een nawerking van de adaptatie – ze wijzen in tegengestelde richting, wat aangeeft dat ze zich hadden aangepast aan de gewijzigde visuele informatie.

Onderzoek uit het eind van de jaren negentig droeg bij aan het blootleggen van de hersencircuits die nodig waren voor het adaptatieproces. Om het specifieke gebied te lokaliseren dat essentieel was voor de aanpassingen bij veranderingen in de visuele omgeving legden neurowetenschappers een prisma-adaptatietest voor aan patiënten met aandoeningen aan de kleine hersenen. In een experiment uit 1996 gooiden de deelnemers onder drie omstandigheden ballen naar een doel: voor het opzetten van de prisma's, terwijl ze die op hadden, en meteen nadat ze ze hadden afgezet. De onderzoekers beoordeelden het leren in dat laatste geval. Omdat door de prisma's het doel zich links leek te bevinden van waar het werkelijk was, gooiden de deelnemers aanvankelijk de ballen links van het doel. Na oefening gooiden ze geleidelijk steeds meer naar rechts, en de inslagpunten bewogen terug naar het midden van het doel. Na het afzetten van de prisma's bleven de controledeelnemers naar rechts van het doel gooien, alsof ze de prisma's nog op hadden, wat aangaf dat ze zich hadden aangepast aan de visuele verandering. Deze *negatieve nawerking* is de maatstaf voor leren. Bij de patiënten met aandoeningen aan de kleine hersenen was geen negatieve nawerking te zien, een overtuigend bewijs dat hun hersenen de door de prisma's veroorzaakte gewijzigde kaart niet hadden vastgehouden. Dit experiment toont dat de kleine hersenen twee soorten informatie integreren, perceptuele en motorische informatie, ter aanpassing aan wisselvalligheden in de visuele wereld.[21]

Opmerkelijk genoeg liet Henry, toen we hem halverwege de jaren negentig testten, een normale prisma-adaptatie zien, hoewel hij sterk aan atrofie van de kleine hersenen leed. De prisma-adaptatietest was ideaal om de effecten van de schade aan zijn kleine hersenen te testen op een vorm van niet-declaratief leren die ontstaat door interacties tussen hersencircuits die zich toeleggen op visuele waarneming en op beweging. In ons experiment werd bekeken of Henry's motorische stelsel zich kon aanpassen aan een situatie waarbij prisma's alles in zijn werkruimte elf graden naar links verplaatsten. Om deze visuele verandering te verkrijgen vroegen we hem glazen prisma's in een laboratoriumbril te dragen. Zijn opdracht was om snel met zijn rechterwijsvinger naar een verticale lijn op armlengte te wijzen, en dit onder drie omstandigheden: een basistoestand zonder prisma's, een blootstellingstoestand met prisma's, en een na-blootstellingstoestand zonder prisma's. In alle gevallen wees Henry naar negen verschillende doelen, een recht voor hem, en vier aan elke kant. We presenteerden elk doel vier keer in willekeurige volgorde. Bij elke proef registreerden we de positie van Henry's vinger en bepaalden dan hoe ver die van het doel af was. Evenals bij andere prisma-adaptatietests was de maatstaf voor leren de mate van negatieve nawerking in de na-blootstellingstoestand – hoe ver het punt dat hij aanraakte afweek van het doel.

Henry bracht het er net zo van af als de tien controledeelnemers. In de blootstellingstoestand kon hij duidelijk zien dat hij ver naar links van het doel wees en ging hij geleidelijk meer naar rechts wijzen om bij het doel uit te komen. Na het afzetten van de prisma's bleef hij rechts van elk doel wijzen alsof de prisma's er nog waren – een duidelijke aanwijzing voor een normale negatieve nawerking. Tijdens het experiment was er een succesvolle wisselwerking tussen de sensorische en motorische circuits in Henry's hersenen bij dit niet-declaratieve leren.

Hoewel we nog niet weten welke overgebleven functie in zijn kleine hersenen Henry's goede prestatie ondersteunde, hopen we deze resultaten beter te begrijpen door zijn nagelaten hersenen te onderzoeken. Misschien dat we dan de specifieke circuits in de kleine hersenen kunnen thuisbrengen die intact waren gebleven. Met name interessant zijn structuren die informatie naar de kleine hersenen overbrengen – de diepe kernen. Als die gespaard bleven, zorgden ze mogelijk voor de bij prisma-adaptatie benodigde machinerie. Het achterhalen van het anatomische substraat voor prisma-adaptatie zal een belangrijke vooruitgang zijn.

In ons onderzoek naar het leren van motorische vaardigheden bleek er een contrast tussen Henry's prestaties en die van andere patiënten met schade aan gebieden buiten het mediale deel van de temporaalkwab. We achterhaalden dat het leren van motorische vaardigheden en het declaratieve geheugen aan verschillende compartimenten in de hersenen is toebedeeld. Het gebied van de hippocampus bevat de circuits die essentieel zijn voor het herinneren en herkennen van feiten en gebeurtenissen, maar niet voor het leren van nieuwe motorische vaardigheden. Daarentegen zijn circuits in de nucleus caudatus, het putamen en de kleine hersenen noodzakelijk voor het leren van motorische vaardigheden, maar niet voor het terughalen van feiten en gebeurtenissen.

Hoewel Henry in het laboratorium nieuwe vaardigheden kon verwerven, had hij van dit vermogen in zijn dagelijkse leven weinig profijt, afgezien van het leren lopen met een rek. De symptomen die, naast zijn epilepsie, door de schade aan zijn kleine hersenen waren ontstaan, waren niet bevorderlijk om te gaan dansen of om nieuwe sporten te leren. Hij speelde wel croquet, maar we weten niet of door oefening zijn spel verbeterde.

Geleerden hebben niet alleen patiënten met hersenschade bestudeerd om de neurale architectuur van motorische vaardigheden te deconstrueren, ze zijn ook met theoretische modellen gekomen die moeten verklaren hoe de hersenen leren en vervolgens deze taken uitvoeren. In 1994 zorgden de neurowetenschappers Reza Shadmehr en Ferdinando Mussa-Ivaldi op het MIT voor een grote doorbraak in de kennis van het motorische geheugen: ze kwamen met het idee dat wanneer het lichaam reikende bewegingen maakt het motorische regelsysteem zich aanpast aan onvoorziene veranderingen in de omgeving. De hersenen doen dit door een *innerlijk model* te construeren dat, door ervaring, de krachten in de omgeving inschat – het duwen en trekken. Het concept van een innerlijk model is een populaire verklaring geworden voor hoe de hersenen zich geleerde vaardigheden voorstellen en die veranderen.[22]

Stel je, om innerlijke modellen te begrijpen, voor dat je dorst hebt. Je schenkt een glas water in, pakt het, brengt het naar je lippen en drinkt. Deze simpele handeling, die je vele keren op allerlei plaatsen hebt verricht, is minder ongecompliceerd dan die lijkt. Voor je je arm beweegt, ontvangen en verwerken je hersenen elementaire informatie over het glas: de vorm ervan, hoe zwaar het waarschijnlijk zal zijn, waar het zich bevindt, en waar je hand is. De moeilijkheid voor je hersenen is om de locatie van het glas op tafel en je doel, het glas pakken, te vertalen in het patroon van spieractiviteit dat nodig is om het glas naar je lippen te brengen. We zijn in de loop van de dag voortdurend bezig met dit soort motorische beheersing – onze tanden poetsen, met mes en vork eten, autorijden, surfen op internet. In ons leven reageren we op talloze verschillende voorwerpen in enorm veel omgevingen, en elke keer moeten onze hersenen informatie van onze zintuigen in beweging omzetten. Gelukkig kunnen ze zich gemakkelijk aanpassen aan overgangen van de ene situatie naar de andere.

Innerlijke modellen stellen circuits in de hersenen voor die de relatie verwerken tussen de beweging van de hand en de motorische commando's. Een *invers model* belichaamt bijvoorbeeld de relatie tussen de gewenste beweging van de hand en de vereiste motorische output om deze beweging tot stand te brengen. Dit soort innerlijk model is een belangrijk onderdeel van een systeem dat je hand kan sturen bij het pakken van het glas. Door een ander type innerlijk model, een *voorwaarts model*, kunnen de hersenen de waarschijnlijke uitkomsten voorspellen van een motorisch commando en de noodzakelijke commando's uitkiezen om bepaalde motorische taken met succes uit te voeren – in ons geval water drinken. In 1998 nam een neurowetenschapper uit Japan, in samenwerking met een collega uit Londen, het idee van innerlijke modellen over en stelde dat het verwerven van een nieuwe motorische taak afhangt van het vestigen van zulke modellen voor motorische opdrachten. Motorisch leren is een proces van de ruimtelijke karakteristieken van het doel of de beweging vertalen in een toepasselijk patroon van spieractiveringen.[23]

Deze neurowetenschappers opperden dat de twee soorten innerlijke modellen samenwerken om te volgen wat we in feite doen en een mentaal beeld te creëren van de beweging die we willen bereiken. Het ene model stelt het verband vast tussen motorische output (naar het glas reiken en het pakken) en de daaruit voortvloeiende sensorische input (het glas, en de positie en snelheid van je arm). Dit model doet stap voor stap voorspellingen over de volgende positie en snelheid van je arm, gezien de huidige toestand van je arm en het reikcommando (ga naar het glas). Het andere model zorgt voor het eigenlijke motorische commando dat nodig is om het glas te pakken.[24]

Wanneer deze twee inwendige modellen op elkaar inwerken, vergelijken je hersenen de feitelijke toestand van je arm met de verlangde staat van je arm; de discrepantie verschaft essentiële informatie over fouten bij wat je doet. Foutmeldingen vergemakkelijken het leren doordat ze aangeven hoe je de beweging moet aanpassen om fouten te verminderen en het gewenste doel te bereiken. De hersenen kunnen op basis van informatie over de context (een nieuwe locatie van het glas) of van informatie over fouten (sensomotorische feedback over de nauwkeurigheid) overschakelen van het ene innerlijke model op het andere. Dit mechanisme om over te schakelen garandeert een flexibele aanpassing in een voortdurend en snel veranderende omgeving.[25]

Toen Henry leerde een ster over te trekken terwijl hij het patroon, de stylus en zijn hand alleen in spiegelbeeld zag, was hij in zijn hersenen nieuwe innerlijke modellen aan het opbouwen die de relatie weergaven tussen wat hij te zien kreeg en hoe zijn potlood bewoog. Deze nieuwe innerlijke modellen hadden circuits in zijn hersenen ingewijd en verstoorden dus niet alle andere motorische taken die hij eerder had geleerd. In het alledaagse leven vergaren we een heleboel van zulke innerlijke modellen om een enorm repertoire aan complex motorisch gedrag op te bouwen.

Op basis van informaticamodellen, cognitieve wetenschap en neurofysiologie voorspelden onderzoekers in het Japanse Kyoto dat innerlijke modellen voornamelijk in de kleine hersenen worden gevormd en opgeslagen. Deze grote, gecompliceerde structuur is berekend op deze taak omdat het over het fysiologische vermogen beschikt om de gewenste beweging met de eigenlijke beweging te vergelijken, en vervolgens om dit verschil – een foutsignaal – te gebruiken om de volgende beweging te sturen.

In 2007 verkregen de Japanse onderzoekers, toen ze deze hypothese toetsten met functioneel MRI-onderzoek, de eerste fysiologische aanwijzing dat innerlijke modellen in de kleine hersenen worden gevormd. Deze wetenschappers voerden een reeks experimenten uit waarbij de deelnemers een volgtaak deden: een computermuis bewegen om de cursor op een doel te houden dat willekeurig op een computerscherm bewoog. In de basissituatie stond de muis in de normale richting, maar in de testsituatie was die honderdtwintig graden gedraaid, waardoor de relatie tussen de muis en de cursor veranderde. De deelnemers werden zo gedwongen te leren de muis op een nieuwe manier te besturen. Er waren elf oefensessies, met functionele MRI-scans bij de sessies met een oneven nummer om van begin tot eind de met het leerproces verbonden neurale activiteit vast te leggen.

Tijdens de test ontdekten de onderzoekers twee afzonderlijke actieve gebieden in de kleine hersenen. Het ene was een met fouten samenhangende regio waar de neurale activiteit afnam als het leren vorderde en het volgen nauwkeuriger verliep. Het tweede gebied was niet met fouten bij het volgen verbonden; het was een met innerlijke modellen verbonden gebied waar de activiteit zich bleef voordoen tot aan het eind van het oefenen. Het leek de plek waar een duurzaam innerlijk model van de nieuwe volgvaardigheid was opgeslagen. De neurale activering voor het leren van deze motorische taak trad in allerlei gebieden aan beide kanten van de kleine hersenen op. Sommige van deze gebieden krijgen nuttige informatie van de frontaalkwab en de pariëtale kwab over planning, strategie en reikbewegingen.[26]

Gezien de aanwijzingen over de essentiële rol van de kleine hersenen bij het leren van motorische vaardigheden verraste het me dat Henry, bij wie de kleine hersenen ernstig waren beschadigd door zijn medicijnen, het er zo goed afbracht bij de spiegeltest, rotor-pursuit en bimanual tracking. Mijn eerste onderzoeken waren beperkt geweest omdat ze slechts een ruwe maatstaf boden van Henry's prestaties – hoeveel fouten hij maakte en hoeveel tijd het hem kostte om een taak te volbrengen. Ik wilde meer inzicht in hoe Henry's hersenen zijn bewegingen regelden tijdens het proces om een vaardigheid te leren. In 1998 stelde een opwindende en vruchtbare samenwerking met Shadmehr, een onderzoeker van John Hopkins University, ons in staat de motorische geheugenprocessen bij Henry tijdens het leren gedetailleerder te onderzoeken. Shadmehr was postdoctoraal assistent op mijn afdeling geweest en ik was onder de indruk van zijn onderzoek en kennis op het gebied van regeling van de motoriek. Dus nodigde ik hem en twee van zijn studenten uit naar MIT te komen om een experiment over het leren van vaardigheden te doen.

De motivatie voor ons experiment was een studie uit 1996 waarin men liet zien dat *consolidatie* van de ervaring van motorisch leren na het leren voortduurt. Dat inzicht was afkomstig van onderzoek naar het consolideren van motorische herinneringen bij gezonde jonge volwassenen. Wanneer de deelnemers een motorische vaardigheid verrichtten die ze in een vorige sessie hadden getraind, presteerden ze onmiddellijk beter dan aan het eind van de laatste oefensessies, wat aangaf dat de herinnering in de tussentijd was verbeterd. Maar deze winst werd verstoord wanneer de deelnemers opdracht kregen om meteen na de eerste een tweede motorische taak te leren. Het consolideren van de eerste taak werd ontregeld door de tussenkomst van de tweede taak. Daarentegen bleef verstoring uit wanneer er tussen het leren van de twee taken vier uur verstreken. Het onderzoek wekt de indruk dat consolideren bij motorisch herinneren snel verloopt – slechts vier uur na de oefening was de herinnering aan een nieuwe vaardigheid van een eerste fragiele staat omgezet in een meer solide staat. Dit snelle tijdsverloop contrasteert met het consolideren van declaratieve herinneringen, waar jaren overheen kunnen gaan.[27]

Deze ontdekking uit het laboratorium zie je vaak in persoonlijke ervaringen terug. Een van mijn redacteuren zegt tegen haar skileraren dat ze maar één nieuwe vaardigheid per les kan leren. Als ze proberen haar twee of meer dingen te leren, leert ze helemaal niets, omdat het consolideren van de ene nieuwe vaardigheid wordt verstoord door op een andere vaardigheid over te schakelen.

Door Shadmehrs experiment uit 1996 met gezonde jonge volwassenen rezen belangrijke vragen over het leren van vaardigheden. Vergt het consolideren van motorische herinneringen dat de deelnemers zich declaratieve informatie over de taak herinneren? Moet het mediale deel van de temporaalkwab normaal functioneren wil het verstoringseffect zich voordoen? Omdat bij de jonge volwassenen die we bestudeerden het declaratieve geheugen functioneerde, moesten de antwoorden komen van een deelnemer met een geheugenstoornis. Een onderzoek van Henry, wiens declaratieve geheugen was gedecimeerd, kon ons met zekerheid duidelijk maken of deze bron van kennis relevant was. Het was de eerste keer dat het verstoringsproces van motorische herinneringen bij amnesiepatiënten werd onderzocht. Als het declaratieve geheugen geen rol speelde bij het verstoren van motorische herinneringen na training, dan zouden de consequenties van het leren van verschillende motorische vaardigheden voor Henry en voor de controledeelnemers gelijk moeten zijn.[28]

Tijdens een experiment van twee dagen bekeken we Henry's vermogen om een nieuwe motorische vaardigheid te leren. Het ging niet om een videospel, maar de taak leek op het Wii-spel *Link's Crossbow Training*, waarbij spelers op de roos schieten wanneer die op het scherm verschijnt. Aanvankelijk staan de doelen stil, en wanneer de speler een doel raakt explodeert dat. Later in het spel beweegt de roos, wat de taak moeilijker maakt. Bij ons experiment met Henry stonden de doelen altijd stil. Nadat hij handigheid had gekregen in het recht op de doelen vuren, kwamen we met een onverwachte verandering: we verwarden mechanisch zijn arm, zodat hij uit de koers raakte. We wilden weten of, met oefening, zijn bewegingen naar het doel weer recht zouden worden.

Het apparaat voor de taak was een mechanische arm met een videomonitor er vlak boven (zie afb. 14). Toen de onderzoekers Henry net voor de arm hadden gezet, zat hij net als alle onervaren vrijwilligers stil zonder de machine aan te raken. Ze vroegen hem de hendel van de mechanische arm te grijpen en die een beetje te bewegen om eraan gewend te raken. In het begin bleef hij bij het bewegen van de hendel zijn blik op zijn hand gericht houden, maar toen zeiden ze tegen hem dat hij naar de monitor moest kijken, waar een cursor aanwezig was. Nadat Henry een minuut of wat de cursor rond had bewogen, verlichtten de onderzoekers een doel op het midden van het scherm en vroegen hem de cursor naar die locatie te bewegen. Toen lieten ze hem andere afzonderlijke doelen zien en vroegen hem de cursor zo snel mogelijk naar deze plaatsen te bewegen. Hij moest elk doel binnen een seconde bereiken. Elke keer wanneer het hem lukte, ontplofte het doel.

Bij Henry riep het ontploffen van het doel jeugdherinneringen op aan de jacht op klein wild. Terwijl hij de taak deed en een heleboel explosies scoorde, beschreef hij deze geliefde herinneringen nauwkeurig – het soort wapen dat hij gebruikte, de veranda aan de achterkant van het huis uit zijn jeugd, het beboste gebied in zijn achtertuin en het soort vogels waarop hij jaagde. Glimlachend en opgewonden herhaalde hij deze feiten tijdens het experiment van twee dagen vele malen. Het was emotioneel gezien een vrolijke ervaring voor hem.[29]

Nadat Henry een paar minuten de cursor naar de doelen had bewogen, veranderden we de procedure zonder aankondiging. De mechanische arm legde druk op zijn hand, en duwde zijn bewegingen aan één kant uit de koers. Dus in plaats van in een rechte lijn naar het doel te bewegen zwenkte zijn hand. Maar na oefening veranderde hij zijn motorische bevelen om de druk te compenseren en wist hij zijn hand weer snel in een rechte lijn naar de doelen te bewegen. Steeds haalde hij het tijdsdoel van 1,2 seconde of minder. Zijn hersenen bouwden een innerlijk model van de vaardigheid die hem in staat stelde de kracht in de mechanische arm te schatten en aan dat effect tegenwicht te bieden. Het was evident dat hij leerde de druk te compenseren: toen de onderzoekers de druk plotseling lieten wegvallen, vertoonden zijn bewegingen grote fouten, gelijk aan het foutenpatroon van aan het begin van de oefening, maar dan omgekeerd. Aan het eind van de sessie bedankten de onderzoekers Henry beleefd voor zijn tijd en hij vertrok voor de lunch.[30]

Vier uur later, toen Henry terugkeerde in de testruimte, was hij het apparaat en het experiment volkomen vergeten. De onderzoekers duwden de mechanische arm opzij en vroegen Henry te gaan zitten. Hij ging zitten, en toen gebeurde er iets interessants en onverwachts. Anders dan de eerste keer dat hij met het toestel werd geconfronteerd, stak hij deze keer uit vrije wil zijn arm uit, greep de hendel, bracht die naar zich toe en keek naar de videomonitor in de verwachting een doel te zien. Hoewel hij zich niet bewust herinnerde de taak eerder te hebben gedaan, begreep een deel van Henry's hersenen kennelijk dat het geval een instrument was waarmee hij een cursor op de monitor kon bewegen. Toen er een doel werd gepresenteerd, vertoonde hij een sterke nawerking van de vorige training. Omdat zijn hersenen verwachtten dat de mechanische arm net als eerder zijn bewegingen in de war zou brengen, wekten ze motorische commando's op om deze druk te compenseren, en hij bewoog de hendel naar het doel alsof de druk er nog was. De motorische herinnering behelsde veel meer dan weten hoe een apparaat te bedienen, er hoorde ook informatie bij over de beloning die wachtte. Zoiets als: 'Wanneer ik de hendel vlug beweeg, gebeurt er iets leuks.' Het zien en aanraken van de mechanische arm volstonden om een motorische handeling aan te moedigen die volgens Henry een beloning opleverde. Als in de eerste sessie het gebruiken van de mechanische arm gepaard was gegaan met een schok of een andere nare prikkel, dan was Henry er waarschijnlijk niet happig op geweest het toestel nog eens te gebruiken.[31]

Henry's optreden bij de reiktaak liet zien dat zijn brein drie belangrijke inzichten had gekregen, allemaal zonder bewust besef en zonder het mediale deel van zijn temporaalkwab te gebruiken. Ten eerste leerde hij, tijdens de eerste oefensessie, een nieuw apparaat te gebruiken om een bepaald doel te bereiken, zonder én met de verstorende druk. In de tweede plaats volstond, wanneer hij uren later werd getest, het zien van het apparaat om het vrijwillig te gaan gebruiken, wat erop wees dat Henry de mogelijke beloningen die aan het gebruik van het apparaat waren gekoppeld had geleerd en opgeslagen – de uitdaging om de explosie te krijgen. In de derde plaats volstond het zien en het vasthouden van het apparaat om hem onbewust zowel het doel van het apparaat te laten herinneren als de benodigde motorische commando's om dat doel te bereiken – ook al was dezelfde visuele en tactiele informatie onvoldoende om een bewuste herinnering op te wekken dat hij deze taak eerder had gedaan.[32]

Anders dan bij de eerdere proeven met het leren van motorische vaardigheden, waarbij de rotor-pursuittest, bimanual tracking en de tappingtest waren gebruikt, konden we door het experiment met de mechanische arm twee aspecten van motorische beheersing afzonderlijk bekijken: *kinematica* en *dynamica*. Kinematica houdt zich bezig met de snelheid van de beweging, veranderingen in snelheid en richting van de beweging, terwijl dynamica zich bezighoudt met het effect van druk op de beweging. Hoewel Henry flinke problemen had met het leren van de kinematica van de taak, leerde hij uiteindelijk dat hij de arm van zichzelf weg moest bewegen om de cursor op het scherm omhoog te laten gaan en naar zichzelf toe om de cursor omlaag te laten gaan. Hij wist ook de opgelegde druk (de dynamica) te compenseren en zijn hand in een rechte lijn naar de doelen te bewegen. Het ging er in ons experiment om te bekijken of Henry's beschadigde declaratieve geheugen enige invloed zou hebben op het verwerven van deze complexe motorische vaardigheden. Opmerkelijk genoeg was dat niet het geval. Evenals bij de controledeelnemers konden zijn hersenen nieuwe innerlijke modellen bouwen ter ondersteuning van het leren van deze motorische vaardigheden.

Milners baanbrekende ontdekking uit 1962 dat Henry een nieuwe motorische vaardigheid kon leren was een enorme vooruitgang, die een nieuwe ingang bood om te begrijpen hoe wij niet-declaratieve herinneringen verwerven en vasthouden. Sindsdien hebben onderzoekers duizenden experimenten bedacht om duidelijkheid te krijgen over de cognitieve en neurale processen die dit soort geheugen ondersteunen. Momenteel richten de experimenten zich op de cellulaire en moleculaire mechanismen van neuroplasticiteit in de hersencircuits die aan het leren van vaardigheden ten grondslag liggen. Als dit onderzoek meer kennis oplevert, wordt misschien de richting gewezen om ziekten als huntington en parkinson te kunnen behandelen.

Omdat beweging een fundamentele voorwaarde is voor interactie met de wereld, zijn motorische vaardigheden essentieel voor onze onafhankelijkheid. Raadselachtig aan motorische vaardigheden is hoe we ze zo snel en zonder veel nadenken kunnen verrichten. Aanvankelijk is er wanneer we een nieuwe vaardigheid leren veel concentratie en inspanning vereist om de uitvoering te beheersen. Op den duur verlopen vaardigheden die we verwerven steeds meer automatisch; ze vergen veel minder geestelijke inzet. Onderzoekers hebben bekeken hoe nieuwe motorische vaardigheden een automatisme worden, en met beeldvormende technieken kunnen we zien hoe de hersenactiviteit verandert wanneer mensen een vaardigheid leren.

Maar er blijft een grote lacune in de wetenschappelijke kennis. Hoe coördineren motorische mechanismen in verschillende delen van de hersenen – de primaire motorische schors, het striatum en de kleine hersenen – hun eigen bijdragen om het complexe motorische leren onder de knie te krijgen dat in onze voortdurend veranderende wereld is vereist? Functioneel MRI-onderzoek lijkt veelbelovend om de afzonderlijke processen te kunnen analyseren die verschillende vormen van het leren van vaardigheden regelen en om te kunnen beschrijven wanneer en hoe de diverse netwerken in de hersenen samenwerken. Deze studies wijzen uit dat bij motorisch leren allerlei gebieden in de hersenschors worden ingezet, wat doet vermoeden dat een breed netwerk van motorische en niet-motorische gebieden het verwerven van vaardigheden ondersteunt (zie afb. 15).

Elke sportieve vaardigheid – dribbelen met een voetbal, scoren met een vrije worp, een ace serveren – vergt veel training. De steeds betere prestatie is gekoppeld aan veranderingen in de hersenen. In 1998 begon een team neurowetenschappers van het National Institute of Mental Health aan een onderzoek naar de neurale veranderingen die bij voortdurende oefening optreden. Ze wilden achterhalen hoeveel oefening nodig is eer zich zichtbare veranderingen voordoen bij het verwerven van vaardigheden. Ze kozen voor de primaire motorische schors, een strook aan de achterkant van de frontaalkwab die neurale codes uitzendt voor bewegingen, als hun aandachtsgebied, want dit gebied regelt opzettelijke bewegingen en ondersteunt ook motorisch leren. De onderzoekers vroegen gezonde volwassenen een aantal weken reeksen vingerbewegingen te oefenen. De deelnemers lieten hun duim een voor een de andere vier vingers raken in een bepaalde volgorde: pink, wijsvinger, ringvinger, middelvinger en pink. Ze oefenden deze reeks vijf weken lang elke dag tien tot twintig minuten, en in de loop van de weken voltooiden ze in elke test van 30 seconden meer reeksen en maakten ze minder fouten.[33]

Om vast te leggen wat er in hun hersenen gebeurde, deden de onderzoekers één keer per week een functioneel MRI-onderzoek. Daarbij voerden de deelnemers de reeks in een MRI-scanner uit. Op de MRI-beelden was een activering te zien in het 'handgebied' van hun primaire motorische schors. Die nam toe bij het verbeteren van de vaardigheid en de verandering hield een aantal maanden aan. Deze ontdekking bood aanwijzingen dat als je een motorische vaardigheid uitvoert meer motorische neuronen worden aangemoedigd actief te worden en ze betrokken raken bij het bepaalde hersencircuit dat de geleerde motorische reeks vertegenwoordigt. Dit onweerlegbare bewijs van neurale plasticiteit in hersenen van volwassenen vertegenwoordigt misschien het soort verandering dat verantwoordelijk is voor het leren van motorische vaardigheden. De belangrijkste functie van de primaire motorische schors is onze spieren te vertellen wat ze moeten doen, maar daarnaast kan neuronale activiteit in dit gebied tijdens motorisch leren de synaptische sterkte veranderen – het vermogen van een cel om de synaptische partnercellen te prikkelen – en daarmee de geheugenconsolidatie bevorderen. De neurale circuits in de primaire motorische schors zijn gedurende de verwerving, het consolideren en het terughalen van motorische vaardigheden van moment tot moment aanpasbaar.[34]

We lieten in het lab zien dat Henry diverse motorische vaardigheden kon verwerven, bijvoorbeeld de spiegeltest, de rotor-pursuittest en bimanual tracking. Waarschijnlijk speelde zijn normale primaire motorische schors een rol bij zijn vermogen deze nieuwe motorische vaardigheden te verwerven en in het dagelijkse leven bij het behendig gebruiken van zijn looprek. Maar het is ook mogelijk dat zich nuttige veranderingen voordeden in andere gebieden van Henry's hersenen – sommige van die gebieden hielden zich met motoriek bezig en andere met cognitieve processen.

Motorisch leren verloopt gewoonlijk langzaam en vergt vele oefensessies, en de complexe mechanismen die het verwerven van vaardigheden ondersteunen veranderen tijdens het leerproces. Door oefening opgewekte plasticiteit is te zien in de uitbreiding van de grijze stof, de cellichamen van neuronen, en van de witte stof, de vezelgebieden die verschillende groepen cellen verbinden. In het begin zijn de primaire motorische schors en de aangrenzende motorische gebieden paraat, met een verhoogde activiteit in de prefrontale cortex, de pariëtale cortex en de kleine hersenen. Later, wanneer de bewegingen van de vaardigheid automatischer worden, is bij het leren nog steeds de primaire motorische schors betrokken, en daarnaast het striatum en de kleine hersenen. Voorstellingen van bewegingen breiden zich uit in de motorische cortex en andere gebieden in de schors die gespecialiseerd zijn in planning, het waarnemen van beweging, het regelen van oogbewegingen en het berekenen van ruimtelijke verhoudingen. Deze gebieden werken samen om motorische herinneringen te vormen. Allerlei circuits her en der in de hersenen zijn betrokken bij het leren van motorische vaardigheden, maar zoals Henry ons liet zien zijn die in het mediale deel van de temporaalkwab niet nodig.[35]

Moderne instrumenten om de hersenen in beeld te brengen hebben ons in staat gesteld bij gezonde mensen te bekijken wat de essentiële circuits doen tijdens het oefenen. Onderzoekers wilden weten welke gebieden actief zijn wanneer mensen zich bij een bepaalde taak van beginneling tot expert ontwikkelen. In 2005 maakten neurowetenschappers gebruik van functioneel MRI-onderzoek om te laten zien dat wanneer deelnemers een uitgebreide training kregen bij een sequence-learningtaak (de taak van Nissen en Bullemer, eerder beschreven) hun hersenactiviteit in het beginnersstadium afweek van die in het latere, automatische stadium. Aanvankelijk waren gebieden in de prefrontale cortex en in een diep motorisch gebied, de nucleus caudatus, zeer actief, maar deze activiteit nam af wanneer door oefenen het optreden automatisch ging verlopen, wat wees op minder afhankelijkheid van cognitieve regelprocessen. De ontdekking dat het striatum (nucleus caudatus en putamen) een sleutelrol speelt bij het verwerven van kennis van motorische reeksen strookt met de ontdekking dat bij parkinson en huntington, die allebei het striatum beschadigen, problemen rijzen bij motorisch leren.[36]

Vanuit de gedachte dat leren geleidelijk verloopt, van de ene oefensessie naar de andere, deden in 2010 twee neurowetenschappers van Concordia University in Montreal een ambitieus onderzoek. Ze beschreven de veranderingen in hersenactiviteit tijdens vijf achtereenvolgende dagen vaardigheidsverwerving. Het was niet nodig de deelnemers bij elke oefensessie te scannen, ze deden dus dezelfde motorische leertaak op de dagen één, twee en vijf in de scanner, en buiten de scanner op de dagen drie en vier. De onderzoekers ontdekten dat, naarmate de prestatie verbeterde, diverse in het begin actieve motorische gebieden minder actief werden. Deze afname deed zich misschien voor omdat de hersenen minder aandacht besteedden aan herhaalde prikkels en niet langer fouten hoefden te verbeteren nu het leren vorderde. Tegelijk vertoonden gebiedjes in de primaire motorische schors en de kleine hersenen een toenemende activiteit nu er vooruitgang was.[37]

Deze hoekjes met toenemende activiteit in een netwerk waar in het algemeen de activiteit afnam zouden de gebieden kunnen vertegenwoordigen waar motorische herinneringen uiteindelijk worden opgeslagen. De onderzoekers speculeerden dat afzonderlijke groepen neuronen in de primaire motorische schors verschillende facetten van het leren van motorische reeksen coderen en uitdrukken. De ene groep neuronen, die wordt geactiveerd door fouten, is gewijd aan *snel leren*; de groep spreekt met een netwerk van het declaratieve geheugen. De andere groep, die verzet vertoont tegen vergeten, is gespecialiseerd in *geleidelijk leren*; deze neuronen spreken met een netwerk dat zich toelegt op het leren van procedures – hóe het moet. Deze twee groepen neuronen werken samen.

We hebben inmiddels overtuigende aanwijzingen dat de evolutie van een complexe vaardigheid van beginneling tot expert niet één proces is. Er zijn verschillende tijdschalen werkzaam in het motorische geheugen, en hun bijdragen veranderen op den duur. Doordat we afzonderlijke processen weten te onderscheiden kunnen we Henry's optreden bij de reiktaak beter begrijpen, toen hij de extra druk in de mechanische arm moest compenseren. Hoewel hij de vaardigheid kon vasthouden, bleef zijn leertempo achter bij dat van de controledeelnemers. Door de resultaten van het functionele MRI-onderzoek uit 2010 kreeg ik het vermoeden dat Henry's langzame vorderingen te wijten waren aan zijn beschadigde kleine hersenen, die in een gezond brein een belangrijke bijdrage leveren aan de vroege stadia van leren.

Voor de meesten van ons zijn de processen in het niet-declaratieve en het declaratieve geheugen verweven. Je kunt misschien niet beschrijven wat je doet als je fietst, maar je kunt terugdenken aan de dagen toen je met zijwieltjes reed, of toen een ouder voor het eerst de achterkant van je fiets losliet en je helemaal zelf liet rijden. Vaardigheden, ervaringen en kennis hangen allemaal samen. Wat fascinerend blijft aan het geval-Henry is dat het liet zien dat in de hersenen een vaardigheid tot bloei kon komen, ook al was de ervaring erachter onherstelbaar verloren.

9
Geheugen zonder herinnering II – klassieke conditionering, perceptueel leren en priming

Vanaf halverwege de jaren tachtig tot eind jaren negentig waren leden van mijn lab en ik voortdurend bezig met onderzoek naar de aard van aangeleerd gedrag. We bedachten, in een brede theoretische context, nieuwe experimenten om de verschillende cognitieve en neurale mechanismen te ontrafelen die verantwoordelijk zijn voor het niet-declaratieve geheugen. Zoals we hebben gezien, kon Henry onbewust nieuwe motorische vaardigheden verwerven. We ontdekten verder dat hij met succes andere niet-declaratieve geheugentaken kon verrichten. Bij onze onderzoeken naar *klassieke conditionering, perceptueel leren* en *repetitie-priming* liet Henry door het uitvoeren van de taken en niet door bewust declaratief geheugen zien wat hij had geleerd. Zijn handigheid gaf aan dat deze vormen van onbewust leren, net als motorisch leren, verlopen via hersencircuits buiten het mediale deel van de temporaalkwab. Henry speelde een belangrijke rol in hoe het denken over al deze vormen van niet-declaratieve kennis zich ontwikkelde.

In deze periode waren mijn collega's en ik gaan beseffen dat Henry als onderzoeksdeelnemer van onschatbare waarde was. Het bleef ons verbazen hoeveel verschillende contemporaine wetenschappelijke ontdekkingen konden worden verbonden met, of versterkt door, nader onderzoek met hem. Ons onderzoek met Henry was zonder meer een zegen voor de reputatie van mijn lab. Hoewel onze publicaties met zijn resultaten slechts 22 procent van onze totale output vormden, trokken deze artikelen veel aandacht en werden ze veel geciteerd, en dat is zo gebleven.

Klassieke conditionering is een aangeleerd gedrag dat een reflex benut, zoals speekselvorming, de kniereflex of oogknipperen. Deze vorm van niet-declaratief leren is tientallen jaren een waardevol instrument geweest voor onderzoek bij mens en dier. Bij experimenten met klassieke conditionering wordt iets neutraals, zoals het geluid van een bel, herhaaldelijk gepaard aan iets anders, zoals eten, dat waarschijnlijk tot een reflex leidt, zoals speekselvorming. Uiteindelijk lokt het geluid van de bel op zichzelf de reflex uit. Wanneer het proefdier als reactie op de bel speeksel gaat vormen, weten we dat tijdens de diverse presentaties van de bel mét het eten het dier heeft geleerd de twee te verbinden.

De Russische fysioloog Ivan Pavlov ontdekte klassieke conditionering aan het begin van de twintigste eeuw toen hij de spijsvertering van honden onderzocht. Bij zijn techniek om dit verschijnsel op te wekken benutte hij een eenvoudige reflex: wanneer een dier eten in de bek heeft, vormt het speeksel. Pavlov was zo vernuftig op te merken dat net zo'n reflex kon worden opgewekt door de geur van het eten, door het zien van de persoon die het eten bracht en zelfs door het geluid van de voetstappen van die persoon. De honden leerden dat deze sensorische wenken betekenden dat het eten eraan kwam. Bij Pavlovs experimenten drukte zijn assistent vlak voor de honden hun eten kregen op een deurbel. Nadat ze herhaaldelijk aan deze gepaarde prikkels waren blootgesteld – de bel en het neerzetten van het eten – vormden de honden speeksel wanneer ze de bel hoorden, wat aangaf dat ze hadden geleerd het geluid met eten te verbinden.[1]

Koppelingen leggen tussen dingen en emoties is een geliefde strategie in de reclamewereld. Denk aan reclame voor een Caraïbisch resort vol mooie, glimlachende stellen die bij zonsondergang over het strand wandelen, met tropische vissen zwemmen en lekker worden gemasseerd. Als we beslissen om op vakantie naar de tropen te gaan, zullen we waarschijnlijk voor het resort kiezen dat we, door conditionering, met plezier en romantiek hebben leren te verbinden.

Mijn collega's en ik wisten uit vorige experimenten dat zowel de hippocampus als de kleine hersenen een rol spelen bij de vorming van geconditioneerde reacties, maar we wilden testen hoe belangrijk elk gebied was voor dit soort leren. Onze redenering was dat als Henry zonder functionerende hippocampus geconditioneerde reacties op prikkels vertoonde, dan waarschijnlijk de resten van zijn kleine hersenen het leren regelden. Als Henry geen geconditioneerde reacties vertoonde, zou het resultaat niet te interpreteren zijn: we zouden niet weten of de schade aan zijn hippocampus, aan zijn kleine hersenen of aan allebei het probleem veroorzaakte. Al het neurologische onderzoek dat Henry vanaf 1962 had ondergaan, wees op tekenen van het disfunctioneren van zijn kleine hersenen, en op zijn MRI-scans was duidelijk atrofie van de kleine hersenen te zien, een aanwijzing voor afgestorven cellen. Maar ondanks de zware schade aan zijn hippocampus en zijn kleine hersenen vertoonde Henry wél geconditioneerde reacties bij onze proeven. Hoewel hij veel langzamer leerde dan een gezonde man van zijn leeftijd, bleek hij opmerkelijk goed dingen te kunnen vasthouden: in onderzoek dat twee jaar na de eerste leersessies werd gedaan vertoonde hij nog geconditioneerde reacties.

We bestudeerden Henry's vermogen voor klassieke conditionering voor het eerst in 1990 met een oogknipperconditioneringsproef. Daarbij werd getest of hij een geconditioneerde reactie vertoonde door te knipperen in reactie op een toon die voorafging aan een pufje lucht in zijn oog. Bij de test zat Henry in een gerieflijke stoel in een rustig vertrek in het MIT Clinical Research Center. Hij droeg een hoofdband met een luchtpufspuitje en een monitor om te registreren wanneer hij met zijn ogen knipperde (zie afb. 16). De onderzoeker gaf Henry deze instructies: 'Maak het jezelf maar gemakkelijk en ontspan. Van tijd tot tijd zul je een paar tonen horen en een zacht luchtpufje in je oog voelen. Als je zin hebt om te knipperen, doe dat dan. Laat je natuurlijke reacties het maar overnemen.'[2]

In een tijdsbestek van acht weken kwamen we met twee soorten conditioneringstaken: *delay conditioning* en *trace conditioning*. Bij delay conditioning kwam er eerst een toon, onmiddellijk gevolgd door een luchtpufje, en de twee stopten tegelijk. Elke trainingssessie duurde ongeveer vijfenveertig minuten en omvatte negentig proeven. Bij tachtig van deze proeven ervoer Henry zowel de toon als het luchtpufje, wat hem in de gelegenheid stelde de twee onbewust te verbinden. Als het oogknipperen zich in het heel korte interval – minder dan een seconde – tussen de toon en het luchtpufje voordeed, telden we het als een geconditioneerde reactie. Het knipperen gaf aan dat Henry het geluid had leren verbinden met het erop volgende luchtpufje in zijn oog en hij onbewust knipperde omdat hij op het luchtpufje was berekend. Bij de tien overige proeven kreeg Henry alleen de toon te horen, en als hij onmiddellijk knipperde, telden we dat ook als een geconditioneerde reactie. Het resultaat berekenen was eenvoudig: we telden hoeveel keer hij een geconditioneerde reactie vertoonde in de toon-plus-luchtpufjeproeven en in de alleen-toonproeven. Bij trace conditioning was er een stille interval tussen de toon en het luchtpufje, wat inhield dat Henry's hersenen de toon een halve seconde paraat moesten houden om die te verbinden met het luchtpufje dat erop volgde. Net als eerder scoorde Henry een geconditioneerde reactie als hij direct na de toon knipperde.[3]

Tijdens de conditioneringssessies lieten we Henry films zien om zijn aandacht op iets aangenaams gericht te houden. Een van zijn favorieten was *The Gold Rush*, een komische film met Charlie Chaplin, en hij keek graag naar een documentaire over de New York World's Fair van 1939, waar hij met zijn moeder was geweest. Hoewel we het geluid uit zetten zodat Henry de toon kon horen, klaagde hij niet en genoot hij van de testervaring. Henry was zich er geen moment van bewust dat hij betrokken was bij een geheugenexperiment, wat bevestigt dat bij deze taak inderdaad zijn niet-declaratieve geheugenprocessen werden aangeboord. We vergeleken zijn conditioneringsscores met die van een gezonde man van 66 om te zien of Henry achterbleef en in welke mate.[4]

Zowel bij de delay-procedure als bij de trace-procedure produceerde Henry geconditioneerde reacties, een prestatie die gekoppeld was aan veranderingen in zijn hersenen tijdens de niet-declaratieve trainingservaring. Maar in het algemeen bracht hij het er slechter van af dan de controledeelnemer. Hij had meer pogingen nodig om aan het *leercriterium* te komen – bij acht van negen achtereenvolgende proeven knipperen wanneer alleen de toon werd gepresenteerd. In de delay-procedure haalde de controledeelnemer het doel – acht van de negen proeven goed – in 315 proeven, terwijl Henry er 473 nodig had. Vijf weken na het experiment met delay conditioning kwamen we met de trace-procedure. Bij trace conditioning haalde de controledeelnemer het leercriterium bij de eerste proef, terwijl Henry 91 proeven nodig had. Het zag ernaar uit dat hij in beide gevallen achterbleef.[5]

We kregen in beide gevallen enig inzicht in Henry's prestaties door te kijken naar proeven waarbij wel een toon was maar geen luchtpufje. Bij sommige van deze proeven knipperde hij na de toon wel met zijn ogen maar te laat – na onze termijn voor geconditioneerde reacties, 400 milliseconden. Zijn langzame reactie verklaart, in elk geval ten dele, waarom hij meer dan honderd extra proeven nodig had om het leercriterium voor delay conditioning te bereiken. Maar een tweede maatstaf voor leren, hoeveel Henry zich herinnerde na een onderbreking van vijf weken, toonde dat iets van het leren bij de delay-procedure was blijven hangen. Deze keer had Henry 276 proeven nodig om conditionering te vertonen – 197 minder dan eerst – terwijl de controledeelnemer 91 proeven nodig had, 224 minder dan eerst. Hoewel Henry's vooruitgang van 42 procent minder indrukwekkend was dan de 79 procent van de controledeelnemer, boekte hij duidelijk aanzienlijke vooruitgang bij het verwerven van de geconditioneerde reactie. Dit experiment leert ons dat de hippocampus niet essentieel is om bij de delay-procedure of bij de trace-procedure klassieke conditionering op te laten treden. Henry's vermogen om te leren noopt ons, al was het verminderd, tot speculaties over welke gespaarde delen van zijn kleine hersenen dit leren kunnen hebben ondersteund.[6]

Twee jaar na het eerste conditioneringsexperiment, onderzochten we de duurzaamheid van dit leren. Bij de nieuwe experimenten gaf Henry ons een opvallende demonstratie van niet-declaratief leren: in slechts negen proeven haalde hij het leercriterium voor trace conditioning, een bewijs dat in die periode van twee jaar de geleerde conditionele reacties waren geconsolideerd en goed opgeslagen in zijn hersenen. Dit ondubbelzinnige resultaat gaf aan dat de hippocampus niet essentieel is om de verbinding op te slaan tussen de toon en het luchtpufje een halve seconde later. Henry moet bij deze conditionering de restanten van zijn kleine hersenen en gebieden in de hersenschors hebben ingezet, die hielden de geleerde reacties twee jaar vast.

Hij vertoonde onbewust, niet-declaratief leren, hoewel hij geen declaratieve herinnering aan de ervaring had: hij herkende geen enkele onderzoeker, instructie of procedure, en geen enkel apparaat en was zich niet bewust van wat hij had geleerd.[7]

Voor een beter begrip van de verschillen tussen delay en trace conditioning richtten we ons op het werk van drie geheugenonderzoekers van de University of California, in San Diego. In 2002 zetten ze bewijzen uit experimenten bij mensen (ook amnesiepatiënten) en dieren op een rij om te benadrukken dat voor trace conditioning besef noodzakelijk is, maar voor delay conditioning niet. Besef is bij deze leertaak de declaratieve kennis van het verband tussen toon en luchtpufje – de toon geeft aan dat het luchtpufje eraan komt. Onze controledeelnemer moet deze declaratieve kennis, dit besef, hebben gehad, want hij verwierf trace conditioning in één proef. In de loop van het experiment gingen gezonde deelnemers begrijpen, op een bewust niveau, dat de toon het luchtpufje aankondigde, en speelden daarop in.[8]

Hoewel Henry deze declaratieve kennis (het besef) miste, vertoonde hij uiteindelijk trace conditionering; hij had er 91 proeven voor nodig. Het mechanisme dat bij Henry het leren ondersteunde, moet dus anders hebben gewerkt. De geheugenonderzoekers uit Californië opperden dat de kleine hersenen weliswaar nodig zijn bij delay conditioning en bij trace conditioning, maar dat ze tijdens de interval van een halve seconde geen voorstelling van de toon konden vasthouden. In het geval van Henry moet die bijdrage dus afkomstig zijn geweest van een voorstelling van de toon in zijn intacte auditieve cortex. Dat stelde hem in staat de geconditioneerde reacties, zijn niet-declaratieve kennis, te verwerven.[9]

Onze oogknipperconditioneringsproeven lieten de plasticiteit van Henry's hersenen zien. Door deze procedures kon hij associatief leren, een toon met een luchtpufje in zijn ogen verbinden. Dit niet-declaratieve leren gebeurde onwillekeurig, het beperkte zich tot circuits die buiten het domein van zijn bewuste besef werkten. Hij zou daarentegen falen als hij zou proberen expliciet de toon en het luchtpufje te verbinden, net zoals hij de naam van zijn dokter niet met diens gezicht kon verbinden. Hij beschikte niet over relationele, declaratieve geheugencircuits waarop hij zich bij deze taak kon verlaten, maar hij had wel netwerken behouden die hem in staat stelden, zonder bewuste herinnering, twee verschillende soorten geconditioneerde reacties te verwerven, 'delay' en 'trace'.

Evenals klassieke conditionering komt ook perceptueel leren tot uitdrukking door het uitvoeren van een taak. *Perceptie* in het visuele systeem is het vermogen van de geest om door te zien bewegingen te bespeuren en voorwerpen, gezichten, vormen, texturen, de richting van lijnen en kleuren thuis te brengen. Op dezelfde manier stelt tastzin de geest in staat ruwheid, temperatuur, vorm, textuur en elasticiteit te beoordelen.

Perceptueel leren is iets anders dan perceptie. Het doet zich naast de elementaire verwerking van prikkels voor. Perceptueel leren is het vermogen om iets na oefening beter en eenvoudiger thuis te brengen, en het doet zich terloops en zonder bewust besef van leren voor. Het afstemmen van de perceptie door ervaring blijkt in ongeveer elk aspect van het leven, vanaf de liefhebber die alle uitvoeringen en modellen van antieke auto's kent, en de kwaliteitscontroleur aan een lopende band die fouten in een oogwenk opmerkt, tot en met de radioloog die een kankergezwel kan herkennen aan de schakeringen op een MRI-scan.[10]

Mijn collega's en ik waren benieuwd of Henry ondanks de laesies aan het mediale deel van zijn temporaalkwab in staat zou zijn nieuwe perceptuele informatie te verwerven zonder dat hij zich daarvan bewust was. We sneden deze kwestie aan in 1968, toen Milner aan Henry een perceptuele leertest voorlegde, de Gollin-test. De test richtte zich niet op Henry's visuele perceptie, maar op zijn vermogen een afbeelding thuis te brengen wanneer hij die voor de tweede keer te zien kreeg in een minder volledige versie dan de eerste keer. Hij kreeg in de test eenvoudige lijntekeningen te zien van twintig gewone voorwerpen en dieren, zoals een vliegtuig en een eend. Henry kreeg alles in vijf graden van fragmentatie te zien. De test begon met een zeer schetsmatige weergave van een paar onderdelen van elk voorwerp, bijna onmogelijk te interpreteren, en eindigde met een complete, herkenbare afbeelding. Henry kreeg eerst de meest gefragmenteerde set te zien, één tekening tegelijk, allemaal ongeveer één seconde, en zei wat volgens hem de tekening voorstelde. Vervolgens kreeg hij sets steeds completere afbeeldingen te zien tot hij alle twintig dingen kon benoemen (zie afb. 17).[11]

Milner liet Henry de Gollin-test twee dagen achter elkaar doen, met deze instructies: 'Ik ga je een aantal onvolledige afbeeldingen laten zien. Je moet me vertellen wat erop zou staan als ze compleet waren. Gok maar als je het niet zeker weet.' Na een korte oefentest liet ze hem de eerste twintig kaarten zien, de moeilijkste, en noteerde zijn fouten. Vervolgens presenteerde ze een minder gefragmenteerde versie van de afbeeldingen, in een andere volgorde zodat Henry niet kon voorspellen welke tekening als volgende zou komen. Ze zei hem dat ze deze keer een beetje makkelijker thuis te brengen waren. Zo ging deze procedure door, bij elke proef werden de tekeningen completer, tot Henry de twintig afbeeldingen had thuisgebracht. Hij voltooide de test na vier rondes foutloos, en opmerkelijk genoeg was hij iets nauwkeuriger dan de tien controledeelnemers: hij had 21 afbeeldingen verkeerd benoemd en de controledeelnemers gemiddeld 26.[12]

We wisten van andere tests dat Henry's visuele perceptie uitstekend was, maar zou deze eerste confrontatie met de afbeeldingen zijn prestaties ten goede komen wanneer hij ze nog eens te zien kreeg? Zou hij perceptueel leren vertonen? Een uur later liet Milner onaangekondigd Henry dezelfde set afbeeldingen zien. Henry herinnerde zich niet de test eerder te hebben gedaan, desondanks bracht hij de fragmenten na minder rondes thuis.[13]

Toch ging Henry minder vooruit dan de controledeelnemers. Waarom? De controledeelnemers hadden in vergelijking met Henry een voordeel: ze hielden de namen van de afbeeldingen in hun langetermijngeheugen vast, ze hadden dus een lijst met de juiste namen waaruit ze konden kiezen toen ze de gefragmenteerde afbeeldingen voor de tweede keer bekeken. Ze wisten bijvoorbeeld dat op een van de afbeeldingen een eend stond, dus wanneer ze een paar fragmenten zagen die op een bek en een staart wezen, dan gokten ze 'eend'. Maar Henry ging van proef tot proef wel vooruit, en toen ik hem dezelfde test dertien jaar later voorlegde bracht hij de afbeeldingen verbazend genoeg nog beter thuis. Hoewel hij zich nog steeds niet bewust herinnerde de afbeeldingen ooit te hebben gezien, had hij zonder expliciete kennis een perceptuele vaardigheid geleerd, en die beklijfde – veilig opgeslagen in de behouden gebieden van zijn hersenschors.[14]

We begrijpen inmiddels veel beter hoe bepaalde delen van de hersenen informatie opmerken en indelen. Aan het begin van de jaren negentig brachten onderzoeken bijvoorbeeld aan het licht dat één hersengebied zich bezighoudt met het verwerken en herkennen van gezichten. Een cognitieve neurowetenschapper aan het Montreal Neurological Institute vroeg deelnemers om gezichten thuis te brengen en gebruikte daarbij een functionele beeldvormingstechniek die positronemissietomografie (PET) wordt genoemd. Hij ontdekte dat op bepaalde plaatsen in de hersenen de bloedstroom toenam – wat op verhoogde neurale activiteit wees. Het ging om gebieden in de temporale cortex die zich met het verwerken van visuele informatie bezighouden. Vijf jaar later ging een cognitieve neurowetenschapper van MIT een techniek gebruiken waarbij je betere beelden van de hersenen krijgt dan bij PET. Ze stelde functionele MRI-protocollen op om de grenzen en de functie te bepalen van dit in gezichtsherkenning gespecialiseerde gebied van de temporaalkwab. Ze noemde het de *fusiform face area* (FAA, de wetenschappelijke naam is *gyrus fusiformis*: in het Nederlands spreekt men van *spoelvormige winding* of van *fusiform aangezichtshersengebied*). Dit gebied in Henry's hersenen was niet beschadigd, dus kon hij na zijn operatie nog steeds zijn ouders, familieleden, vrienden en beroemdheden herkennen: hij had deze beelden voordien opgeslagen in zijn langetermijngeheugen. Als we Henry in een MRI-scanner een reeks onbekende gezichten hadden getoond, zou terwijl hij ze bekeek zijn FAA actief zijn geweest. Maar nadat hij uit de scanner was zou hij ze zijn vergeten, omdat hij de benodigde gebieden in zijn mediale temporaalkwab miste om deze nieuwe herinneringen te vormen.[15]

De cruciale ontdekking van de onderzoekster van MIT zette een team wetenschappers van de Vanderbilt University ertoe aan meer functioneel MRI-onderzoek te doen. Ze wilden laten zien hoe de hersenen andere vormen van expertise in kaart brengen. Ze ontdekten dat bij een grote kennis van vogels of van auto's ook de FAA werd ingezet. Alle deelnemers kregen in de MRI-scanner duo's auto's en duo's vogels te zien, en moesten beoordelen of de auto's weliswaar hetzelfde model waren maar uit een ander bouwjaar, en of de vogels tot dezelfde soort behoorden. Wanneer de onderzoekers bij de twee groepen de met auto's en met vogels verbonden hersengebieden vergeleken, vonden ze bij de autoliefhebbers een grotere activering bij auto's dan bij vogels, en bij de vogelkenners een grotere activering bij vogels dan bij auto's. Het effect van auto- en vogelkennis deed zich in hetzelfde gebied van de hersenschors voor als gezichtsexpertise, wat erop wijst dat de activiteit in dit kleine gebied verschillende specialismen kan ondersteunen – gezichtsherkenning en deskundige herkenning van voorwerpen.[16]

Deze experimenten lieten de plasticiteit zien in individuele menselijke hersenen – de specialisering van neuronen in een nauwkeurig omschreven gebied die voortkomt uit het langdurig perceptueel leren van bepaalde dingen, zoals gezichten, auto's en vogels. Dit vermogen is van wezenlijk belang voor succesvolle interacties met andere mensen en onze omgeving. Na zijn operatie kon Henry nog steeds gezichten, auto's en vogels waarnemen, en bleek hij volgens de Gollin-test normaal perceptueel te kunnen leren – capaciteiten die steunden op zijn intacte visuele cortex. Maar deze processen waren op zichzelf niet voldoende voor hem om zich, in de alledaagse zin van het woord, nieuwe gezichten en voorwerpen te kunnen herinneren.

We zijn meer blijven ontdekken over hoe hersenen leren en informatie indelen. In 2009 lokaliseerden neurowetenschappers paden van witte stof die de visuele gebieden waar het verwerken van gezichten en voorwerpen wordt ondersteund met de amygdala en de hippocampus verbinden. We zullen Henry's nagelaten hersenen onderzoeken om te zien of deze verbindingen intact zijn. We gaan ervan uit dat dit het geval is, dus informatie over gezichten en objecten zou de structuren van zijn mediale temporaalkwab hebben bereikt als die tenminste niet verwijderd waren geweest. Henry miste de machinerie om gezichtsinformatie als een herinnering te ontvangen, coderen en consolideren.[17]

Niet elke vorm van niet-declaratief leren vergt een herhaalde blootstelling aan een prikkel of een procedure. *Repetitie-priming* kan na één leerproef optreden. In het lab werd, wanneer Henry naar een reeks woorden, afbeeldingen of patronen had gekeken en hij er in een volgende test voor de tweede keer mee werd geconfronteerd, zijn waarneming ervan of zijn reactie vaak vergemakkelijkt door de eerdere blootstelling. Deze versterking van de verwerking wordt repetitie-priming genoemd – *prime* betekent prepareren en zijn hersenen waren erop geprepareerd op een bepaalde manier op een prikkel te reageren omdat hij die eerder had gezien. Ook al probeerde hij zich niet opzettelijk het verleden te herinneren, zijn ervaring had onbewust invloed op zijn geheugen.[18]

Repetitie-priming doet zich regelmatig voor in ons dagelijkse leven, maar we merken er gewoonlijk niets van. We horen 's ochtends vroeg een liedje op de radio en neuriën het dan de hele dag zonder te weten waarom. Priming is een geliefd instrument in de reclamewereld. Door regelmatige blootstelling aan bepaalde merknamen op tv of in tijdschriften worden we erop 'geprepareerd' ze meer te verwerken en ze dus boven andere merken te verkiezen, ook al herinneren we ons niet bewust de namen in de reclame te hebben opgemerkt. Ook in politieke campagnes wordt van het effect geprofiteerd: onbekende kandidaten kunnen ineens populair worden als kiezers hun namen regelmatig zien en horen. Wanneer we deze namen op onze stembiljetten zien kunnen we bij vergissing denken dat de kandidaten doorgewinterde politici zijn met een geweldige staat van dienst, simpelweg omdat we hun namen gemakkelijker verwerken.

Halverwege de jaren tachtig wilden we graag een precies beeld krijgen van Henry's vermogen voor priming. We wilden namelijk weten of deze vorm van herinnering bestand was tegen amnesie en of verschillende soorten priming bij amnesie even solide waren. Een ander doel van ons onderzoek was laten zien of het priming-effect vergelijkbaar was bij voor Henry nieuwe en bij vertrouwde dingen.

We onderzochten deze dingen aan het eind van de jaren tachtig en in de jaren negentig in een reeks experimenten met allerlei primingtaken. In alle gevallen had de test twee onderdelen: een *studiefase* waarbij Henry aan woorden of afbeeldingen werd blootgesteld, gevolgd door een *testfase* waarbij hij een taak verrichtte met bestudeerde en niet-bestudeerde woorden of afbeeldingen. We lieten hem in een studiefase bijvoorbeeld op een computerscherm een lijst woorden zien, één woord tegelijk, en vroegen hem 'ja' te zeggen als de letter A in het woord voorkwam en 'nee' als dat niet zo was. Door deze instructie ging Henry geloven dat we eenvoudig zijn vermogen testten om A's te ontdekken, hij dacht dus niet dat het een geheugentest was.

EPISODE
FACULTY
RADIUS
STOVE
CALCIUM
ROUGH
CLAY
STAMP
FROST

Vervolgens, in de testfase, lieten we Henry de drie eerste letters van deze woorden zien, afgewisseld door de eerste drie letters van vergelijkbare woorden die niet op de studielijst stonden.

CLA
SER
CAL
ROU
MED
TRO
EPI
FAC

SWI
RAD
BRE
REC

We zeiden Henry dat elke stam van drie letters het begin van een Engels woord was, en vroegen hem om van elke stam een woord te maken. We moedigden hem aan het allereerste woord op te schrijven dat bij hem opkwam, en zwegen over de studielijst. Henry besefte nog steeds niet dat zijn geheugen werd getest.

De bestudeerde woorden waren niet de meest gangbare uitwerkingen van de stammen, want ze hoorden niet tot de meest voorkomende reacties in een pilotstudy waarbij we gezonde deelnemers hadden gevraagd gewoon de stammen aan te vullen tot het eerste woord dat bij hen opkwam. Gangbare uitwerkingen van de stammen CLA, CAL en ROU waren onder meer *clap*, *calendar* en *round*. CLAY, CALCIUM en ROUGH waren minder gebruikelijke keuzes. Opmerkelijk genoeg gaf Henry, na één blootstelling aan de studielijst, de minder gebruikelijke uitwerkingen, wat op een priming-effect wees. Bij zijn priming-score werd rekening gehouden met het aantal dingen dat hij eenvoudig door toeval goed zou hebben gehad. Het ging om het aantal malen dat hij de stammen afmaakte van de bestudeerde woorden minus het aantal keren dat hij andere stammen afmaakte van vergelijkbare, niet-bestudeerde woorden – woorden die wat betreft het aantal letters en hun frequentie in de Engelse taal met de bestudeerde woorden te vergelijken zijn. Tijdens de test trad priming op, door de activering in Henry's hersenen van de voorstelling van het woord dat hij zojuist op de studielijst was tegengekomen.[19]

We vergeleken Henry's prestatie bij deze niet-declaratieve geheugentest met zijn scores bij twee bepalingen van zijn declaratieve geheugen. Zijn taak was toen om zich bewust, in een vergelijkbare opzet, bestudeerde woorden te herinneren. Hij bekeek net als eerder de studielijst op een computerscherm en na een korte onderbreking vroegen we hem mondeling de woorden te herhalen die hij zojuist had gezien. Vervolgens legden we hem een herkenningsgeheugentest voor, waarbij drie woorden op het computerscherm verschenen, die allemaal met dezelfde stam van drie letters begonnen, bijvoorbeeld CLAY – CLAM – CLAP. Henry's taak was om uit de drie mogelijkheden het bestudeerde woord te kiezen. Bij beide bepalingen, herinnering en herkenning, deed hij het slecht.[20]

Het wezenlijke verschil tussen deze declaratieve taken en de niet-declaratieve priming-taak zat in de instructies. Voor de herinnerings- en herkenningstests vroegen we Henry opzettelijk woorden van de studielijst terug te halen – een geheugentest in de traditionele zin. Deze resultaten lieten zien dat hij andere neurale netwerken activeerde voor declaratief en niet-declaratief leren. Hij strandde bij de herinnerings- en herkenningstests, wat duidelijk maakte dat zijn declaratieve circuits niet werkten, maar presteerde normaal bij de priming-test waarbij hij woorden moest afmaken; een bewijs dat zijn niet-declaratieve circuits bewaard waren gebleven.[21]

Door welk hersenmechanisme kunnen mensen met amnesie een normale priming vertonen? De eerste aanwijzingen voor een verklaring kwamen in 1984 toen psychologen van de University of Pennsylvania een scherpzinnige observatie deden tijdens ongedwongen gesprekken met amnesiepatiënten. De onderzoekers merkten dat zware amnesiepatiënten, na langdurige blootstelling aan een bepaald woord of concept – bijvoorbeeld honden of soorten honden – gevolgd door vijftien seconden met een andere taak, beweerden zich geen bepaald gesprek te herinneren en geen idee te hebben waarover was gesproken. Maar als de onderzoekers de patiënten vervolgens vroegen een gesprek te beginnen over wat voor onderwerp ze maar wilden, zouden ze waarschijnlijk een onderwerp kiezen of een woord noemen uit de vorige discussie – honden of terriërs bijvoorbeeld – ook al herkenden ze het verband niet tussen de nieuwe conversatie en het vorige gesprek.[22]

De onderzoekers speculeerden dat de normale prestatie van amnesiepatiënten bij priming-tests voortkwam uit *spooractivering*, het prikkelen van intacte geestelijke voorstellingen – symbolische codes voor informatie. Ze stelden dat wanneer deelnemers woorden hardop lezen, bijvoorbeeld CANDLE, PLEASANT en BUTTON, ze een geestelijke afbeelding van dat woord activeren. Deze activering houdt minuten of uren aan – net zoals je haardroger nog even warm blijft nadat je hem hebt uitgeschakeld – en doet zich even goed bij normale als bij amnesische deelnemers voor. Bij een latere test, waarbij deelnemers CAN, PLE en BUT moeten aanvullen tot het eerste woord dat bij hen opkomt, zijn de woorden CANDLE, PLEASANT en BUTTON sterk geactiveerd en maken daarom meer kans te worden gekozen dan andere woorden.[23]

Halverwege de jaren tachtig, toen mijn collega's en ik het repetitie-priming-effect begonnen te bestuderen, hadden we verschillende doelen. Een van de doelen was niet-verbale priming te onderzoeken door als testprikkels niet-vertrouwde patronen te gebruiken. Bij de meeste onderzoeken naar intacte priming bij amnesie waren verbale taken gebruikt, zoals lezen, spelling of het afmaken van woorden, maar een bredere theorie over priming bij amnesie zou andere informatie dan woorden moeten omvatten. Wanneer amnesiepatiënten woorden zien, kunnen ze de kennis over deze woorden gebruiken die ze verwierven voor ze amnesisch werden: de prikkels zijn al opgeslagen in hun geestelijke woordenboek en kunnen worden geactiveerd. Maar hoe zit het met informatie die ze voor het eerst te zien krijgen? Het was mogelijk dat amnesiepatiënten alleen actieve priming vertoonden wanneer ze kennis hadden van de *primed* reactie – wanneer ze al over een normale voorstelling van de prikkel beschikten. Onderzoekers konden zonder moeite kennis van woorden aanwijzen als de basis van verbale priming, maar het was minder duidelijk wat een kennisbasis bood voor niet-verbale (patroon)priming.

In 1990 begonnen leden van mijn lab te onderzoeken of Henry een normale priming vertoonde wanneer de prikkels op papier waren getekend. We maakten zes doelfiguren door vijf punten van de negen mogelijke punten in een vierkante 3x3 matrix te verbinden (zie afb. 18). Vervolgens vroegen we Henry en een groep controledeelnemers met rechte lijnen een figuur van eigen voorkeur te tekenen om de vijf punten te verbinden in alle zes de puntpatronen. Deze figuren vormden de basisfiguren van de deelnemers, ze gaven aan welke figuren ze zelf spontaan zouden kiezen om te tekenen. De priming-test volgde zes uur later. In de studiefase kregen de deelnemers een vel papier met de zes doelfiguren. Zij werden gevraagd deze figuren te kopiëren op overeenkomende puntpatronen op dezelfde pagina. Vervolgens haalden we deze vellen papier weg en deden de deelnemers drie minuten een afleidende taak – de namen opschrijven van zo veel mogelijk entertainers uit de twintigste eeuw.[24]

In de testfase gaven we Henry en de controledeelnemers een nieuw vel papier met de zes puntpatronen en vroegen we hun een figuur naar believen te tekenen, zolang ze de vijf punten in elk patroon maar met rechte lijnen verbonden. We wilden weten of de deelnemers de doelfiguren zouden tekenen die ze eerder hadden gekopieerd. Zo ja, dan was bewezen dat er priming was geweest, dat ze waren geprepareerd. Het aantal doelfiguren dat Henry en de controledeelnemers tekenden na priming, na het kopiëren dus, overtrof ver het aantal doelfiguren dat ze bij toeval in de basisfase hadden geproduceerd. Om kort te gaan: nadat de deelnemers een doelfiguur op een puntpatroon hadden gekopieerd, was het waarschijnlijker dat ze die doelfiguur zouden tekenen wanneer hun werd gevraagd een figuur naar believen te tekenen. Henry vertoonde bij drie verschillende vormen van de test, bij drie afzonderlijke gelegenheden voorgelegd, een normale mate van priming.[25]

Dit bewijs van priming met nieuwe prikkels wees erop dat het leren niet aan Henry's voor de operatie gevormde geheugenvoorstellingen was gekoppeld, maar aan pas verworven voorstellingen van de specifieke doelfiguren. Deze ontdekking was de eerste beschrijving van intacte niet-verbale priming bij iemand met een geheugenstoornis. Het onderzoek wees er sterk op dat de bij amnesie behouden priming zich niet beperkt tot op taal gebaseerde prikkels.[26]

Hoe verklaren we patroon-priming? Het leek onwaarschijnlijk dat de controledeelnemers of Henry vooraf geheugenvoorstellingen hadden van de doelfiguren, patroon-priming laat zich dus moeilijk beschrijven als het activeren van voorstellingen uit het langetermijngeheugen. Wat is dan de alternatieve verklaring? Bij het kopiëren van de doelfiguren op de puntpatronen ontstonden daartussen nieuwe associaties bij zowel Henry als de controledeelnemers. De nieuwe associaties hadden invloed op de perceptuele verwerking die een specifieke structuur aan het puntpatroon toewees en de 'primed' tekeningen stuurde. Henry's zware amnesie sloot de mogelijkheid uit dat zijn intacte patroon-priming het functioneren van herinnerings- en herkenningsmechanismen weerspiegelde. Dat onderstreepte de conclusie dat nieuwe associaties die perceptuele priming steunen niet-declaratief kunnen ontstaan, ondanks ernstige storingen in het episodische geheugen.[27]

Typerend genoeg was Henry's optreden bij een patroonherkenningstest, wanneer het declaratieve geheugen wél nodig was, duidelijk zwakker dan dat van de controledeelnemers. We legden Henry en de controledeelnemers nog een test voor, daarbij droegen we hun op een nieuwe reeks doelfiguren te kopiëren op puntpatronen. Na een onderbreking van drie minuten moesten ze uit vier figuren degene kiezen die ze zojuist hadden gekopieerd. Henry had, in overeenstemming met zijn slechte declaratieve geheugen, moeite met het herkennen van de doelfiguren die hij zojuist had gekopieerd, de controledeelnemers niet.[28]

Henry's vermogen tot patroon-priming liet zien dat dit soort geheugen niet afhangt van de structuren in het mediale deel van de temporaalkwab die herinnering en herkenning steunen. De perceptuele associaties die voor patroon-priming zorgen ontstaan waarschijnlijk in de vroege stadia van visuele verwerking, die achter in de hersenschors plaatsvindt. Deze associaties zijn verhoudingsgewijs ontoegankelijk voor bewust besef. Deze observatie was de aanleiding voor vervolgexperimenten – een brede zoektocht naar de specifieke circuits in de hersenschors die de diverse vormen van priming ondersteunen. We voerden een reeks onderzoeken uit die de functionele architectuur van repetitie-priming aan het licht brachten. Henry speelde een belangrijke rol bij dit onderzoek, maar we hadden ook deelnemers nodig met hersenschade in andere gebieden. We zetten dus patiënten in met alzheimer en andere met laesies in bepaalde hersengebieden. Daarnaast testten we een controlegroep met gezonde volwassenen die wat betreft leeftijd, sekse en opleiding vergelijkbaar waren met iedere patiëntengroep.

Onze eerste doorbraak kwam in 1991 toen we lieten zien dat priming een veelledig concept is: priming staat voor een familie van leerprocessen. Door patiënten met alzheimer te bestuderen konden we tonen dat afzonderlijke circuits voor twee verschillende soorten priming zorgen. Net als Henry hebben alzheimerpatiënten schade aan structuren in het mediale deel van de temporaalkwab en doen ze het slecht bij metingen van het declaratieve geheugen, zoals herinnering en herkenning. Ze hebben ook celverlies in bepaalde gebieden van de hersenschors, maar niet in andere gebieden. Ons experiment bracht aan het licht dat alzheimerpatiënten normale priming hadden wanneer we hun in de testfase vroegen om visueel woorden thuis te brengen – *perceptuele identificatie-priming* – maar niet wanneer we hun vroegen woorden te produceren op grond van hun betekenis – *conceptuele priming*. Deze ontdekking gaf een duidelijk onderscheid aan tussen deze vormen van priming. Een en ander wees erop dat op een simpele visuele herinnering gebaseerde priming van een ander hersennetwerk afhangt dan op meer complex denken gebaseerde priming. Henry vertoonde bij beide metingen een normale priming, want ze vereisten niet de medewerking van circuits in de mediale temporaalkwab.[29]

De taken voor perceptuele en conceptuele priming hadden een studiefase en een testfase. De studiefase was bij beide metingen gelijk – de patiënten en controledeelnemers kregen op een computerscherm telkens één woord uit een reeks woorden te zien en lazen elk woord hardop. De testcondities verschilden. Bij perceptuele identificatiepriming zei de onderzoekster tegen de deelnemers dat ze een andere taak gingen doen die geen verband hield met de zojuist voltooide taak. Vervolgens presenteerde ze kort een reeks woorden op het scherm en vroeg ze de deelnemers elk woord te lezen. De helft van de woorden had op de studielijst gestaan en de helft van de woorden was nieuw. Er was sprake van priming wanneer de benodigde tijd – gemeten in milliseconden – om de bestudeerde woorden thuis te brengen korter was dan de benodigde tijd om de niet-bestudeerde woorden thuis te brengen. We ontdekten dat het priming-effect bij de alzheimergroep niet afweek van dat in de overeenkomstige controlegroep, dus milde tot ernstige dementie verstoorde bij perceptuele identificatie niet de priming. Deze ontdekking gaf aan dat de circuits in de alzheimerhersenen die dit soort priming ondersteunden onbeschadigd waren.[30]

In de test voor *conceptuele priming* kregen de deelnemers drieletterstammen op het computerscherm te zien en ze moesten elke stam afmaken met het eerste woord dat bij hen opkwam. Voor de helft waren het woorden die ze eerder op de studielijst hadden gezien en voor de helft waren het nieuwe woorden. In dit geval voltooiden de alzheimerpatiënten, wanneer ze van elke stam een woord moesten maken, niet meer stammen van de bestudeerde woorden dan de toevalsfactor. Bij hen was de mate van conceptuele priming in belangrijke mate verlaagd.[31]

Uit sectie op overleden alzheimerpatiënten begrepen we dat de ziekte de hersenschors niet op uniforme manieren aantast. De gebieden in de schors die elementaire informatie ontvangen via zien, horen en tasten, evenals de gebieden in de schors die motorische bevelen geven, blijven verhoudingsgewijs gespaard, maar de hoogwaardige gebieden in de frontaalkwab, de temporaalkwab en de pariëtale kwab die complexe cognitieve processen ondersteunen worden wel aangetast. Ons priming-onderzoek impliceerde dat een geheugennetwerk in de visuele gebieden in de occipitale cortex (intact bij alzheimer) perceptuele priming-effecten ondersteunde, terwijl een ander netwerk in de temporale cortex en de pariëtale cortex (beschadigd bij alzheimer) conceptuele priming-effecten ondersteunde. Al deze gebieden waren in Henry's hersenen intact, daarom had hij geen problemen bij beide soorten priming.[32]

In 1995 staafde ons onderzoek van een patiënt met schade aan de visuele gebieden in zijn hersenen de gedachte dat perceptuele en conceptuele priming-processen afzonderlijk verlopen. Op de MRI-scan van deze man waren diverse afwijkende gebieden te zien, met name in zijn visuele gebieden, en hij had duidelijke gebreken bij visuele perceptietests. Maar hij had geen amnesie en de structuren in zijn mediale temporaalkwab waren gespaard. We legden hem dezelfde tests voor als de alzheimerpatiënten hadden afgelegd, en de resultaten toonden het omgekeerde patroon. Hij was niet in staat tot perceptuele priming (kort gepresenteerde woorden en pseudowoorden thuisbrengen), maar hij vertoonde wel normale conceptuele priming (woorden afmaken op basis van betekenis), en kon nog expliciet woorden herkennen die hij eerder had gezien. Het dramatische contrast tussen de normale prestatie van deze man bij de conceptuele priming-taak en het ontbreken van priming bij perceptuele priming-taken was een essentiële aanvulling op onze ideeën. Als je het naast het omgekeerde onderscheid legde dat bij de alzheimerpatiënten was geconstateerd, bood het resultaat overtuigend bewijs voor het bestaan van twee priming-processen die van verschillende neurale circuits afhangen.[33]

Ons onderzoek naar repetitie-priming met Henry en andere patiënten verschafte steeds meer duidelijkheid over hoe onze ervaringen ons beïnvloeden zonder onze expliciete kennis. Omdat we bij onze priming-experimenten ook bepalingen deden van het declaratieve geheugen, benadrukten de resultaten het onderscheid tussen priming (niet-declaratief geheugen) en expliciet terughalen (declaratief geheugen). Dit onderscheid dat we in het lab zo nauwgezet wisten te maken is ook overduidelijk aanwezig in het dagelijks leven. Wanneer we afspraken vergeten of de verjaardagen van vrienden, heeft ons geheugen ons in de steek gelaten. Maar wanneer we een potje tennis verliezen, wijten we dat niet aan ons geheugen, we zeggen niet: 'Ik kon de juiste motorische reeks voor mijn service niet terughalen.' Door het woord geheugen in het eerste geval wel en in het tweede geval niet te gebruiken, geven we aan dat declaratieve herinneringen en procedurele herinneringen verschillen.

Maar anekdotes uit het dagelijkse leven bewijzen niet dat er zo'n onderscheid in de functionele organisatie van de hersenen bestaat. We hadden Henry en andere patiënten nodig om dat onderscheid wetenschappelijk hard te maken. Henry had ons al laten zien dat de hippocampus en het naburige weefsel essentieel waren voor het declaratieve geheugen – het vermogen je bewust ervaringen en informatie te herinneren. Zijn normale prestatie bij onze priming-experimenten ondersteunt de gedachte dat conceptuele en perceptuele priming zich bevinden in geheugencircuits die verankerd zijn in de hoogwaardige associatiecortex in de frontaalkwab, de temporaalkwab en de pariëtale kwab – gebieden waarvan bekend is dat ze complexe cognitieve functies steunen. Deze circuits werken onafhankelijk van de geheugencircuits in het mediale deel van de temporaalkwab.

Henry was belangrijk voor ons inzicht in de diverse soorten geheugen die buiten het bewuste besef functioneren. Ons onderzoek naar klassieke oogknipperconditionering, perceptueel leren en repetitiepriming bracht ook zijn vermogen aan het licht om nieuwe niet-declaratieve kennis te verwerven. Ondanks enorme schade aan zijn hippocampus en de omringende structuren, aan beide kanten van zijn hersenen, die tot zware amnesie had geleid, kon hij wel leren, zonder expliciete terughaalprocessen te gebruiken en zonder zich bewust de leerepisodes te herinneren. Hij verwierf geconditioneerde reacties bij delay conditioning en bij trace conditioning, en had deze geleerde reacties maanden later vastgehouden. Hij voltooide in zijn geest fragmenten van afbeeldingen, en toonde het voordeel van eerdere blootstelling aan deze afbeeldingen. Bij zowel verbale als picturale tests was er bij hem priming. Deze prestaties zijn het bewijs voor de cognitieve vaardigheden die Henry nog had en voor de neurale circuits die ze ondersteunden.

De leden van mijn lab en ik deelden de resultaten van onze experimenten over niet-declaratief leren en geheugen graag met de medische en de wetenschappelijke gemeenschap in de vorm van artikelen in wetenschappelijke bladen en hoofdstukken in boeken. De erkenning van Henry's bijdragen blijkt uit de honderden citaten van ons werk door andere onderzoekers.

10

Henry's universum

Henry's moeder bleef een aantal jaren na zijn vaders dood voor hem zorgen, maar uiteindelijk werd de verantwoordelijkheid haar te veel. In 1974, Henry was toen 48, trokken hij en zijn moeder in bij Lilian Herick, van wie de eerste man familie van Henry's moeder was. Mevrouw Herrick was een gediplomeerde verpleegster die voor haar pensioen werkzaam was geweest aan het Institute of Living, een dure psychiatrische kliniek in Hartford, Connecticut. Als vrouw van in de zestig nam ze soms oudere mensen in huis, die hulp nodig hadden in het dagelijkse leven.

Mevrouw Herrick en haar echtgenoot woonden in een oude woonwijk aan New Britain Avenue in Hartford, niet ver van Trinity College. Hun grote, witte houten huis met twee verdiepingen had aan de voorkant een veranda en werd omringd door hoge bomen. De zoon van mevrouw Herrick, de heer M., omschreef haar als 'keurig, netjes en heel Engels'. Ze had een goed gevoel voor humor en lachte veel. Ze droeg thuis ouderwetse huisjurken maar ze vond het ook leuk zich chic te kleden als ze uitging. Haar zoon heeft haar nooit in een broek gezien.

Hoewel de eerste man van mevrouw Herrick was overleden, hield ze de band met de Molaisons in stand. Ze had met Henry te doen en bleef jaren contact met hem en zijn moeder houden. Dat was een zegen voor mevrouw Molaison, die oud en zwak werd. Bij een bezoek zag mevrouw Herrick tot haar schrik dat mevrouw Molaison een grote, ernstig ontstoken zweer op haar rechterbeen had. Mevrouw Herrick reed haar onmiddellijk naar de eerste hulp van Hartford Hospital, en de volgende twee dagen dreigde ze haar been te moeten missen. Gelukkig genas haar been en na dit incident ging mevrouw Herrick om de twee of drie weken bij Henry en zijn moeder kijken.

In december 1974 kreeg mevrouw Herrick een telefoontje van vrienden van de familie Molaison die in de buurt woonden. Ze vertelden dat toen ze een kerstpakket naar haar huis brachten mevrouw Molaison hen niet had herkend. Mevrouw Herrick had eigenlijk dienst op het Institute of Living, maar belde om te zeggen dat ze die dag niet kon werken en reed naar het huis van de familie Molaison. Ze vertelde dat mevrouw Molaison op de grond lag en volkomen de kluts kwijt was. Het is niet duidelijk wat er met haar aan de hand was, maar Henry leek zich er niet van bewust dat er iets mis was. Hij dacht dat zijn moeder gewoon aan het rusten of slapen was. Mevrouw Molaison werd, in zeer ernstige toestand, per ambulance naar de eerste hulp gebracht. De artsen wilden haar regelrecht naar een verpleeghuis sturen, maar in januari 1975 liet de goedhartige mevrouw Herrick mevrouw Molaison en Henry bij haar in huis.

Mevrouw Herrick zag meteen dat hun persoonlijke hygiëne abominabel was, hun ondergoed was vuil en ze hadden een sterke lichaamslucht. Ze verbeterde hun persoonlijke verzorging en kreeg naar eigen zeggen mevrouw Molaison weer 'terug naar waar ze zo lang heel goed was geweest'. De relatie tussen Henry en zijn moeder was bij mevrouw Herrick thuis in het begin erg slecht. Ze hadden in het verleden wel conflicten gehad, maar niemand had gelegenheid gehad hen van dichtbij te volgen. Volgens mevrouw Herrick treiterde mevrouw Molaison haar zoon voortdurend en hij werd dan 'heel, heel boos' op haar, hij trapte haar tegen haar schenen of sloeg haar met zijn bril op het voorhoofd. Mevrouw Herrick kwam snel tussenbeide en verwees mevrouw Molaison naar de bovenverdieping van haar huis en Henry naar de benedenverdieping. Als ze samen waren, bleef mevrouw Herrick bij hen in de kamer om de vrede te bewaren. Deze strategie werkte en Henry werd een stuk kalmer.

Mevrouw Herrick bracht regelmaat in Henry's leven. Elke ochtend ontbeet hij, nam hij zijn medicijnen, schoor hij zich en ging hij naar de badkamer. Ze zei hem dat hij schoon ondergoed en schone sokken uit de la moest halen, en zich moest aankleden. Op werkdagen reden meneer en mevrouw Herrick hem, om kwart voor negen, naar een 'school' voor mensen met intellectuele handicaps – HARC, de Hartford Association for Retarded Citizens. Henry en een paar anderen zaten rond een tafel en deden stukwerk voor bedrijven in Hartford, bijvoorbeeld sleutelhangers aan een kartonnen display bevestigen. Ze kregen daarvoor om de week een klein bedrag.

In juni 1977 werd in Henry's beroepsdossier vermeld dat hij zich goed aan de werkplaats had aangepast. Zijn instructeur gaf deze beschrijving van Henry's 'arbeidskwaliteiten':

> Henry kan instructies niet goed onthouden. Moet van tijd tot tijd opnieuw worden geïnstrueerd. Is bereid zich aan veranderingen in het werk aan te passen maar raakt in de war. Volhardt in zijn werktaak. Henry's werk moet soms worden nagekeken. Henry's werk gaat niet vooruit door herhaling. De kwaliteit van zijn werk neemt af naarmate het aantal stappen van de taak toeneemt. Heeft moeilijkheden met assemblagetaken in meerdere stappen. Kan verbale instructies volgen.

De instructeur tekende uitdrukkelijk aan dat Henry geen dingen aan kon met meer dan drie stappen.

Na een pauze ging Henry vaak naar kantoor om te vragen wat hij ook alweer moest doen, maar zodra hem zijn werktafel werd gewezen, wist hij precies wat zijn taak was. Door de context herinnerde hij zich de procedures waaruit zijn werk bestond, vaardigheden die hij had opgeslagen in zijn niet-declaratieve geheugencircuits, die konden worden geactiveerd als reactie op de juiste wenken uit zijn omgeving.

Wanneer hij na schooltijd weer terug was bij mevrouw Herrick, moest Henry zijn handen wassen en kreeg hij iets te eten. Hij zat graag op de patio met zijn wapenbladen en kruiswoordpuzzels, en als er anderen buiten waren sprak hij met hen. Hij was hier veel socialer dan hij was geweest toen hij alleen bij zijn moeder woonde. Henry wilde zich in huis nuttig maken, hij bracht de vuilnisbakken naar buiten en hielp meneer Herrick bij het werk in de tuin. 's Avonds zat hij in een goed gestoffeerde leunstoel televisie te kijken of kruiswoordpuzzels te maken. Mevrouw Herrick plakte een briefje op de televisie waarop stond dat die om halftien uit moest, en Henry gehoorzaamde altijd. Hij ging om halftien of tien uur gewillig naar bed. Henry was rooms-katholiek opgevoed en keek op zondagochtend naar een mis of naar meerdere missen, en nadien nam mevrouw Herrick hem vaak mee op een ritje en gingen ze ergens eten. Hij at graag buitenshuis. Deze middaguitjes duurden een paar uur. Henry maakte zich niet druk over de bestemming, overal waar ze hem mee naartoe nam vond hij het heerlijk. 'Zolang de auto het doet, doet hij het,' zei ze.

Henry raakte niet de weg kwijt in het huis van mevrouw Herrick. Hij wist waar zijn kamer was en dacht erom het licht uit te doen. Hij was zich bewust van veiligheid rond het huis. Op een keer had mevrouw Herrick iets opstaan op het fornuis en Henry had, in de gedachte dat ze weg was en het had vergeten, het gas uitgedraaid. Op een avond ging ze naar boven om krulspelden in te doen, ze zei tegen Henry dat hij het licht in de keuken aan moest laten omdat ze later naar beneden zou komen. Nadat ze weg was, had Henry moeite zich precies te herinneren wat haar instructies waren geweest, dus ging hij niet naar bed maar bleef hij drie kwartier beneden wachten tot mevrouw Herrick terug was.

Mijn gesprekken en correspondentie met mevrouw Herrick overtuigden me ervan dat ze heel goed voor Henry zorgde en hem een warme, maar gedisciplineerde omgeving bood. Toen hij bij haar introk was hij een zware roker, gewoonlijk anderhalf pakje per dag. Mevrouw Herrick bracht dat geleidelijk terug naar ongeveer tien sigaretten per dag, en uiteindelijk naar vijf. Op een gegeven moment was, tijdens de zes jaar dat Henry bij mevrouw Herrick woonde, bij een lichamelijk onderzoek op een borstfoto emfyseem te zien, en dus liet ze hem helemaal stoppen. Nadat hij met roken was gestopt, verdwenen zijn klachten over buikpijn, maar ik neem aan dat de drang om te roken bleef. Toen ik hem in deze periode testte, greep hij automatisch in zijn borstzak. Toen ik hem vroeg wat hij zocht, zei hij: 'Mijn rokertjes.' Zijn oude gewoonte was hardnekkig. Henry's niet-declaratieve geheugen was intact – hij kon zich het gebaar herinneren van naar zijn sigaretten grijpen, dat had hij voor zijn operatie geleerd. Maar zijn declaratieve geheugen was weg – hij kon zich niet herinneren waarom zijn zak leeg was.

In verband met een goede hygiëne had mevrouw Herrick overal in huis briefjes opgehangen om Henry eraan te herinneren dat hij dingen moest doen als zijn handen wassen en de wc-bril omhoog doen. Hij leek gezonder, alerter en at veel gevarieerder dan toen hij in zijn eentje bij zijn moeder had gewoond. Henry hield vast aan zijn routine, hij miste schooldagen alleen wanneer hij een zwaar toeval had gehad en daarna lusteloos was. Deze grand-malaanvallen waren niet frequent, maar hij had wel heel wat keren petit mal – tijdelijke absences. Volgens mevrouw Herrick kon hij televisiekijken en dan plotseling 'zomaar wegvallen'; binnen een paar seconden was hij dan weer gewoon. Ze regelde zijn medische verzorging en zijn bezoeken aan ons lab, ze was zo vriendelijk hem voor tests naar MIT te rijden wanneer we hem maar wilden zien.

Mevrouw Molaison had ook baat bij de aandacht van mevrouw Herrick. Maar in februari 1977 kreeg ze in de woorden van mevrouw Herrick 'weer een zware aanval' en ze belandde in het ziekenhuis met hoge bloeddruk. Na een week werd ze ontslagen, maar ze had, inmiddels, duidelijk meer zorg nodig dan mevrouw Herrick kon bieden. Mevrouw Molaison ging in een verpleeghuis wonen, daar zat ze de rest van haar leven, dement en met wanen. Omdat hij het vermogen miste zich te herinneren waar zijn moeder was en waarom, had Henry moeite zich aan haar afwezigheid aan te passen. Hij vroeg vaak wanneer zijn vader en moeder bij hem langs zouden komen. Dat jaar zag een van de leden van ons lab dat hij twee briefjes voor zichzelf had geschreven die hij in zijn portemonnee had. Op het ene briefje stond 'Vader is weg', en op het andere 'Ma in een verpleeghuis – verkeert in goede gezondheid'. We weten niet of mevrouw Herrick hem had aangespoord deze briefjes te schrijven of dat hij het toen ze hem deze informatie gaf op eigen initiatief had gedaan, maar in elk geval behoedden de briefjes hem tegen de ongerustheid niet te weten waar zijn ouders waren.

Mevrouw Herrick ging soms met Henry bij zijn moeder op bezoek. Hij was altijd blij haar te zien en even blij om weg te gaan, in de geruststelling dat het goed met haar ging. Ze overleed in december 1981, ze was toen 94. Volgens een van Henry's verzorgers nam hij het nieuws van haar dood niet al te zwaar op en was hij niet overweldigd door verdriet. Hij had het er alleen over wat een aardige vrouw het was en vertelde dat ze heel zijn leven voor hem had gezorgd.

Henry bleef tot 1980 bij mevrouw Herrick wonen, toen werd bij haar terminale kanker vastgesteld. Henry, half in de vijftig, verhuisde vervolgens naar het naburige Windsor Locks, Connecticut, naar het Bickford Health Care Center, een langetermijnzorginstelling die werd opgericht door een broer van mevrouw Herrick, Ken Bickford, en diens vrouw Rose. Bickford Health Care was een aangename omgeving waar Henry de resterende 28 jaar van zijn leven 24 uur per dag aandacht kreeg van een grote staf gespecialiseerde, toegewijde verzorgers. In zijn dossier stond ik aanvankelijk vermeld als 'het enige familielid, de enige vriend of het enige contact dat is geïnteresseerd'. Ik was er op de dag van zijn opname om te bekijken of hij goed zou worden verzorgd en beschermd. Medicare, Medicaid en Social Security betaalden de kosten van Henry's verblijf in Bickford en eveneens zijn bezoeken aan plaatselijke ziekenhuizen.

Nu mevrouw Herrick er niet meer was, werd ik Henry's enige hoeder, in die zin dat ik me verantwoordelijk voelde voor zijn welbevinden. Ik lette op hem. Wanneer hij ons bezocht in het MIT Clinical Research Center werd hij altijd lichamelijk en neurologisch onderzocht, wat ons hielp bij het vaststellen van nieuwe symptomen en bij het verzinnen van middelen om die op te lossen. Gelukkig konden we vertrouwen op de hulpbronnen van het MIT Medical Department en de staf van het verpleeghuis om de aanwijzingen van de artsen uit te voeren. Ik hield nauw contact met Henry's verzorgers in Bickford. Ze belden me altijd wanneer zich een nieuw probleem voordeed, bijvoorbeeld wanneer hij een grand-malaanval kreeg, zijn enkel brak of zich recalcitrant gedroeg. Ik probeerde de kwaliteit van zijn leven ook te verbeteren door hem kleding te sturen, kaarten, foto's, films en apparatuur om die af te spelen.

Ik verkeerde nu in de positie dat ik meer van Henry wist dan wie dan ook. Mevrouw Herrick was de beheerster geworden van de aandenkens van de familie Molaison, vergaard op vakanties en op familiebijeenkomsten, en ze gaf die aan me door. In 1991 benoemde het hof voor erfrecht in Windsor Locks, Connecticut, haar zoon, de heer M., tot curator van Henry, wat inhield dat hij verantwoordelijk was voor het beschermen van Henry's belangen en het toezicht op zijn persoonlijke aangelegenheden. Hij was mijn beste bron voor informatie over Henry's verleden, praatte me bij over bijzonderheden uit de geschiedenis van de familie Molaison en gaf me een schatkist vol aandenkens. Een paar keer heb ik het genoegen gehad die aandenkens met het publiek te kunnen delen. Mede door deze verhalen en souvenirs heb ik het familieverleden kunnen reconstrueren.

We kunnen de vijftig jaar van Henry's leven met amnesie – eerst bij zijn ouders, dan bij mevrouw Herrick en ten slotte in Bickford – zien als een verschrikkelijke verarming. Wat voor leven had hij eigenlijk zonder zijn geheugen, ondanks dat er altijd voor hem werd gezorgd, hij zichzelf kon vermaken en zelden leek te lijden? Kon hij ooit een helemaal tot zijn recht gekomen mens zijn nu hij voor altijd vast zat in één moment? Sommige filosofen, psychologen en neurowetenschappers hebben beweerd dat we zonder geheugen geen identiteit hebben. Had Henry een idee wie hij was?

Voor mij staat vast dat Henry wel degelijk een idee had wie hij was, ook al was dat gefragmenteerd. In alle jaren dat we met hem werkten, leerden we zijn persoonlijkheid kennen, en de grillen en eigenschappen die hem maakten tot wie hij was. Henry's overtuigingen, verlangens en normen waren er altijd. Hij toonde een algehele houding van altruïsme en sprak regelmatig de hoop uit dat anderen baat zouden hebben bij wat wij van hem leerden. Die kans was een bron van voldoening voor hem.

Henry wist dat hij een operatie had ondergaan en besefte dat hij moeite had om zich dingen te herinneren, maar hij had geen benul tot hoe ver in de tijd zijn geheugenverlies zich uitstrekte. Zo praatte hij in een gesprek uit 1992 met me over zijn operatie.

SC: Vertel me daar eens over [over de operatie].
Henry: En ik herinner het me alsof – ik herinner me gewoon niet waar het was –.

SC: Herinner je je de naam van de dokter?
Henry: Nee.
SC: Zegt de naam dr. Scoville je iets?
Henry: Jazeker.
SC: Vertel me eens over dr. Scoville.
Henry: Nou – nou, hij ging – hij reisde rond. Hij verrichtte – nou ja, medisch onderzoek op mensen. Allerlei soorten mensen, ook in Europa, en hoogheden, en ook filmsterren.
SC: Heb je hem ooit gesproken?
Henry: Ja, ik geloof het wel. Diverse malen.
SC: Weet je waar je hem hebt gesproken?
Henry: Ik geloof in zijn praktijk.
SC: En waar was dat?
Henry: Nou, mijn eerste gedachte is Hartford.
SC: Waar in Hartford?
Henry: Eerlijk gezegd kan ik je niet het adres of zoiets geven, maar ik weet dat het buiten het centrum van Hartford was in – maar het was buiten het centrum. Een eindje van...
SC: Was het in een ziekenhuis?
Henry: Nee. De eerste keer dat ik hem sprak was in zijn praktijk. Voor ik naar een ziekenhuis ging. En daar – nou – nou, wat hij over mij heeft geleerd heeft anderen ook geholpen, en daar ben ik blij mee.

Henry's herinneringen waren voor het grootste deel juist. Ook al vertoonde hij nooit enige wrok jegens Scoville of over de afloop van de operatie, hij leek op enig niveau te hebben verwerkt dat er iets erg naars was gebeurd ten gevolge van zijn ingreep. Henry vertelde vele malen dat hij er vroeger over had gedroomd hersenchirurg te worden, maar zei dat hij het idee had laten varen omdat hij een bril droeg en zich er zorgen over maakte dat hij iets verkeerds zou doen en een patiënt pijn zou doen. Het was niet ongewoon dat hij drie, vier keer per dag varianten van dit verhaaltje herhaalde. In één scenario was er sprake van een medewerker die Henry's wenkbrauw afveegde en per ongeluk zijn bril afstootte. In een ander scenario spoot er bloed omhoog tegen zijn bril op waardoor zijn zicht werd gehinderd, en in een derde scenario belemmerden moddervlekjes op zijn bril zijn zicht. In alle varianten was Henry bezorgd dat hij een verkeerde beweging zou maken, waardoor de patiënt een zintuig zou verliezen, verlamd zou raken of zou overlijden. De overeenkomst tussen deze terugkerende verhalen en Henry's beschrijving van zijn eigen ervaring is opvallend. In 1985 deelde Henry deze gedachten met een doctoraalassistente in mijn lab, Jenni Ogden, een neuropsychologe uit Nieuw-Zeeland.[1]

Ogden: Herinner je je wanneer je bent geopereerd?
Henry: Nee.
Ogden: Wat is er volgens jou daarbij gebeurd?
Henry: Nou ik geloof, tja – nou, ik heb nu ruzie met mezelf. Ik ben de derde of de vierde bij wie ze het deden, en ik geloof dat ze, nou ja, misschien maakten ze niet de juiste beweging op het juiste moment, toen. Maar ze hebben iets geleerd.

Henry's vriendelijkheid was in allerlei gewone dingen te zien. In sociaal opzicht was hij hoffelijk, aardig en ridderlijk. Wanneer we samen van het ene MIT-pand naar het andere liepen, legde hij zijn hand op mijn elleboog om me over het trottoir te leiden. Hij had ook gevoel voor humor en genoot van goeie grappen, ook als die over hemzelf gingen. In 1975 kwam Henry tijdens een gesprek met een van mijn collega's als reactie op een vraag over de datum met zijn vaste zin: 'Ik heb ruzie met mezelf.' Mijn collega grapte: 'Wie wint de ruzie? Jij of jij?' Henry lachte en herhaalde: 'Jij of jij.' In 46 jaar snauwde Henry me slechts één keer toe. Ik probeerde hem te helpen bij het leren van een complexe procedure, en hij was gefrustreerd geraakt. 'Door jou heb ik het nu helemaal verprutst!' beet hij me toe.

Bij het vormen van de Henry die we kenden, speelden waarschijnlijk diverse variabelen een rol: zijn aangeboren aard, zijn beschermde woonsituaties en zijn operatie. Zijn gedrag was deels beïnvloed door het verwijderen van zijn amygdalae links en rechts. Deze amandelvormige structuur, een onderdeel van het limbische systeem, is essentieel voor het verwerken van reacties op het gebied van emotie, motivering, seksualiteit en pijn, vooral gevoelens van agressie en angst. Was deze lieve, gewillige man kalmer geworden door zijn operatie? Op grond van wat we van Henry weten was hij altijd een aangename, passieve persoon geweest – zijn gedrag leek op dat van zijn vader – en zijn ouders maakten geen melding van enige verandering in zijn persoonlijkheid na de operatie. Henry was zijn vermogen tot emotie duidelijk niet kwijt. Hij kon zelfs agressief zijn – toen hij een personeelslid van het Hartford Regional Center te lijf ging of toen hij ruziemaakte met zijn moeder. Hij kon ook verdriet voelen over verloren beminden. Zoals we in 1970 tijdens Henry's verblijf in MIT zagen, kon hij zijn moeder missen en teder tegen haar zijn toen hij haar na een langere afwezigheid te zien kreeg. Henry's emoties waren dan misschien afgestompt door zijn operatie, maar hij kon meedoen aan de meeste gevoelens die we allemaal ervaren.

Wel miste Henry in allerlei elementaire opzichten zelfbewustzijn. Hij was nauwelijks in staat ook maar zijn eigen lichamelijke toestand te beoordelen – of hij ziek was of gezond, energiek of moe, hongerig of dorstig. Henry klaagde af en toe over lichamelijke pijn. Hij maakte soms melding van aandoeningen als buikpijn en kiespijn, maar over andere dingen zoals aanvallen van aambeien zweeg hij. Toen hij zijn enkel brak, was volgens hem de verwonding zo gering dat het geen foto rechtvaardigde. Het viel ons ook op dat Henry zelden zei honger of dorst te hebben, maar wanneer je hem vroeg of hij honger had, zei hij: 'Ik kan altijd eten.' In 1968 vertelde mevrouw Molaison dat Henry het, voor de eerste keer, met haar eens was toen ze hem zei dat hij honger zou moeten hebben. Hij zei: 'Ja, ik zal wel honger hebben.' Hij koos nooit zelf zijn eten uit, het werd eenvoudig door zijn verzorgers aan hem gegeven.

In hoeverre was Henry's merkbare onvermogen zijn inwendige toestand te bepalen aan zijn amnesie te wijten en in hoeverre lag het aan de ontbrekende amygdalae? Voor een systematische documentatie van onze observaties dat Henry zelden iets zei over inwendige toestanden als pijn, honger en dorst deden we in het begin van de jaren tachtig twee experimenten. In de ene studie testten we zijn vermogen om pijn waar te nemen en in de andere vroegen we hem zijn gevoelens van honger en dorst voor en na de maaltijd te beoordelen. Beide taken werden ook door controledeelnemers verricht. Omdat geheugenbeperkingen mogelijk invloed hadden op hoe Henry zijn inwendige toestand bepaalde, vergeleken we zijn optreden met dat van vijf andere amnesiepatiënten bij wie de amygdalae waren gespaard.[2]

Neurowetenschappers hebben de amygdala vanaf het begin van de negentiende eeuw bestudeerd, en het werd geleidelijk duidelijk dat dit structureel en functioneel diverse gebied een rol speelt bij allerlei gedrag, waaronder pijn, honger en dorst. Omdat bij Henry de amygdalae links en rechts vrijwel helemaal waren verwijderd, was het belangrijk het effect van deze laesies op de van de amygdalae bekende functies te documenteren. Beide amygdalae zijn onderdeel van een circuit dat zich op pijnverwerking toelegt. Er horen twee andere gebieden bij dat circuit, eentje in het midden van de hersenen, het *periaqueductale grijs*, en eentje vlak onder de frontaalkwabben, de *cortex cingularis anterior*. Dit netwerk ontwikkelde zich om dieren en mensen tegen ongelukken te beschermen en om hun overlevingskansen te verhogen. De amygdala draagt, samen met diverse andere hersengebieden waaronder de hypothalamus, ook bij aan het beoordelen van honger en dorst.[3]

In 1984 begon mijn lab met het beoordelen van de mate waarin Henry signalen kon verwerken die samenhingen met pijn, honger en dorst. Daarbij werd eerst Henry's pijnperceptie getest, met een haardrogerachtig geval dat een hete plek op zijn huid wierp. We vroegen hem op zes plaatsen op zijn onderarm hitte aan te brengen, op verschillende niveaus van intensiteit. Het was nooit zo heet dat zijn huid verbrandde. Gedurende drie testsessies beoordeelde hij de intensiteit van elke hitteprikkel op een schaal van elf punten – absoluut niets, misschien niets, een beetje warm, warm, heet, zeer heet, zeer lichte pijn, lichte pijn, pijn, zeer pijnlijk en terugtrekken (onverdraaglijk). We evalueerden Henry's pijnperceptie bij drie gelegenheden. Bij onze analyse van zijn reacties werd naar twee maatstaven van pijnperceptie gekeken – hoe goed kon hij twee prikkels van verschillende intensiteit onderscheiden, en zijn neiging om een prikkel pijnlijk te noemen. Toen we Henry's optreden met dat van de gezonde controlegroep vergeleken, schoot hij bij beide maatstaven tekort. Niet alleen had hij meer moeite dan de controledeelnemers om hitteniveaus te onderscheiden (wat inhield dat hij de prikkels vaak verwarde), maar ook noemde hij geen enkele prikkel pijnlijk ongeacht hoe heftig ze waren. Opmerkelijk genoeg trok hij de hitte nooit weg voor de periode van drie seconden voorbij was. Het optreden van de andere amnesiepatiënten was vergelijkbaar met dat van de controledeelnemers, wat aangaf dat Henry's probleem om pijn te beoordelen niet bij amnesie hoorde. Het waren de laesies in zijn amygdala die dit probleem bij zijn pijnperceptie veroorzaakten.[4]

In een volgend experiment vergeleken we Henry's vermogen om de intensiteit van zijn honger te voelen met dat van gezonde deelnemers en dat van andere amnesiepatiënten. Op etenstijd kunnen de meesten van ons geestelijk naar binnen kijken en hun honger beoordelen – willen we iets eten of niet? Vervolgens, na de maaltijd, hebben we een bewust besef dat we vol zitten, een gevoel dat ons zegt of we het dessert moeten overslaan. Toen we onderzochten of Henry deze twee maatstaven van eetlust zou ervaren, ontdekten we dat er zowel met zijn subjectieve eetlust (Hoeveel honger heb ik?) als met zijn besef vol te zitten (Hoe vol zit ik?) problemen waren.[5]

In 1981 vroegen we Henry zijn honger te beoordelen op een schaal van nul (uitgehongerd) tot honderd (er kan geen hapje meer bij), voor en na zijn maaltijd. Hij gaf consequent het cijfer vijftig, ongeacht of hij op het punt stond te gaan eten dan wel net klaar was. Op een avond, nadat hij een volledige maaltijd had gehad en zijn blad was weggehaald, verving iemand van het keukenpersoneel het, zonder iets te zeggen, door een blad met net zo'n maaltijd als hij net op had. Henry at de tweede maaltijd in zijn vaste langzaam-maar-zekertempo, tot alleen de salade nog over was. Toen we hem vroegen waarom hij zijn salade had laten staan, zei hij eenvoudig dat hij 'klaar' was, niet dat hij helemaal vol zat omdat hij te veel had gegeten. Twintig minuten later vroegen we hem zijn honger weer te beoordelen. Hij gaf 75 punten, wat inhield dat hij besefte een beetje vol te zitten. Alleen door er nadrukkelijk voor te zorgen dat hij vol zat, hadden we hem eindelijk boven de 50 punten weten te krijgen, maar hij zei nog steeds bij lange na niet dat hij verzadigd was.[6]

De pijnperceptietest gaf aan dat Henry's vermogen om pijn te bespeuren in vergelijking met zijn vermogen lichte aanrakingen op zijn huid te voelen (bij hem normaal) onevenredig slecht was. Hoewel hij onderscheid kon maken tussen verschillende pijnniveaus, bleven zijn scores achter bij die van de andere amnesiepatiënten en de gezonde controledeelnemers. Zijn pijnmeldingen namen niet toe als de intensiteit van de hitte toenam.

Omdat er geen abnormale pijnperceptie werd waargenomen bij de amnesiepatiënten bij wie de amygdala geen schade had opgelopen, namen we aan dat Henry's abnormale tolerantie voor pijn werd veroorzaakt door het verwijderen van beide amygdalae. De overeenkomstige bevindingen dat hij voor en na een maaltijd zijn honger of dorst niet anders beoordeelde, en dat hij geen gevoel van verzadiging kon uitdrukken, ondersteunde onze conclusie dat informatie over huidige inwendige toestanden ofwel ontbrak dan wel voor Henry minder toegankelijk was dan voor andere amnesiepatiënten. We schreven zijn onvermogen om zijn inwendige toestanden – pijn, honger en dorst – te benoemen en uit te drukken niet toe aan zijn geheugenstoornis maar aan de laesies in zijn amygdalae.

Onze experimenten bevestigden wat we in Henry's dagelijkse leven hadden gezien: een onvermogen om pijn te beoordelen en een slecht inzicht in zijn eetlust. We concludeerden dat de bilatere resectie van zijn amygdalae verantwoordelijk was voor zijn slechte beoordeling van inwendige toestanden. Zonder zijn amygdalae voelde Henry niet wanneer hij honger of dorst had, en kon hij niet de hersencircuits inzetten die hem vertelden of hij genoeg gegeten en gedronken had. Gelukkig was zijn algehele waardering voor eten niet verminderd. Hij vertelde ons dat hij liever taart had dan sla. Hij hield erg van wentelteefjes en hield niet van lever.

De amygdala speelt ook een rol bij het uitdrukken van seksuele drift, en door laesies van de amygdala kan het libido van patiënten afnemen of toenemen. Voor zover wij weten vertoonde Henry na zijn operatie géén seksuele interesse of seksueel gedrag. In 1968, vijftien jaar na de operatie, schreef Scoville dat Henry 'geen seksuele uitlaatkleppen had, en daaraan ook geen behoefte leek te hebben'. Henry's gebrek aan libido kan een gevolg van zijn operatie zijn geweest. Hij had over contacten met meisjes in zijn jeugd gesproken, en brieven die hij van twee vrienden kreeg wezen erop dat hij voor de operatie geïnteresseerd was geweest in vrouwen, ook al heeft hij kennelijk geen serieuze romances gehad. Op een foto in Henry's familiealbum van een aantrekkelijke jonge vrouw in pin-uppose staat: 'Aan Henry met liefs, Maude. Gemaakt op 1 mei 1946.' Natuurlijk kan het ontbreken van intieme relaties een gevolg zijn geweest van zijn zware epilepsie en van de medicijnen tegen epilepsie die hij innam. Het besef dat hij elk moment een toeval kon krijgen moet hem in het sociale verkeer extreem verlegen hebben gemaakt. De potentiële complicatie dat hij tijdens een afspraakje ging stuiptrekken of door de medicijnen indutte, zou voor iedereen genoeg reden zijn om er maar niet aan te beginnen.

Een van de grootste problemen om te achterhalen wie Henry was en hoe hij zijn wereld beleefde, was dat zijn herinnering aan zijn leven voor de operatie zeer onbetrouwbaar was. Hij leed zeker aan *anterograde amnesie* – hij kon zich geen gebeurtenissen en feiten herinneren van nadat zijn hersenen waren beschadigd. Maar hij had ook *retrograde amnesie* – hij kon unieke gebeurtenissen die hij voor de hersenbeschadiging had meegemaakt niet terughalen.

Het bestuderen van retrograde amnesie stelt je voor grotere problemen dan het bestuderen van anterograde amnesie. Bij een test naar anterograde amnesie hoef je als onderzoeker de patiënt alleen maar een paar dingen voor te leggen om te herinneren – een foto, een zin, een verhaal, een complexe tekening – en dan later nagaan of de patiënt de informatie heeft vastgehouden. Maar het bestuderen van retrograde amnesie is lastiger, want het is een probleem om te achterhalen wat voor informatie mensen in het verleden hebben opgeslagen. Daarom komen onderzoekers vaak met persoonlijke tests door specifieke gebeurtenissen en feiten te gebruiken die zich beperken tot het eigen leven en de eigen kennis van de patiënt.

In 1986 beschreven twee geheugenonderzoekers van Boston University een casestudy die licht wierp op retrograde amnesie, een onderzoeksterrein dat in de meeste eerdere studies van patiënten met geheugenstoornissen was verwaarloosd. In de studie werd nagegaan of het retrograde geheugen in alle tijdsperiodes even ernstig is aangedaan, of dat informatie die tientallen jaren voor de amnesie begon is opgeslagen veerkrachtiger is dan informatie die korter voor het begin van de ziekte is opgeslagen. De zorgvuldig opgezette experimenten van de onderzoekers onderstreepten hoe belangrijk het is informatie te hebben over de kennis die een patiënt in het verleden had. Met tests die speciaal waren gemaakt voor hun patiënt P.Z. ontdekten ze dat *verre herinneringen* relatief gezien gespaard blijven, terwijl heel veel herinneringen die dichterbij het begin van de ziekte liggen verloren gaan.[7]

Bij P.Z., een vooraanstaande wetenschapper en hoogleraar aan een universiteit, werd in 1981, hij was toen 65, korsakov door alcoholgebruik geconstateerd. Hij had zowel ernstige anterograde als retrograde amnesie. Omdat P.Z. een productieve schrijver was geweest, hadden de geheugenonderzoekers een voortreffelijk beeld van wat hij had geweten voor hij amnesisch werd. Hij had voor zijn hersenbeschadiging een autobiografie geschreven, en toen de onderzoekers zijn vermogen testten om zich gebeurtenissen te herinneren die hij in zijn boek had beschreven bracht hij het er in het algemeen slecht af. Boeiend genoeg presteerde hij wisselend: bij gebeurtenissen die langer geleden waren gebeurd, was de kans op een correct antwoord het grootst. Hij herinnerde zich zijn vroege jeugd goed, maar kon vrijwel niets zeggen over de paar jaar van voor de amnesie. Zoals deze studie en andere studies hebben laten zien is het verre langetermijngeheugen minder kwetsbaar dan het recente langetermijngeheugen.

Om dit verschijnsel preciezer te bestuderen stelden de onderzoekers een lijst op van befaamde geleerden – vijfenzeventig onderzoekers die P.Z. persoonlijk had gekend en in vele gevallen in zijn eigen werk had geciteerd. Deze wetenschappers waren in verschillende periodes bekend geweest. Bij één experiment lieten de onderzoekers P.Z. de namen van de wetenschappers zien, één naam tegelijk, en vroegen ze hem het belangrijkste vakgebied van de geleerde te noemen en specifieke bijdragen aan de wetenschap. P.Z. scoorde het slechtst bij de collega's van wie de loopbaan na 1965 een hoogtepunt had bereikt, wat duidelijk maakte dat zijn retrograde amnesie de vijftien jaar voor het begin van zijn ziekte in 1981 had opgelokt. Zijn beste resultaten haalde hij met de periode voor 1965. We weten nog niet waarom patiënten als P.Z. dit patroon van geheugenverlies vertonen.

Ook Henry vertoonde retrograde amnesie, al kostte het ons tientallen jaren om de ware aard van wat hij had vergeten te doorzien. Door de resultaten van onze experimenten werd hij het middelpunt van een wetenschappelijk debat over de rol van de hippocampus bij het *autobiografische geheugen*. Door Henry's amnesie preciezer te bestuderen, en dan vooral zijn retrograde amnesie, kwamen we veel te weten over hoe de geest verschillende soorten informatie opslaat en terughaalt. De hersenen gebruiken andere processen voor het terughalen van *persoonlijke episodische kennis*, zoals de ochtend dat de onderwijzer je liet doorgaan naar de hoogste leesgroep, dan ze gebruiken voor *persoonlijke semantische kennis*, zoals de naam van je basisschool. Het onderzoek naar Henry waaraan we ruim een halve eeuw hadden gewijd, was cruciaal bij deze ontdekking.

In het begin geloofden Scoville en Milner dat Henry's amnesie redelijk rechtlijnig was – hij kon zich géén nieuwe informatie van na de operatie herinneren en was veel herinneringen kwijt aan de periode direct voor zijn operatie, maar hij kon zich goed dingen herinneren die eerder in zijn leven waren gebeurd. In 1957 vermeldden ze dat Henry 'een gedeeltelijk retrograde amnesie' had, 'in die zin dat hij zich niet de dood van een favoriete oom herinnerde, drie jaar eerder, en zich ook niets van de periode in het ziekenhuis herinnerde, terwijl hij zich wel een paar triviale gebeurtenissen kon herinneren van vlak voor zijn opname in het ziekenhuis. Zijn vroege herinneringen waren kennelijk levendig en intact.' Evenzo stelde een neuroloog in juni 1965 vast dat Henry een gedeeltelijke storing had wat betreft zijn kennis van gebeurtenissen tijdens het jaar voor zijn operatie. Hij verwisselde bijvoorbeeld consequent een vrije dag van anderhalve maand voor de operatie met een vrije dag van twee maanden voor de operatie. De neuroloog documenteerde meer herinneringen die Henry had vastgehouden – gebeurtenissen van twee jaar of langer voor de operatie, verwanten en vrienden die hij voor de operatie had gekend, en vaardigheden en vermogens die hij vroeger had gehad. In 1968 meldden wij, op basis van informatie uit de praktijk van Scoville en ongestructureerde gesprekken met Henry en zijn moeder, dat er geen verandering was in Henry's vermogen zich vroegere gebeurtenissen van voor de operatie te herinneren, zoals dingen uit zijn vroege schooltijd, een vriendin van de middelbare school, of baantjes die hij rond zijn twintigste had gehad. Zijn geheugen leek vaag wat betreft de twee jaar direct voor zijn operatie, die op zijn 27ste werd uitgevoerd.[8]

Toen de tests voor verre herinneringen meer gestandaardiseerd en subtieler werden, zagen we in dat onze vroege indrukken niet klopten. Van 1982 tot 1989 kwamen mijn collega's en ik met objectieve tests om Henry's geheugen te toetsen voor verschillende soorten herinneringen van voor en na zijn operatie. De eerste soort herinneringen betrof publieke kennis – beroemde deuntjes (zoals 'Cruising down the river' en 'Yellow submarine'), informatie over in brede kring bekende historische feiten (Welk bureau hield tijdens de Tweede Wereldoorlog de distributie en prijsbeheersing in de gaten? In welk Latijns-Amerikaans land intervenieerde president Johnson door troepen te sturen?) en befaamde scènes (Mariniers die de Amerikaanse vlag hesen op het eiland Iwo Jima; Neil Armstrong op de maan). Bij deze tests werden dingen van voor Henry's operatie gemengd met latere dingen. We ontdekten dat hij verrassend accuraat uit vier mogelijkheden koos bij publieke gebeurtenissen vanaf de jaren veertig tot en met de jaren zeventig – dus voor én na zijn operatie. Wanneer we bijvoorbeeld vroegen: 'Wie was zijn tegenstander toen Franklin Roosevelt kandidaat was voor een derde termijn?' herkende Henry correct Wendell Willkie. Bij de vraag 'Met welke wereldleiders kwam president Carter bijeen in Camp David?', bracht hij correct Begin en Sadat thuis.[9]

Onze testresultaten lieten zien dat Henry, ondanks zijn amnesie, sommige vooraanstaande historische figuren en gebeurtenissen van na zijn operatie kon herkennen. Hoe verklaren we deze kennelijke aanwijzing van declaratief geheugen bij een man die zich voor geen enkel praktisch doeleind iets herinnerde? We zochten de antwoorden in zijn levensstijl. Hij besteedde veel tijd aan televisiekijken en tijdschriften lezen, wat hem volop gelegenheid bood informatie over actuele gebeurtenissen en beroemdheden te coderen. Deze herhaling zorgde voor voorstellingen – symbolische codes met informatie – in zijn hersenschors die volstonden om hem bij een test te laten zeggen of hij die persoon of gebeurtenis eerder was tegenkomen. Bij de meerkeuzetest over het herkennen van beroemde scènes moest Henry één antwoord kiezen uit drie mogelijkheden – een was goed, twee waren fout. Wanneer hij bijvoorbeeld de foto te zien kreeg van mariniers die de Amerikaanse vlag op Iwo Jima hesen, kreeg hij de keus uit drie echte gebeurtenissen: Iwo Jima in het zuiden van de Grote Oceaan, Hanoi in Vietnam en Seoul in Korea. Hij kreeg ook de vraag een van drie jaartallen te kiezen: 1945 (39 jaar geleden), 1951 (33 jaar geleden) en 1965 (19 jaar geleden). Wanneer Henry zo werd getest, maakte hij bij scènes van na zijn operatie vaak de juiste keus. De geheugensporen, geleidelijk opgebouwd door de dagelijkse blootstelling aan de media, riepen een gevoel van vertrouwdheid op dat volstond om Henry's herkenningsgeheugen te steunen. Maar hij bracht het er aanvankelijk minder goed af wanneer de onderzoeker hem een moeilijker taak voorlegde – zonder enige vingerwijzing het onderwerp en de datum (Iwo Jima, 1945) van de beroemde scènes herinneren. Zo'n herinneringstest is voor ons allemaal lastiger dan een herkenningstest, want dan moeten we de antwoorden zelf opdiepen. Henry had er voor de jaren van na zijn operatie verhoudingsgewijs meer moeite mee dan de gezonde deelnemers. Hoewel hij normaal scoorde bij gebeurtenissen uit de jaren veertig, had hij problemen bij gebeurtenissen uit de jaren vijftig en later.[10]

We testten ook Henry's autobiografische geheugen. We vroegen hem een persoonlijke ervaring te vertellen naar aanleiding van tien gewone zelfstandige naamwoorden, zoals boom, vogel en ster. Hij kon een herinnering uit elke periode van zijn leven kiezen. We gaven zijn reacties een cijfer van nul tot drie, afhankelijk van hoe specifiek ze waren wat betreft de tijd en de plaats van de herinnering. De deelnemers kregen drie punten voor een herinnering aan een specifieke autobiografische gebeurtenis waarin de prikkel was verwerkt (vogel), die specifiek was in tijd en plaats, en die rijk was aan bijzonderheden. Een deelnemer had dan bijvoorbeeld gezegd: 'Op mijn 21ste verjaardag ging ik naar Las Vegas en logeerde in een hotel met groene en rode papegaaien in de lobby.' Ze kregen twee punten voor een herinnering aan een specifieke autobiografische gebeurtenis waarin de prikkel was verwerkt, maar die niet specifiek was in tijd en plaats, en arm was aan bijzonderheden: 'Ik ging vroeger naar vogels kijken op een meer nabij mijn ouderlijk huis.' Ze kregen één punt voor een herinnering met autobiografische inhoud, maar zonder de prikkel en zonder dat ze specifiek waren: 'Ik keek vroeger graag naar vogels.' We gaven de deelnemers nul punten als er geen reactie volgde of een algemene uitspraak zonder autobiografische verwijzing: 'Vogels vliegen rond.'[11]

De resultaten waren veelzeggend. Henry putte zijn herinneringen aan persoonlijke gebeurtenissen allemaal uit de periode van meer dan 41 jaar voor de test – toen hij 16 was, 11 jaar voor zijn operatie. Door de ingreep werden de meeste recente herinneringen van voor de operatie gewist, terwijl de vroegste gespaard bleven. Deze resultaten uit het midden van de jaren tachtig lieten zien dat Henry's retrograde amnesie qua tijd begrensd was, maar de aangetaste periode was veel groter dan de berichten uit de jaren vijftig en zestig wilden. Mensen met anterograde amnesie, ook mensen met dementie, hebben vaak voor een lange periode retrograde amnesie, en ze kunnen zich gebeurtenissen uit hun jeugd beter herinneren dan dingen die vlak voor hun geheugenproblemen begonnen zijn gebeurd. De korte term voor dit verschijnsel is *last in, first out*.[12]

Door latere verbeteringen in de opzet van proeven voor verre herinneringen kregen we twee nieuwe instrumenten. Met het eerste instrument, een nauwkeuriger interview over het autobiografische geheugen, werd het vermogen van onze deelnemers beoordeeld om aan een bepaalde tijd en plaats gekoppelde gebeurtenissen te herbeleven, inclusief de herinnering aan contextuele details. Met het tweede instrument, een bijbehorend interview over publieke gebeurtenissen, werd gevraagd naar de context van gebeurtenissen die zich op bepaalde plaatsen op bepaalde momenten afspeelden. We deden in 2002 nieuw onderzoek om Henry's geheugen te beoordelen voor gebeurtenissen uit zijn verre verleden en zijn recente verleden. We begonnen deze proeven met een aanwijzing uit mijn gesprek van 1992 dat hij elke vorm van episodisch, autobiografisch geheugen miste.[13]

In dit gesprek had ik hem gevraagd: 'Wat is je favoriete herinnering aan je moeder?'

'Nou, ik – dat ze mijn moeder is,' zei hij.

'Maar kun je je een bepaalde gebeurtenis herinneren die bijzonder was – een feestdag bijvoorbeeld, Kerstmis, een verjaardag, Pasen?'

'Ik heb ruzie met mezelf over de kerstperiode,' zei hij.

'Hoe zat het dan met kerst?'

'Nou, omdat mijn pa uit het Zuiden kwam, en ze vierden het daar niet zoals ze het hier doen – in het Noorden. Ze hebben bijvoorbeeld geen boom of zoiets. En, eh, maar hij was naar het noorden gegaan, ook al was hij in Louisiana geboren. En ik ken de naam van zijn geboorteplaats.'

Henry's verhaal begon met Kerstmis, maar hij leidde zichzelf af, vergat de vraag en eindigde met een ander onderwerp. In al die jaren met gesprekken kon Henry niet één herinnering vertellen over een gebeurtenis waar zijn vader of zijn moeder bij waren geweest. Zijn antwoorden waren altijd vaag en onveranderlijk. Wanneer er een vraag komt over een belangrijke feestdag weten de meesten van ons levendig momenten op te halen, vol met de zintuiglijke details waardoor herinneringen onuitwisbaar worden. Maar Henry richtte zich op het rangschikken van feitjes, hij gebruikte zijn algemene kennis over zijn familie en zijn jeugd om te proberen een antwoord te construeren.

Deze studie, een doorbraak in onze evaluatie van Henry's geheugen, liet zien dat zijn herinneringen aan de periode voor zijn operatie schetsmatiger waren dan men aanvankelijk had gedacht. Hij kon herinneringen oproepen die op algemene kennis berustten – bijvoorbeeld dat zijn vader uit het Zuiden kwam – maar hij kon zich niets herinneren dat op eigen ervaring berustte, zoals een bepaald kerstcadeau dat zijn vader hem had gegeven. Hij hield alleen de grondslag vast van persoonlijk ervaren gebeurtenissen, louter feiten, maar had geen herinneringen aan specifieke episodes.[14]

In oktober 1982 kregen we een prima gelegenheid om, in een natuurlijke omgeving, Henry's herinneringen aan zijn leven voor de operatie te bestuderen. Ik vernam dat zijn klas van de middelbare school de 35ste reünie vierde in het restaurant Marco Polo in East Hartford. Neal Cohen, een postdoctoraal assistent in mijn lab, en ik kregen toestemming van de staf van Bickford om met Henry een avondje naar de stad te gaan. We reden naar Windsor Locks om hem naar het feest te begeleiden en bij aankomst bleek Henry chic te zijn gekleed en veel zin te hebben.

Het was druk in het restaurant, met zo'n honderd mensen, klasgenoten en hun partners, die de reünie bijwoonden. Diverse van Henry's klasgenoten herinnerden zich hem en begroetten hem warm. Een vrouw kuste hem zelfs, waarvan hij leek te genieten. Maar voor zover wij konden bepalen, herkende Henry niemand van naam of van gezicht. Maar hij was niet de enige met dit probleem. Een klasgenote vertrouwde ons toe dat ze niet één persoon bij het evenement herkende. In tegenstelling tot vele van de aanwezigen was zij uit Hartford vertrokken en had ze jarenlang met geen enkele klasgenoot contact gehad.

Henry natuurlijk ook niet – we konden dus niet nagaan hoeveel van zijn onvermogen om zijn klasgenoten te herkennen voortkwam uit het feit dat hij 35 jaar geen contact met een van hen had gehad en hoeveel aan amnesie was te wijten. Toch had hij, ook al zagen de gezichten er niet vertrouwd uit, iets van herkenning moeten voelen bij het zien van hun naambordjes. Hij had kunnen zeggen: 'Danny McCarthy – ik herinner me je van de dagopening!' of 'Helen Barker – ik zat naast je bij Engels, en je hielp me met mijn huiswerk.' Maar dat deed hij niet, wat deed vermoeden dat een flink deel van zijn herinneringen aan de middelbare school was uitgewist.

Bij het jarenlange bestuderen van Henry kwamen we erachter dat zijn gebrek specifiek gold voor zijn autobiografische geheugen: hij bleef, hoewel hij geen ervaringen uit zijn eigen leven kon terughalen, in staat zich behoorlijk helder publieke gebeurtenissen te herinneren. Hij kon bijvoorbeeld spreken over de beurskrach van 1929 (toen hij drie was), over Teddy Roosevelt die de aanval leidde in de slag bij San Juan Hill, over FDR en over de Tweede Wereldoorlog. Maar wanneer het over persoonlijke informatie ging, was zijn gebrek extreem. Hij kon bijvoorbeeld een algemeen beeld geven van ritten over het mooie Mohawk Trail in Massachusetts met zijn ouders, maar hij kon geen details geven over een specifieke gebeurtenis bij een bepaalde tocht. Hij herinnerde zich feiten, maar geen gebeurtenissen.

Een reus in de wereld van de cognitieve wetenschap, Endel Tulving, zorgde voor de theoretische doorbraak die ons hielp het onderscheid te begrijpen tussen de vormen van informatie die Henry wel en niet kon terughalen. In 1972 onderscheidde Tulving twee belangrijke categorieën van langetermijngeheugen: *semantisch geheugen*, onze opslagplaats voor feiten, overtuigingen en ideeën over de wereld, en *episodisch geheugen*, de unieke gebeurtenissen in ons persoonlijke leven. Semantisch geheugen is niet aan een bepaalde leerervaring gekoppeld – ik weet bijvoorbeeld niet waar en wanneer ik leerde dat Parijs de hoofdstad is van Frankrijk. In tegenstelling tot het semantisch geheugen registreert het episodisch geheugen de stroom van gebeurtenissen in de tijd en stelt het ons in staat te reflecteren over onze geestelijke voorstellingen in de zin wat de gebeurtenis was, waar en wanneer die plaatsvond, en of die voorafging aan of volgde op andere gebeurtenissen. We kunnen ons levendig de bijzonderheden herinneren rond het telefoontje waarin we te horen kregen dat we de baan kregen, en we kunnen vandaag deze bijzondere gebeurtenis herbeleven dankzij ons vermogen om in onze geest terug te reizen in de tijd. Henry kon die reis niet maken.[15]

Hoe zat het met zijn persoonlijke semantische kennis – zijn feitelijke herinneringen aan de mensen en plaatsen die zijn vroege leven hadden gevuld? Op Henry's oude familiefoto's, die ik van mevrouw Herrick had gekregen, waren gelukkige momenten vastgelegd – een bruiloft, het vangen van een grote vis, en feestelijke familiediners.

Dit was tastbaar bewijs van zijn persoonlijke verhaal. In 1982 koos ik 36 van deze foto's uit voor een test van Henry's jeugdherinneringen, en ik vermengde deze opnames met evenveel foto's uit mijn eigen familie. Ik stond niet op deze foto's. Ik maakte dia's van de foto's, projecteerde ze één voor één op een scherm in het lab, en vroeg Henry of hij de mensen op elke foto herkende, en wanneer en waar de foto was gemaakt. Op één foto poseerden Henry en zijn vader voor een beeld van een inheemse Amerikaan op het Mohawk Trail. Henry, twaalf jaar oud, draagt een korte broek, een bril, een keurig wit overhemd en een das. Hij kijkt naar de camera met zijn handen achter zijn rug. Zijn vader, lang en mager, draagt ook een keurig overhemd en een das, maar heeft een lange broek aan. Hij neemt een zwierige houding aan, kijkt weg in de verte met zijn handen op zijn heupen en één been voor zich uit.

'Herken je deze mensen?' vroeg ik Henry.

'Nou, ja hoor, de ene ben ik.'

Toen ik hem vroeg wie dan, antwoordde hij: 'De kleinste. En de ander lijkt me mijn vader, en de foto werd gemaakt – ik denk in eerste instantie aan het Mohawk Trail. Maar ik heb toch een discussie met mezelf – is dat een beeld? Nou, ik weet dat het een beeld is op de achtergrond – van een indiaan. Maar ik twijfelde over de berg op de achtergrond, verder naar achteren.'

Toen ik hem vroeg wanneer de foto was gemaakt, zei hij: 'Omstreeks 1938, 1939... 1938. Ik zei het de eerste keer goed.' Hoewel ik de precieze datering van de foto niet ken, gokten zijn curator en ik dat hij ongeveer twaalf was, waarbij de datering 1938 hoort, dus was zijn antwoord waarschijnlijk juist.

Henry herkende de mensen op 33 van zijn 36 familiefoto's. Even belangrijk is dat hij niemand herkende op mijn familiefoto's. Slechts drie van Henry's familiefoto's riepen bij hem geen herinneringen op. Op een ervan zaten verre familieleden aan een eettafel, en Henry stond niet op die foto. Hij zei dat het jongetje er bekend uitzag maar hij niet wist hoe hij heette, en waar of wanneer de foto was gemaakt. Het is mogelijk dat hij niet veel tijd met die familie had doorgebracht. Op een foto van mevrouw Molaison en Henry die zijn vijftigste verjaardag vieren herkende hij wel zijn moeder maar niet zichzelf, gezien in profiel. Henry's fout is in dit geval moeilijk te verklaren, omdat hij zichzelf op andere foto's wel herkende. Op de derde foto die hij miste, gemaakt na een wervelstorm, stond de buitenkant van het huis van zijn tante, met het dak eraf. Het huis stond in Florida, dus misschien is Henry daar nooit geweest en had hij de foto nooit gezien. In alle andere gevallen had hij specifieke kennis van wie en wat er op zijn familiefoto's was te zien. Ik was onder de indruk toen hij een oriëntatiepunt op een van mijn familiefoto's herkende (een opname van mijn moeder die mijn dochter vasthield in het Elizabeth Park te Hartford, met zeven eenden aan hun voeten, en een meer en bomen op de achtergrond). Hij bracht het park correct thuis. Hij moet er zijn geweest toen hij opgroeide in Hartford, en hij kon onderscheid maken tussen wat hij op de foto wel en niet kende.

Henry's prestatie weerspiegelde zijn persoonlijke semantische kennis – waar hij vandaan kwam, zijn familiegeschiedenis en zijn eigen verleden. Hij had een algemeen besef van identiteit. Maar zijn gebrekkige autobiografische kennis – persoonlijke, unieke episodes – hield in dat zijn zelfbewustzijn duidelijk beperkt was.

Geheugenonderzoekers hebben zich lang afgevraagd waarom retrograde amnesie zich vanaf het begin van de anterograde amnesie achterwaarts in de tijd lijkt te ontrollen, waardoor het verre verleden het meest levendig is en recente jaren vervagen. In één theorie, het standaardmodel van geheugenconsolidering, wordt gesteld dat herinneringen geconsolideerd (vastgelegd) raken gedurende een lange periode die maanden tot tientallen jaren kan duren. De psychologen Georg Elias Müller en Alfons Pilzecker van de universiteit van Göttingen brachten deze theorie in 1900 voor het eerst naar voren. Halverwege de jaren negentig namen de neurowetenschapper Larry Squire en zijn collega's van de University of California, in San Diego het standaardmodel over als het middelpunt van hun opvatting over retrograde amnesie. Volgens deze theorie hebben de hersenen tijdens de vroege fases van het opslaan en terughalen van herinneringen het hippocampale systeem nodig, maar op den duur is dit systeem niet meer nodig, omdat gebieden in de frontaalkwab, de temporaalkwab, de pariëtale kwab en de occipitale kwab de verantwoordelijkheid overnemen voor het op lange termijn vasthouden van alle herinneringen. Zijn de herinneringen eenmaal solide opgeslagen, dan is niet langer het hippocampale systeem nodig om er weer toegang tot te krijgen. Kortom: het hippocampale netwerk speelt voor alle vormen van geheugen slechts een tijdelijke rol. Volgens dit model gaan meer recente herinneringen bij amnesie en dementie verloren omdat deze nieuwere herinneringen niet volledig zijn geconsolideerd en nog van het hippocampale systeem afhankelijk zijn.[16]

Het zwakke punt in het standaardmodel is de veronderstelling dat alle herinneringen op dezelfde manier worden verwerkt, of ze nu bestaan uit algemene kennis van de wereld (semantisch) dan wel uit persoonlijke ervaringen (episodisch). Henry's herinneringen wezen op een belangrijk onderscheid tussen de twee soorten geheugen: hij kon zich feiten herinneren die hij voor zijn operatie had geleerd, maar wanneer je hem vroeg te vertellen wat er op een specifiek moment in zijn persoonlijke leven was gebeurd raakte hij in de problemen. Declaratieve herinneringen worden niet allemaal op dezelfde manier verwerkt. Door het bestuderen van Henry kwamen we te weten dat het vermogen om levendige en gedetailleerde autobiografische herinneringen op te slaan en terug te halen altijd afhankelijk is van het hippocampale systeem. Dat geldt niet voor het herinneren van feiten en algemene informatie.[17]

Een beter model om Henry's retrograde amnesie te begrijpen dook op aan het eind van de jaren negentig toen de neurowetenschappers Lynn Nadel en Morris Moscovitch kwamen met de Multiple Trace Theory (MTT) voor geheugenconsolidering. Hoewel het geval-Henry niet bijdroeg aan de vorming van hun visie, ondersteunden onze ontdekkingen met Henry hun standpunten sterk. Deze theorie gaat terug op Tulvings gedachte dat we feiten anders verwerken dan unieke ervaringen. Net als het standaardmodel van geheugenconsolidering erkent MTT dat semantische herinneringen (wereldkennis) uiteindelijk onafhankelijk kunnen raken van het hippocampale systeem, omdat we ons in dit geval niet de leercontext hoeven te herinneren en we geen verband hoeven te leggen met stukjes opgeslagen informatie. We herinneren ons bijvoorbeeld niet dat we het jaar van Columbus' eerste reis naar Amerika leerden toen we op de achterste rij in de tweede klas zaten, we herinneren ons eenvoudig 1492. Maar herinneren hoe we onze 21ste verjaardag vierden vergt een beoordeling van de details wanneer, waar en wat. Volgens MTT is het mogelijk feiten (zoals 1492) terug te halen zonder het hippocampale systeem, maar is het niet mogelijk een unieke ervaring (als het vieren van de verjaardag) terug te halen zonder dat de hippocampale circuits kunnen communiceren met de circuits in de hersenschors. De aanwijzingen uit het geval-Henry bevestigen eerder MTT dan het standaardmodel voor consolidering: ze suggereren dat het bewaren en terughalen van sporen van autobiografische gebeurtenissen altijd afhankelijk is van het hippocampale systeem.[18]

MTT biedt een alternatieve verklaring waarom de kans groter is dat mensen met amnesie zich vroege ervaringen herinneren dan latere ervaringen. Volgens deze theorie zorgen neurale processen in de hippocampus voor richtingaanwijzers naar alle verre plekken in de schors waar herinneringen aan onze ervaringen zijn opgeslagen. Je kunt dit proces vergelijken met een bezoek aan de plaatselijke bibliotheek waar we in de kaartcatalogus een onderwerp opzoeken als 'vogels van het Caraïbische gebied' om daarna op de planken de boeken te gaan zoeken. Elke keer wanneer we een herinneringsspoor activeren door de herinnering op te halen of er een nieuw stukje informatie aan vast te plakken, maken we een nieuwe richtingaanwijzer, een nieuwe ingang in de kaartcatalogus, naar die herinnering. Onze herinnering aan een opwindend telefoontje over een baan kan dus in ons hippocampale systeem gekoppeld zijn aan diverse wegwijzers via een web van associaties van de keren dat we het moment hebben herbeleefd of er andere mensen over hebben verteld. In dit model hebben vroegere herinneringen de kans gekregen zichzelf hechter in de hersenen te verweven door in de loop van deze tijd wegwijzers te vergaren. Retrograde amnesie raakt nieuwere herinneringen harder omdat ze aan minder van deze ankers vast zitten en ze daarom meer kans lopen te worden weggevaagd.

De controverse tussen het standaardmodel voor consolidering en MTT concentreert zich op het autobiografische geheugen. In tegenstelling tot het semantische of algemene geheugen is het autobiografische geheugen episodisch en rijk aan details. Met name horen er wat onderzoekers ervaringsnabije details noemen bij – de specifieke geluiden, beelden, smaken, geuren, gedachten en emoties die een unieke gebeurtenis begeleiden. Het standaardmodel veronderstelt dat autobiografische herinneringen slechts voor een beperkte tijd afhangen van een werkende hippocampus; daarna worden ze onafhankelijk van de hippocampus en worden ze in de hersenschors opgeslagen. Deze theorie zou dus voorspellen dat Henry's autobiografische geheugen wat betreft de jaren voor zijn operatie intact was.

MTT stelt daarentegen dat het terughalen van autobiografische episodes altijd inzet van de hippocampus vergt. Volgens deze theorie is de hippocampus een geheugenwegwijzer naar de gebieden in de hersenschors die de sensorische en emotionele eigenschappen opslaan waaruit episodische gebeurtenissen bestaan. Als MTT klopt, dan zou Henry's vermogen om autobiografische gegevens uit zijn vroege leven op te halen zijn aangetast.

Berichten van Henry over autobiografische episodes van voor zijn operatie waren schaars; er zijn me er slechts twee bekend. Het eerste bericht vertelde hij in de jaren vijftig aan Brenda Milner: hij had het toen over een belangrijke gebeurtenis die plaatsvond op zijn tiende. 'Ik kan me de eerste sigaret herinneren die ik ooit rookte. Het was een Chesterfield; ik nam die van de sigaretten van mijn vader. Ik nam een volle teug en hoesten dat ik deed! Je had me moeten horen.' Tientallen jaren was dit de enige autobiografische herinnering die hij ons vertelde.[19]

Pas in 2002 vernamen we over een tweede autobiografische ervaring uit Henry's verleden. Op dat moment waren we systematisch zijn autobiografische geheugen aan het onderzoeken met een pas ontwikkeld gestructureerd interview dat was opgezet om persoonlijke details los te krijgen. Sarah Steinvorth, een postdoctoraal assistente in mijn lab, besteedde een aantal sessies aan de interviews met Henry. Ze vroeg hem dan een gebeurtenis te beschrijven uit alle vijf levensfases: de kindertijd, de tienerjaren, de jonge volwassenheid, de middelbare leeftijd en het jaar voorafgaand aan de test. Ze vroeg hem vervolgens om zo veel mogelijk details van die gebeurtenis. Als hij het moeilijk vond om een gebeurtenis te bedenken, dan hielp ze hem door typische levensfeiten aan te dragen, zoals een huwelijk of een nieuw huis betrekken. De sleutels voor deze studie waren geduld en vasthoudendheid. Steinvorth kon een halfuur bezig zijn met mogelijke gebeurtenissen aandragen om een herinnering los te krijgen voor ze doorging met een volgende periode. Ze ontmoedigde Henry een gebeurtenis te kiezen waarover hij in het verleden regelmatig had gesproken. (We hebben allemaal van zulke verhalen – gebeurtenissen waarover we zovele keren opnieuw hebben verteld dat we ze uiteindelijk nietszeggend vertellen, zonder levendige herbeleving van de schat aan zintuiglijke ervaringen). Terwijl ze Henry interviewde, praatte Steinvorth hem door de verschillende periodes van zijn leven, en hij had moeite enig detail te produceren. Toen ze hem bijvoorbeeld vroeg naar een gebeurtenis uit zijn kindertijd, zei hij verliefd te zijn geweest op een meisje van wie de vader politiecommandant was, maar hij kon geen specifieke episode beschrijven – iets wat zich voordeed op een bepaalde tijd en plaats – die met deze ervaring samenhing.[20]

Toen verrukte Henry Steinvorth op een dag met een verbluffend verhaal.

'Kun je één specifieke gebeurtenis bedenken, iets wat een paar uur duurde, vanaf je vroege kindertijd tot je elfde?' hield ze aan. 'Kun je zoiets produceren?'

'Nee, dat lukt me niet,' zei Henry.

'Wil je naar een andere periode om te zien of je daarover iets kunt produceren?'

'Dat zou misschien wel beter zijn,' stemde hij in.

'Goed. Laten we dat proberen. Wie weet kun je dus iets bedenken – kun je één specifieke gebeurtenis bedenken waarbij je persoonlijk was betrokken van tussen je elfde en je achttiende?'

Hij zweeg even, ze herhaalde de vraag dus, maar hij reageerde nog steeds niet.

'Henry, ben je moe? Wil je pauzeren? Of ben je alleen...'

'Ik probeer na te denken.'
'Goed, sorry. Ik wilde je niet storen.'
'Ik denk aan de eerste tocht in een vliegtuig.'
'Zeg dat nog eens.'
'De eerste tocht in een vliegtuig.'
'Jouw eerste tocht in een vliegtuig?'
'Ja.'
'Vertel het me maar.'

Henry beschreef vervolgens, zeer gedetailleerd, de ervaring van een 'luchtritje' van een halfuur in een eenmotorig vliegtuig toen hij dertien was. Hij beschreef nauwkeurig de indeling van het Ryan-toestel, de instrumenten, de stuurknuppel en de draaiende propeller. Hij en de piloot zaten naast elkaar, en op een gegeven moment liet de piloot hem het toestel besturen; hij herinnerde zich dat hij zijn benen moest rekken om bij de pedalen te komen. Toen Steinvorth hem ernaar vroeg, herinnerde hij zich dat het een bewolkte dag in juni was, en toen ze boven Hartford rondvlogen kon hij de gebouwen langs de hoofdstraat zien. Toen ze het vliegveld naderden voor de landing vlogen ze over een inham waar boten lagen aangemeerd. Voor de tweede keer sinds zijn operatie was er een herinnering uit het verleden vol ervaringen – 'nabije' details, de opwinding van een specifieke gebeurtenis, compleet met herkenningspunten, kleuren en geluiden.

Ik was stomverbaasd toen ik de transcriptie van Steinvorths interview las. Ik herinnerde me niet dit verhaal eerder te hebben gehoord, maar naar blijkt had ik het mis. Tijdens het schrijven van dit boek herlas ik een gesprek dat we in 1977 met Henry voerden toen we elektroden op zijn hoofdhuid aanbrachten voor een slaapstudie gedurende de hele nacht. Hij babbelde informeel met de onderzoeker toen hij met een dergelijk verhaal kwam.

> En Brainard Field. Nou, dat ken ik ook. Voor ze daar de transportvliegtuigen hadden en ook toen er alleen privévliegtuigen waren. Waarom ik het me herinner? Omdat ik daar in 1939 de lucht in ging. Toen heb ik gevlogen. Jazeker. In een vliegtuig. En ik ben altijd blij dat het me goed is afgegaan. Dat was me iets. Want ik weet

dat mijn moeder en mijn pa allebei bang waren van vliegtuigen. En toen ik de lucht in ging, het was kort voor ik van school ging. Het was omdat ik van school zou gaan dat ik de lucht in mocht – ongeveer tweeëneenhalve dollar. Omdat de kerel die me toen de lucht in nam uit – een privépiloot uit Rockville – en hij werkte voor [onleesbaar]. Ik kreeg er een extra stukje bij.

Toen ik dit aanvullend bewijsstuk, vijfentwintig jaar eerder verkregen, herontdekte, was ik ervan overtuigd dat Henry's herinnering aan het vliegtochtje echt autobiografisch was en geen confabulatie.

Tijdens het interview uit 2002 vroeg Steinvorth aan Henry of hij zich nog meer specifieke gebeurtenissen uit zijn verleden kon herinneren. Hoewel hij een paar veelbelovende pogingen produceerde, benaderden die nooit de levendigheid van het vliegtochtje. Hij had het over een treinreis met zijn moeder toen hij ongeveer zeven was, maar hij lepelde eenvoudig feiten op, geen unieke episodes. Ze vertrokken met de trein uit Hartford, stapten over in New York en reden met de tweede trein helemaal naar Florida. Hij herinnerde zich op de bovenste couchette te hebben geslapen, terwijl zijn moeder de onderste nam, en in de trein te hebben gegeten. Ook herinnerde hij zich Canada te hebben bezocht met zijn ouders toen hij nog op de middenschool zat. Hij vertelde tijdens die reis een koe te hebben gemolken, en toen Steinvorth hem naar de details vroeg kon hij enige informatie bieden – op een krukje zitten, in een schuur zijn met ongeveer twintig andere koeien, aan de ene speen en vervolgens aan de andere moeten trekken. Maar ondanks haar aandringen kon hij opnieuw geen beeld schilderen waardoor het opviel als een echte herbeleving van de ervaring in plaats van een algemene beschrijving te blijven van het melken van een koe. Het telde niet als een autobiografische herinnering.

Henry's intense herinneringen aan zijn eerste sigaret en zijn vliegtochtje stonden in schril contrast tot zijn onbestemde herinneringen aan de rest van zijn leven van voor de operatie. Zijn vermogen om zich deze twee bijzondere episodes levendig te herinneren gaat terug op de krachtige emotie die hij tijdens beide autobiografische ervaringen voelde. Steinvorth vroeg Henry zijn vliegtochtje een cijfer van één tot en met zes te geven, voor hoe sterk zijn emotionele toestand tijdens de vlucht veranderde, hoe belangrijk het destijds persoonlijk voor hem was en hoe belangrijk het voor hem was toen hij werd getest. Henry gaf voor zijn emotionele toestand tijdens de vlucht een zes, 'een enorme emotionele verandering'. Hij gaf voor het persoonlijke belang van de ervaring ten tijde van de vlucht, achteraf gezien, een vijf en ten tijde van de test een zes. De herinneringssporen van deze unieke ervaringen beklijfden in Henry's hersenen omdat het opvallende ervan en de emotionele betekenis sterk hersengebieden activeerden die het levendig coderen en opslaan van emotionele informatie ondersteunen – zijn hippocampus, prefrontale cortex en amygdala. Deze activering zal zich niet alleen tijdens de daadwerkelijke vlucht hebben voorgedaan, maar ook elke keer dat hij er nadien zijn vrienden over vertelde. In de loop van de tijd werd de opwindende herinnering steeds robuuster, een rijke voorstelling die tientallen jaren later beschikbaar was om terug te halen.[21]

Henry mocht dan problemen hebben met het vertellen van specifieke episodes uit zijn verleden, hij presteerde daarentegen altijd veel beter bij tests van zijn verre semantische geheugen, algemene feiten over de wereld. In één zo'n test vroeg Steinvorth hem zich op de publieke gebeurtenis zelf te richten in plaats van op zijn persoonlijke ervaring toen hij erover hoorde – met andere woorden, de semantische en niet de episodische kennis. Ze gaf hem een lijst met hints en vroeg hem aan een specifieke publieke gebeurtenis terug te denken, zoals een zware misdaad of de bruiloft van een beroemdheid, uit verschillende periodes van zijn leven. Henry kon zich publieke gebeurtenissen herinneren uit alle periodes van voor zijn amnesie. Hij koos er bijvoorbeeld voor over 'een groot ongeluk' te praten, en beschreef vervolgens redelijk gedetailleerd de ramp met de Hindenburg uit 1937. Zijn vermogen om dit soort algemene informatie op te roepen gaf nog meer steun aan het idee dat autobiografische en semantische herinneringen op een andere manier worden opgeslagen en verwerkt. Zijn intacte herinneringen aan publieke gebeurtenissen waren een bewijs voor de conclusie dat zijn gebrekkige autobiografische geheugen níet kon worden toegeschreven aan een algemeen probleem bij het terughalen, herinneren of beschrijven van een gedetailleerde narratieve structuur.[22]

Wetenschappers blijven in discussie over de waarde van het standaardmodel voor consolidering versus MTT. Onze eigen resultaten met Henry strookten met MTT: Henry's vermogen om zich semantische informatie te herinneren uit zijn vroege leven van voor de operatie was sterk gebleven, maar met zijn beschadigde hippocampus kon hij zich vrijwel geen enkele autobiografische gebeurtenis herinneren. De twee herinneringen die hij kon loskrijgen – de eerste sigaret en het vliegtochtje – waren verrassende uitzonderingen die licht wierpen op twee bijzondere momenten uit zijn leven.

In een poging de aard van Henry's amnesie met het standaardmodel te verklaren, stelde Squire twee dingen aan de orde. In de eerste plaats opperde hij dat Henry's onvermogen om autobiografische herinneringen van voor zijn operatie terug te halen mogelijk voortkwam uit een leeftijdsgebonden aandoening. Hij baseerde deze veronderstelling op afwijkingen in Henry's hersenscans van tussen 2002 en 2004. Maar we kunnen deze verklaring uitsluiten: we hebben bewijzen voor zijn schamele autobiografische geheugen uit 1992, mijn interview met Henry toen hij geen episodische herinnering kon terughalen die met zijn vader of moeder had te maken. Destijds vertoonden zijn hersenen geen enkele leeftijdsgebonden afwijking.[23]

Squires tweede verklaring voor het ontbreken bij Henry van autobiografische herinneringen van voor zijn operatie luidde dat Henry mogelijk kort na zijn operatie wel autobiografische herinneringen had maar dat deze geheugensporen op den duur wegkwijnden. Als deze redenering klopt, zou dezelfde logica van toepassing moeten zijn op zijn herinneringen aan publieke gebeurtenissen. Die hadden in de loop van de jaren ook moeten verdwijnen, maar dat gebeurde niet. Henry's normale prestatie bij het interview over publieke gebeurtenissen liet zien dat hij zich uit precies dezelfde jaren dat zijn autobiografische herinneringen ontbraken levendig publieke gebeurtenissen kon herinneren. Zijn semantische geheugen was gespaard gebleven, terwijl zijn episodische, autobiografische geheugen was aangetast.

Op basis van onze experimenten stel ik mij, overeenkomstig MTT, op het standpunt dat we een werkende hippocampus nodig hebben om unieke momenten uit ons verleden te kunnen herbeleven, ongeacht hoe lang geleden de herinnering is verkregen. Steeds meer studies ondersteunen deze theorie.[24]

Een belangrijke vraag om het standaardmodel voor consolidering en MTT tegen elkaar af te wegen is of amnesie het episodische, autobiografische geheugen en het semantische geheugen op verschillende manieren aantast. De twee theorieën doen duidelijke voorspellingen en het geval-Henry legde de verschillen bloot. Zijn testresultaten, die MTT ondersteunden, leerden ons dat je het netwerk van hersengebieden dat het terughalen van verre autobiografische informatie ondersteunt moet onderscheiden van het netwerk dat het recupereren van verre semantische informatie schraagt. Bij amnesie is het eerste netwerk aangetast, het tweede netwerk niet. Mediale temporaalkwabstructuren worden bij beide soorten herinneringen in het begin ingezet bij het coderen, opslaan en terughalen. Later vinden, tijdens het proces van consolideren, semantische herinneringen een permanente plaats in de hersenschors, terwijl episodische, autobiografische geheugensporen voor altijd blijven afhangen van mediale temporaalkwabstructuren. Dus hield, voor zover wij weten, Henry door het verwijderen van dit weefsel slechts twee autobiografische herinneringen over.

Aan het eind van de jaren zeventig wisten we niet hoe belangrijk slaap is voor geheugenconsolidering, en ontging ons de grote rol ervan bij neurale plasticiteit. We wisten in die tijd weinig over de neurale basis van dromen, en er bestonden geen studies over de cognitieve neurowetenschap van dromen. Wat we wel wisten, was dat er een relatie bestaat tussen oogbewegingen en verschillende slaapstadia, en tussen verschillende slaapstadia en dromen. Gewapend met deze elementaire kennis begonnen we het effect te onderzoeken van de enorme schade in het mediale deel van Henry's temporaalkwab op zijn dromen. We werden aangelokt door de freudiaanse mogelijkheid dat zijn droomverslagen opgeslagen geheimen aan het licht zouden brengen die we via zijn bewuste herinneringen niet los hadden kunnen krijgen. Zouden we een glimp opvangen van zijn onbewuste verlangens?

We wisten dat Henry zich de basis kon herinneren van ervaringen uit zijn leven van voor de operatie en vroegen ons af of deze herinneringen de belangrijkste inhoud zouden vormen van zijn dromen van na de operatie. Dromen zijn het voortbrengsel van onze verbeelding, verwant aan geestelijke beelden wanneer we wakker zijn. Kenmerkend is dat dromen onsamenhangend, raar en vluchtig zijn – geen logische verhalen. Experimenten met ratten hebben duidelijk gemaakt dat dromen een zinvol verband hebben met ons leven wanneer we wakker zijn. We werden nieuwsgierig naar de inhoud van Henry's dromen, gezien het feit dat hij zich niet kon herinneren wat hij de afgelopen dag had gedaan.[25]

In 1970 vroeg ik de verpleegsters van CRC Henry te vragen naar zijn dromen wanneer ze hem 's ochtends wakker maakten. Zijn antwoorden pleegden van dag tot dag eender te zijn, ook al werd hij elke dag door een andere verpleegster gewekt. Misschien zou dezelfde zuster steeds hetzelfde droomverslag hebben opgeroepen. Op 20 mei zei hij dat hij over heuvels rende of daarover werd gedragen. Op 22 mei zei hij dat hij in een vrachtwagen over heuvels reed met boeren erbij, om veedieven te achtervolgen. Op 23 mei was hij in de heuvels, maar er waren geen bomen. Op 26 mei zei hij dat hij op het platteland was nabij de oceaan – heuvelachtig – 'zoiets als Louisiana met een steile helling'. Op 27 mei rende hij over een heuvelachtig terrein met jongemannen, van rond de twintig, om een plek te bereiken waar ze konden rusten en slapen. En op 6 juni liep hij door groen heuvelachtig land – zonder bomen.

Om een duidelijker beeld te krijgen van Henry's dromen bedachten we een experiment om te documenteren waarover hij droomde. Ons doel in deze studie uit 1977 was om te bepalen hoe het dromen verliep zonder een werkende hippocampus en amygdala. We volgden zijn slaappatronen in de nacht met EEG, een instrument dat elektrische activiteit registreert die ontstaat door actieve neuronen in de hersenen. Door deze registraties zagen we in welke slaapfase Henry was. Twee studenten hielpen bij het vastleggen van Henry's dromen door hem wakker te maken tijdens de REM-slaap en de niet-REM-slaap. Ze vroegen hem dan of hij droomde, en zo ja waarover zijn droom ging. Net als gezonde deelnemers gaf Henry aan tijdens beide slaapfasen te dromen.

Waren Henry's droomverslagen echt of waren het louter anekdotes die hij ter plekke verzon om zijn gesprekspartner een plezier te doen? Ik vermoed het laatste. Als Henry's dromen – net als die van de meeste mensen – op zijn eigen ervaringen waren gebaseerd, zouden ze uiteraard moeten teruggaan op gebeurtenissen van voor zijn operatie, want hij had geen voorraad recente herinneringen om ze mee te voeden. Henry's droomverslagen waren zeer realistisch en misten het onsamenhangende en onwezenlijke van de meeste dromen. Zijn gebruikelijke antwoorden leken te veel op de verhalen over zijn jeugd wanneer hij wakker was – naar cowboyfilms kijken, genieten van de natuur en autoritjes maken over het Jacob's Ladder Trail en het Mohawk Trail in het westen van Massachusetts. Hij had een klein repertoire van feitelijke verhalen verbonden met ervaringen van voor zijn operatie. In plaats van echte dromen te beschrijven deed Henry waarschijnlijk zijn best om een bereidwillige deelnemer te zijn, en wat hij produceerde was de basis van herinneringen uit zijn schemerige verleden.

Hier volgt een voorbeeld uit een nacht toen een student Henry om 4.45 uur wakker maakte, tijdens een periode van REM-slaap.

> Student: Henry? – Henry?
> Henry: Ja?
> Student: Was je aan het dromen?
> Henry: Ik weet het niet. Hoezo?
> Student: Herinner je je niets?
> Henry: Nou, eigenlijk wel.
> Student: Wat herinner je je?
> Henry: Nou, ik probeerde te achterhalen – een huis op het platteland, en ik kan maar niet precies bedenken hoe de plattegrond is. En – geloof het of niet – ik droomde dat ik chirurg was.
> Student: Ja?

Henry: Zeker – hersenchirurg. En – want dat wilde ik worden – maar ik zei nee omdat ik een bril droeg. En ik zei, nou ja, een vlekje [modder] of zoiets, en die figuur kon [dood] gaan als je een operatie deed.
Student: Zo.
Henry: Dat was zo'n beetje mijn gedachte over het dokter worden, een chirurg, een hersenchirurg. En zo ging het de hele tijd – ik wil zeggen wanneer ik aan die bepaalde tak van chirurgie dacht.
Student: En je zei iets over op het platteland zijn. Hoe zit dat?
Henry: Op het platteland – operaties aan het doen of ook zomaar op het platteland zijn. Vlak terrein – denk ik – vlak terrein en dat wilde ik over mezelf weten. Dubbel, in zekere zin, want ik weet dat pa in het Zuiden was opgegroeid en daar was het plat. En ik ben natuurlijk opgegroeid in Connecticut, en ik heb een koe gemolken in Canada. En –.
Student: En dat is allemaal nu gebeurd?
Henry: Nee, dit was echt.
Student: O, je was dus niet aan het dromen?
Henry: Ik droomde erover – het allemaal bij elkaar te brengen.

Henry's onmiddellijke melding over 'een huis op het platteland' was mogelijk werkelijk een droom, maar hier stuitten we op het probleem van zijn beperkte geheugenspanne. Wilden zijn droomverslagen overtuigend zijn, dan moesten ze binnen de spanne van zijn onmiddellijke geheugen vallen, zo'n dertig seconde. Nadien was de inhoud van de droom verdampt en de onsamenhangende conversatie die volgde was gebaseerd op zijn oudere opgeslagen kennis.

Ik heb geen bewijs ter ondersteuning van de conclusie dat Henry niet droomde. Maar als hij droomde, moeten zijn droomervaringen anders zijn geweest dan die van gezonde mensen. Sommige van de hersengebieden die normaal gesproken worden ingezet tijdens het dromen waren in Henry's hersenen vervangen door met vloeistof gevulde ruimtes. Zo is bij gezonde deelnemers de amygdala zeer actief tijdens de REM-slaap, en het ontbreken van deze activering in Henry's hersenen veranderde waarschijnlijk zijn slaappatronen en vermogen om te dromen. Ook had hij soms nachtelijke toevallen. Door de nasleep daarvan voelde hij zich de volgende dag beroerd. Maar onze inspanningen ten spijt hebben we gewoon geen idee van wat Henry 's nachts beleefde. In 1977 zei hij, wanneer we hem wakker maakten om te vragen of hij droomde, soms 'ja' en andere keren 'nee'. Dit antwoordpatroon geeft aan dat hij de vraag begreep en overwoog, en dat hij niet ter plekke maar een oud verhaaltje opdiste om de onderzoeker tevreden te stellen. Toch blijven de aard en de inhoud van zijn dromen een raadsel.[26]

Henry's problemen met autobiografische herinneringen, zowel van voor als van na de operatie, beperkten zijn zelfbewustzijn. Hij vond het prachtig ons verhalen te vertellen over zijn verwanten en zijn ervaringen als kind, maar precieze details ontbraken. Zijn autobiografie die zich ontrolde ontbeerde het rijke scala aan zintuiglijke en emotionele verhalen die het ingewikkelde weefsel vormen van wie wij zijn. Zonder het vermogen bewust terug te reizen in de tijd, van de ene episode naar de andere, zat hij vast in het hier en nu. Gezien deze beperkingen dringt zich de vraag op of Henry een idee had van wie hij was. Was zijn zelfbewustzijn door de amnesie afgestompt?

Wanneer mensen over het geval-Henry horen, vragen ze me regelmatig: 'Wat gebeurde er wanneer Henry in de spiegel keek?' Hoe paste hij, als hij zich sinds hij achter in de twintig was niets kon herinneren, zich aan toen hij zichzelf als man van middelbare leeftijd en op den duur als oudere heer te zien kreeg? Wanneer Henry in de spiegel keek, gaf hij nooit blijk van schrik of van een gebrek aan herkenning; hij voelde zich op z'n gemak bij de man die hij naar zich terug zag kijken. Een verpleegster vroeg hem eens: 'Wat vind je van hoe je eruitziet?' Met zijn kenmerkende ingehouden humor reageerde Henry: 'Ik ben geen jongen.'

In het lab lieten we Henry eens afbeeldingen zien van complexe scènes. Weken later herkende hij ze, op basis van een gevoel van vertrouwdheid en zonder zich expliciet te herinneren dat hij ze had gezien. Misschien verbaasde zijn eigen beeltenis hem om dezelfde reden niet. Henry zag zijn gezicht jarenlang dag in dag uit. We weten dat de hersenen een gebied bevatten in de gyrus fusiformis (een onderdeel van de temporaalkwab die bij Henry bewaard was gebleven) dat gespecialiseerd is in het verwerken van gezichten. We weten ook dat gebieden in de prefrontale cortex actief worden wanneer mensen hun eigen gezicht zien. Deze intacte netwerken in zijn hersenen hebben Henry mogelijk in staat gesteld om zijn eigen gezicht als iets vertrouwds waar te nemen, ook wanneer het veranderde, en om zijn geestelijke zelfbeeltenis voortdurend te actualiseren.

Tegelijkertijd vertoonde Henry's feitelijke kennis van zijn uiterlijk en lichamelijke staat vele lacunes. Wanneer we hem naar zijn leeftijd vroegen of het huidige jaar, zat hij er vaak jaren of tientallen jaren naast. Hij geloofde dat hij donkerbruin haar had, ook nadat hij voor een deel grijs was, en noemde zichzelf 'mager maar fors', hoewel hij bij het ouder worden flink aankwam. Op een of andere manier paste hij herinneringen aan zichzelf van voor de operatie aan zijn huidige verschijning aan.

In de tientallen jaren na Henry's operatie veranderde zijn universum op talloze manieren, maar hij schrok nooit van deze veranderingen. Onbewust raakte hij vertrouwd met nieuwe informatie in zijn omgeving, omdat hij er dag na dag telkens aan werd blootgesteld. Dat leidde in de loop van de tijd tot langzaam leren – een andere manier dan waarop gezonde mensen over hun wereld leren. Bij elke confrontatie met zijn eigen gezicht, met de mensen die voor hem zorgden en met zijn omgeving, registreerden zijn hersenen automatisch hun trekken en integreerde die in de opgeslagen innerlijke voorstellingen van dingen en mensen. Anders zou zijn grijze haar hem hebben verbaasd en zou hij zich voortdurend hebben afgevraagd waarom hij woonde waar hij woonde, waarom het beeld op het televisiescherm in kleur was en wat computers waren. Hij aanvaardde op een of andere manier deze aanvullingen en vernieuwingen wanneer ze in zijn leven verschenen.

Omdat hij niet in staat was nieuwe herinneringen te vormen, kon Henry geen autobiografie construeren over zijn latere leven, en het verhaal van zijn verleden was ook schetsmatig. Voor velen van ons is onze persoonlijke geschiedenis het wezenlijkste deel van wie wij zijn, en we besteden heel wat tijd aan nadenken over onze ervaringen uit het verleden en fantaseren over hoe ons verhaal in de toekomst zal gaan. Bij ons zelfbeeld hoort het verhaal van ons verleden en waar we denken heen te gaan – onze to-dolist. We stellen ons voor dat we carrière zullen maken, een gezin gaan stichten, of na ons pensioen in warmere streken gaan wonen. Op de korte termijn hebben we een plan voor wat we vandaag willen bereiken, welke vrienden we deze week zullen spreken, en wat we gaan doen tijdens onze volgende vakantie. Henry's operatie beroofde hem niet alleen van zijn declaratieve geheugen, maar ook kon hij niet meer geestelijk vooruit reizen in de tijd, niet op korte termijn en niet op lange termijn. Hij miste de stukjes om een programma te maken voor de volgende dag, de volgende maand of het volgende jaar, en kon zich geen voorstelling maken van toekomstige ervaringen. Toen ik hem in 1992 vroeg: 'Wat ga je volgens jou morgen doen?' antwoordde hij: 'Als het maar nuttig is.'

Cognitieve neurowetenschappers hebben de aandacht gevestigd op het verband tussen het simuleren van toekomstige gebeurtenissen en het terughalen van episodes. Ze brachten een regulier hersencircuit thuis dat betrokken is bij het herinneren van het verleden en het voorstellen van de toekomst. Het proces om je een voorstelling te maken van toekomstige gebeurtenissen hangt af van structuren in het mediale deel van de temporaalkwab, de prefrontale schors en de achterste pariëtale schors – dezelfde gebieden die essentieel zijn voor het declaratieve geheugen. Wanneer we fantaseren over onze volgende vakantie spreken we het langetermijngeheugen aan voor details over vroegere vakanties en andere kennis. Om je deze gebeurtenissen uit het verleden te kunnen herinneren en ze opnieuw te kunnen combineren voor het scheppen van toekomstscenario's moet je informatie kunnen terughalen uit het langetermijngeheugen, en het is geen verrassing dat amnesie dit proces belemmert. Wil je de toekomst kunnen construeren dan moet je, net als wanneer je het verleden wilt laten herleven, functionele connecties maken tussen je hippocampus en gebieden in je frontale cortex, je cortex cingularis en je pariëtale cortex. Zonder dit netwerk had Henry geen 'database' om te raadplegen wanneer hij de vraag kreeg wat hij de volgende dag, de volgende week of de komende jaren zou gaan doen. Hij kon zich de toekomst even slecht voorstellen als hij zich het verleden kon herinneren.[27]

11

Feiten kennen

Door het scherpe contrast tussen Henry's gemis aan episodisch, autobiografisch geheugen voor de jaren vóór zijn operatie en wat een normaal semantisch geheugen leek voor deze zelfde jaren rees de vraag of zijn episodische en semantische kennis ná zijn operatie in dezelfde mate waren aangedaan. We hadden een overvloed aan bewijs dat zijn episodische geheugen van na zijn operatie zwaar was aangetast – het kenmerk van amnesie. Maar was Henry's vermogen om nieuwe semantische herinneringen te verwerven normaal of gebrekkig? Tot op welke hoogte kon hij semantische informatie waarmee hij voor het eerst na zijn operatie werd geconfronteerd leren en vasthouden? We wilden ook te weten komen hoe goed het de oude semantische kennis, verworven voor zijn operatie, in de jaren nadien was vergaan. Deze vragen waren de drijfveer achter tal van onderzoeken in mijn lab.

Na de operatie had Henry een normale aandachtsspanne en hij kon nog steeds praten, lezen, schrijven, spellen en een gesprek voeren, op basis van kennis die hij voor de operatie had verworven. Hij kon de semantische kennis terughalen die hij voor zijn operatie in 1953 had opgedaan, want die was her en der in zijn cortex opgeslagen, en hij had zijn hippocampus niet nodig om erbij te kunnen.

We waren met name geïnteresseerd in Henry's taalvaardigheden, want we wilden weten of hij zijn mediale temporaalkwabstructuren nodig had om zijn oude semantische herinneringen vast te houden – kennis over de wereld die hij voor 1953 bijeen had gesprokkeld. Een belangrijke component van het semantische geheugen is het *lexicale geheugen* – opgeslagen informatie over woorden, óók de betekenis en de vormen (enkelvoud en meervoud). De overkoepelende kwestie was of gevestigde lexicale herinneringen bewaard blijven bij amnesie. We stemden onze experimenten op drie vragen af: tasten laesies in de temporaalkwab het vermogen aan om reeds geleerde (voor de operatie) lexicale informatie te gebruiken? Hebben deze laesies effect op grammaticale verwerking? Raakt bij het verstrijken van de tijd het lexicale langetermijngeheugen in verval?[1]

Wanneer Henry converseerde, was de inhoud van wat hij zei afgewogen en overdacht. Mijn collega's en ik vroegen ons af of zijn spraakverwerking net zo verliep als bij andere mensen. In 1970 kwam een postdoctoraal student op ons lab met een test die Henry's spraakverwerkingsmechanismen op de proef zou stellen met linguïstische ambiguïteiten, zinnen die meer dan één betekenis hebben. In zijn algemeenheid zijn er drie soorten linguïstische ambiguïteit – lexicaal, oppervlaktestructuur en dieptestructuur.

> Lexicaal: Marie is die nacht goed bevallen.
> Oppervlaktestructuur: Wie feliciteert de kolonel?
> Dieptestructuur: ...omdat de man de vrouw met de wandelstok slaat.

De student maakte 65 ambigue zinnen, diverse voor alle vormen van ambiguïteit, plus 25 niet-ambigue zinnen met één betekenis (bijvoorbeeld: Jim kocht een parka in de skiwinkel).[2]

In het experiment las de student de zinnen hardop voor, en voor Henry lag een kaart die hem herinnerde aan de vraag: 'Heeft de zin één betekenis of twee?' De controledeelnemers konden de ambigue zinnen geestelijk herstructureren en correct interpreteren. Henry merkte de aanwezigheid van twee betekenissen niet zo vaak op als onze controledeelnemers, maar wanneer het hem wel lukte, doorzag hij alle drie soorten van linguïstische ambiguïteit, ook die met dieptestructuur.

Deze studie toonde Henry's normale vermogen om, gedurende een aantal seconden, de diverse elementen van een zin en hun onderlinge relatie vast te houden. Hij merkte ambiguïteiten minder vaak op dan controledeelnemers, omdat zijn kortetermijnverwerkingscapaciteiten overladen raakten en zijn langetermijngeheugen niet werd geactiveerd. In het kortetermijngeheugen kan tijdelijk een kleine hoeveelheid informatie worden opgeslagen, en hoewel Henry's hersenen daartoe in staat waren, was de capaciteit onvoldoende om de ambiguïteit in een paar van de zinnen te ontdekken.

Rond dezelfde tijd berichtte een psycholoog van de University of California, Los Angeles, over een vergelijkbare reeks experimenten. Als postdoctoraal student had hij onafhankelijk op onze afdeling van MIT gewerkt. Hij had 32 ambigue zinnen gemaakt en las ze Henry hardop voor. Hij gaf hem daarbij twee instructies: 'Vind zo snel mogelijk de twee betekenissen van de zin' en 'Zeg "ja" en geef de twee betekenissen in de volgorde waarin je ze zag.' Deze onderzoeker legde een tijdslimiet op van 90 seconden, dus als Henry de twee betekenissen niet binnen dat tijdsbestek herkende, werd de proef fout gerekend. Henry merkte de twee betekenissen in zinnen met lexicale ambiguïteiten en ambiguïteiten in de oppervlaktestructuur in meer dan 80 procent van de proeven op, maar wanneer hij een zin kreeg met ambiguïteit in de dieptestructuur scoorde hij een nul. De onderzoeker uit Californië beweerde, wat in tegenspraak was met onze vorige resultaten, dat structuren die uit Henry's brein waren verwijderd – 'het hippocampale systeem' – een centrale rol speelden bij taalbegrip.[3]

Deze conclusie leek mijn team niet juist. We wisten dat Henry gemoedelijk was en graag improviseerde als hij met iemand sprak. We begrepen ook uit tientallen jaren onderzoek, dat terugging tot halverwege de negentiende eeuw, dat taaluitdrukking en -begrip niet in het hippocampale systeem waren gelokaliseerd. Vele onderzoekers, ook ikzelf, stelden dat taal wordt geregeld door allerlei circuits in de hersenschors, bij de meeste mensen vooral in de linkerhersenhelft, en niet door de hippocampus of de gyrus parahippocampalis.

Ik besloot de bevindingen van de onderzoeker van UCLA te toetsen door zelf zijn zinnen aan Henry voor te leggen, met belangrijke veranderingen in de procedure. Ik vroeg hem de zinnen hardop te lezen, maar ook elke zin opnieuw te lezen waaruit hij een woord wegliet. Ik vestigde zijn aandacht op weglatingen door mijn vinger onder woorden te leggen die hij over het hoofd had gezien. Vervolgens vroeg ik hem 'ja' te zeggen wanneer hij twee betekenissen in de zin zag en om ze te beschrijven in de volgorde waarin hij ze opmerkte. Omdat Henry in het algemeen alles langzaam deed, gaf ik hem onbeperkt de tijd om de zinnen te interpreteren in plaats van hem na negentig seconden af te snijden zoals de onderzoeker van UCLA had gedaan. Uit mijn resultaten bleek dat Henry wel degelijk ambiguïteit in de dieptestructuur kon opmerken, als hij maar de hele zin zonder weglatingen las en als hij het maar in zijn eigen tempo kon doen. Het feit dat Henry effectief kon converseren – zoals hij dagelijks deed met leden van het lab en de mensen van het CRC – bevestigde eigenlijk zijn vermogen de onderliggende betekenis van zinnen te begrijpen.

We bleven Henry's linguïstische vermogens vrijwel tot het eind van zijn leven bestuderen. We geloofden niet, zoals de onderzoeker van UCLA, dat de bilaterale laesies in het mediale deel van zijn temporaalkwab zijn oordeel over linguïstische ambiguïteit of andere spraakverwerkingsprocessen hadden aangetast. Om de zaak helemaal rond te krijgen legden in 2001 een postdoctoraal student en een postdoctoraal assistent in mijn lab Henry allerlei taken voor om zijn opslag van woordkennis te beoordelen en zijn vermogen grammaticale regels te gebruiken. Na zijn prestaties bij negentien proeven te hebben bekeken, concludeerden we dat zijn probleem om ambiguïteiten te bespeuren niet uit een fundamenteel gebrek aan woordkennis of grammatica voortkwam.[4]

Henry kon vlot voorwerpen benoemen die op kleurenfoto's en lijntekeningen waren afgebeeld. De onderzoekers lieten hem bijvoorbeeld kaarten zien met een foto en een woord. De helft van de keren kwam het woord overeen met wat erop de foto stond, en bij de andere helft was er geen verband tussen woord en foto. Henry kon met slechts een kleine achterstand onderscheid maken tussen de overeenkomende en de niet-overeenkomende kaarten. Ook in de tests over elementaire grammatica bracht hij het er goed vanaf. Hij kon bijvoorbeeld de meervoudsvormen geven van zelfstandige naamwoorden en de verleden tijd van werkwoorden. Verder kon hij een bijvoeglijk naamwoord in een zelfstandig naamwoord omzetten ('De man is dom. Je ziet zijn ... meteen.'). Henry scoorde even goed als de controledeelnemers wanneer we hem vroegen naar een zin te luisteren en te bepalen of die grammaticaal fout was.[5]

Maar Henry had wel problemen bij tests over taalvaardigheid. Bij een zo'n test gaven we hem een categorie, bijvoorbeeld 'vruchten', en vroegen hem zo veel mogelijk voorbeelden van die categorie te noemen als hij in één minuut kon verzinnen. Bij een andere test vroegen we hem in één minuut zo veel mogelijk woorden te noemen die beginnen met de letter F, vervolgens met een A, vervolgens met een S. Deze letters hadden een verschillende moeilijkheidsgraad. Gezien het aantal beschikbare Engelse woorden om uit te kiezen, zijn woorden met een F het moeilijkst en met een S het eenvoudigst, woorden met een A liggen daar tussenin. Bij beide taalvaardigheidtests lagen Henry's scores beneden die van de negentien controledeelnemers. Maar de resultaten van alle andere taalfuncties toonden behoud van de werking van het lexicale geheugen (woordkennis).[6]

Henry's scores bij metingen van de taalvaardigheid waren slecht – daarover bestond geen twijfel. De meest voor de hand liggende verklaring voor deze matige prestatie was zijn lagere sociaaleconomische positie. Voor zijn operatie was hij allerminst een welbespraakt iemand, en zijn slechte benoemingsvermogen na de operatie weerspiegelde waarschijnlijk een algemeen gebrek aan verbale vaardigheid. Doordat hij opgroeide in de werkende klasse zal de ontwikkeling van zijn taalprocessen beperkt zijn geweest. Hij heeft nooit op de universiteit gezeten, en zijn vaardigheden en interesses als jongeman gingen de kant van techniek en exacte vakken op. Taal was niet zijn sterke punt. De brieven, vol spelfouten en grammaticale blunders, die Henry kreeg van in de Tweede Wereldoorlog in het buitenland gelegerde vrienden, onderstreepten onze indruk dat taalvaardigheden in zijn sociale groep geen prioriteit hadden. Het grootste deel van ons onderzoek gaf uiteindelijk aan dat Henry's taalvaardigheden in het algemeen overeenkwamen met zijn sociaaleconomische positie en waarschijnlijk niet anders waren dan voor zijn operatie.

Leden van het lab en ikzelf ontdekten dat hij tijdens onze informele contacten woordspelingen en linguïstische ambiguïteiten (zoals woorden met twee betekenissen) wist te waarderen. Henry begon zelden een gesprek, maar wanneer we hem in een gesprek betrokken was hij altijd een bereidwillige, mededeelzame en onderhoudende partner. Toen ik een keer tegen hem zei: 'Je bent de puzzelkoning van de wereld,' antwoordde hij: 'Ik ben zelf een puzzel!'

Henry's operatie had zijn meeste taalvaardigheden niet aangetast, want de vele hersengebieden die het voortbrengen en begrijpen van taal ondersteunen bevinden zich buiten het gebied van de mediale temporaalkwab. Vanaf het eind van de jaren tachtig gaven experimenten met functionele beeldvorming van de hersenen een nieuwe informatiedimensie aan het begrijpen van taal. Door twee nieuwe scantechnieken, positronemissietomografie (PET) en functionele MRI, konden onderzoekers de hersenactiviteiten volgen terwijl een gezonde persoon in de scanner diverse soorten taken met woorden uitvoerde. Aan PET en functionele MRI liggen andere technieken ten grondslag. Bij PET-onderzoek krijgt de deelnemer een injectie met een radioactieve tracer die wordt opgenomen door neuronen – vooral de meest actieve – en dan door een complex röntgenapparaat wordt gedetecteerd. Door de analyse kunnen onderzoekers afzonderlijk geactiveerde gebieden verbinden met de specifieke cognitieve processen die de persoon in de scanner inzet. Functionele MRI berust op een andere technologie om hersenen en gedrag te verbinden: hierbij worden gebieden met taakgebonden activering blootgelegd door metingen van de doorbloeding. Functionele MRI heeft PET voor een groot deel vervangen bij cognitief neurowetenschappelijk onderzoek, want patiënten worden hierbij niet blootgesteld aan straling en je krijgt een preciezer beeld van hersenactiviteit.

In een beoordeling uit 2012 van 586 onderzoeken met functionele beeldvorming werden de resultaten over de lokalisering van gehoorde taal, gesproken taal en lezen samengevoegd. Dit overzicht leverde 31 gebieden van taalgebonden activering op in de schors aan de linkerkant van de hersenen, evenals in structuren onder de hersenschors – de nucleus caudatus, de globus pallidus (bleke kern) en de thalamus – en twee plekken aan de rechterkant van de kleine hersenen. Elk gebied ondersteunt een of meer aspecten van taal, zoals het verwerken van spraakgeluiden, spraakbegrip, spraakproductie, het verwerken van geschreven woorden en het omzetten van spelling in klank. Tussen deze gebieden in en onder de hersenschors zijn tal van verbindingen met vezelkanalen van witte stof. Zo kunnen ze doelmatig met elkaar communiceren. Ook de rechterhersenhelft is bij taalfuncties betrokken. Een netwerk in de rechter frontaalkwab en de rechter temporaalkwab verwerkt informatie over spraakritme, beklemtoning en toonhoogte.[7]

Door Henry's unieke situatie kon ons team opnieuw een bijdrage aan de cognitieve neurowetenschap leveren – in dit geval op het gebied van de taal. Ons onderzoek naar zijn lexicale en grammaticale verwerking was de eerste uitgebreide analyse van deze vermogens bij amnesie. Zijn gegevens legden een opvallend onderscheid in het lexicale geheugen bloot tussen het terughalen van eerder verworven informatie (die bewaard was gebleven) en nieuwe informatie (die ontbrak). Henry's onderzoeksresultaten lieten duidelijk zien dat mediale temporaalkwabstructuren niet essentieel zijn voor het vasthouden en gebruiken van voor de operatie geleerde lexicale informatie en grammatica. Hij kon hem bekende woorden spellen, dingen benoemen, plaatjes met de overeenkomende woorden verbinden, en zeggen waar beroemde oriëntatiepunten zich bevonden. Dit vermogen om lexicale informatie terug te halen en die informatie doelmatig te gebruiken was geworteld in de intacte netwerken in de hersenschors die taal ondersteunen. Maar het geval-Henry maakte ons ook duidelijk dat mediale temporaalkwabstructuren wel vereist zijn om nieuwe lexicale informatie te leren, zoals ons duidelijk zal worden uit zijn onvermogen woorden te leren die in zijn vocabulaire van voor de operatie ontbraken.

Hoe overleefde Henry's semantische kennis van voor de operatie al die tijd? Kon hij deze herinneringen net zo goed vasthouden als mensen zonder hersenschade? Bij gezonde mensen is het semantische geheugen minder gevoelig voor de verwoesting door de tijd dan het episodische geheugen. Experimenten uit de jaren zestig gaven zelfs aan dat oudere volwassen hoger scoorden dan jonge volwassen bij tests over hun algemene kennis van de wereld. Natuurlijk heb je, als oudere, meer kansen gekregen om opslagplaatsen met woorden, concepten en historische feiten aan te leggen – en om informatie die je al hebt geleerd te herconsolideren. Elke keer dat je bijvoorbeeld het woord 'spionage' hoort, beoordeel je automatisch de betekenis daarvan in je semantische opslagplaats en verwerk je die. Op deze manier verrijk je in de loop van de tijd je geheugenspoor voor 'spionage'. Het voortdurend opnieuw verhakselen van informatie verklaart misschien waarom bepaalde semantische herinneringen onuitwisbaar zijn.[8]

Wij wilden weten of Henry zijn semantische opslag van voor zijn operatie op dezelfde manier intact had gehouden als gezonde oudere volwassenen dat doen, en of hij van jaar tot jaar constant had gepresteerd bij het terughalen van woordinformatie. Een van de voordelen van hem tientallen jaren bestuderen was dat we zijn prestaties bij dezelfde IQ-tests die hij steeds weer kreeg konden vergelijken. Er bestond geen onderzoek waarbij naar de stabiliteit in de loop van de tijd van het geheugen voor woorden bij amnesie was gekeken, dus betraden we nieuw terrein toen we in 2001 Henry's testresultaten uit 48 jaar gingen beoordelen.

Onderzoekers van mijn lab analyseerden Henry's testscores van twintig testsessies, gehouden tussen 24 augustus 1953 (de dag voor zijn operatie, toen zijn hersenen nog intact waren) en 2000. Bij deze analyse werd zijn score geëvalueerd bij vier subtests uit een gestandaardiseerde IQ-test: Algemene Informatie (Wie schreef *Hamlet*? Op welk continent ligt Brazilië? Hoeveel weken gaan er in een jaar?); Overeenkomsten (In welke zin zijn een oog en een oor hetzelfde?); Algemeen Begrip (Waarom kun je een huis beter van baksteen dan van hout bouwen?); en Vocabulaire (Wat betekent 'spionage'?). We ontdekten dat Henry bij deze vier tests in 48 jaar constant scoorde. Zijn geheugen voor feiten, concepten en woorden bleef vanaf de dag voor zijn operatie tot 2000 gelijk, wat aangaf dat structuren in het mediale deel van de temporaalkwab niet essentieel waren voor het vasthouden en gebruiken van de woordkennis en concepten die hij voor zijn operatie had geconsolideerd. Van belang was dat uit de resultaten bleek dat Henry's hersenen eerder geleerde informatie konden vasthouden, zonder expliciete oefening. Vanwege zijn amnesie had hij niet het voordeel van episodisch leren, maar hij kon toch woordkennis behouden door hersencircuits buiten zijn hippocampus in te zetten, in zijn frontaalkwab, temporaalkwab en pariëtale kwab. Hij geloofde dat zijn geheugen baat had bij kruiswoordpuzzels oplossen, en misschien had hij daarin gelijk.[9]

Dit soort retrospectieve studie was alleen maar mogelijk omdat we tientallen jaren gedetailleerde informatie over Henry's semantische kennis hadden vergaard. Een eraan gekoppeld doel van ons onderzoek was het nader bekijken van zijn semantische geheugen, even grondig als we met zijn episodische geheugen hadden gedaan. We wilden verdergaan dan de routinebeoordeling die standaardtests bieden en zorgen dat we geen verborgen hoeken van zijn geheugen over het hoofd zagen.

In 1970 opperden geheugenonderzoekers in Engeland dat de geheugenproblemen die amnesiepatiënten ervaren neerkwamen op een afwijking bij het terughalen – ze konden nieuwe herinneringen normaal opslaan maar waren simpelweg niet in staat ze bewust terug te brengen. De onderzoekers stelden verder dat je ogenschijnlijk vergeten informatie bij amnesiepatiënten los kunt krijgen door ze geheugensteuntjes te bieden. Als dat waar was, zou Henry's prestatie binnen de normale normen moeten vallen als je hem geheugensteuntjes gaf over dingen van na zijn operatie. We toetsten het idee in 1975 met een experiment in ons lab. Een postdoctoraalstudent die met Hans-Lukas Teuber samenwerkte bedacht een test met beroemde gezichten. Daarbij gebruikte hij nieuwsfoto's van publieke personen die in verschillende periodes vanaf de jaren twintig tot en met de jaren zestig befaamd waren geweest. Eerst vroeg hij zonder enige hint aan Henry om deze mensen thuis te brengen. Als het niet lukte, kreeg Henry twee soorten geheugensteuntjes – de omstandigheden en letters. Het geheugensteuntje via de omstandigheden luidde voor Alfred Landon bijvoorbeeld: 'Hij was in 1936 de presidentskandidaat van de Republikeinen; hij nam het op tegen Roosevelt en verloor; hij was ook de gouverneur van Kansas.' Als Henry de publieke figuur nog steeds niet kon thuisbrengen, kreeg hij fonetische geheugensteuntjes, met steeds meer letters van de voornaam en vervolgens van de achternaam van de publieke figuur, vanaf de initialen tot uiteindelijk vrijwel de hele naam. Bijvoorbeeld voor Alfred Landon: 'A.L., Alf. L., Alfred L., Alfred Lan., Alfred Land.' Wanneer we Henry's semantische geheugen voor de periodes vóór en na het begin van zijn amnesie vergeleken, bleek ons dat hij zijn herinneringen aan publieke figuren uit de jaren voor zijn operatie had vastgehouden maar dat zijn herinneringen aan publieke figuren uit de periode nadien ver achterbleven bij die van de controledeelnemers. Bij de publieke figuren van na de jaren vijftig baatten de geheugensteuntjes nauwelijks. Henry had deze semantische informatie niet met succes gecodeerd, geconsolideerd en opgeslagen. Zijn amnesie kon duidelijk niet worden afgedaan als een geval van problemen bij het terughalen.[10]

In de volgende decennia actualiseerden leden van het lab deze test. Ze legden hem Henry vanaf 1974 tot 2000 in negen testsessies voor. Vervolgens gebruikten we deze vele gegevens om te bepalen of hij in al die jaren constant presteerde. Nadat alle gegevens waren gecombineerd, bleek ons dat hij even goed of beter was dan de gezonde controledeelnemers wanneer je hem vroeg naar mensen die vanaf de jaren twintig tot en met de jaren veertig beroemd waren, maar heel veel slechter wanneer het over latere beroemdheden ging. Zonder geheugensteuntje bracht hij bijvoorbeeld correct Charles Lindbergh en Warren G. Harding uit de jaren twintig thuis, Joe Lewis en J. Edgar Hoover uit de jaren dertig, en John L. Lewis en Jackie Robinson uit de jaren veertig. Na de jaren veertig bakte hij er niets van. Hij kon uit de jaren vijftig Stan Musial en Joseph McCarthy niet benoemen, John Glenn of Joe Namath uit de jaren zestig niet, Jimmy Carter of prinses Ann uit de jaren zeventig niet, en Oliver North of George H.W. Bush uit de jaren tachtig niet.

Toch was het duidelijk dat Henry sommige nieuwe informatie opsloeg. Met geheugensteuntjes wist hij een paar publieke persoonlijkheden te herkennen die na 1953 beroemd werden, maar het aantal geheugensteuntjes dat hij nodig had lag 50 procent hoger dan het gemiddelde van de controledeelnemers. Dus zelfs met een heleboel hints waren Henry's herinneringen moeilijk tevoorschijn te krijgen. Er was vast meer stof van na de operatie opgeslagen dan er met allerlei geheugensteuntjes kon worden teruggehaald, maar als aan Henry's amnesie een algemeen probleem bij het terughalen ten grondslag had gelegen had dit gebrek ook het terughalen van stof van voor de operatie moeten treffen. Het feit dat dit niet zo was, onderstreept de visie dat amnesie teruggaat op een onvermogen om voortdurend levenservaringen op te slaan, te consolideren en terug te halen.

Ook al bood het geval-Henry bewijs dat de mediale temporaalkwabben nodig zijn om beide soorten declaratieve herinneringen te vormen – episodische en semantische – het idee vond niet zonder slag of stoot ingang. Sommige onderzoekers betwijfelden of nieuw semantisch leren op dezelfde manier van structuren in het mediale deel van de temporaalkwab afhing als episodisch geheugen. In 1975 stelden twee klinisch psychologen uit Toronto dat amnesiepatiënten schade hebben aan hersenstructuren die het verwerven en terughalen van episodische herinneringen steunen, maar níet aan structuren die het verwerven en terughalen van semantische herinneringen regelen. In 1987 opperde een van hen dat amnesiepatiënten nieuwe feiten zouden kunnen leren wanneer het terughalen van de feiten niet afhing van het hebben van een expliciete herinnering aan de specifieke gebeurtenis waarbij de patiënt het feit leerde. Deze wetenschapper voorspelde dat patiënten als Henry buiten het bewuste besef om algemene kennis konden verwerven, via niet-declaratieve geheugencircuits.[11]

In 1988 toetsten mijn collega's en ik deze gedachte door te proberen Henry nieuwe woorden te leren. We wilden nagaan of hij de omschrijvingen kon leren van acht woorden die in het Engelse woordenboek staan maar niet algemeen worden gebruikt: *quotidian* (alledaags), *manumit* (vrijlaten), *hegira* (uittocht), *anchorite* (heremiet), *minatory* (dreigend), *egress* (uitweg), *welkin* (zwerk) en *tyro* (beginner). Dit waren, namen we aan, allemaal woorden die Henry voor zijn operatie niet was tegengekomen. Henry bekeek deze woorden op een computerscherm, één voor één, met één omschrijving. Hij las elk woord en de omschrijving hardop. Vervolgens kreeg hij alle acht omschrijvingen te zien met een van de acht woorden eronder, hij moest dan de correcte omschrijving van dat woord kiezen. Als zijn antwoord goed was, werd de omschrijving uit de antwoordlijst verwijderd en verscheen er een nieuw woord onder aan het scherm. Als zijn antwoord fout was, werd hem gevraagd een andere omschrijving te kiezen. Deze procedure ging, woord voor woord, door tot Henry de correcte omschrijving van alle acht de woorden had gekozen. Controledeelnemers konden, gemiddeld, in minder dan zes pogingen alle woorden met de omschrijvingen verbinden. Maar Henry slaagde er in twintig pogingen niet in deze nieuwe woorden te leren.[12]

We hielden vol en probeerden Henry op twee aanvullende manieren dezelfde woorden te leren – een veel voorkomend synoniem in één woord geven voor alle acht de woorden en de puntjes invullen in zinnen waarin een van de acht woorden ontbrak. Henry kende blijkbaar de betekenis van *tyro* – vermoedelijk had hij het al voor zijn operatie geleerd [het is een oud Engels woord, vert.] – omdat hij elke keer de correcte omschrijving en het correcte synoniem koos, en de puntjes bij 90 procent van de pogingen correct invulde. Maar verder kreeg hij van geen enkel woord de betekenis onder de knie, een ondubbelzinnig bewijs dat hij, in een laboratoriumomgeving, van geen enkel nieuw woord de betekenis kon leren. De controledeelnemers bleven daarentegen de nieuwe woorden in minder dan zes pogingen opnemen.[13]

Nu zou je kunnen redeneren dat deze experimenten niet de natuurlijke manier nabootsen waarop mensen in hun dagelijkse leven de betekenis van nieuwe woorden leren. Misschien was onze laboratoriumopzet te kunstmatig en boorde die in onvoldoende mate Henry's ware vermogen aan om semantische informatie te verwerven. We worden in het alledaagse bestaan in allerlei zinvolle en relevante contexten in tal van situaties aan nieuwe woorden blootgesteld. We krijgen deze woorden vaak te zien of te horen wanneer we een doel nastreven, we zijn dus gemotiveerd om te leren. Een ander team bouwde op deze gedachte voort en opperde in 1982 dat de doorslaggevende test of een amnesiepatiënt nieuwe woorden kan leren zou zijn om die persoon naar een land te brengen waarvan hij de taal niet spreekt of verstaat. De onderzoekers voorspelden dat de patiënt de nieuwe taal langzaam zou leren, als een kind, en nadien zou vergeten er ooit te zijn geweest. Dit zou een normalere leeromgeving zijn geweest dan een laboratorium, want luisteren, spreken, lezen en schrijven van de taal zouden zo worden gecombineerd. In plaats van proberen woordjes te leren zoals Henry in het lab moest doen, zou de amnesiepatiënt in een vreemd land formuleringen en zinnen leren in een zinvolle context, zoals de bakkerij, apotheek, koffiebar of het park. Volgens de redenering zou hij, bij herhaalde blootstelling, een rijke geestelijke voorstelling kunnen opbouwen van de taal, met de spraakgeluiden, de woordenschat, de concepten en de grammatica.[14]

We voelden wel aan dat deze theorie niet klopte, maar om dat te kunnen bewijzen, moesten we bekijken of Henry terloops enige kennis had opgedaan van woorden die sinds zijn operatie uit 1953 nieuw waren in de Engelse taal – woorden waarop hij in het alledaagse leven was gestuit. Zelfs als hij zich niet de omschrijving wist te herinneren, was het bijvoorbeeld mogelijk dat hij wist dat een nieuw woord een echt woord was zonder de betekenis ervan te kennen.

We begonnen Henry's kennis van nieuwe woorden te beoordelen, woorden die na 1954 aan het Merriam-Webster-woordenboek waren toegevoegd en die hij waarschijnlijk na het begin van zijn amnesie was tegengekomen. De testprikkels waren woorden als *charisma*, *psychedelic*, *granola*, *Jacuzzi* en *palimony* (vorm van alimentatie). Ze werden vermengd met oude woorden (*butcher*, *gesture*, *shepherd*) en uitspreekbare non-woorden (*phleague*, *thweige*, *phlawse*). We wilden weten of Henry de woorden van na 1954 en de uitspreekbare non-woorden als geldige woorden beschouwde. Elke proef begon met de volgende vraag op het computerscherm: 'Is wat volgt een echt woord?' Henry las het woord en antwoordde 'ja' of 'nee'. Hij had het goed als hij met 'ja' antwoordde bij de geldige woorden en met 'nee' bij de non-woorden. Hij zei terecht 'ja' bij 93 procent van de woorden van voor 1950 (wat normaal was in vergelijking met de 92 procent van de controledeelnemers) en bij 50 procent van de woorden van na 1950 (wat slecht was in verhouding tot de 77 procent van de controledeelnemers). Zijn vermogen om non-woorden als non-woorden te categoriseren was nog net normaal – 88 procent versus de score van 94 procent van de controledeelnemers. Dit relatief eenvoudige experiment versterkte het onderscheid tussen Henry's semantische kennis van voor de operatie, die intact was, en zijn semantische kennis van na de operatie, die in hoge mate ontbrak.[15]

Om een ander aspect van Henry's semantische kennis te onderzoeken, bedachten we een test om te bepalen hoeveel hij over publieke persoonlijkheden wist. Een minimaal blijk van kennis van de namen van beroemde mensen zou het vermogen zijn om een beroemde naam als zodanig te herkennen. Dat vroegen we Henry te doen in een naamrubriceringsopdracht – 'Is of was dit een beroemde persoon?' Henry antwoordde 'ja' of 'nee'. Tot de beroemdheden behoorden filmsterren, sporters, Amerikaanse politici, buitenlandse leiders en schrijvers. Bij deze taak werden de namen van mensen die voor of na Henry's operatie beroemd waren geworden vermengd met vergelijkbare namen die uit het telefoonboek van Boston waren gekozen. Henry was even goed als de controledeelnemers in het afwijzen van de niet-beroemde namen als beroemd, en hij was iets beter dan de controledeelnemers in het thuisbrengen van beroemde persoonlijkheden uit de jaren dertig en veertig (88 procent voor Henry en 84 procent voor de controledeelnemers). Voor de mensen die beroemd werden in de jaren zestig, zeventig en tachtig, en die Henry vrijwel zeker niet kende voor zijn operatie, was zijn score van 53 procent aanzienlijk onder de 80 procent goede antwoorden bij de controledeelnemers. Dit resultatenpatroon – een intact geheugen voor publieke personen uit de tijd voor de operatie en een slecht geheugen voor zulke personen uit de tijd na de operatie – versterkte de conclusie dat Henry niet met succes feitelijke informatie kon opslaan en terughalen die na het begin van zijn amnesie de wereld had bereikt.[16]

Maar zijn schamele prestatie in de test ten spijt zaten er toch spoortjes van Henry's ervaringen uit de jaren na de operatie in zijn semantische opslag. We vonden fascinerend bewijs dat zijn amnesie niet totaal was. Zijn *herkennings*geheugen was niet helemaal weggevaagd. Toen we hem vroegen de beste omschrijving voor woorden en uitdrukkingen te kiezen uit de vier in een testboekje gedrukte mogelijkheden, herkende hij 56 procent van de omschrijvingen van woorden en uitdrukkingen van voor 1950 en 37 procent van de omschrijvingen van woorden van na 1950. Die laatste score was weliswaar gebrekkig, maar beter dan de toevalsfactor (25 procent). Tegelijk was zijn vermogen deze woorden en uitdrukkingen *terug te roepen* duidelijk aangetast. Hij diepte met succes 61 procent van de woorden en uitdrukkingen van voor 1950 op, maar slechts 14 procent van de woorden en uitdrukkingen van na 1950.[17]

Evenzo wezen Henry's prestaties bij de woord-of-geen-woordopdracht ('Is dit een echt woord?' *thweige*) en de naamrubriceringsopdracht ('Is of was dit een beroemde persoon?' *Lyndon Baines Johnson*) op enige, zij het schamele kennis van woorden en namen van na 1950. Wanneer de onderzoeker Henry vroeg om woorden te omschrijven die pas nadat hij amnesisch was geworden in het woordenboek waren beland, kende hij gewoonlijk het antwoord niet. Maar in plaats van zomaar te zeggen 'ik weet het niet', zette hij zijn intellect in en deed hij een gefundeerde gok. In vele van zijn antwoorden werden uit stukjes woorden en uitdrukkingen letterlijke betekenissen geconstrueerd. Hij omschreef *angel dust* (het narcosemiddel PCP) als 'stof dat de engelen maken; we spreken van regen', *closet queen* (cryptohomo) als 'motten', *cut-offs* (scheidslijnen) als 'amputaties' en *fat farm* (vermageringsinstituut) als 'een zuivelbedrijf'. De hersengebieden in Henry's schors met zijn semantische opslagplaats voor oude woorden en namen konden niet worden ingezet bij het leren van nieuwe namen en woorden omdat de essentiële interacties tussen deze wezenlijke gebieden in de schors en intacte hippocampale circuits ontbraken. Hij kon nieuwe semantische herinneringen in de meeste gevallen niet consolideren. Om terug te komen op de vraag of iemand met amnesie de taal zou leren wanneer je hem in een vreemd land neerzette maar zou vergeten dat hij daar was geweest: je kreeg uit Henry's prestaties de indruk dat hij ook in een natuurlijke omgeving, waarin hij de taal in een zinvolle context hoorde, sprak, las en schreef, zijn woordkennis toch niet met nieuwe onderdelen had kunnen uitbreiden. Dit gebrek was onlosmakelijk verbonden met Henry's zwaar aangetaste declaratieve geheugen.[18]

Voortgaand op deze lijn deden we halverwege de jaren negentig diverse vervolgexperimenten over het ontbreken bij Henry van semantisch leren voor nieuwe woorden. De kwestie die ons bezighield, was of dit probleem om nieuwe informatie te verwerven via het declaratieve geheugen zou overslaan naar het *niet-declaratieve* geheugen dat naar we wisten intact was. Zou hij, ook al kon hij zich nieuwe woorden niet bewust herinneren, wel *priming* bij deze woorden vertonen? Zou hij ze normaal kunnen verwerken via bewaard gebleven niet-declaratieve geheugencircuits? In het bijzonder vroegen we ons af of Henry's primingsprestatie bij woorden die pas na het begin van zijn amnesie algemeen gebruikt werden en dus nieuw voor hem waren – woorden van na 1965 als *granola*, *crockpot* (langzaamkoker), *hacker* en *preppy* (bekakt) – en bij oude woorden als *blizzard* (sneeuwstorm), *harpoon* (harpoen), *pharmacy* (apotheek) en *thimble* (vingerhoedje) zouden verschillen.

Een postdoctoraal student in mijn lab bedacht vier repetitie-priming-taken. Twee ervan beoordeelden Henry's woordafmaak-priming – eentje gebruikte woorden die voor zijn operatie uit 1953 in het woordenboek stonden en eentje woorden die pas na 1953 in het woordenboek kwamen. In de twee andere werd Henry's perceptuele identificatie-priming gemeten – in de ene test met woorden van voor 1953 en in de andere met woorden van na 1965. Bij alle vier de taken werden Henry's niet-declaratieve geheugenbanen ingezet. Elke priming-taak bij dit experiment kende een studiefase en een testfase.[19]

In de *studiefase* voor woordafmaak-priming las Henry woorden hardop terwijl ze één voor één op een computerscherm werden gepresenteerd. De *testfase* begon een minuut later wanneer hij één voor één stammen van drie letters op het scherm te zien kreeg (GRA voor *granola*, THI voor *thimble*). De helft van de woordstammen stemde overeen met woorden op de studielijst en de andere helft met niet-bestudeerde woorden. De onderzoeker vroeg Henry om elke stam af te maken met het eerste woord dat hem voor de geest kwam. Als hij THI afmaakte tot *thimble*, in plaats van tot meer gebruikelijke woorden die met THI beginnen (*think, thin, thief, thick*), dan vertoonde hij het effect van de eerdere blootstelling aan *thimble*, de essentie van woordafmaak-priming. De woordafmaak-primingscore was het aantal stammen waarvan hij bestudeerde woorden maakte, als *thimble*, minus de basisscore van woorden die toevalligerwijs tot vergelijkbare onbestudeerde woorden werden afgemaakt. Henry vertoonde priming wanneer hij significant meer woordstammen tot bestudeerde dan onbestudeerde woorden afmaakte.[20]

Ook de perceptuele identificatie-priming bestond uit een studiefase en een testfase. Tijdens de studiefase lieten we minder dan een halve seconde woorden op een scherm opflitsen, één voor één, en vroegen Henry simpelweg om elk woord hardop te lezen. In de testfase kreeg Henry weer heel kort op het scherm gepresenteerde woorden te zien en weer las hij die allemaal hardop. Hij had de helft van de testwoorden in de studiesessie gezien, en voor de andere helft waren het nieuwe woorden die hij niet had bestudeerd. Zijn perceptuele identificatie-primingscore was het aantal correct thuisgebrachte bestudeerde woorden minus de basisscore van correct thuisgebrachte onbestudeerde woorden. Opnieuw vertoonde Henry priming. Wanneer de woorden tijdens de test kort op het scherm opflitsten, kon hij meer bestudeerde woorden lezen dan onbestudeerde woorden. Tijdens de studiefase had, elke keer wanneer Henry een woord las, de ervaring een herinneringsspoor achtergelaten dat de voorstelling van het woord versterkte. Wanneer hij dan, tijdens de test, bestudeerde en onbestudeerde woorden heel even te zien kreeg, was de kans groter dat hij de bestudeerde woorden kon lezen vanwege hun versterkte geestelijke voorstelling.[21]

Henry bezorgde ons bij deze vier primingtests uitgesproken resultaten. Voor de woorden van voor 1950 – blizzard, harpoon, pharmacy, thimble – presteerde hij bij beide vormen van priming normaal. Bij stam-afmaak-priming maakte hij bij bestudeerde woorden meer stammen af dan bij onbestudeerde woorden, en bij perceptuele identificatie-priming kon hij meer kort gepresenteerde bestudeerde dan onbestudeerde woorden lezen. We zagen een andere uitsplitsing bij de resultaten met de woorden van na 1950 – granola, crockpot, hacker, preppy. Henry's perceptuele identificatie-priming was nog steeds normaal, maar zijn score bij woordafmaak-priming was een nul. Waarom? Henry miste de voor woordafmaak-priming noodzakelijke vooraf aanwezige semantische voorstellingen van de nieuwe woorden in zijn geestelijke woordenboek. Hij had deze voorstelling niet nodig voor perceptuele identificatie-priming, want bij deze taak werden visuele processen van laag niveau ingezet die los stonden van de taal. Dit resultaat, verstoorde woordafmaak-priming voor nieuwe woorden maar robuuste perceptuele identificatie-priming voor dezelfde woorden, maakte ons duidelijk dat beide soorten priming door verschillende mechanismen worden gesteund – het ene mechanisme was bij Henry kapot en het andere mechanisme werkte nog.[22]

Henry's uiteenlopende resultaten bij deze twee niet-declaratieve geheugentaken – conceptuele priming en perceptuele priming – waren van belang omdat ze licht wierpen op het feit dat de twee processen hersencircuits op uiteenlopende niveaus van informatieverwerking activeerden. Woordafmaak-priming speelde zich af op het niveau van in de temporaalkwab en pariëtale kwab opgeslagen woordkennis. Met het woord granola was Henry niet vertrouwd, het was niet vertegenwoordigd in zijn geestelijke woordenboek – zijn semantische opslag. Met als gevolg dat hij, toen hij het op de studielijst te lezen kreeg, geen voorstelling beschikbaar had om van de extra verwerking te kunnen profiteren, vereist om in de test de stam GRA af te maken tot granola. Maar hij ondervond geen problemen om GRA af te maken tot *grandmother*, want dat hoorde al bij zijn voor de operatie opgeslagen wereldkennis. Dit experiment bevestigde ons eerdere onderzoek waaruit bleek dat Henry een normale woordafmaak-priming had wanneer we hem testten met hem vertrouwde woorden.[23]

Perceptuele identificatie-priming speelde zich daarentegen af op het meer elementaire niveau van visuele perceptie. Henry las eenvoudig granola hardop in de studielijst, en hij had niet meer nodig dan de daaraan gekoppelde verwerking in zijn visuele cortex om het woord hardop te zeggen wanneer het op het scherm opflitste. Henry vertoonde voor woorden van voor en van na 1953 een vergelijkbare perceptuele identificatie-priming omdat zijn visuele cortex achter in zijn hersenen, waar deze berekeningen werden uitgevoerd, veelzeggende (blizzard) en nietszeggende (granola) letterreeksen op dezelfde manier verwerkte.[24]

Kenmerkend voor amnesiepatiënten, ook voor Henry, is dat ze

leren vertonen bij niet-declaratieve taken, zoals priming. Onze bevinding dat Henry problemen had met woordafmaak-priming bij nieuwe woorden was een uitzondering. Dit gebrek kwam direct voort uit Henry's onvermogen woorden van na 1953 te consolideren en op te slaan. Bij deze primingtaak las hij woorden als granola, crockpot, hacker en preppy op een computerscherm, maar hij had in zijn geestelijke woordenboek geen lemma om te activeren. Hij kon niet profiteren van het lezen van de woorden en daarom was het onwaarschijnlijk dat hij met granola zou reageren wanneer hij GRA te zien kreeg. Zijn prestatie liet zien dat de circuits in zijn hersenen die dit soort priming ondersteunden andere waren dan de circuits die zijn normale perceptuele informatie-priming met dezelfde woorden schraagden. Deze taakverdeling doet zich ook in onze hersenen voor.[25]

Hoewel Henry telkens weer demonstreerde dat hij zijn vermogen had verloren om nieuwe semantische herinneringen te vormen, nieuwe feiten te leren en ze vast te houden, verblufte hij ons soms door zich dingen te herinneren waarvan we nooit hadden verwacht dat hij ze zou weten. Op een dag vroeg onderzoeksmedewerkster Edith Sullivan tijdens een informeel gesprek waaraan hij had gedacht toen hij de naam Edith hoorde. Ze was stomverbaasd toen hij zei: 'Aan Edith Bunker.' Edith Bunker was een fictief personage uit *All in the Family*, een televisieprogramma dat in 1971 van start ging. De volgende dag bracht zij het onderwerp opnieuw ter sprake en vroeg hem: 'Hoe heet de belangrijkste persoon van die serie ook alweer?'
'Archie Bunker,' zei Henry.
Ze vroeg hem hoe Archie Bunker zijn schoonzoon noemde en zei erbij: 'Het is geen erg aardige naam.'
Na een lange stilte zei Henry: 'Meathead.'
Deze verrassende en ogenschijnlijk willekeurige nieuwe herinneringen dienden zich van tijd tot tijd aan als wrakhout dat aanspoelde vanuit een lege zee, en het leken kleine wonderen voor ons die eraan gewend waren dat Henry zich niets kon herinneren. In de beginjaren geloofde Henry's moeder vaak dat hij vooruitging. Ze vertelde ons: 'Hij weet dingen die hij niet zou moeten weten.' Achteraf gezien is

het duidelijk dat Henry's amnesie permanent was en dat deze fragmentarische herinneringen geen regel maar uitzondering waren. In vergelijking met ieder normaal iemand was Henry's vermogen om zich de ervaringen van zijn leven te herinneren steevast hopeloos. In 1973 was hij niet in staat gewone namen uit het nieuws van destijds thuis te brengen, 'Watergate', 'John Dean' of 'San Clemente', ondanks het feit dat hij ze elke avond steeds weer op televisie hoorde. Hij wist niet wie de president was, maar toen hem werd gezegd dat de naam met een N begon zei hij: 'Nixon.'

In juli 1973 vroeg ik Henry of hij me iets over Skylab kon vertellen. Hij antwoordde: 'Ik denk, eh, aan een aanlegplaats in de ruimte.' Hij zei ook terecht dat er destijds drie mensen in Skylab zaten, maar voegde er onmiddellijk aan toe: 'Maar toen kreeg ik ruzie met mezelf, waren het er nu drie of vijf?' Toen ik hem vroeg: 'Hoe is het om daar boven te bewegen?' reageerde hij: 'Nou, ze hebben gewichtloosheid – ik denk aan magneten om hen op metalen delen te houden zodat ze niet wegdrijven, en ze daar te houden zodat ze zelf niet kunnen bewegen en ze op één plaats blijven, en ze niet ongewild zullen verdwijnen.' Henry accepteerde nieuwe technieken, zoals tests op de computer, zonder met zijn ogen te knipperen, maar in andere opzichten kon hij de nieuwe tijd niet bijhouden – hij zei een keer ten onrechte dat een hippie een danser was. De wereld veranderde, maar Henry bleef voor het grootste deel achter.

De eilandjes van herinnering waarop Henry ons in de loop van de jaren trakteerde, moedigden ons aan zijn semantische geheugen aandachtiger te onderzoeken. We besloten nog eens zijn kennis van beroemdheden te bekijken, omdat we zo konden profiteren van zijn uitgebreide blootstelling aan tijdschriften en televisie. Via die media deed hij voortdurend informatie op over beroemde mensen en opmerkelijke gebeurtenissen. In een experiment uit 2002, Henry was toen 76, werd de diepte van zijn semantisch leren bepaald door naar details te graven over personen die na zijn operatie in 1953 beroemd werden. In onze vorige studies was niet gekeken naar de diepte van de stof die hij na zijn operatie kon verwerven. De fragmenten van kennis die hij bij onze vorige experimenten had laten zien, waren zo schaars dat ze zowel door het declaratief als door het niet-declaratief leren ondersteund konden zijn. (Twee andere groepen geheugenonderzoekers hadden allebei aangetoond dat een ernstig amnesische patiënt, die vele weken aan training werd blootgesteld, geleidelijk nieuwe semantische feiten kon leren en vasthouden. De patiënten gaven door hun optreden blijk van hun schamele feitenkennis, maar konden zich niet bewust de leerepisodes herinneren. Het leren was niet-declaratief).[26]

In onze studie richtten twee postdoctoraal studenten zich op een kwestie waarover discussie was. Sommige onderzoekers voorspelden dat gebieden onder de eigenlijke hippocampus enig semantisch (bewust toegankelijk) leren konden ondersteunen. Maar een ander lab stelde dat bij amnesiepatiënten de episodische en de semantische geheugencircuits even sterk zijn getroffen, waardoor dus semantisch leren bij iemand als Henry die geen episodisch geheugen had onmogelijk zou zijn. We bedachten experimenten om de route bloot te leggen waarmee we semantische kennis verwerven. De nieuwe theoretische kwestie achter onze experimenten was: komt alle nieuwe informatie je hersenen binnen in de vorm van episodes, om later algemene kennis te worden? Bijvoorbeeld de eerste keer dat je perzikijs at en ontdekte dat je het heerlijk vond, was op het strand toen je twaalf was. In de loop van de jaren ben je die episode vergeten, maar je bent perzikijs als je favoriet blijven beschouwen. Dit feit begon als een episodische herinnering en werd later een semantische herinnering. De vraag was dus: moeten alle herinneringen zo beginnen, als episodes, of kunnen ze je episodische circuits links laten liggen en je hersenen als semantische kennis binnengaan? Omdat de hippocampus noodzakelijk is bij episodisch leren zouden we de vraag ook zo kunnen formuleren: kan er sprake zijn van semantisch leren zonder een werkende hippocampus? Omdat Henry's hippocampus totaal was beschadigd en omdat hij praktisch geen episodisch geheugen had, was hij de perfecte patiënt om deze hypothese te toetsen.[27]

In ons eerste experiment kreeg Henry de voornamen te horen van beroemde mensen. Hem werd dan gevraagd snel de naam af te maken met de achternaam die als eerste bij hem opkwam. Omdat deze taak níet om een beroemde naam vroeg – elke naam was goed – kon het impliciete (niet-declaratieve) geheugen de prestatie ondersteunen, automatisch, zonder bewustzijn. Henry kon bijvoorbeeld *Ray* afmaken met *Charles*, niet omdat hij wist dat Ray Charles een beroemd iemand was, maar omdat hij een onbewuste associatieve band tussen Ray en Charles had gelegd toen hij deze twee namen samen had gehoord of gelezen. *Charles* kwam zomaar bij hem op. Henry maakte 51 procent van de voornamen af met de achternamen van personen die beroemd waren voor zijn operatie, en een verrassende 34 procent met de achternamen van personen die beroemd waren na zijn operatie. Hij maakte *Sophia* af met *Loren*, *Billie Jean* met *King*, en *Martin Luther* met *King*. Hoewel Henry's vermogen om dit soort informatie te verwerven duidelijk achterbleef bij dat van gezonde deelnemers, wezen de resultaten erop dat hij in elk geval enige kennis had van beroemde personen van na zijn operatie, genoeg om een link tussen hun voor- en achternamen te ondersteunen.[28]

De volgende dag presenteerden we veelzeggende hints voor iedere persoon – 'beroemde kunstenaar, in 1881 geboren in Spanje, grondlegger van het kubisme, tot zijn werken behoort *Guernica*'. Na deze hint kreeg Henry te horen: 'Wanneer ik Pablo zeg, wat is dan het eerste woord dat bij je opkomt?' Zulke hints voerden Henry's score bij het thuisbrengen van achternamen van personen die voor én na zijn operatie beroemd werden even sterk op. Het feit dat hij bij namen van na 1953 evenzeer van semantische hints profiteerde als bij namen van voor 1953 wees erop dat deze nieuwe kennis, net als zijn kennis van voor de operatie, was opgenomen in *schemata*. Deze gesystematiseerde semantische netwerken, clusters van samenhangende informatie, kunnen bewust terugroepen ondersteunen. Deze ontdekking draagt bij aan al het bewijs dat Henry in staat was tot beperkt declaratief, semantisch leren.[29]

In een belangrijk pendantonderzoek bekeken we de reikwijdte van Henry's nieuwe semantische kennis door ons te richten op het aantal bijzonderheden dat hij over de beroemdheden kon verstrekken. Eerst kreeg hij twee namen naast elkaar te zien. De ene was beroemd en de andere was willekeurig uit het telefoonboek van Boston en omgeving geplukt. Op de vraag: 'Welke naam is van de beroemde persoon?' had hij het in 92 procent van de gevallen goed bij namen waarop hij voor zijn operatie was gestuit en hij haalde een indrukwekkende 88 procent voor namen die hij later was tegengekomen. Vervolgens stelden we Henry over iedere persoon die hij als beroemd aanwees een sleutelvraag: 'Waarom was die persoon beroemd?' Hoewel de semantische informatie die Henry verschafte over beroemdheden van na 1953 schamel was in vergelijking met de reacties van de controledeelnemers, en ook in vergelijking met de informatie die hijzelf gaf voor mensen die voor 1953 beroemd waren, was het resultaat verbluffend. Hij wist accurate, specifieke informatie te verschaffen over twaalf mensen die na 1953 beroemd waren geworden. Hij wist dat Julie Andrews 'beroemd was vanwege haar zang, op Broadway', dat Lee Harvey Oswald 'de president had vermoord' en dat Michail Gorbatsjov 'beroemd was vanwege zijn toespraken, hoofd van het Russische parlement'.[30]

Dit onderzoek wees uit dat je enige semantische kennis kunt verwerven zonder merkbaar functioneren van je hippocampus. Henry toonde, ondanks de laesies in zijn hippocampus, dat hij in staat was informatie te leren over beroemdheden die pas na zijn operatie befaamd werden: een sterk, ondubbelzinnig bewijs dat er minstens enig semantisch leren mogelijk is zonder episodisch leren.[31]

Hoe interessant het ook is de mate te bepalen waarin semantisch leren mogelijk is zonder hippocampale functie, niet minder interessant is het om te bepalen in welke opzichten dit leren verschilde van dat van onze controledeelnemers. Henry wist slechts over een fractie van de personen die heel bekend waren bij de controledeelnemers semantische kennis te produceren. Bovendien was de informatie die hij over hem bekende personen van na zijn operatie produceerde relatief gezien schamel in vergelijking met de controledeelnemers én in vergelijking met de hoeveelheid informatie die hij wist te produceren over beroemdheden van voor zijn operatie. Henry kon bijvoorbeeld niet eens de sekse aangeven van sommige van de namen die hij als beroemd aanwees. Hij zei bijvoorbeeld dat Yoko Ono 'een belangrijke man in Japan' was.

De controledeelnemers waren beter in het produceren van kennis over personen die recent beroemd waren geworden in vergelijking met personen van langer geleden. Dat komt overeen met het algemene patroon van vergeten dat je gewoonlijk bij gezonde mensen ziet. Maar Henry vertoonde het omgekeerde patroon. Bovendien was zijn vermogen om informatie te produceren over beroemdheden van na zijn operatie zeer onregelmatig. Bij eerdere pogingen om zijn leren over beroemde personen te beoordelen had hij bijvoorbeeld met succes Ronald Reagan als een president thuisgebracht en Margaret Thatcher als een Britse politica, maar bij dit onderzoek wist hij hun functie niet te produceren. En tijdens het onderzoek uit 2002 gaf hij aan dat John F. Kennedy was vermoord, terwijl hij bij eerdere gelegenheden had gezegd dat Kennedy nog leefde.[32]

De beperkingen van de semantische kennis die Henry kon demonstreren maken het onwaarschijnlijk dat de mechanismen waarop hij zich verliet om te leren identiek waren aan de mechanismen die gezonde volwassenen gebruiken om zo vruchtbaar en spontaan semantische kennis te verwerven. Met name zijn vermogen om snel semantische kennis te leren was verdwenen, wat waarschijnlijk aan de bilaterale hippocampale laesies was te wijten. Zijn enige mechanisme om te leren was via *langzaam leren*, waarbij uitgebreide herhaling van informatie hem in staat stelde enige informatie te vergaren.[33]

Bij het interpreteren van de resultaten van deze studie was het belangrijk om te bezien of Henry's verwerving van beperkte semantische informatie eigenlijk wel een kwestie was van declaratief leren in plaats van een kwestie van niet-declaratief perceptueel geheugen – door visuele blootstelling automatisch verworven informatie. Henry's leren week in diverse belangrijke opzichten af van niet-declaratief herinneren. In de eerste plaats: een kenmerk van declaratief herinneren is dat het toegankelijk is voor bewust besef en het spontaan in woorden of beelden voor de geest kan worden gehaald. Niet-declaratief leren is daarentegen alleen toegankelijk door het naspelen van de taak waarbij de kennis was geleerd. Henry was in staat vrijelijk specifieke details terug te roepen over een beperkt aantal beroemdheden (John Glenn als 'de eerste raketpiloot') of gebeurtenissen (de moord op John F. Kennedy) van na zijn operatie. In de tweede plaats: het uitdrukken van niet-declaratieve herinneringen wordt strikt bepaald door de wijze waarop ze zijn verkregen, terwijl je semantische kennis flexibel terug kunt halen in reactie op allerlei relevante prikkels. Henry haalde meer dan eens informatie terug over een klein aantal beroemdheden ongeacht de specifieke taal waarin de vraag was omlijst of de modaliteit van de prikkel (woorden of foto's). In de derde plaats: Henry's vermogen om vertrouwde achternamen te produceren wanneer hij de voornamen te horen kreeg, zou je kunnen uitleggen als een automatische reactie op een prikkel, ondersteund door het niet-declaratieve geheugen. Maar uit het feit dat hij bij namen van na zijn operatie even sterk van semantische hints profiteerde als bij namen van ervoor bleek dat deze nieuwe kennis, net als de kennis van voor zijn operatie, was opgenomen in een semantisch netwerk dat bewust terugroepen kon ondersteunen. Op basis van deze aanwijzingen concludeerden we dat Henry in staat was tot beperkt declaratief, semantisch leren. Waar in Henry's hersenen vond dit ongewone leren plaats? De meest waarschijnlijke kandidaten waren de overgebleven stukjes met het geheugen samenhangende hersenschors nabij zijn laesie – de perirhinale cortex en de parahippocampale cortex – en de uitgestrekte netwerken in de schors waar informatie was opgeslagen.[34]

Waarom vertoonde Henry in dit onderzoek semantisch leren als het over beroemde persoonlijkheden ging, maar lukte het hem in een eerder onderzoek niet nieuw vocabulaire te leren? Een van de opties was het verschil in de mate en de soorten van blootstelling aan de prikkels. Beroemdheden boden een breder scala aan gelegenheden om informatie te coderen, en Henry zal de namen John F. Kennedy en John Glenn talloze keren en in allerlei, rijke contexten zijn tegengekomen. Hij keek elke avond van 18.00 tot 19.00 uur naar het nieuws. Ook bekeek en las hij vaak tijdschriften. Al deze blootstellingen in zijn dagelijkse leven kunnen tot rijkere en meer flexibele geheugensporen hebben geleid dan het verwerken van geïsoleerde woorden in het lab – *minatory*, *egress* en *welkin*. Een andere optie is dat de namen die Henry kreeg voorgelegd hem, minstens in enkele gevallen, in staat stelden te profiteren van met die namen verbonden kennis die hij voor zijn operatie opdeed. Dat hij zich bijvoorbeeld details over John F. Kennedy wist te herinneren, kwam misschien voort uit in de jaren dertig en veertig opgedane kennis over de familie Kennedy. Evenzo had Liza Minnelli twee beroemde ouders, de zangeres en actrice Judy Garland en de filmregisseur Vincente Minnelli.[35]

Henry leek in een ander soort experiment baat te hebben gehad bij vroegere kennis. In dit geval werden kruiswoordpuzzels gebruikt, Henry's favoriete tijdspassering. In de tussen 1998 en 2000 uitgevoerde experimenten zochten we naar antwoorden op drie vragen: hoe handig was Henry in het oplossen van kruiswoordpuzzels in vergelijking met gezonde deelnemers? Kon hij omschrijvingen van voor zijn operatie oplossen als er een verband was met gebeurtenissen van na zijn operatie? Zou zijn nauwkeurigheid of snelheid toenemen na herhaalde blootstelling aan dezelfde puzzels? Met testmaterialen die speciaal op Henry waren afgestemd, verzamelden we meer bewijzen dat hij nieuwe semantische informatie aan oude semantische herinneringen kon koppelen. We maakten drie soorten kruiswoordpuzzels met steeds twintig omschrijvingen en verwerkten daarin semantische kennis uit verschillende periodes. In de ene puzzel werden historische personen en gebeurtenissen gebruikt die voor 1953 bekend waren. Er waren omschrijvingen als: honkbalspeler uit de jaren dertig die het recordaantal homeruns brak. We noemden dit de *voor-voorpuzzel* en verwachtten dat Henry deze omschrijvingen zou kunnen oplossen. De tweede puzzel bevatte op historische figuren en gebeurtenissen van na 1953 gebaseerde omschrijvingen: echtgenoot van Jackie Onassis, vermoord toen hij president van Amerika was. We noemden dit de *na-napuzzel* en verwachtten dat Henry deze omschrijvingen niet kon oplossen. In de derde puzzel werden de vorige twee periodes gecombineerd door semantische omschrijvingen van na 1953 te geven voor antwoorden van voor 1953: met het Salkvaccin goed te behandelen kinderziekte (kennis van na 1953); het antwoord luidt: polio (kennis van voor 1953). We noemden dit de *voor-napuzzel* en meenden dat de kans aanzienlijk was dat Henry bij het oplossen zijn oude kennis aan het werk zou zetten. Henry kreeg de instructie de puzzels op zijn eigen manier op te lossen en hij mocht antwoorden uitgommen. We legden geen tijdslimiet op, maar vroegen hem ons te zeggen wanneer hij er eentje klaar had. Henry maakte dezelfde drie puzzels één keer per dag, zes dagen achter elkaar. Elke puzzel werd op een bepaalde dag slechts één keer voorgelegd, en hij kreeg even pauze voor hij aan de volgende puzzel kon beginnen. Aan het eind van elke testsessie lieten de onderzoekers hem de goede antwoorden zien. Henry verbeterde alle verkeerd gespelde woorden en vulde de juiste antwoorden in waar hij dingen open had gelaten.[36]

We wilden graag weten of door de herhaalde blootstelling aan de juiste woorden in de derde puzzel – met omschrijvingen van voor 1953 en antwoorden van na 1953 – Henry's semantische netwerk met kennis van voor 1953 dusdanig zou worden benut dat hij uiteindelijk de juiste antwoorden in zou vullen. We zagen dit als een reële mogelijkheid, want onze eerdere aanwijzingen lieten zien dat hij af en toe zijn bestaande geestelijke schema's kon inzetten om nieuwe feiten te verwerven (JFK werd vermoord). In de voor-voorpuzzel antwoordde Henry zeer nauwkeurig en hij presteerde steevast goed. Maar meer dan eens miste hij de twee moeilijkste omschrijvingen, *Chaplin* en *Gershwin*, en zijn totale score ging tijdens de zes dagen van testen niet vooruit. In de na-napuzzel maakte hij, wat niet verbaasde, veel fouten en opnieuw gingen in de loop van de zes dagen zijn prestaties niet vooruit. Maar duidelijk anders dan bij de voor-voor- en de na-napuzzels waarbij Henry niet leerde, ging hij tijdens vijf testdagen wél vooruit bij de voor-napuzzel: hij kon namelijk de nieuwe informatie koppelen aan geestelijke voorstellingen die voor zijn operatie waren gevormd. Met succes leerde hij bij zes antwoorden (*polio*, *Hiss*, *Gone with the Wind*, *Ike*, *St. Louis* en *Warschau*) kennis van na de operatie te verbinden met informatie van voor de operatie. Deze vooruitgang is in overeenstemming met het algemene idee dat nieuw semantisch leren bij amnesie wordt bevorderd wanneer de informatie de individuele patiënt iets zegt, als hij een verband kan leggen.[37]

Bij het kruiswoordpuzzelexperiment toonde Henry een vaardigheid om de oplossingen te leren van puzzelomschrijvingen waarbij hij van kennis van voor zijn operatie kon profiteren. Ditzelfde mechanisme – kennis van na de operatie verbinden met kennis van voor de operatie – was aan het werk wanneer hij ons feiten vertelde over enkele van de beroemdheden van wie hij de namen als beroemd herkende. Hij was in staat een kleine hoeveelheid informatie over beroemde mensen te coderen, te consolideren, op te slaan en terug te halen – zo wist hij dat John F. Kennedy 'president was; iemand schoot hem neer en hij overleefde het niet; hij was katholiek'.[38]

Het concept van *mentale schema's* werpt een interessant licht op Henry's onverwachte vermogen zo af en toe een stukje nieuwe semantische kennis te consolideren en terug te halen. Sir Frederic Bartlett, een Engelse filosoof die een vooraanstaande experimenteel psycholoog werd, kwam in 1932 met het concept van schema's. Op basis van zijn onderzoek naar de geheugenprestaties van gezonde onderzoeksdeelnemers schreef Bartlett: 'Herinneren is niet het opnieuw oproepen van talloze, levenloos vastgelegde en fragmentarische sporen.' Hij zag herinneren juist als een actief proces – het vermogen creatief je innerlijke voorstellingen van de wereld te herbouwen. Hij noemde deze gesystematiseerde, voortdurend veranderende massa's 'schemata'. Toen Henry probeerde de voor-nakruiswoordpuzzels op te lossen, verliet hij zich misschien op een duurzame, gestructureerde voorstelling van oude kennis – een schema – om de nieuwe informatie te begrijpen, op te slaan en terug te roepen.[39]

Wanneer we naar een politiek debat kijken, zien we de kandidaten bijzonderheden verstrekken over hun beleid en hoe ze die zullen uitvoeren. Terwijl de vragen en antwoorden zich ontvouwen, plaatsen we de nieuwe informatie in een geestelijk netwerk waardoor we de ideeën van iedere kandidaat kunnen begrijpen, beoordelen en consolideren. Enige tijd later, op de dag van de verkiezingen, kunnen we ons geactualiseerde geestelijke schema raadplegen en een geïnformeerd besluit nemen over op wie we gaan stemmen. We kunnen doelmatig kiezen omdat we de relevante semantische informatie hebben opgeslagen in een gesystematiseerd kennislichaam. Henry hield geestelijke schema's vast die in de jaren voor zijn operatie waren ontstaan, en soms kon hij ze aanspreken om een paar nieuwe feiten te verankeren.

In 2007 deden neurowetenschappers van de University of Edinburgh proeven met dieren over schema-leren. Ze trainden normale ratten om bepaalde voedselsmaken te verbinden met specifieke locaties in een hun vertrouwde kleine arena. Aanvankelijk vormden de ratten zes smaak-plaatsassociaties. Met vallen en opstaan leerden ze bijvoorbeeld dat de brokjes met rumsmaak zich op een bepaalde plaats bevonden, die met bananensmaak op een andere plaats en die met hamsmaak op nog een andere plaats. Er waren zes zandputjes waar de ratten hun beloning konden opgraven. Tijdens het leren kregen de ratten een hint met een bepaald soort voedsel in de startdoos en hun taak was om de put te vinden die hetzelfde voedsel bevatte ('terugroepen met hint'). Als ze in de juiste zandput gingen graven, werden ze beloond met meer van ditzelfde voedsel. Na een aantal weken trainen verwierven de dieren associatieve schema's voor deze taak – ze hadden elke smaak met een bepaalde zandput in de arena verbonden.[40]

De onderzoekers stelden toen de vraag of dit schema het coderen en consolideren van nieuwe smaak-plaatsassociaties en het snelle opnemen daarvan in het bestaande schema zou bevorderen. Ze sloten twee van de zandputten en maakten twee nieuwe met twee nieuwe smaken. De ratten kregen slechts één proef met beloning voor de twee nieuwe paren, daarop volgde 24 uur rust. Toen de onderzoekers hun geheugen testten voor de twee nieuwe smaak-plaatsassociaties gingen de ratten op de correcte locaties graven en niet op de gesloten locaties. Ze leerden de nieuwe paren in één proef en herinnerden die zich 24 uur, wat aangaf dat het vroegere leren van het associatieve schema hielp bij dit proces. Na nog eens 24 uur maakten de onderzoekers laesies in de hippocampus van de ratten. Toen ze hersteld waren van de operatie herinnerden de ratten zich nog steeds de locatie van het oorpronkelijke schema en verrassend genoeg ook de twee nieuwe paren. De nieuwe verbindingen waren snel geconsolideerd en opgeslagen buiten de hippocampus, waarschijnlijk in de hersenschors. Blijkbaar hadden de ratten een associatief schema geleerd dat het in kaart brengen omvatte van de plaatsen met de bijbehorende smaken, en dit schema bood een raamwerk dat hen hielp de twee nieuwe associaties vast te leggen.[41]

In de 27 jaar voor zijn operatie had Henry met succes talloze schema's opgebouwd en die in zijn hersenschors opgeslagen. Ook al kon hij door de laesies in het mediale deel van zijn temporaalkwab geen nieuwe associaties leren, hij kon soms terugvallen op een reservoir van schema's die hij voor zijn operatie had geconsolideerd en in zijn langetermijngeheugen had vastgehouden. Bijvoorbeeld bij het oplossen van de voor-nakruiswoordpuzzel, toen hij correct antwoordde met *polio*, *Hiss*, *Gone with the Wind*, *Ike*, *St. Louis* en *Warschau*. Dit leren leunde mogelijk op zijn voor de operatie verworven schema's. Door dit soort georganiseerde, opgeslagen informatie was hij misschien in staat na zijn operatie een paar nieuwe feiten te consolideren. Wat hij op televisie te horen en te zien kreeg, activeerde en actualiseerde mogelijk sinds lang bestaande schema's met betrekking tot politici, filmsterren en technologie, en zo was hij in staat zich JFK te herinneren, Julie Andrews, Lee Harvey Oswald, Michail Gorbatsjov en kon hij Skylab als 'een aanlegplaats in de ruimte' omschrijven.

Wat voor invloed had Henry's vermogen om stukjes algemene kennis op te doen op zijn dagelijkse leven? Ik houd het erop dat zijn gevoel een paar mensen in Bickford te kennen, en zijn vermogen hier en daar een naam te herkennen, hem het idee gaf tussen vrienden te zijn. In 1983 merkte een personeelslid op, toen Henry uit MIT terugkeerde in Bickford, dat hij blij leek om terug te zijn en zich zijn metgezellen leek te herinneren. Wanneer hij tv keek, moeten een paar van de nieuwslezers en acteurs in komische series er bekend hebben uitgezien en geklonken, dus kon hij ze als televisiemaatjes beschouwen. Henry verwierf feitelijke informatie over zijn verpleeghuis: de indeling van zijn kamer, de lounge en de eetzaal, de hond die naast zijn rolstoel zat, de vrouw die met hem flirtte, en de vele verpleegsters die hem verzorgden. Hoewel zijn interacties met de wereld verre van normaal waren, kende zijn leven vertrouwde verbindingen die hem hielpen zich veilig te voelen. In het algemeen redde Henry zich wel, ondanks zijn tragedie.

We hebben een heleboel opmerkelijke voorbeelden van Henry's

vermogen na zijn operatie flardjes nieuwe semantische kennis te verwerven. Maar hij bleef steevast ver achter bij de controledeelnemers, waaruit bleek dat de chirurgische verwijdering in 1953 van zijn mediale temporaalkwabstructuren zijn vermogen had gedecimeerd om een significante hoeveelheid nieuwe semantische informatie te verwerven. Maar ondanks deze lacune in zijn kennis kon hij nadenken over zijn persoonlijke wereld en effectief communiceren. Hij had een uitstekende woordenschat en een indrukwekkende kennis van wereldgebeurtenissen en beroemdheden, maar deze kennis was bevroren in de tijd, een archief met informatie uit de eerste helft van de twintigste eeuw.

12

Beroemder en ongezonder

Na de publicatie van Scovilles en Milners artikel uit 1957 'Loss of Recent Memory after Bilateral Hippocampal Lesions' werd Henry geleidelijk een beroemdheid binnen de gemeenschap van neurowetenschappers. Zijn verhaal begon in 1970 in leerboeken psychologie en neurowetenschap te verschijnen, en werd vanaf de jaren negentig in vrijwel elk leerboek waarin het over geheugen ging als een casestudy aangehaald. In wetenschappelijke artikelen werd hij regelmatig vermeld als inspiratiebron voor bepaalde experimenten. Iedere jonge psycholoog en neurowetenschapper hoorde op college over H.M, en de beschrijving van zijn amnesie was een maatstaf voor de ernst van de geheugenstoornis bij andere patiënten. Doordat we onderzoek met hem bleven doen, werd Henry de meest uitgebreid bestudeerde patiënt in de neurowetenschap.[1]

Eind jaren zeventig was ik Henry's voornaamste contactpunt geworden voor iedereen die voor onderzoek toegang tot hem wilde. Hans-Lukas Teuber overleed in 1977, en Brenda Milner ging zich met andere onderzoeksonderwerpen bezighouden, al bleef haar interesse voor Henry groot. Ik had hem als patiënt geërfd. Hij woonde maar twee uur van MIT vandaan, dus was het logistiek gezien gemakkelijk voor hem mijn lab te bezoeken of, toen hij ouder werd, voor mij en mijn collega's om hem in Bickford te bezoeken.

In de loop van de jaren kwam een aantal onderzoekers naar MIT om Henry voor hun eigen onderzoek te testen, maar ik had sterk het gevoel dat ik Henry niet beschikbaar moest stellen aan iedereen die hem wilde spreken. Als ik de deur open had gezet, alle geïnteresseerde onderzoekers hem had laten testen en interviewen, zou het daarop volgende tumult een constante aanslag op zijn tijd en energie zijn geweest, en zou er overmatig zijn geprofiteerd van zijn geheugenstoornis en bereidheid om behulpzaam te zijn. Allerlei mensen wilden gewoon graag met Henry praten, maar ik wilde niet dat hij een kermisattractie zou worden – de man zonder geheugen. Ik vroeg daarom iedere onderzoeker die Henry wilde bestuderen eerst op mijn lab te komen en het voorgestelde onderzoeksprotocol op onze wekelijkse vergadering te presenteren. Ik wilde er zeker van zijn dat de experimenten goed waren opgezet, zodat de gegevens van Henry tot zinvolle conclusies zouden leiden. Misschien voelden sommigen zich gefrustreerd over mijn eisen, maar ze voorkwamen dat Henry werd lastiggevallen voor onbenullig onderzoek.

Vanaf 1966 hadden 122 wetenschappers de gelegenheid met Henry samen te werken, als leden van mijn lab of als medewerkers van andere instellingen. We onderzochten samen een breed scala aan onderwerpen. Een geheugenonderzoeker van de University of California, in San Diego, kwam Henry's semantische geheugen bestuderen. Een wetenschapper van het Rowland Institute uit Cambridge, in Massachusetts, onderzocht een aspect van de visuele perceptie bij Henry en een groep alzheimerpatiënten om te achterhalen of geheugenverlies de prestatie aantastte bij een taak met visuele nawerkingen. Er kwam een neurowetenschapper van de University of California, Los Angeles om EEG-registraties te doen terwijl Henry op een scherm diverse doelen opspoorde.

Hoewel alle wetenschappers die langskwamen veel over Henry en zijn geval hadden gelezen, vonden sommige de ervaring hem persoonlijk te ontmoeten toch verbluffend. Een collega, Richard Morris, herinnerde zich Henry met een groep hippocampusonderzoekers te hebben gesproken. Later stuurde hij me dit briefje met een beschrijving van die gebeurtenis:

> We zaten in een kamer, en hij kwam, en we spraken met hem. In allerlei opzichten was hij precies zoals je hem in artikelen had beschreven – heel hoffelijk, heel beleefd. Aanvankelijk was de conversatie dusdanig dat je geen reden had te denken dat er iets niet klopte. Dit was eigenlijk gewoon een ontmoeting met een heel aardige, hartelijke oude man. Maar toen gebeurden er geleidelijk

een paar dingen, diverse herhalingen van dingen die begonnen te onthullen dat er iets niet klopte.

Toen moest een van ons de kamer uit, en eerlijk gezegd was ik dat. We hadden misschien een halfuur of zo gepraat, en toen stond ik op, verliet de kamer en bleef opzettelijk ongeveer tien minuten weg om toen weer mee te gaan praten. Het was heel opvallend, want mijn collega's stelden me weer aan hem voor en hij zei: 'Aangenaam kennis te maken,' alsof hij niet wist dat ik er eerder was geweest, en toen wees hij naar een lege stoel en zei: 'Daar is een lege stoel. Gaat u daar toch zitten.' En dit was natuurlijk de stoel geweest waarop ik eerder had gezeten. Het was dus precies wat we konden verwachten uit de gepubliceerde literatuur, maar het was interessant het met eigen ogen te zien.

Henry had een eigen en zeer begrensd leven. Leden van mijn lab en andere collega's die contact met hem hadden, evenals het personeel van het MIT CRC en van Bickford, deden allemaal hun uiterste best zijn ware identiteit geheim te houden, bij de buitenwereld was hij alleen bekend als H.M. Maar in de loop van 25 jaar werden hij en zijn verhaal steeds beroemder. Zijn geval boeide journalisten, kunstenaars en het publiek, en begon ethische vragen over experimentele medische bemoeienis op te roepen. De mensen werden gefascineerd door het verhaal over zo ernstige en langdurige amnesie.

Het personeel van Bickford wist dat Henry van bijzondere betekenis was voor de wereld, en ik vertelde hun dat ze buiten het verpleeghuis niet over hem en zijn geval moesten praten. Ik kreeg vele verzoeken van de media om Henry te mogen interviewen en filmen, maar ik beschermde hem tegen te veel aandacht, en vroeg mijn lableden geen foto's of filmpjes van hem te maken. Voor zover ik weet, bestaat er geen filmpje van hem. Ik liet een wetenschapsjournalist, Philip J. Hilts, met Henry praten en in mijn lab verblijven voor zijn in 1995 verschenen boek *Memory's Ghost: The Strange Tale of Mr. M. and the Nature of Memory*. Hilts sprak uitgebreid met Henry en had zelfs zijn eigen bureau in mijn lab toen hij informatie verzamelde.

Door fragmenten uit mijn gesprek uit 1992 met Henry die in

radioprogramma's waren te beluisteren, konden het publiek en de wetenschappers een menselijke stem verbinden met de nogal onpersoonlijke taal van Henry's casestudy. Ook dit gesprek bracht zijn geheugenprobleem onmiskenbaar aan het licht – hij herhaalde dezelfde gedachten verschillende malen, ook kon hij me de maand en het jaar niet zeggen, of wat hij als lunch had gegeten.

Ik was bij Henry toen hij in december 1980 in Bickford werd opgenomen. Mevrouw Herrick reed met hem en zijn weinige bezittingen de 25 kilometer vanaf haar huis in Hartford. Hij kreeg een kamer toegewezen op de eerste etage van het gebouw, een kleine instelling die in pastelgroene tinten was geschilderd, bloemetjesbehang had en eiken meubelen. Henry paste zich goed aan zijn nieuwe leven in Bickford aan, en het personeel noemde hem zachtaardig, coöperatief en verdraagzaam jegens de andere patiënten. Nadat mevrouw Herrick het volgende jaar overleed, werd het verpleeghuis het centrum van Henry's universum. De laatste 28 jaar van zijn leven woonde hij er.

In Bickford kreeg Henry een nieuwe levenswijze, waarbij hij voortdurend verzorgd werd door personeel, en ook een meer sociale groepsomgeving. Henry bewoonde in die bijna dertig jaar verschillende kamers (vaak met een kamergenoot), maakte een uitgebreide verbouwing van de instelling mee, en had te maken met een heleboel verschillende verpleegkundigen en verzorgers, van wie sommige even lang bleven als hij. In die tijd werd Henry een geliefd vast punt in het tehuis, bij iedereen bekend en bemind. Leden van mijn lab stuurden hem foto's van henzelf zodat zijn prikbord dezelfde menselijke toets had als in kamers van andere patiënten.

Voor Henry was elke ontmoeting vluchtig vanwege zijn onvermogen herinneringen aan feiten en gebeurtenissen op te slaan. Maar hoewel hij zich geen namen of bijzonderheden kon herinneren had hij volgens vele personeelsleden wel degelijk een idee wie zij waren. Henry was een ongewone patiënt in deze omgeving. Als man van 55 was hij, toen hij aankwam, jonger dan de meeste andere patiënten. Daarnaast was hij intelligent, alert en in redelijk goede gezondheid. Maar voor Henry zorgen was in bepaalde opzichten te vergelijken met het in de gaten houden van de dementiepatiënten. Ook die vergaten recente gebeurtenissen en informatie, zoals de namen van de verpleegsters, terwijl ze nog wel over hun jeugd konden praten en de plaats waar ze opgroeiden. Net als de dementiepatiënten moest Henry worden opgepord om ook maar de simpelste dagelijkse bezigheden te verrichten. Hij was geestelijk een alerte volwassene die desondanks als een kind moest worden gestuurd en geleid.

Henry was altijd hoffelijk tegen het personeel in Bickford. Hij begroette hen met zijn brede, rimpelende glimlach en verontschuldigde zich er regelmatig voor dat hij hun hulp nodig had. Voor iemand met zo'n ernstig geheugenprobleem was Henry verrassend ontspannen. Hij was vrolijk en leek zich nooit onbehaaglijk of nerveus te voelen in zijn contacten met verpleegkundigen en verzorgers, hij gedroeg zich of iedereen een oude vriend was.

Anders dan het simpele bestaan dat hij thuis bij zijn ouders en vervolgens bij mevrouw Herrick had geleid, bood Henry's periode in het verpleeghuis volop mogelijkheden om mee te doen aan activiteiten en met een heleboel mensen contact te hebben. In het algemeen was hij in kleine kring een sociaal iemand, maar een rustige deelnemer aan groepssituaties. Hij deed graag mee aan allerlei soorten activiteiten – koorrepetities, bingo, Bijbelstudie, films kijken, poëzie lezen, handenarbeid en bowlen. Hij keek in de lounge tv en zat graag op de kleine binnenplaats voor de instelling. Hij bleef kruiswoordpuzzels en andere woordpuzzels maken; van mijn lab kreeg hij een maandabonnement op een puzzelblad, zo had hij altijd nieuwe voorraad. Hij woonde bijzondere gebeurtenissen bij in het tehuis en danste zelfs de hula op een Hawaiaans feestje. Bij handenarbeid was hij een perfectionist, hij legde de aandacht voor details aan de dag waarvan hij in het technische werk uit zijn vroegere dagen blijk had gegeven. Een van mijn gekoesterde bezittingen is een houten lepel die Henry blauw had geverfd en had versierd met sponstextuur en bloempjes met witte bloemblaadjes en rode binnenkanten. Het personeel van Bickford was zo vriendelijk me de lepel te geven toen ik hem voor de laatste keer bezocht.

Henry hield van dieren. Ik heb een ontroerende foto waarop hij als jonge tiener twee poesjes in zijn armen wiegt. Gelukkig woonden er in Bickford allerlei dieren. Een tijd lang hadden ze een konijn dat Henry graag op schoot had. Meer dan tien jaar was er een zingende kaketoe, Luigi. Tot de andere bewoners hoorden dwergpapegaaien, vinken en parkieten. Henry keek graag naar de vogels. Een zwart-witte hond, Sadie, kwam als puppy en bleef zolang Henry er woonde. In de laatste jaren van zijn leven zat ze vaak naast zijn rolstoel terwijl hij haar aaide, en ze was op zijn begrafenis.

Hoewel Henry geen relaties in de gebruikelijke zin kon aangaan, had hij contact met andere patiënten en had hij een goede verstandhouding met het personeel van Bickford. Hij gebruikte zijn maaltijden met medebewoners aan ronde houten tafels in de eetzaal, en hij leek de voorkeur te geven aan het gezelschap van mannen. Na een paar jaar sloot hij vriendschap met een andere patiënt, Charlie, en ze keken vaak samen tv. In 1985 berichtten personeelsleden dat Henry graag meedeed met pokeren en met louter voor mannen bedoelde houtbewerkingsgroepen. Hij zei tegen de verpleegsters dat hij ervan hield maar wat aan te rommelen en bij de kerels te horen. Later in zijn leven raakte hij toch bevriend met een vrouwelijke patiënte, Peggy geheten, en op een keer werden de twee tot koning en koningin van het bal van het verpleeghuis gekroond.

Maar Henry gaf nooit blijk van romantische belangstelling voor vrouwen, en gedroeg zich altijd netjes. Hij kreeg zelfs een keer problemen met een aantrekkelijke vrouwelijke patiënt die in het openbaar seksuele avances jegens hem maakte, wat hem geneerde en verwarde. De verpleegsters vertelden me dat hij alleen maar bij haar wilde zijn als ze het vermeed 'seksueel ongepaste toespelingen en opmerkingen' te maken. In zulke gevallen reageerde Henry: 'O, dat mag ik niet. Dat mag ik niet van mijn dokter.' Maar als ze zich netjes gedroeg, 'hield hij haar handen vast, en ze praatten en praatten over van alles, en het was heel leuk'.

Maar het leven in het verpleeghuis liep voor Henry niet altijd op rolletjes. Zijn stemming werd soms bepaald door verwarring, frustratie en boosheid. Van tijd tot tijd raakte hij geërgerd als een andere patiënt luidruchtig was of naar een ander tv-programma wilde kijken dan hij. Hij kon snel geïrriteerd raken door herrie of andere fysieke ongemakken, zoals pijn in zijn buik of zijn gewrichten. Hoewel hij een aardige, opgewekte patiënt bleef, leek hij soms te tobben en vertoonde hij bizar gedrag. Veel daarvan kwam ongetwijfeld voort uit zijn geheugenstoornis en zijn moeizame communicatie met het personeel over zijn behoeften en wensen. Het was lastig de bron van zijn problemen vast te stellen en te verhelpen. Henry kon verward raken zonder in staat te zijn de precieze reden voor zijn irritatie over te brengen; dat reageerde hij dan af. Wanneer hij moeite had met zijn boosheid, pijn, verdriet of frustratie om te gaan, dan kon hij reageren door ergens op te slaan, met iets te gooien of dreigen uit het raam op de begane grond te springen.

Op een nacht in 1982 ging Henry zijn bed uit en strompelde zijn kamer uit. Hij schreeuwde dat de andere patiënten herrie maakten en hem uit zijn slaap hielden. Hij deed dreigend tegen personeelsleden en sloeg zijn hand tegen een muur, waarbij hij een verpleegster miste. Er werden twee politieagenten bijgehaald; Henry kreeg medicijnen tegen de angst en begon te kalmeren. De volgende dag antwoordde hij toen ze hem vroegen of hij zich herinnerde wat er de vorige nacht was gebeurd: 'Ik herinner het me niet – dat is mijn probleem.' Toen ze aandrongen of hij zich twee grote politiemannen herinnerde, zei hij: 'Soms kun je je beter iets niet herinneren.'

Herfst 1982 werd Henry vaker boos dan gewoonlijk. Zijn hevige emotionele vertoningen deden denken aan zijn uitbarstingen uit 1970 bij zijn moeder thuis en op het Regional Center waar hij werkte. Henry vertoonde dit gedrag nooit wanneer hij ons bezocht op het MIT CRC. Hij had daar zijn eigen kamer en de omgeving was rustiger. Hij kreeg er VIP-aandacht en had een heleboel positieve sociale contacten. Van zijn bezoeken aan mensen uit mijn lab kreeg hij een goed humeur, het haalde het beste uit zijn persoonlijkheid naar boven; hij genoot van de geestelijke en sociale stimulansen. Henry's emotionele buien en geïrriteerdheid in Bickford dwongen het personeel in oktober 1982 te overwegen hem over te brengen naar een naburige psychiatrische inrichting in Newington, Connecticut. Gelukkig en zonder zichtbare reden ging hij zich weer normaal gedragen, zodat een overplaatsing niet nodig was. Nadien ging Henry soms door een dal, maar nooit zo erg dat het personeel er niet tegen was opgewassen.

Vanaf de jaren tachtig zag Henry voortdurend een vriendin van de middelbare school in mij. De meest waarschijnlijke verklaring voor deze foute herkenning is dat hij tijdens al zijn bezoeken aan MIT, die tussen 1966 en 2002 met grote regelmaat plaatsvonden, geleidelijk een geestelijk schema opbouwde waarin hij mijn gezicht, naam, beroep en het CRC opnam en verbond. Hij moet een vage vertrouwdheid voor me hebben gevoeld. Als ik hem een lijst gaf van achternamen die allemaal met een C begonnen en vroeg welke naam de mijne was, dan koos hij Corkin. In 1984 stelde ik de vraag: 'Wie ben ik?' en Henry antwoordde: '*Doctress*... Corkin.' (Hij bezigde dat unieke Henry-isme, 'doctress', meer dan eens). Op de vraag waarvan hij me kende, antwoordde hij: 'Van de East Hartford High School.' Tijdens ons gesprek uit 1992 had ik de volgende gedachtewisseling met Henry.

    SC: Hebben we elkaar eerder ontmoet, jij en ik?
    HM: Ja, volgens mij wel.
    SC: Waar dan?
    HM: Nou, op de middelbare school.
    SC: Op de middelbare school.
    HM: Ja.
    SC: Welke middelbare school?
    HM: In East Hartford.
    SC: En in welk jaar was dat – ongeveer?
    HM: 1945.
    SC: Hebben we elkaar ooit ergens anders ontmoet?...
    HM: Of '46. Zie je, daar kom ik mezelf tegen, ik herinner me namelijk op school een jaar te hebben overgeslagen.
    SC: O. Hebben we elkaar nog ergens anders ontmoet dan op de middelbare school?
    HM (*stilte*): Om je de waarheid te zeggen, ik kan het me niet – nee. Ik geloof het niet.
    SC: Waarom ben ik hier nu?

HM: Nou, je hebt toch een interview met me, zou ik zeggen. Dat denk ik tenminste.

Tijdens het interview verzuimde ik te vragen hoe ik heette, dus vroeg ik het hem op de terugweg naar zijn kamer. Eerst zei hij: 'Ik weet het niet,' maar vervolgens: 'Beverly, geloof ik.' Ik zei: 'Nee, het is Suzanne.' Toen zei hij: 'Suzanne Corkin.' In mei 2005 zei een verpleegster in Bickford tegen Henry: 'Ik sprak net met een vriendin van je uit Boston, Suzanne,' en hij zei meteen: 'O, Corkin.' Hij had een associatie gevormd tussen mijn voornaam en mijn achternaam, maar wanneer je hem expliciet vroeg wie ik was, dan wist hij het niet.

Eén naam, Scoville, beklijfde wel in zijn geest omdat hij die voor zijn operatie had geleerd. In Bickford verwees Henry vaak naar dr. Scoville, en hij verbond de naam met het idee dat hij van zijn eigen belang voor de geneeskunst had. Hij buitte de connectie zelfs uit door te proberen zijn zin te krijgen. Hij zei tegen mensen dat 'je dit volgens dr. Scoville moet doen' of 'dr. Scoville zegt dat het zo hoort'. Op een keer had Henry's kamergenoot er genoeg van en zei dat hij het beu was over 'dr. Screwball' [mafkees] te horen. Henry verbeterde snel hoe zijn kamergenoot de naam uitsprak.

Naast zijn geheugenstoornis begon Henry te maken te krijgen met de achteruitgang van de oude dag. Hij kreeg steeds meer lichamelijke klachten en had moeite met eenvoudige dagelijkse taken. Hij viel vaak, en soms raakte hij daarbij bewusteloos of gewond. In 1985 leidde een tuimeling tot een fractuur van zijn rechterenkel en zijn linkerheup. Het jaar daarna, op zijn zestigste, werd zijn linkerheupgewricht vervangen. Na beide incidenten moest hij een aantal weken revalideren tot hij zelf een looprek kon gebruiken. Henry had een verleden met problemen met bewegen, hij liep altijd met een langzame, onhandige pas. Desondanks leerde hij met het looprek om te gaan – een bewijs voor zijn vermogen nieuwe motorische vaardigheden op te doen – maar soms vergat hij het looprek nodig te hebben en probeerde hij zonder succes op eigen kracht te lopen. In een paar gevallen leidden deze pogingen tot nieuwe valpartijen. Het contrast tussen zijn functionerende niet-declaratieve geheugen en zijn ontbrekende declaratieve geheugen was groot – en in dit geval gevaarlijk.

Toen hij juli 1986 voor zijn nieuwe heup in het ziekenhuis lag, kreeg hij een grand-maltoeval en koortsaanvallen. Zijn arts schreef me dat Henry na de operatie 'last had van slapeloosheid, nachtelijke onrust en angst om alleen te zijn'. Hij klaagde over maagproblemen, gezoem in zijn rechteroor en pijn in zijn heupstreek. Hij had enige tijd nodig om helemaal van de operatie te herstellen. Toen hij in september 1986 het MIT CRC bezocht, viel het de verpleging op dat Henry zich vreemd gedroeg: hij drukte regelmatig op zijn belletje en klaagde dan, hij sliep rusteloos, maakte onzinnige opmerkingen en 'keek wild uit zijn ogen'. Een verpleegster merkte op dat Henry niet glimlachte en niet zijn gebruikelijke verhalen en grappen vertelde. Deze tijdelijke verandering in Henry's gedrag was waarschijnlijk een bijwerking van de narcose bij de vervanging van zijn heup. Oudere mensen hebben meer last van narcose dan jonge volwassenen, en de resten van de middelen hebben misschien ingewerkt op de pijnstillers die Henry na zijn operatie kreeg. De bijwerkingen van narcose kunnen bij oudere volwassenen drie maanden of langer aanhouden, omdat het langer duurt eer de middelen uit hun lichaam zijn verdwenen. Op den duur stopte het rare gedrag en werd Henry weer 'normaal'.

Henry had af en toe nog toevallen, maar grote aanvallen waren niet frequent – slechts één of twee per jaar – en er waren jaren zonder toevallen. Hij ging om de maand naar een plaatselijke dokter en soms ging hij voor eerste hulp naar Saint Francis Hospital in Hartford. Tijdens zijn bezoeken aan MIT consulteerde hij soms artsen in Cambridge. Die deden ook wel ingrepen. Door zijn geheugenverlies was het onmogelijk voor Henry om zijn lichamelijke klachten nauwkeurig te beschrijven, wat het extra lastig maakte voor de artsen die hem bekeken en behandelden. Een neuroloog van Mass General die hem in 1984 onderzocht, merkte op dat Henry de neiging had de ernst van zijn medische problemen te bagatelliseren. Henry maakte zich er soms zorgen over dat hij mensen tot last was, en mogelijk bracht deze houding hem ertoe zijn lichamelijke kwalen te verbloemen.

Een symptoom waarvan Henry regelmatig last had, was tinnitus, suizingen in het oor, een veel voorkomende bijwerking van Dilantin. Hij vertelde de neuroloog de hoofdlijnen, maar kon niet specifiek aangeven wanneer de tinnitus opkwam of erger werd. Een zuster van Bickford kwam met een vollediger relaas: ze vertelde ons dat Henry er in 1984 drie à vier maanden vreselijk veel last van had gehad. In het begin deed het zich een paar keer per week voor, en daarna eens per dag. De suizingen begonnen vroeg in de ochtend als Henry nog in bed lag. De verpleegsters zagen vaak dat hij een kussen over zijn hoofd hield, hij was geïrriteerd en wilde niet worden aangeraakt of geholpen. Diverse malen vroeg hij om een wapen, dan kon hij zichzelf vermoorden om een eind aan het lijden te maken. Hij meldde een hoog, schril geluid te horen dat twee tot acht uur aanhield. Het waren geen toevallen, en bij een onderzoek door een kno-arts kwam geen oorzaak in zijn binnenoor aan het licht. De neuroloog van Mass General zei Bickford om Henry's toevallen te onderdrukken door Dilantin door Tegretol te vervangen, waarop de nare verschijnselen afnamen.

Ook al was de tinnitus minder erg, Henry bleef er last van houden, en dat droeg bij aan zijn aanvallen van onbehagen en ergernis. Hij was bijzonder gevoelig voor herrie, hij klaagde vaak over het kabaal van andere patiënten en de airco in zijn kamer. Het personeel van Bickford merkte verschillende keren dat hij propjes in zijn oren deed om het suizen te laten minderen, en wanneer het heel erg was, weigerde hij te eten – gezien Henry's gezonde eetlust heel opmerkelijk. Behalve over zijn tinnitus klaagde Henry over vage symptomen zoals maagpijn of een onbehaaglijk gevoel in zijn nek. Het personeel merkte dat het nutteloos was hem simpelweg te vragen wat het probleem was, want hij was de bron al vergeten. Ze moesten hem daarom specifieke ja-of-neevragen stellen om een oplossing te vinden. Soms bleef hij in bed en dan loste het onbehagen zichzelf op.

Henry was tientallen jaren deel van mijn leven, en hoewel ik mijn onpartijdige rol als onderzoekster moest handhaven, was het onmogelijk om geen genegenheid te voelen voor deze aangename, aardige man. Toen Henry in 1986 zijn zestigste verjaardag vierde op MIT, organiseerden leden van mijn lab en het personeel van het CRC een feestje voor hem; hij moest erg glimlachen om onze uitvoering van 'Happy Birthday' – en ook om de taart en het ijs. We probeerden hem zich altijd een lid van ons team te laten voelen door stil te staan bij zijn verjaardag, hcm kerstcadeaus te sturen, en te zorgen dat hij altijd zijn kruiswoordpuzzels had. Tegen het eind van zijn leven nam ik elke week contact op met het personeel van Bickford om over hem te worden bijgepraat.

In de jaren negentig had Henry goede en slechte dagen in het verpleeghuis. Op goede dagen begroette hij de verpleeghulpen met zijn kenmerkende knipoog en glimlach; op slechte dagen jammerde hij over pijn of onbehagen. Hij werd trager, hij sprak en bewoog langzamer, en hij had hulp nodig bij alledaagse taken. Hij had minder zin op eigen kracht rond te lopen; soms ging hij met een rolstoel naar de eetzaal voor zijn maaltijden. In 1999 leidde een val tot weer een gebroken enkel, wat zijn onafhankelijkheid nog verder aantastte. Toch bleef hij tot 2001 redelijk goed; toen kreeg hij veel last van andere kwalen. Hij ontwikkelde osteoporose, leed aan slaapapneu, en had soms hoge bloeddruk. Na zijn dood kwamen we uit zijn sectierapport te weten dat hij, ondanks regelmatige medische zorg, aan diverse niet vastgestelde aandoeningen leed: atheromatose, nierfalen en darmkanker. Een of meer van deze kwalen kunnen de oorzaak van zijn incontinentie zijn geweest en van het feit dat hij bij het ouder worden voortdurend naar de wc moest. Op zijn 75ste werd hij volkomen afhankelijk van een rolstoel om zich te verplaatsen. Maar zelfs toen bleven zijn intellect en gevoel voor humor intact. Bij een bezoek aan MIT in maart 2002 vroeg een onderzoeker aan Henry of hij goed had geslapen. 'Ik ben niet wakker gebleven om het na te gaan,' antwoordde hij.

Vanaf 2002 tot 2004 was Henry geestelijk en lichamelijk nog steeds gezond genoeg om mee te doen aan officiële cognitieve tests. Vanwege zijn motorische problemen werd het onplezierig voor hem om naar MIT te reizen, dus reden wij naar Bickford om onze gedragsproeven te doen. Maar in deze periode reisde Henry wel een paar keer naar het Mass General Martinos Center for Biomedical Imaging voor een serie MRI-scans. Hij reisde per ambulance zodat hij een gerieflijke rit had. Hij kwam elke keer voor één dag, en we regelden twee verpleeghulpen om voor hem te zorgen. Door de enorme vooruitgang van MRI kregen we door deze onderzoeken een duidelijker beeld van Henry's laesies en verwierven we nieuwe inzichten over zijn ouder wordende hersenen. Onderzoekers gebruikten de MRI-beelden om een computermodel van zijn hersenen te maken; zo konden we een vergelijking maken met de hersenen van gezonde mannelijke deelnemers van dezelfde leeftijd. De wetenschappelijke vraag was: zijn de veranderingen in Henry's hersenen gelijk aan of groter dan wat we bij de controledeelnemers zien? Een daarmee samenhangende vraag die rees toen Henry ouder werd was: zouden zijn hersenen aanwijzingen vertonen van met leeftijd verbonden ziekten, los van de door de operatie van 1953 veroorzaakte schade? Met deze informatie zouden we een compleet beeld krijgen van zijn neurale infrastructuur en beter de cognitieve capaciteiten van laat in zijn leven kunnen begrijpen.[2]

Zelfs voor het blote oog zien normale hersenen van tachtig jaar er volkomen anders uit dan normale hersenen van twintig jaar. Het totale volume van de oudere hersenen is afgenomen, en daardoor worden de met vloeistof gevulde ruimtes in het midden van de hersenen, de ventrikels, groter. Vanwege het krimpen van het weefsel zijn de dalen (*sulci*) dieper en de pieken (*gyri*) dunner. Zo worden de plooien in de hersenschors, het buitenste oppervlak van de hersenen, nadrukkelijker. Maar het massaverlies verloopt niet uniform: sommige gebieden zien er op oudere leeftijd duidelijk kleiner uit, terwijl andere verhoudingsgewijs nauwelijks veranderen. Met de moderne MRI-technieken zien we bij gezonde deelnemers zulke veranderingen al in het korte tijdsbestek van een jaar. De hersenatrofie die bij gezonde oudere volwassenen te zien is, maakte ons duidelijk wat we, eenvoudig als gevolg van natuurlijke verouderingsprocessen, van Henry's hersenen konden verwachten. Onderzoek in mijn lab wees ons ook op het belang van de ongeschondenheid van de witte stof om complexe taken te kunnen doen.[3]

Een aantal wetenschappelijke vragen blijft: hoe verhouden deze fysieke veranderingen in de hersenen zich tot veranderingen van specifieke cognitieve vermogens, en welke van de gesignaleerde veranderingen in het late leven verklaren het beste het cognitieve verlies? Ook wanneer mensen zonder problemen ouder worden, vertonen ze enig cognitief verval. Het zwaarst getroffen worden het werkgeheugen (bijvoorbeeld een hoge restaurantrekening uit het hoofd door veertien delen om te bepalen hoeveel iedereen moet betalen) en het langetermijngeheugen (je de namen en gegevens herinneren van alle mensen die je op een bruiloft tegenkomt). Alle complexe processen in de hersenen, zoals geheugen en cognitieve beheersing, zijn afhankelijk van interacties in en tussen specifieke hersengebieden. Omdat witte stofkanalen, de communicatielijnen, open moeten blijven en moeiteloos moeten werken voor optimaal functioneren, ligt de verwachting voor de hand dat schade aan de witte stof in een bepaald gebied de cognitieve vaardigheden aantast die van dat gebied afhangen.[4]

Omdat ik contact hield met Henry en toegang had tot zijn dossier in het verpleeghuis, was ik op de hoogte van de ups en downs in het laatste deel van zijn leven. Zijn geleidelijke verval zette vanaf 2000 door. Hij had nu enige moeilijkheden met eten of wilde misschien niet eten, ook al bleef hij aankomen. Hij had niet veel toevallen, maar vertoonde wat cognitieve storingen – zoals bijvoorbeeld verminderde concentratie, afnemend vermogen om aanwijzingen te verwerken en toenemende verwarring. Daarbij kwam een verlies aan kracht en aan coördinatie, waardoor het lastig voor Henry werd om zich door het verpleeghuis te bewegen. Ook bleef hij maar vallen. Met zijn sociale leven ging het ook bergafwaarts. Vaak deed hij liever niet mee aan groepsactiviteiten en hij had moeite om vrienden te maken. Er waren regelmatig periodes van irritatie, boosheid en obsessief gedrag, zoals het helemaal in beslag genomen worden door naar de wc gaan. Hij had een neiging tot tobben en werd ongeduldig; zoals hij opmerkte: 'Ik ben altijd gespannen.' Hij sprak brabbelend, misschien door te veel medicijnen, en hij sliep veel in zijn geriatrische stoel. Van tijd tot tijd was Henry's zuurstofgehalte laag, dus diende het personeel hem zuurstof toe via slangetjes in zijn neusgaten. Meestal haalde hij de slangetjes eruit en één keer stopte hij ze in zijn urinaal.

In 2005 kreeg Henry diverse aanvallen van grand mal, zijn cognitieve en motorische vaardigheden gingen verder achteruit, en hij werd volkomen afhankelijk van anderen. Ondanks deze handicaps leek zijn dagelijkse leven te zijn verbeterd. Drie tot vijf keer per week deed hij aan activiteiten mee, en volgens zijn dossier was hij 'heel sociaal tegen zijn medepatiënten'. Hij hield nog steeds van bingo, kruiswoordpuzzels en woordspelen, en volgens één aantekening was hij een 'aangenaam, interessant iemand – een genoegen om mee te praten'. Maar op basis van het algehele verval van zijn cognitieve capaciteiten mogen we ervan uitgaan dat Henry inmiddels dement was.

Wat is het verschil tussen amnesie en dementie? Zuivere amnesie, waaraan Henry na zijn operatie leed, bestaat uit geheugenverlies zonder bijkomende cognitieve storingen. Dementie wordt daarentegen gekenmerkt door ernstig geheugenverlies, samen met gebreken op vele cognitieve gebieden – taal, het oplossen van problemen, rekenen en ruimtelijke vaardigheden. Dementie gaat veel verder dan de veranderingen die bij gezonde veroudering horen, en in 2005 was Henry overgegaan van amnesie plus gezonde veroudering naar amnesie plus dementie. We zagen de neurale fundamenten daarvan op zijn MRI-scans.

Het beeldvormende onderzoek dat we tussen 2002 en 2004 deden, maakte ons plaatje van Henry's verouderende hersenen completer en vulde onze jaren van rijke klinische waarnemingen aan. De effecten van zijn operatie gingen samen met veranderingen die met zijn gevorderde leeftijd te maken hadden én met nieuwe hersenafwijkingen. De MRI-scans lieten kleine infarcten zien in zijn grijze en witte stof die niet te maken hadden met zijn operatie, maar voortkwamen uit een leeftijdgebonden aandoening – gevorderde wittestofziekte veroorzaakt door hypertensie. Deze gelokaliseerde gebieden van dood hersenweefsel, veroorzaakt door een gebrek aan bloed en zuurstof, zaten in de verwachte gebieden voor hersenaandoeningen door hoge bloeddruk. We zagen ook kleine infarcten in grijze stofstructuren onder de schors, zoals de thalamus, een gebied dat sensorische en motorische activiteiten integreert, en het putamen, een motorisch gebied onder de frontaalkwabben. Waarschijnlijk had een opeenhoping van zulke infarctjes Henry's dementie veroorzaakt. Een volgend correlaat van zijn dementie kwam aan het licht toen we de dikte van zijn hersenschors vergeleken met die van controledeelnemers. We ontdekten dat er op grotere schaal van verdunning sprake was dan je normaal gesproken bij zijn leeftijd zou verwachten. De verdunning was wijdverspreid over zijn hele hersenschors en niet geconcentreerd in bepaalde gebieden zoals we meestal zien bij wie gezond ouder wordt.[5]

We hadden de meeste van deze veranderingen niet gezien op zijn scans uit 1992 en 1993, wat erop wees dat ze recent waren ontstaan. We wisten door ons MRI-onderzoek naar gezonde oudere volwassenen dat hun cognitieve capaciteiten nauw samenhangen met het ongeschonden zijn van de wittestofkanalen in hun hersenen: deelnemers met de meeste ongeschonden witte stof hadden de beste scores in de geheugentest. Nu we dit wisten, richtte mijn lab zich op de status van Henry's wittestofcommunicatiestelsel. We zagen wijdverspreide schade in Henry's witte stof – uitgebreider en ernstiger dan je normaal gesproken bij gezonde veroudering zou verwachten. Uit een nadere analyse, gebaseerd op diffusietensorbeeldvorming (DTI), bleek dat de wittestofvezels hun ongeschonden structurele, en waarschijnlijk functionele, staat deels hadden verloren. Hij had ook schade aan de witte stof als gevolg van zijn operatie.

We zullen doorgaan met ons onderzoek naar Henry's witte stof door de MRI-beelden te analyseren van zijn nagelaten hersenen. Met een nieuwe techniek, tractografie, zullen we in staat zijn specifieke vezelbundels te traceren om schade aan de witte stof te lokaliseren. We zullen de resultaten van deze analyse vergelijken met de anatomie die uit het bestuderen van de eigenlijke wittestofkanalen in zijn nagelaten hersenen is afgeleid. Op basis van de kenmerken van de schade aan de vezelbundels zal Matthew Frosch, directeur neuropathologie van Mass General, de specifieke witte stofpaden die met Henry's operatie samenhangen, kunnen onderscheiden van degene die met de infarctjes samenhangen. We zullen definitief weten welke vorm van dementie Henry had na Frosch' gedetailleerde neuropathologisch onderzoek van zijn hersenweefsel. Allerlei vragen over Henry's hersenen die zijn blijven hangen, moeten wachten op de komende microscopische analyse.[6]

In de jaren tachtig, toen ik de ziekte van Alzheimer bestudeerde, werd me duidelijk hoe belangrijk hersendonatie is: een definitieve diagnose van de ziekte is alleen na sectie mogelijk. Toen het verval van Henry inzette, deed ik m'n best ervoor te zorgen dat we na zijn dood zijn hersenen zouden kunnen bestuderen. Hoewel we een heleboel konden achterhalen met beeldvormende technieken, was de enige manier om absolute duidelijkheid te krijgen over de status van het overgebleven weefsel microscopisch onderzoek. Dan zouden we zeker weten wat er bij zijn operatie aan grijze en witte stof was verwijderd. Bovendien zouden we alle afwijkingen kunnen documenteren die samenhingen met zijn gevorderde leeftijd. Ik legde aan Henry en zijn door de rechter benoemde curator, de heer M. (de zoon van mevrouw Herrick), uit hoe belangrijk het was om Henry's hersenen na zijn dood te kunnen bestuderen en vroeg of Henry zijn hersenen wilde doneren aan Mass General en MIT. In 1992 vulden ze het toestemmingsformulier in.

In 2002 riep ik voor de eerste van vele vergaderingen een team neurowetenschappers bij elkaar om de details te bepalen van wat we stap voor stap bij Henry's dood zouden doen. Ik koos collega's die verschillende deskundigheden in het project konden inbrengen, in de hoop dat we iets heel bijzonders konden doen. Henry had al veel bijgedragen aan de kennis in de wereld over het geheugen, en ik wilde het onderzoek voortzetten door de nieuwste technieken te gebruiken bij het in beeld brengen van zijn hersenen, het bewaren ervan, analyseren en er informatie over verspreiden. In het team zaten neurologen, neuropathologen, radiologen en systeemneurowetenschappers [in de 'systems neuroscience' wordt de functie van neurale circuits en systemen bestudeerd, vert.] van Mass General, van de University of California, Los Angeles en van mijn lab van MIT. In onze gesprekken, die zich over de volgende zeven jaar uitstrekten, bepaalden we diverse belangrijke taken en de volgorde waarin die moesten worden uitgevoerd.

We wisten dat het essentieel zou zijn om Henry's hersenen zo snel mogelijk na zijn dood te oogsten, voor het weefsel achteruit ging. Om dit doel te bereiken bedachten we in samenwerking met Bickford een reeks plannen – een verpleegster of arts moest Henry officieel dood verklaren en het tijdstip van overlijden noteren, zijn hoofd moest in ijs worden verpakt om zijn hersenen te behouden, een begrafenisondernemer moest zijn lichaam overbrengen naar het Martinos Center in Mass General voor een aan de sectie voorafgaande scan. We stelden een bellijst op om alle onderzoekers te berichten dat Henry's lichaam onderweg was. Eenmaal ter plaatse moest het lichaam van de brancard waarop het was getransporteerd naar een kleinere, niet-magnetische brancard worden overgebracht, en van daaraf de scanner in. Intussen moesten alle veiligheidsmaatregelen bij het omgaan met menselijke weefsels en vloeistoffen worden gevolgd. Na deze *in situ*-scan (beeldvorming van de hersenen in het hoofd), zouden we Henry's lichaam overbrengen naar het mortuarium van Mass General zodat Frosch Henry's hersenen uit zijn schedel kon halen. De neuropathologische fotograaf zou klaarstaan om de eerste foto's te maken van Henry's fysieke hersenen. Zijn lichaam zou vervolgens naar een ander onderdeel van de afdeling pathologie worden gebracht waar men een algemene sectie zou doen. Om de hersenen te conserveren zou de neuropatholoog van tevoren de juiste solutie moeten bestellen, zodat hij wanneer het moment daar was van het nodige was voorzien. Na veel discussie besloten we Henry's hersenen opnieuw te zullen scannen nadat ze tien weken waren geconserveerd. We hadden het erover of we een scanner met een sterkte van drie tesla of van zeven tesla zouden gebruiken, en besloten uiteindelijk ze allebei te gebruiken. Met proefscans op andere nagelaten hersenen was vastgesteld dat de procedures veilig waren.

We werkten ook de logistiek uit van het transport van de hersenen van Boston naar San Diego (Californië), waar men ze uiteindelijk zou invriezen in gelatine en in ultradunne plakjes zou snijden voor microscopische analyse. We zouden dan zover zijn dat we naar de daadwerkelijke neuronen in de beroemdste hersenen ter wereld konden kijken. De grote climax zou komen wanneer specialisten in de anatomie van de mediale temporaalkwab en in de neuropathologie bepaalde delen zouden kleuren en bestuderen. Dat zou antwoorden opleveren op vragen over Henry's hersenen die tientallen jaren in de coulissen hadden gewacht.

Ons doel in Henry's laatste jaren was de afwijkingen die we in zijn hersenen documenteerden te doorgronden in verband met zijn klinische situatie. Konden deze anatomische veranderingen zijn geestelijke verval verklaren? Ik legde Henry tijdens mijn jaarlijkse bezoeken een paar cognitieve tests voor en haalde er elke keer een collega bij van de afdeling neurologie van Mass General om Henry's neurologische toestand te actualiseren. Deze jaarlijkse evaluaties legden een duidelijk patroon bloot van cognitief verval door leeftijdgebonden afwijkingen in zijn hersenen – gedocumenteerd in zijn MRI-scans – gekoppeld aan toxische bijwerkingen van allerlei psychoactieve medicijnen. Ook vochtgebrek kan een rol hebben gespeeld bij zijn verslechterde geestelijke status. Ik weet niet hoeveel water Henry dronk en in welke mate andere factoren, zoals bijwerkingen van de medicatie, aan zijn vochtgebrek bijdroegen, maar omdat hij altijd zweeg over honger en dorst zal hij waarschijnlijk niet om water hebben gevraagd. Op basis van onze klinische observaties tijdens Henry's leven konden we niet met zekerheid de oorzaak van zijn dementie bepalen. Het had alzheimer kunnen zijn of vasculaire dementie, dan wel een combinatie van afwijkingen.

In juni 2005, Henry was toen 79, ging ik bij hem langs met een neuroloog die hem vaak had onderzocht in het MIT CRC en hem goed kende. Henry's bloeddruk bleek hoog en hij woog 99 kilo. Uit het onderzoek bleek dat Henry, hoewel hij een beetje brabbelde en moeilijk te verstaan was, vier van de vijf gewone voorwerpen wist te benoemen (hij miste 'stethoscoop'), vijf gebaren op commando deed (zoals een saluut) en gebaren kon nadoen. Zijn spierkracht was verminderd, met name in zijn benen – geen verrassing, aangezien hij jaren in bed of in een rolstoel had doorgebracht.

Nadat de neuroloog klaar was met zijn onderzoek, ging ik naast Henry's rolstoel staan om hem een paar cognitieve tests voor te leggen. Bemoedigend genoeg was zijn score bij de DigitSpan-test – een meting van zijn directe geheugenspanne – niet veranderd. Hij kon nog altijd vijf getallen herhalen. Dus toen ik zei: 'Zeven, vijf, acht, drie, zes,' reageerde hij onmiddellijk: 'Zeven, vijf, acht, drie, zes.' Henry's prestatie gaf aan dat hij wanneer hij op zijn best was nog steeds kon opletten, aanwijzingen volgen en op de juiste wijze reageren.

Gesterkt door dat succes vroeg ik hem een lijst met woorden te omschrijven. Sommige van zijn omschrijvingen waren concreet, een algemeen kenmerk van mensen met hersenschade. Wanneer ik hem de betekenis van 'winter' vroeg, dan zei hij 'koud', en bij 'ontbijt' zei hij 'eten'. Maar voor andere woorden gaf hij voortreffelijke definities. Zo vertelde hij me dat 'nuttigen' 'eten' betekent, 'termineren' 'eindigen' is en 'debuteren' 'beginnen'.

Vervolgens evalueerde ik zijn vermogen om gewone voorwerpen te benoemen: ik liet hem lijntekeningen zien en hij moest me vertellen wat erop stond. Bij deze opdracht, vaak gebruikt om na te gaan hoe het er met alzheimerpatiënten voor staat, werd zijn semantische kennis gemeten, de betekenis van woorden. Van de 42 plaatjes benoemde hij er meer dan de helft juist, maar zijn score bleef ver achter bij die van gezonde controledeelnemers. In sommige gevallen was zijn reactie marginaal. Toen ik hem een tennisracket liet zien, zei hij 'voor tennis' en met een tobogan 'rodelde' je. Hij wist duidelijk wat deze plaatjes voorstelden, maar kwam niet op hun juiste namen. Ik weet zeker dat vermoeidheid een rol speelde bij deze schamele prestatie, want op een gegeven moment merkte ik dat hij indutte. Toch hadden Henry's hersenen duidelijk enige semantische kennis verloren.

Henry's lethargie was stellig deels een gevolg van de medicijnen die hij kreeg. Zijn dokter had Xanax, Seroquel en Trazodon voorgeschreven. Volgens het bestelformulier van de arts kreeg Henry deze medicijnen tegen onrust, angst, zijn obsessie voor zijn darmen en zijn blaas, en depressiviteit. Deze psychiatrische symptomen hoorden niet bij zijn amnesie, maar hingen samen met zijn verergerende dementie en niet opgemerkte darmkanker. Op een gegeven moment was Henry, triest genoeg, een apotheek in een rolstoel.

In 2006 bleek Henry hard achteruit te gaan. De neuroloog bespeurde tal van veranderingen in zijn toestand sinds het jaar daarvoor. Zijn bloeddruk was laag, terwijl die het jaar daarvoor aan de hoge kant was. Hij was slaperig, haalde maar drie van de vijf gebaren, en had beperkte armbeweging. De kracht in zijn handen en benen was verder verminderd. We speculeerden dat zijn achteruitgang te wijten was aan nieuwe infarctjes, aan hersendegeneratie, aan een hartkwaal waardoor de bloedtoevoer naar zijn hersenen was aangetast, aan kalmerende medicijnen of aan een combinatie van deze factoren. De neuroloog adviseerde Henry's arts in Bickford om de noodzaak van Xanax, Seroquel en Trazodon nog eens te overwegen. Henry had voortdurende verzorging nodig, hij lag de hele dag in bed of op een geriatrische stoel. Die bood meer gemak en steun dan de gemiddelde rolstoel, en je kon erop liggen. Af en toe kon hij zelf eten, maar meestal had hij hulp van het personeel nodig. Soms deed hij mee aan groepsactiviteiten, vooral aan bingo en aan een dagelijks koffie-uurtje waarbij de bewoners aan lichaamsbeweging deden. Henry kon oplettend zijn, maar werd snel moe.

In 2007 waren Henry's lethargie en verwarring erger geworden. Tijdens ons onderzoek van drie uur ging zijn niveau van alertheid op en neer, van volledig alert en aandachtig tot en met slaperig, van tijd tot tijd vielen zijn ogen dicht. Hij maakte goed oogcontact en had een uitstekende sociale glimlach. Toen hij de onderzoeksruimte in werd gereden, keek hij geïnteresseerd in het rond naar zijn vier bezoekers en glimlachte naar iedereen. Toen we vroegen hoe het met hem ging, zei hij dat zijn rechterknie pijn deed. Omdat we wisten hoe zelden hij in het verleden over pijn had geklaagd, moest deze nieuwe pijn wel heel erg zijn. Uit het lichamelijk onderzoek bleek dat zijn knie licht opgezwollen was en warm aanvoelde. De neuroloog schreef daarom Ibuprofen voor en adviseerde dat Henry meer vloeistoffen binnen moest krijgen tegen het vochtgebrek. We zagen dat hij vochtgebrek had, want toen de dokter zacht in de huid op de rug van zijn hand kneep, veerde die niet terug zoals bij iemand zonder vochtgebrek zou gebeuren. Hij kreeg nog steeds te veel kalmerende middelen, dus adviseerde de dokter ook de doses van diverse medicijnen te verlagen.

In deze fase was Henry's taal vloeiend, maar beperkt. Hij gebruikte korte, eenvoudige zinnen die uit een paar woorden bestonden. Hij kon lezen, eenvoudige zinnen herhalen en gewone voorwerpen benoemen. Toen hem werd gevraagd tot twintig te tellen, telde hij tot elf en stopte toen. Hij kon niet achteruit tellen vanaf tien of het alfabet opzeggen. Henry kon zich niet spontaan mijn naam herinneren, maar toen ik zei: 'Mijn naam is Suzanne; weet je mijn achternaam?' antwoordde hij: 'Corkin.' Toen ik vroeg: 'Wat doe ik?' reageerde hij met: 'Doctress.' Het was hartverwarmend om te merken dat Henry, ook nu hij kampte met dementie en andere kwalen, zijn gevoel voor humor had behouden. Toen we hem vroegen: 'Werk je niet meer?' antwoordde hij: 'Nee, dat weet ik in elk geval zeker.'

Het positieve nieuws in 2007 was dat Henry's epilepsie stabiel was. Het personeel van Bickford zag geen aanvallen van grand mal. Hij bleef aardig, aangenaam en praatgraag. Hij was een passieve deelnemer aan groepsactiviteiten, maar viel in slaap als hij niet werd geprikkeld. Hij luisterde vaak naar muziek in de lounge en keek tv in zijn kamer.

De laatste keer dat ik Henry in leven zag was op 16 september 2008, tijdens mijn jaarlijkse pelgrimstocht naar Bickford. Zoals in het verleden ging er een neuroloog met me mee om Henry's toestand te documenteren. Voor ons bezoek meldde zijn arts in Bickford dat Henry het afgelopen jaar aanzienlijk was achteruitgaan en dat hij veel toevallen had. Henry was inmiddels 82 en moest nog steeds in bed blijven of op zijn geriatrische stoel. Hij kon niet zelf eten, en had moeite met het kauwen en slikken van voedsel. Het grootste deel van zijn communicatie verliep met gebaren in plaats van woorden. Toen we hem te zien kregen, was hij slaperig, maar hij kon worden gewekt. Hij deed er vooral het zwijgen toe, maar probeerde tijdens ons bezoek een paar woorden te zeggen. Het personeel van Bickford was zeer op Henry gesteld en ze vonden zijn snelle verval triest. Ik deelde hun verdriet.

Het was 46 jaar geleden dat Henry en ik elkaar voor het eerst hadden ontmoet. In die jaren was hij een regelmatige aanwezigheid in mijn leven geweest. We hadden elkaar in die tientallen jaren ouder zien worden, ook al besefte hij het niet. Ik was gewend geraakt aan zijn glimlach en vriendelijke optreden, en ik had zijn vaste zinnen en verhalen zo vaak gehoord dat ik ze zelf woord voor woord kon herhalen. Menigeen in mijn lab was even geroerd door de ervaring Henry te hebben gekend. Hij had onze cultuur doordrenkt en we praatten vaak in Henry-ismes. Als ik bijvoorbeeld een collega vroeg of ze van plan was die dag naar een bepaald seminar te gaan, antwoordde ze: 'Nou, daarover heb ik ruzie met mezelf – moet ik gaan of moet ik in het lab blijven?'

Een groot geschenk dat het geheugen ons geeft is het vermogen elkaar goed te kennen. We vormen onze diepste relaties door gedeelde ervaringen en gesprekken – en zonder het vermogen te herinneren kunnen we deze relaties niet zien groeien. Hoewel Henry in zijn leven vele vrienden had gemaakt, was hij niet in staat de ware diepte van deze banden te voelen. Hij kon anderen niet goed leren kennen en kon tragisch genoeg niet weten dat hij op ons die hem hebben gekend – en op de wereld – een blijvende indruk had gemaakt.

Bij mijn laatste bezoek ging ik naast hem staan en zei: 'Hai Henry. Ik ben Suzanne, je oude vriendin van East Hartford High School.' Hij keek mijn kant op en glimlachte vaag naar me. Ik glimlachte terug. Hij stierf tweeëneenhalve maand later.

13

Henry's erfenis

Even voor half zes 's middags kreeg ik op 2 december 2008 een telefoontje van het hoofd verpleging van Bickford. Henry was een paar minuten geleden gestorven. Ik was net thuis en zat nog in mijn auto toen ik het nieuws kreeg. Henry, de vriendelijke, glimlachende man die jarenlang een deel van mijn leven was geweest, was er niet meer. Maar op dat moment had ik geen tijd om te rouwen. Henry was dood, maar hij bleef een kostbare onderzoeksdeelnemer. Het was tijd om het hersendonatieplan in werking te stellen dat we de afgelopen zeven jaar hadden opgesteld. Mijn collega's en ik zouden deze ene kans krijgen om de beroemdste hersenen ter wereld te bestuderen en conserveren. Onze missie zou een uitdagend avontuur zijn, dat geen ruimte voor fouten liet. We zouden beginnen met het scannen en oogsten van Henry's hersenen. Ik wist dat ik een lange, bewogen nacht voor me had.

Bij leven diende Henry de wetenschap door zijn bereidheid talloze tests en onderzoeken te ondergaan. Het post mortem onderzoek van zijn hersenen zou een prachtige bekroning zijn van zijn voortdurende medewerking. Henry gaf ons de zeldzame kans na de dood een patiënt te onderzoeken die we tijdens zijn leven uitgebreid hadden bestudeerd. MRI's zijn geweldig nuttig maar niet perfect. De enige manier om de aard van Henry's amnesie werkelijk te doorgronden zou zijn om rechtstreeks naar zijn hersenen te kijken en de schade te documenteren. Met MRI-scans konden we een inschatting van de laesies maken maar ze nooit met zekerheid karakteriseren. Nu zouden we eindelijk de anatomische fundamenten van zijn amnesie begrijpen.[1]

Vóór Henry waren er slechts een beperkt aantal 'klassieke' hersenen – dat wil zeggen, hersenen van patiënten van wie de gevallen historische inzichten over de lokalisering van functies vertegenwoordigen – post mortem bestudeerd. Deze eerdere gevallen hadden nuttige, maar beperkte informatie opgeleverd. Het bestuderen van Henry's hersenen zou ons de kans geven een baanbrekende bijdrage te leveren aan de wetenschap van het geheugen. Met een gedetailleerde planning door ons toegewijde team onderzoekers zouden we een halve eeuw goed gedocumenteerd gedragsonderzoek kunnen verenigen met de best mogelijke technieken voor beeldvorming, conservering en analyse van de hersenen. Zo zouden we de meest volledige informatie tot nu toe kunnen bieden over de hersenen van één persoon.

Nadat ik het nieuws over Henry's dood had gekregen belde ik, terwijl ik nog in mijn auto zat, Jacopo Annese, een jonge onderzoeker van de University of California, San Diego. Hij zou verantwoordelijk zijn voor het overbrengen van Henry's hersenen naar San Diego voor conservering en verder onderzoek, in nauwe samenwerking met het team van Mass General en mij. We hadden afgesproken dat wanneer Henry stierf, Jacopo naar Boston zou reizen om bij de sectie aanwezig te zijn. Zodra ik hem had verteld wat er was gebeurd, regelde hij een nachtvlucht naar Boston.

Ik greep m'n tasje, haastte me de trap op naar mijn appartement, en ging aan de slag. Mijn collega's en ik hadden een stroomdiagram gemaakt van met wie er wanneer Henry stierf contact moest worden opgenomen en in welke volgorde. Mijn assistente had voor ons allemaal een versie op portefeuilleformaat van het stroomdiagram gelamineerd om bij de hand te hebben, en ik had kopieën onder de aan de muur bevestigde telefoon in mijn keuken, in mijn auto, in mijn kantoor en boven op alle drie mijn computers. Ik greep het exemplaar uit mijn keuken en de gelamineerde toestemmingsverklaring voor Henry's sectie, en ging aan de tafel in mijn eetkamer aan het werk.

Ik belde eerst de man die Henry's hersenen zou weghalen, Matthew Frosch. Hij had op dat moment een gesprek met iemand die aan de medische faculteit van Harvard had gesolliciteerd, dus stond zijn telefoon uit. Maar ik piepte hem op en hij belde meteen na het gesprek terug, hij vermoedde al wat er aan de hand was. Hij beloofde alles in orde te brengen om de volgende ochtend de sectie te verrichten. Ik verzekerde hem dat ik de wettelijke toestemming voor de hersendonatie zou krijgen.

Ook al hadden Henry en zijn curator, de heer M., in 1992 het officiële formulier ondertekend, ik wilde de toestemming van de heer M. na Henry's dood voor de sectie en de hersendonatie. Ik rende, op zoek naar een getuige voor de toestemmingsprocedure, naar de woning van mijn buurvrouw en belde een paar keer aan. Eindelijk kwam ze. 'Ik heb een getuige nodig!' gooide ik eruit en ik legde in het kort uit wat er aan de hand was. Zonder aarzelen ging ze met me mee naar mijn huis, ze ging naast me staan bij de tafel in de eetkamer en leunde naar de telefoon toe. Met een zwaar gemoed belde ik mijnheer M. en vertelde hem dat die middag Henry was overleden. Ik kreeg hem te pakken via het mobieltje van zijn vrouw en onderbrak hun etentje buitenshuis met hun tienerkleindochter. Terwijl mijn buurvrouw aandachtig luisterde, las ik mijnheer M. het toestemmingsformulier voor, zin voor zin, en hij herhaalde ze voor me. Hij gaf toestemming voor een sectie zonder restricties, en Mass General mocht 'alle weefsels en organen gebruiken die waren verwijderd' ten behoeve van onderzoek of erover beschikken conform hun beleid. Ik bedankte de heer M. en vertelde hem over ons plan Henry's hersenen snel te scannen voor zijn lichaam de volgende ochtend naar het mortuarium werd gebracht.

Vervolgens belde ik mijn assistente, Bettiann McKay, die schrok toen ik haar vertelde dat Henry was gestorven. Ze wist dat hij ziek was, maar had niet het idee gehad dat zijn einde naderde. Hij was na eerdere dreigingen altijd weer hersteld. Ik vroeg haar of ze 's avonds naar mijn huis wilde komen om voor mijn drie zeer veeleisende huisdieren te zorgen, terwijl ik de zaken rond het scannen en oogsten van Henry's hersenen regelde. Toen Bettiann kwam, nam ze snel de verantwoordelijkheid over voor de honden en de kat met haar gebruikelijke praktische instelling, maar ze bekende later dat ze zich erg verdrietig voelde. Ze had onlangs met Henry's verpleegsters gesproken over wat hij voor Kerstmis wilde, en had een kindertekenset besteld, ingepakt en verstuurd. Ze stelde zich zijn verraste glimlach voor als hij het geschenk openmaakte. Bettiann en andere lableden waren van plan voor kerst bij hem langs te gaan en een boompje mee te nemen voor zijn kamer. Ze had, ook al kende ze Henry niet goed en herinnerde hij zich haar nooit, het gevoel dat hij deel was van het hechte gezin dat ons lab was geworden.

Terwijl de gesprekken via onze telefoonketen doorgingen, plande ons team een bijeenkomst in het Mass General Martinos Center, gevestigd in Pand 149, dat vroeger diende als een voorraadcentrum van de marine. Ik had het geluk dat dit internationaal befaamde beeldvormingscentrum maar twee straten van mijn huis lag en dat ik tot de staf behoorde. Het huisvest negen krachtige MRI-scanners en een reeks andere apparaten die gebruikt worden om beelden te krijgen van structuren en activiteiten in de hersenen. Het centrum staat ook vooraan bij het ontwikkelen van nieuwe methoden om informatie over levende hersenen te vergaren.

Rond kwart voor zes was André van der Kouwe, een biomedische ingenieur die de programmering van de scanners in het Martinos Center regelt, op de hoogte gesteld van Henry's dood. Kort nadien sprak André Allison Stevens, een jonge onderzoekster op het gebied van beeldvorming en lid van ons team. Ze was haar jas aan het aantrekken om te vertrekken.

'Blijf je niet voor alle opwinding?' vroeg hij. Ze keek hem verbijsterd aan. Om een of andere reden had Allison het nieuws nog niet gehoord.

'H.M. is dood,' zei hij haar.

'Wat?' schreeuwde ze. 'Hoe zit het dan met de telefoonketen?'

In paniek begon ze de rest van het team op te sporen. Ze stuurde een kort sms'je naar de onderzoeker die Henry's hersenen in het verleden had gescand: 'H.M. is dood.' Ze belde ook een van mijn betrouwbare postdoctoraal studenten. Die vertelde haar dat Henry's lichaam onderweg was, het zou naar verwachting rond halfnegen aankomen, en dat we een tarpaulin te pakken moesten krijgen voor het geval er lichaamsvloeistoffen lekten. Geen van ons had eerder een scan gemaakt van een dood lichaam en we wilden op alle eventualiteiten zijn voorbereid.

Toen ik rond acht uur aankwam op het Martinos Center, had het team daar net gegeten. Ze waren er klaar voor om heel de nacht scans te maken van Henry's hersenen. Zijn lichaam, nog onderweg uit Connecticut, zou spoedig aankomen. Ik had de chauffeur gevraagd me te bellen wanneer hij het pand naderde, en toen ik me realiseerde dat ik in het pand geen ontvangst had op mijn mobiel, ging ik buiten op de lijkauto wachten, door een lange donsjas, een muts en wanten tegen het ijzige weer in Boston beschermd. Rond halfnegen zag ik in het donker een aarzelend rijdende auto de hoek omkomen. Ik rende erheen en zwaaide met mijn armen boven mijn hoofd.

'Ik ben Suzanne Corkin! Ik denk dat u op zoek bent naar mij.'

Ik wees de chauffeur de inrit van Pand 149, waar een politieman van Mass General stond te wachten. Mijn collega's haastten zich het gebouw uit om de chauffeur te helpen de brancard naar binnen te rijden. Toen Henry's lichaam uit de lijkauto kwam, zag ik dat hij bedekt was met een lappendeken met een muts die zijn hoofd bedekte en met een tweede muts over zijn voeten. Op een of andere manier voelde ik me getroost door deze huiselijke toets.

Gelukkig was het pand verlaten, dus zou niemand schrikken van het zien van een dood lichaam dat het atrium over werd gereden. Mary Foley, de technica die het Martinos Center aan de praat houdt, had van de beveiliging al toestemming gekregen om Henry's lichaam te vervoeren. Zij en Larry White behoorden tot een team dat Henry jaren voordien had gescand, en ze wachtten in een ruimte van het gebouw die Bay Four heet. Daar is een scanner ondergebracht met een krachtige magneet van drie tesla. In deze ruimte zou de hele nacht de marathonsessie worden gehouden om allerlei soorten MRI-scans van Henry's hersenen te maken.

De cilindrische scanner had een tunnel met een bed voor de deelnemer. Naast de scankamer was er een voorkamer waar technici en onderzoekers de scanner konden zien die ze intussen vanaf een computerconsole bedienden. Voor Henry de scankamer in ging, moesten we zijn lichaam overbrengen op een niet-magnetische brancard. De krachtige magneet van de scanner kon ook grote voorwerpen moeiteloos verzwelgen. Omdat we ons zorgen maakten over Henry's grote omvang hadden we gezorgd dat er zes sterke mannen beschikbaar waren om hem op het scannerbed te tillen.

Onder de deken zat Henry's lichaam in een zwarte lijkzak die over een doorzichtige zak heen zat. Ons team maakte de ritssluitingen van de zakken open en duwde ze omlaag zodat zijn hoofd en bovenlichaam vrijkwamen. Vervolgens haalden we de ijszakken weg die in Bickford rond zijn hoofd waren gelegd om zijn hersenweefsel te helpen bewaren. Voor enkele van mijn collega's in het vertrek was dit hun eerste ontmoeting met de beroemde H.M. David Salat, die Henry bij leven had gekend, werd door de werkelijkheid van dit moment geraakt toen hij de eerste glimp opving van Henry's uitdrukkingsloze gezicht. Uiterlijk waren we kalm en beheerst, innerlijk waren we zenuwachtig, in het besef dat dit een historisch feit was in de annalen van de neurowetenschap, en we maar één kans hadden om het goed te doen.

Met warme gevoelens hees ons team Henry's lichaam op de draagbaar. Zijn ziekte had tot gewichtsverlies geleid, waardoor het tillen makkelijker was dan verwacht. We rolden hem de scankamer in en brachten hem over op het bed. Mary drukte op een knop en het bed gleed de holte van de magneet in.

Ook al hadden we Henry's hersenen tijdens zijn leven vele malen gescand, het was van belang om MRI-beelden na zijn dood te verzamelen – eerst *in situ* (met de hersenen nog in het hoofd) en later *ex vivo* (met de ontlede hersenen in een speciaal gemaakt vat). Scannen na de dood heeft diverse voordelen. Levende mensen die een MRI-scan krijgen moeten volledig stil liggen, want elke beweging tast de kwaliteit van de scan aan, maar zelfs bij een bereidwillige deelnemer moeten MRI-onderzoekers corrigeren vanwege natuurlijke bewegingen – ademen, de bloedpuls en andere kleine dingen. Nu Henry dood was, zouden we geen last hebben van bewegingen en zouden we zeer scherpe beelden kunnen krijgen. Het scannen van levende mensen wordt ook beperkt doordat ze de procedure niet goed verdragen. Ze zitten vast in de holte van de magneet, en daardoor krijgen mensen vaak een claustrofobisch en gespannen gevoel. Zelfs de meest ontspannen deelnemers kunnen de scanner maar voor hoogstens twee uur verdragen. Die nacht hadden we, zonder deze belemmeringen, de gelegenheid Henry negen uur te scannen, en we wisten een nooit vertoonde hoeveelheid onberispelijke gegevens te verzamelen.

Het ultieme doel van biomedische beeldvorming is om artsen en onderzoekers gedetailleerde afbeeldingen te bieden van de specifieke lichaamsstructuren waarop hun behandeling en onderzoek zich richt. Het menselijk lichaam is geen kaart met duidelijk aangegeven grenzen en verkeersborden; het is vaak lastig om het ene weefsel of celtype van het andere te onderscheiden. Met MRI lukt dat nu juist wel. Wanneer een deelnemer een MRI-scanner in gaat, wordt hij blootgesteld aan een sterk magnetisch veld. Daardoor gaat de spin van de waterstofkernen in zijn lichaam zich richten naar de magneet. De technicus zorgt voor radiofrequente impulsen in het veld, waardoor de spin kort omklapt en niet meer op één lijn staat met de magneet. Wanneer de spin weer terugvalt in het magnetische veld wordt een signaal uitgezonden. Dat wordt met een spoel gedetecteerd en gebruikt om een beeld van het lichaam te krijgen. Volgende magnetische impulsen bewerken de spin zodanig dat er ruimtelijke informatie in de beelden wordt gecodeerd (om te detecteren waar weefsels zich bevinden) en om het contrast in de beelden te variëren. De reeksen radiofrequente en magnetische impulsen worden een MRI-sequentie genoemd. MRI-sequenties hebben kenmerkende geluiden die de deelnemer in de magneet ervaart, en deze sequenties leiden tot beelden met karakteristiek weefselcontrast. Bij beeldvorming van de hersenen gebruikt men gewoonlijk allerlei MRI-sequenties, bedoeld om de verschillende soorten hersenweefsel te belichten – grijze stof, witte stof, cerebrospinaal vocht – en de grenzen tussen hersenstructuren.

Een vraag die we hadden was of de sequentie van radiofrequente impulsen en magnetische gradiënten die we zouden gebruiken om beelden van Henry's hersenen te krijgen, moest afwijken van de gewoonlijk op een levend lichaam gebruikte sequentie. Een maand eerder had ik een korte presentatie gegeven met een beschrijving van Henry's geval op de jaarlijkse ontbijtbijeenkomst van de Dana Foundation, die deze voorgenomen post mortem studies voor een deel financieel had ondersteund. Aan het eind van mijn praatje vroeg ik iedereen die ervaring had met het maken van MRI's van dode hersenen me te laten weten welke sequenties ze gebruikten. Een collega opperde dat ik contact op zou nemen met Susan Resnick, die de hersenen van lijken had gescand als onderdeel van de Baltimore Longitudinal Study on Aging [een sinds 1958 lopend project over veroudering, vert.]. Voor we begonnen met scannen belde ik Susan, en tot mijn opluchting vertelde ze dat ze dezelfde sequenties voor dode hersenen als voor levende gebruiken. We konden in elk geval nuttige gegevens verkrijgen uit normale klinische scans voor we op meer experimentele studies overgingen.

Ons MRI-team begon met standaardscans die je bij een levende patiënt in een kliniek zou uitvoeren, om te vervolgen met scans van een steeds hogere resolutie. Die zouden de anatomische details van Henry's hersenen tonen, eerst op het niveau van een millimeter en uiteindelijk tot op een paar honderd micrometer, waarbij je grote groepen hersencellen te zien zou krijgen. Toen de beelden tevoorschijn begonnen te komen, werd André getroffen door de schoonheid ervan: de grenzen van de hersenstructuren waren ongewoon scherp. Op de hoogste resolutie waren zelfs de wanden van bloedvaatjes in de hersenen – gewoonlijk vervormd door de beweging van het bloed – in de stilstand van de dood duidelijk zichtbaar. Hij kon ook scherp de gapende gaten aan de linker- en rechterkant van Henry's hersenen zien, waar de laesies zaten.

Terwijl mijn collega's gegevens uit het MRI-onderzoek vergaarden, richtte ik mijn aandacht op andere dringende zaken. Een naburige begrafenisonderneming in Charlestown had beloofd Henry's lichaam van Pand 149 naar het mortuarium van Mass General te vervoeren, een korte afstand. In dat mortuarium zouden zijn hersenen worden verwijderd. Maar de begrafenisonderneming deinsde op het laatste moment terug, ze wilden geen lijk vervoeren zonder een ondertekende overlijdensakte – het verpleeghuis had zijn lichaam snel naar ons laten brengen vóór er een handtekening was. We vreesden dat als de sectie vertraging opliep, de hersenen hun stevigheid zouden verliezen en moeilijk te verwijderen en bewaren zouden zijn. Op een gegeven moment grapten we half dat we er onze toevlucht toe zouden moeten nemen Henry op een brancard te leggen en hem zelf over de brug te rijden naar het hoofdterrein van het ziekenhuis. Toen herinnerde ik me, in net zo'n bui, dat ik langs een begrafenisondernemer in de North End was gelopen. Ik belde het bedrijf en hoewel het inmiddels laat in de avond was, nam er iemand op. Met mijn meest professionele stem legde ik uit dat er een lijk van de Charleston Navy Yard naar het mortuarium van Mass General moest worden overgebracht. Hij zei dat hij met zijn baas zou overleggen en terug zou bellen. Een paar minuten later belde de baas terug en beloofde dat er vroeg in de ochtend een lijkwagen zou komen.

Bij de dageraad hadden mijn collega's 11 gigabyte aan hersenbeelden opgewekt. Om deze hoeveelheid informatie in perspectief te zien: een gewone MRI-scan met een levende deelnemer levert een paar honderd megabyte aan informatie op, wat moeiteloos op één cd past. Wij zouden 16 cd's nodig hebben om alle informatie op te zetten die we die nacht over Henry's hersenen hadden verzameld. We hadden geluk dat de scanner – een te nauw luisterend apparaat dat meer dan eens mechanische problemen had – het tijdens de sessie van negen uur volhield. Naar bleek ging die luttele uren later kapot.

Henry's lichaam moest om zes uur, voor honderden onderzoekers begonnen binnen te stromen, het pand uit zijn. De lijkauto verscheen om halfzes; om zes uur reden we de brancard met Henry's lichaam erop gesnoerd door een achterdeur en van een helling af de lijkwagen in. Nu de lijkwagen onderweg was naar het mortuarium van Mass General, sprong ik in mijn auto, in het gezelschap van een voormalig lablid, toen student medicijnen aan Tufts University. We haastten ons naar Logan Airport om Jacopo af te halen, die inmiddels vanaf de Westkust was aangekomen. Tijdens zijn vlucht, vertelde Jacopo me later, had hij een paar van de belangrijkste artikelen over Henry herlezen en in zijn hoofd de sectieprocedure gerepeteerd die hij als postdoctoraal student had geleerd. Hij schetste de details van zijn plannen om een anatomische bibliotheek te maken, conserveren en verspreiden van objectglaasjes en digitale beelden, die samen Henry's volledige hersenen vertegenwoordigden.

Op de terugweg vanaf Logan stopten we even bij Starbucks om

ons op te peppen met kopjes espresso, om vervolgens naar de praktijk van Frosch in Mass General te gaan. De sectie zou voor ons allemaal een onuitwisbare leerervaring zijn. Henry's lichaam was veilig opgeborgen in een grote koeling in de kelder van het Warren Building van het ziekenhuis. We gaven Matthew een cd met een paar van de zeer scherpe beelden die André de vorige nacht had gemaakt. Deze foto's waren voor Matthew wegwijzers voor het verwijderen van Henry's hersenen. Hij maakte zich zorgen over de locatie van Henry's operatie: door littekens zaten de hersenen misschien vast aan de afdekking ervan, het hersenvlies, de harde laag tussen de hersenen en de schedel. Het zou moeilijk zijn om de hersenen te verwijderen zonder stukjes te laten zitten. Het verlies van weefsel op de plaats van de operatie zou onze kansen verminderen om definitief uitsluitsel te geven over de vraag hoeveel weefsel in Henry's hersenen ontbrak. Toen Matthew de scans doorkeek, zag hij tot zijn geruststelling dat er aardig wat vloeistof tussen de hersenen en het hersenvlies in dat gebied over was. Hij maakte een print van diverse foto's om in de sectieruimte vergelijkingsmateriaal te hebben.

Beneden, in de kelder, reed de senior pathologische technicus Henry de sectieruimte in. Matthew, Jacopo en de medische student voegden zich bij hem, evenals een fotograaf van de afdeling pathologie die de gang van zaken zou vastleggen. Om niet in de weg te lopen bleef ik in de naburige 'schone ruimte', achter een groot glasraam. Door dat raam kon ik zien hoe de delicate procedure verliep. Ik stond op een stoel, want ik wilde het zo goed mogelijk zien.

Matthew maakte eerst een oppervlakkige snee over de bovenkant van Henry's hoofd, van achter het ene oor tot achter het andere oor. Vervolgens duwde hij de hoofdhuid in beide richtingen terug om de schedel bloot te leggen. Aan de voorkant van de schedel zagen ze de vage omtrekken van de twee boorgaatjes die Scoville tientallen jaren geleden had gemaakt, vlak boven de randen van Henry's wenkbrauwen. Deze opgevulde gaatjes waren goed genezen, dus Matthew kon eromheen snijden. De volgende taak was de bovenkant van de schedel te verwijderen, het lastigste onderdeel, want het hersenvlies plakt vaak aan de oppervlakte van de schedel vast, zeker bij oudere mensen.

De technicus zette de eerste stap, met een elektrische zaag sneed hij op één hoogte heel het hoofd rond, waarbij hij maar gedeeltelijk door het bot heen ging. Matthew, een zeer ervaren neuropatholoog, voltooide behendig de snede zonder de hersenen in te kepen. Vervolgens gebruikte hij een beitel om de schedel te lichten. Tot onze opluchting kwam die soepel los. Hoewel Matthew heel zelfverzekerd leek, bekende hij later dat hij opzettelijk met zijn rug naar het raam was gaan staan zodat ik niet zou zien hoe erg hij zweette.

Matthew trok het hersenvlies terug, eerst bij de frontaalkwabben. Daarna tilde hij de frontaalkwabben op om ze los te maken van de schedel, sneed de optische zenuwen door om de hersenen van de ogen te scheiden, en sneed de halsslagader door om de hersenen los te krijgen van het bloedvatenstelsel. De hersenen waren inmiddels zo ver los van hun verankering dat hij ze van de ene kant naar de andere kon bewegen om aan beide kanten de plaats van de operatie te bekijken. Hij signaleerde gebieden waar het hersenvlies vast zat aan de hersenen, met name aan de rechterkant. Met een nieuwe scalpel sneed hij het hersenvlies zorgvuldig van deze plekken weg. Daarna ging hij aan de slag om de achterkant van de hersenen vrij te krijgen, een klusje dat door het krimpen van Henry's kleine hersenen, een gevolg van de Dilantin, meeviel. Matthew kon nu de intacte hersenen uit de schedel tillen en ze in een grote metalen kom leggen.

Op een gegeven moment was ik even weggegaan bij de sectie om Brenda Milner te bellen die, negentig jaar oud, nog steeds op McGill werkte. Ik vertelde haar dat Henry was gestorven; geen onverwacht nieuws, en ze aanvaardde het berustend. Ik vroeg haar het nog aan niemand te vertellen, want ik wilde dat de sectie achter de rug was voor we Henry's dood aan de wereld bekendmaakten en de telefoontjes en mails van de pers en de wetenschappelijke gemeenschap zouden gaan afhandelen. Toen de hersenen er intact uit waren gehaald, belde ik Milner nog eens om ons succes te melden. Henry's kostbare hersenen veilig in de metalen kom zien liggen was een van de meest memorabele en bevredigende momenten van mijn leven. Onze plannen voor deze dag hadden zich in de loop van de jaren ontwikkeld, en we brachten het er probleemloos vanaf. Wij als getuigen waren opgetogen en glimlachten; ik hief mijn handen boven mijn hoofd en applaudisseerde voor Matthew.

Matthew bracht de hersenen naar de schone ruimte via een koeling die in beide vertrekken een deur had. Alle mensen van neuropathologie kwamen naar de schone ruimte en we keken allemaal eens goed naar de hersenen. Intussen maakte de fotograaf vanuit alle hoeken opnamen. Vervolgens bond Matthew een draad rond de *arteria basilaris* en maakte de draad vast aan het handvat van een emmer vol formaline. Op die manier konden de hersenen in de oplossing drijven zonder naar de bodem te zinken en vervormd te raken. Door de oplossing zou de zachte, tofu-achtige consistentie van de hersenen in iets stevigers veranderen, zeg klei. Een paar uur later stopte Matthew de hersenen in een speciale *formaldehydeoplossing*. Hij had van tevoren de geconcentreerde *paraformaldehyde* gekocht, in zijn koeling opgeslagen en die ochtend een emmer vol vers fixeermiddel gemaakt.

Nadat ik met Matthew en Jacopo was gaan lunchen, was het tijd om de wereld Henry's dood te melden. Tijdens het scannen de vorige nacht had ik op mijn laptop in de bedieningsruimte zijn necrologie zitten tikken. Het was de eerste gelegenheid die ik kreeg om stil te staan bij Henry's dood en het was ook een kans om in het kort zijn enorme bijdragen aan de wetenschap van het geheugen op te sommen. Ik reed naar mijn kantoor op MIT en mailde de necrologie aan de faculteitsleden van mijn afdeling, aan vroegere lableden die met Henry hadden gewerkt, en aan Larry Altman, een ervaren medische medewerker van de *New York Times*. Hij gaf het bericht door aan verslaggever Benedict J. Carey, die een elegante necrologie schreef die twee dagen later, 5 december 2008, op de voorpagina van de krant stond. Het artikel vestigde de aandacht van het grote publiek op zijn geval, dat in de neurowetenschap alom bekend was. Voor de eerste keer werd Henry's naam openbaar gemaakt. Met toestemming van de curator lieten we de wereld weten dat 'de amnesiepatiënt H.M.' Henry Gustave Molaison was.[2]

Tien weken later, in februari 2009, keerde Jacopo terug naar Boston, met een speciaal gemaakt vat van plexiglas waarin de geconserveerde hersenen bij een nieuwe ronde beeldvorming buiten het lichaam, exvivobeeldvorming, zouden zitten. Het team van Martinos gebruikte eerst dezelfde scanners van drie tesla die ze in de nacht van Henry's dood hadden gebruikt. Deze reeks scans zouden een brug vormen tussen de geometrie van de hersenen zoals die bij leven waren en de uiteindelijke vorm die ze zouden krijgen na in ultradunne plakjes te zijn gesneden. Het hersenweefsel kon uitgerekter zijn of een andere vorm hebben wanneer het in plakjes was gesneden en op objectglaasjes gelegd. De gegevens van de MRI-beelden zouden ons in staat stellen alle deformaties in de hersenpreparaten te meten en te corrigeren, zodat ze weer tot de oorspronkelijke architectuur van Henry's hersenen konden worden getraceerd.

Daarnaast hadden we de kans de hersenen te bekijken met een scanner met een magneet van zeven tesla – een van de sterkste magneten die momenteel bij mensen worden gebruikt. We zouden zo een nauwkeuriger en gedetailleerder beeld van de menselijke hersenen krijgen dan de meeste onderzoekers ooit hadden gezien. We hadden Henry de nacht na zijn dood niet in deze scanner gelegd omdat er in zijn hersenen twee metalen klemmen zaten die waren gebruikt om bij zijn operatie bloedvaten af te binden. We vreesden dat ze warm zouden worden in de krachtige scanner en meer schade aan zijn hersenen zouden aanrichten. Matthew verwijderde de klemmen bij de sectie, dus waren ze in de geconserveerde hersenen geen probleem meer. Jacopo had zich er zorgen over gemaakt dat de hitte die de magneet van zeven tesla opwekte Henry's hersenen kon beschadigen, zelfs zonder de klemmen. Om hem gerust te stellen had Allison proeven gedaan met ander hersenweefsel. Hij schatte dat het weefsel niet meer dan een graad of drie op zou warmen, wat volkomen veilig was.

De magneet van zeven tesla had een kleinere hoofdspoel (de opening voor het hoofd) dan die van drie tesla. Het was dus technisch lastig een vat te maken dat klein genoeg was om in de hoofdspoel te passen, maar groot genoeg om plaats te bieden aan Henry's hersenen die ter bescherming in in formaldehyde gedrenkt katoen waren gewikkeld. Het vat dat Jacopo uit San Diego meebracht had het juiste formaat, maar in het katoen rondom Henry's hersenen zaten luchtbellen. De ingeklemde luchtbellen bleken een technisch probleem bij de ex-vivobeelden, want ze leken groter dan hun eigenlijke fysieke formaat en verduisterden het aangrenzende hersenweefsel. Jammer genoeg doken deze kunstmatige bobbels in een paar belangwekkende gebieden in de temporaalkwab op.

Na drie afzonderlijke scansessies tijdens een lang weekend had het team alles verzameld wat uit Henry's hersenen maar te verzamelen viel, en de tijd was gekomen dat de hersenen naar de University of California, San Diego, moesten voor het snijden. Op 16 februari trof ik Jacopo in het Martinos Center. Hij wachtte daar in de vestibule en hield een koeler in de gaten met Henry's hersenen in het door ijs omgeven vat. Een filmploeg van de Amerikaanse publieke omroep voegde zich bij ons om onze tocht van Mass General naar de deur van het vliegtuig vast te leggen. We stapten allemaal in een bestelauto, de producente zat op de passagiersstoel voorin, haar assistent reed en tussen hen in zat de cameraman achterwaarts, zodat hij Jacopo en mij op de achterbank kon filmen – de koeler voor de veiligheid gezellig tussen ons in.

Toen de bestelauto naar de stoeprand op Logan Airport reed, stond er een welkomstcommissie klaar – mensen van de organisatie die over de veiligheid gaat en van JetBlue Airways, en het hoofd communicatie van Logan. Ik wist dat het belangrijk was de weg te plaveien voor deze ongebruikelijke handbagage, dus had ik een maand eerder in een brief aan de manager klantenondersteuning en kwaliteitsverbetering van het ministerie van Binnenlandse Zaken op Logan hulp gevraagd bij het vervoer van menselijke hersenen van Boston naar San Diego. Ik legde uit hoe de hersenen zouden zijn verpakt, dat Jacopo ze tijdens de vlucht zou vergezellen, en dat hij ze na de landing mee zou nemen naar zijn laboratorium op de universiteit. Het hoofd van Jacopo's afdeling schreef ook een brief om te bevestigen dat Jacopo een faculteitslid was op zijn afdeling en om het extreme belang van de onderneming te onderstrepen. Toen we door de luchthaven liepen, voelden we ons beroemdheden: de filmploeg volgde ons en de mensen staarden, benieuwd wie we waren en waarom we werden gefilmd. Bij de veiligheidscontrole werden we benaderd door een vrouw in uniform. Ze bracht ons het welkome nieuws dat zij de koeler naar de andere kant zou dragen, zodat de hersenen niet aan straling werden blootgesteld. Opgelucht gingen we op de normale manier door de controle en pakten de koeler terug.

Toen het tijd was om te boarden voerden Jacopo en ik voor de camera een officiële ruil uit. Ik droeg de koeler naar de deur van de gate en zette hem op de grond. We glimlachten naar elkaar en omhelsden elkaar; vervolgens pakte hij de koeler op en liep de sluis in. Eén keer hield hij halt, hij draaide zich om en zwaaide. Ogenschijnlijk was Jacopo gewoon een geleerde met een koeler waarin hersenen zaten die in formaldehyde waren gefixeerd. Maar wat hij droeg bleef kostbaar voor mij. Ik voelde me verdrietig Henry's hersenen te zien gaan – het was mijn laatste afscheid van hem.

Toen ik met de filmploeg wegging bij de gate, keek ik naar het vliegtuig. Henry's meest memorabele ervaring uit zijn jeugd was dat vliegtochtje van een halfuur boven Hartford geweest. Had hij maar geweten dat zijn laatste reis een vlucht van vierduizend kilometer in een groot toestel zou zijn. Hij zou zeer opgewonden zijn geweest. Het moment voelde als een afsluiting.

Op 2 december 2009, een jaar na Henry's dood, stond ik in een laboratorium van de University of California, San Diego, waar Jacopo zich erop voorbereidde Henry's hersenen in plakjes te snijden zo dun als een plukje menselijk haar – 70 micron. Gewoonlijk snijdt men hersenen die voor onderzoek worden gebruikt in grote stukken of plakken, en vervolgens zo dun dat je het weefsel onder de microscoop kunt bekijken. Henry's hersenen zouden in hun geheel, van voor tot achteren, worden gesneden, met als doel complete verticale lagen door de hersenen te verkrijgen in plaats van geïsoleerde stukjes. De hersenen waren ondergedompeld in een oplossing van formaldehyde en suiker. De suiker doortrok het hersenweefsel zodat zich geen ijskristallen konden vormen wanneer de hersenen ter voorbereiding op het snijden werden bevroren. Voor het bevriezen werden ze in een met gelatine gevulde mal gelegd, wat zou helpen om dit kostbare orgaan zijn vorm te laten behouden. Het was van belang een delicaat temperatuurevenwicht te bewaren tijdens het snijden – de hersenen moesten koud genoeg blijven om het lemmet het weefsel scherp af te laten snijden, maar weer niet zo koud dat het weefsel zou verbrijzelen.

Iedereen in het lab was opgewonden en ongerust toen men begon. Tijdens het snijden, dat 53 uur duurde, verschenen er van tijd tot tijd bezoekers. Benedict Carey van de *New York Times* nam het vliegtuig om dit belangrijke moment in het geheugenonderzoek te volgen. Jacopo had ook verschillende sterren van zijn universiteit uitgenodigd de gebeurtenis te komen bekijken, onder anderen de befaamde neuroloog Vilayanur S. Ramachandran, de neurofilosofen Patricia en Paul Churchland, en de eminente neurowetenschapper Larry Squire. Omdat het snijden eindeloos duurde, lag de vergaderruimte vol lekkers voor de lableden en de bezoekers – schalen eten en heerlijk Italiaans gebak. Jacopo had een filmploeg laten komen om heel de procedure vast te leggen. Ze stelden camera's op in de snijruimte zodat alles live te zien was op internet en in drie dagen bezochten 400.000 mensen de site om getuige te zijn van deze historische onderneming.

Voor het snijden waren de hersenen, omsloten door het blok bevroren gelatine, bevestigd op een elektronisch apparaat, een microtoom, dat als een uitzonderlijk precieze vleeswarensnijmachine werkte. Om de hersenen koel te houden pompten technici vloeibare ethanol door een buisje in de omringende ruimtes. Jacopo, die zwarte handschoenen droeg, zat achter de microtoom. Elke keer dat het snijblad over het ijsblok ging, kwam er een delicaat rolletje hersenweefsel en gelatine tevoorschijn. Dat veegde hij voorzichtig op met een grote, stijve verfkwast en legde het in een kokertje in een bak met vakjes, het leek een ijsblokjesschaal, gevuld met solutie. De voorkant van Henry's hersenen lag naar boven, en een erboven gemonteerde camera van 16 megapixel legde elk oppervlak vast en nummerde het voor het werd afgesneden. Elk plakje werd in een kokertje gedaan met het overeenkomstige nummer. Het snijden begon aan de voorkant van de hersenen en zo naar achteren – vanaf de frontale pool naar de occipitale pool. Hoe opwindend het project op zichzelf ook was, het nauwgezette werk van het snijden en opbergen van duizenden hersenplakjes was eentonig. Maar het ontbreken van drama betekende dat alles volgens plan verliep.

De stand van zaken in december 2012 is dat Henry's intacte hersenen zijn onderzocht door de neuropathologen van Mass General, gescand door onderzoekers in het Mass General Martinos Center en in plakjes van 70 micron gesneden op de University of California, San Diego. Mijn collega's en ik blijven doorgaan met het coördineren van deze verschillende studies – zowel om een definitief diagnostisch neuropathologisch onderzoek in Mass General mogelijk te maken als om de vele onderzoeksvragen die op een antwoord wachten aan te pakken.

Wanneer dit werk eenmaal bezig is, zullen we met zekerheid te weten komen welke mediale temporaalkwabstructuren in Henry's hersenen bewaard waren en in welke mate. Hoewel de overgebleven stukjes hippocampus en amygdala niet functioneerden, werkten de resterende delen van de naburige perirhinale cortex en parahippocampale cortex misschien wel. De status achterhalen van dit overgebleven geheugenweefsel zal helpen Henry's onverwachte kennis te verklaren, zoals dat hij de plattegrond kon tekenen van het huis waarheen hij na zijn operatie verhuisde. We willen ook graag het effect van zijn laesie achterhalen op de structuur en indeling van gebieden die waren verbonden met het mediale deel van zijn temporaalkwabben – de *fornix*, het *corpus mamillare* en de *laterale temporale neocortex*. Van enkele hersengebieden onder de mediale temporaalkwabstructuren is bekend dat ze bij normale personen het declaratieve geheugen ondersteunen, dus een volgende vraag betreft de structuur en indeling van deze gebieden (de thalamus, het *pars basalis telencephali*, de prefrontale cortex, de *retrospleniale cortex*) en van bewaarde niet-declaratieve geheugengebieden (de primaire motorische cortex, het striatum en de kleine hersenen). Henry's MRI-scans maakten ons duidelijk dat zijn kleine hersenen ernstig geatrofieerd waren, en nu kunnen we specifieke gebieden documenteren die waren aangedaan.

De 2401 plakjes van Henry's hersenen zijn ingevroren en worden momenteel in een beschermende oplossing bewaard. Sommige zullen op grote objectglazen worden gelegd, van ongeveer 15x15 cm, en op diverse manieren worden gekleurd om details aan het licht te brengen over de cellen of de anatomische begrenzingen van hersenstructuren, zoals die rond zijn laesie. Sommige zullen met kleurstoffen worden bewerkt die door neuropathologen in de negentiende en het begin van de twintigste eeuw zijn ontwikkeld om normale hersenstructuren te laten zien – daarbij worden de neuronen thuisgebracht, komen de indelingen en verbindingen daarvan naar voren en zijn de kanalen van witte stof te zien die het ene hersengebied met het andere verbinden. Andere zullen worden gekleurd met methoden uit het eind van de twintigste en het begin van de eenentwintigste eeuw waarbij antilichamen worden aangewend – eiwitten die de abnormale eiwitten opsporen die bij ziekten als alzheimer en parkinson horen. Met deze combinatie van benaderingen zal een zorgvuldige analyse van de afwijkingen in Henry's hersenweefsel een enorm scala aan nieuwe informatie opleveren. Nader onderzoek zal ons leren aan welke vorm van dementie hij leed toen hij stierf, waar zijn infarctjes zich precies bevonden en welke gevolgen zijn operatie had – zowel voor de gebieden die grenzen aan de geopereerde plek als voor verre gebieden die met de verwijderde structuren verbonden waren geweest.

De digitale beelden die tijdens het snijden zijn gemaakt, zullen worden gebruikt om een enorm driedimensionaal model te maken van Henry's hersenen, dat op den duur voor iedereen op internet beschikbaar zal zijn. Deze hersenen zullen het middelpunt zijn in het Digital Brain Library Project van UCSD, dat ernaar streeft in de komende tien jaar de hersenen en persoonlijke profielen te verzamelen en archiveren van duizend mensen. Ook na zijn dood zal Henry baanbrekende bijdragen aan de wetenschap blijven leveren.

Henry's erfenis heeft vele lagen. Door hem rechtstreeks te bestuderen hebben we de grootste en meest gedetailleerde verzameling informatie over één neurologisch geval bijeengebracht – Scovilles en Milners legendarische onderzoek, stapels in tientallen jaren verzamelde testresultaten, onze beschrijvingen van zijn dagelijkse leven, de scans van zijn intacte hersenen bij leven en na zijn dood, en de kostbare plakjes van zijn fysieke hersenen. Deze verbluffend grote verzameling gegevens over één brein zou in en op zichzelf Henry's erfenis tot een essentiële bijdrage aan de neurowetenschap maken, maar zijn invloed gaat nog verder. Zijn geval heeft duizenden onderzoekers geïnspireerd om andere vormen van amnesie en met geheugenverlies samenhangende aandoeningen te bestuderen. Daarnaast heeft wat wij over Henry hebben geleerd generaties wetenschappers gemotiveerd geheugenmechanismen te bestuderen, wat tot talloze verschillende benaderingen leidde met niet-menselijke primaten en andere dieren. Door deze enorme vooruitgang konden onderzoekers allerlei medische onderwerpen uitdiepen. Het geval-Henry luidde een buitengewoon vruchtbare periode in het geheugenonderzoek in, en het effect blijft maar aanzwellen.

Epiloog

Een week na Henry's dood hielden meneer M. en zijn vrouw een herdenkingsbijeenkomst in Saint Mary's Church in Windsor Locks, Connecticut, niet ver van Bickford. Henry's lichaam was gecremeerd. Voor in de kerk stond een urn met zijn as op een wit, met bloemen omringd voetstuk. Voor op de urn waren een kruis gegrift en deze woorden: 'In liefhebbende herinnering, Henry G. Molaison, 26 februari 1926 – 2 december 2008.' Vlakbij gaf een ingelijste fotocollage een bondig kijkje op zijn leven: Henry als kleine jongen, op een stoel gezeten met één been ingetrokken onder hem, hij glimlachte; een waardig portret in sepiatonen van hem als twintiger; Henry als oudere man met grijs haar, hij heeft een wit overhemd en een das aan, en zit in zijn rolstoel; en foto's van Henry's familie en zijn jongere dagen.

Het was een bescheiden plechtigheid, met alleen de naasten van Henry erbij. Ik had het voorrecht de lijkrede te mogen houden. Daarin vertelde ik het verhaal van zijn operatie en de baanbrekende studies die volgden. Ik sprak ook over de mensen die het voor Henry mogelijk hadden gemaakt zijn bijdrage aan de wetenschap te leveren, onder wie Lillian Herrick; haar zoon, de heer M., die de verantwoordelijkheid had overgenomen om op Henry's welzijn toe te zien; en het personeel van Bickford. 'Al deze goede mensen zorgden voor licht in zijn leven,' zei ik. 'En hij zorgde op zijn beurt voor licht in het leven van andere mensen.' Ik sprak over Henry's persoonlijke kwaliteiten – zijn scherpe gevoel voor humor, zijn intelligentie en zijn typische vaste uitdrukkingen.

'Voor velen van ons was hem verliezen als een familielid verliezen,' besloot ik. 'Voor mijn collega's en ik is het een eer tot zijn naasten te hebben behoord. Vandaag nemen wij afscheid van hem met respect en met dankbaarheid voor hoe hij de wereld en ons heeft veranderd.

Zijn tragedie werd een geschenk voor de mensheid. Ironisch genoeg zal hij nooit worden vergeten.'

Na de uitvaartmis gingen we allemaal naar de zaal naast de kerk voor een ontvangst; een personeelslid van Bickford en mijn assistente hadden broodjes en koekjes meegebracht. Bij de dienst waren ook een aantal collega's aanwezig van Mass General die onlangs hadden meegedaan aan de actie om Henry's hersenen te scannen en te conserveren. Voor hen was het een gelegenheid hun respect te betuigen, een kopje thee of koffie te drinken, en te ontspannen na een dolzinnige en slapeloze week. Er waren drie vroegere lableden die met Henry hadden gewerkt, evenals personeelsleden en medepatiënten uit Bickford.

Na de ontvangst reden we naar een begraafplaats in East Hartford voor de bijzetting. We liepen over het vlakke grasveld naar een grote grafsteen op de plaats waar Henry's ouders waren begraven. Onder hun namen stond zijn naam en geboortedatum, we konden nu de overlijdensdatum invullen. De uitvaartondernemer had het graf in gereedheid gebracht en de urn met Henry's as werd op een korte, witte Griekse zuil geplaatst. We stonden in een kleine halve cirkel rond de urn terwijl de voorganger van de kerk de formule van de teraardebestelling uitsprak. Toen hij ons vroeg met hem te bidden, bogen we onze hoofden en dachten aan Henry.

De dag na Henry's dood verstuurde ik een korte mail om het nieuws aan andere geheugenonderzoekers te melden. Ze zonden het bericht aan anderen door, dus verspreidde het bericht zich snel onder de wetenschappers in Amerika en Europa. In de paar volgende weken kreeg ik hartverwarmende gedachten van collega's uit heel de wereld, ze betuigden hun deelneming en prezen Henry. Ik ontving ook verzoeken van de media voor interviews en artikelen over Henry.

Een aantal collega's reageerde met uitspraken over Henry's bijdragen aan de wetenschap. Een professor aan de faculteit psychologie van Yale University schreef Brenda Milner en mij: 'De verhalen over jullie werk met H.M. waren heel vroeg in mijn loopbaan van groot belang voor de richting van mijn eigen denken over kenvermogen en geheugen.' Verschillende faculteitsleden van andere universiteiten zeiden dat ze die dag tijdens hun colleges Henry eer zouden bewijzen, en voormalige lableden kwamen met anekdotes over hem. Ik vernam bijvoorbeeld dat Sarah Steinvorth met hem in zijn kamer in Bickford had gezeten en ze een John Wayne-film helemaal afkeken. Henry had de hele tijd in vuur en vlam verkeerd, hij bleef maar zeggen 'ik ken dit, ik ken dit' en over zijn eigen wapenverzameling praten. Ze zei dat hij na het slot van de film nog een tijdje opgewonden was.

Ik hoorde dat een vroegere technische assistente een grap had uitgehaald met een van mijn postdoctoraalstudenten door te profiteren van Henry's vermogen dingen langere tijd in zijn geheugen te bewaren door ze te herhalen. Ze schreef:

> Je zult je herinneren dat Henry altijd in was voor een goede grap. Ik vertelde hem dat de volgende die zou binnenkomen om hem te testen John heette, en vroeg hem verbaasd te doen wanneer hij de ruimte binnenkwam en te zeggen: 'O, hi John,' alsof hij hem herkende. We oefenden een paar minuten en toen rende ik razendsnel weg om John te halen voor zijn sessie met Henry. Henry keek er extreem geloofwaardig bij en bracht zijn regel perfect, zo natuurlijk als maar kon. De blik van John was onbetaalbaar! Henry en ik moesten erom lachen.

Ik had een band van 46 jaar met Henry. Al sprak ik dan niet op sentimentele toon over hem, hij was iets voor me gaan betekenen. Een historicus van MIT ving mijn gevoelens in een mailtje aan me na Henry's dood: 'Dit moet een triest verlies voor je zijn. Het is zo'n ongewone relatie dat het moeilijk is om de betekenis ervan te verwoorden – maar het is ongetwijfeld zo dat je een enorm verschil maakte in zijn leven, en hij in dat van jou.' Maar mijn interesse voor Henry was altijd in de eerste plaats intellectueel geweest; hoe kon ik anders verklaren dat ik in de kelder van Mass General op een stoel ging staan omdat ik zo dolgraag zijn hersenen op deskundige wijze uit zijn schedel zag worden verwijderd? Mijn rol als wetenschapper is me altijd volkomen duidelijk geweest. Toch had ik met Henry te doen en respecteerde ik hem en zijn kijk op het leven. Hij was meer dan een onderzoeksdeelnemer. Hij was een medewerker – een gewaardeerde partner in onze grotere zoektocht om het geheugen te begrijpen.

In de loop van de jaren, toen Henry zijn vader en zijn moeder verloor, en toen hij ouder werd en zijn gezondheid brozer, werden mijn collega's en ik de mensen die hem kenden en om hem gaven. Het familiegevoel dat we in het lab cultiveerden, strekte zich tot Henry uit. We stuurden hem kaarten en cadeaus, vierden zijn verjaardagen, en hadden voor zijn favoriete eten gezorgd als hij op bezoek kwam. Ik regelde zijn medische verzorging en vond een betrouwbare en zorgzame curator voor hem. Hoewel Henry zich niets kon herinneren, troost de gedachte me dat hij zich in de dagen dat hij met mijn collega's en mij werkte, realiseerde dat we iets van hem leerden en dat hij bijzonder was. Dat besef was bevredigend voor hem en gaf hem een gevoel van trots.

Henry's nalatenschap strekt zich voorbij de wetenschap uit, tot het gebied van kunst en theater. In 2009, kort na zijn dood, maakte Kerry Tribe, een kunstenaar en filmmaker uit Los Angeles, een 16-mm filminstallatie, *H.M.* De film verkende het geval-Henry met acteurs, gesprekken met mij, beelden van de bij onze experimenten gebruikte apparaten en foto's van Henry's wereld. Tijdens de vertoning ging er één filmrol door twee projectoren naast elkaar, je zag hetzelfde op allebei de schermen met een vertraging van twintig seconde, een nabootsing van de duur van Henry's kortetermijngeheugen. Tribes innovatieve film werd tijdens de biënnale van 2010 in het Whitney Museum in New York gebracht, en Holland Carter van de *New York Times* noemde het 'buitengewoon'. In hetzelfde jaar maakte Marie-Laure Théodule een stripverhaal van zeven bladzijden over H.M. dat ze publiceerde in de zomeraflevering van een Frans wetenschappelijk blad, *La Recherche*. Ze beschreef nauwkeurig zijn operatie en het latere onderzoek, maar veranderde Henry in een magere, keurig uitziende heer met pak, chic overhemd, stropdas en hoed. In 2010 ging van Vanda, een in New York gevestigde psychologe en toneelschrijfster, *Patient HM* in première, met haar gedramatiseerde idee van hoe Henry als mens was. De volgende zomer stond op het

Edinburgh Festival van 2011 een toneelstuk *2401 Objects* op het programma, de titel verwees naar de plakjes van 70 micron van Henry's hersenen. In deze productie van de toneelgroep Analogue werd het ontroerende verhaal verteld van Henry's leven voor en na zijn operatie. In *Scientific American Mind* stond in juli 2012 een strip van één pagina waarin correct de wetenschappelijke boodschappen van het geval-Henry werden overgebracht.

Op internet is er een groeiende gemeenschap van mensen die door Henry en zijn verhaal worden gefascineerd. Wanneer we *Henry Molaison* op Google intikken, verschijnen er meer dan 62.000 resultaten. Henry Molaison is het onderwerp van een Wikizine (een interactief tijdschrift dat wordt gemaakt en verzorgd door gebruikers). Op een blog *Kurzweil Accelerating Intelligence* wordt het geval-H.M. besproken, en op andere sites, zoals *Amusing Planet* en *Brain on Holiday*, zijn pagina's aan Henry gewijd. Deze verbluffend wijdverspreide belangstelling voor Henry is een passende getuigenis van zijn onvergetelijke leven.

Mijn werk met Henry richtte zich vaak op de details van het meten van gedrag en het interpreteren van gegevens, maar uiteraard roept zijn geval voor de maatschappij grotere vragen op. Hoe moeten we het leven van Henry Gustave Molaison zien? Was hij louter een tragisch slachtoffer die een belangrijk deel van zijn mens-zijn verloor aan medische experimenten, of was hij een held die ons begrip van de hersenen vooruit hielp?

Hoe meer ik over het geval-Henry nadenk, hoe moeilijker het lijkt om deze vragen te beantwoorden. Geen neurochirurg zou vandaag dezelfde operatie uitvoeren als Scoville bij Henry deed. Scoville waarschuwde zelfs anderen niet te proberen dezelfde ingreep te doen nadat de resultaten ervan duidelijk werden. Maar in tegenstelling tot de nogal dubieuze praktijken van de psychochirurgie, zoals prefrontale lobotomie en bilaterale amygdalectomie, was Henry's bilaterale resectie van het mediale deel van de temporaalkwab bedoeld om een specifieke ondermijnende ziekte te verlichten, en de frequentie van de toevallen nam er ook door af. Bovendien paste Henry's operatie in een lange, vruchtbare medische traditie van experimentele ingrepen.[1]

Artsen en patiënten staan vaak voor lastige keuzes, maar neurochirurgen zijn het er allemaal over eens dat je een ingreep waarvan bekend is dat die een verwoestend effect heeft, zoals het wegvagen van het geheugen van een patiënt, zou moeten vermijden. Wilder Penfield roerde deze gedachte aan in een artikel over de twee gevallen van amnesie bij zijn eigen patiënten, F.C. en B.B. 'Als chirurg neem ik deze verantwoordelijkheid zeer ernstig,' zei hij. 'Ik weet dat dit ook voor dr. Scoville geldt. We moeten altijd de gevaren afwegen van invaliditeit en dood tegen de hoop onze patiënten te helpen.' In 1973, twintig jaar na Henry's operatie, schreef Scoville over psychochirurgie in de *Journal of Neurosurgery*: 'Als destructieve ingrepen het algemene functioneren ten goede komen, zijn ze gerechtvaardigd; als het algemene functioneren door de operatie verslechtert, is die niet gerechtvaardigd.'[2]

Was amnesisch worden een aanvaardbare prijs voor het onderdrukken van toevallen? De meeste mensen zouden onderschrijven dat het antwoord beslist nee is. Toch is het niet zeker of Henry 82 was geworden wanneer zijn toevallen waren doorgegaan zoals voor zijn operatie. De toevallen zelf hadden verwoestende gevolgen kunnen hebben: in het uiterste geval had Henry kunnen overlijden ten gevolge van een tijdens een aanval opgelopen verwonding. Bovendien hebben epilepsiepatiënten bij wie medicijnen niet werken vaak afwijkingen aan het hart en de bloedvaten, waardoor ze soms plotseling overlijden. Ook zijn er aanwijzingen dat herhaalde toevallen schade aan de neuronen veroorzaken. Verder hadden Henry's toevallen zijn ademhaling en andere vitale functies kunnen aantasten, mogelijk met dodelijke gevolgen. Of hij had een van de ongelukkige patiënten kunnen zijn die in *status epilepticus* raakt – dertig minuten of langer aanhoudende toevalsactiviteit. Bij dit levensbedreigende fenomeen wordt medische interventie noodzakelijk geacht, en ondanks een agressieve behandeling overlijden patiënten soms die in status epilepticus verkeren, aan hartfalen of andere medische complicaties. Zo bezien had Henry's operatie significante voordelen. Dus hoewel zijn levenskwaliteit ernstig door zijn amnesie was aangetast, leefde hij waarschijnlijk veel langer dan wanneer zijn toevallen in de frequentie van voor de operatie waren doorgegaan. Je kunt stellen dat Scoville het leven van Henry redde, ook al nam hij zijn geheugen.[3]

Achteraf bezien kun je makkelijk zeggen dat tegenwoordig niemand Henry's operatie zou doen, maar was het wel te rechtvaardigen dat Scoville een operatie uitvoerde waarvan de uitkomst onbekend was? In veel gevallen gaat de geneeskunde vooruit door de bereidheid van patiënten en artsen om risico's te nemen. Het kan een kleine gok zijn, bijvoorbeeld als je toestemt in deelname aan een klinische proef van een geneesmiddel dat grondig getest is op veiligheid bij mens en dier. Andere keren vergt het besluit van de patiënt veel meer vertrouwen. Operaties die we tegenwoordig standaard vinden – orgaantransplantaties, het implanteren van kunstharten, bypassoperaties – hingen in het begin allemaal af van vrijwilligers om aan experimentele ingrepen mee te doen.

Risico is inherent aan elke vorm van chirurgie, en de risico's stijgen wanneer het om complexe en fragiele organen zoals de hersenen gaat. Door striktere medisch-ethische regels, de juridisering van onze samenleving, en de opkomst van bio-ethiek als een officieel vakgebied zijn het publiek en de medische wereld zich bewust geworden van de noodzaak goed te kijken of gewaagde ingrepen gerechtvaardigd zijn. We hebben inmiddels een veel betere kennis van afzonderlijke hersenstructuren en hun rollen, en een realistischer beeld van wat er met hersenchirurgie wel en niet kan als het gaat om het verlichten van psychiatrische of neurologische aandoeningen. Toch blijven experimentele ingrepen ethische vragen oproepen. Terwijl regels voor nieuwe behandelingen en apparaten tegenwoordig veel stringenter zijn dan ten tijde van Henry's operatie, is zeer experimentele chirurgie niet zo formeel geregeld en soms nemen chirurgen beslissingen voor een individuele patiënt zonder het voordeel van gegevens uit grote klinische proeven of studies bij dieren.

Talloze patiënten hebben, net als Henry, ingrepen ondergaan in het besef dat de uitkomst ongewis was. Soms was de samenleving op een niet voorziene manier bij deze mensen gebaat. Henry's belangrijkste motivering om na zijn operatie aan onderzoek mee te doen was dat hij er andere mensen mee hielp – en dat gebeurde ook. Ik kreeg bijvoorbeeld, na zijn dood, een briefje van een vrouw die temporaalkwabepilepsie had en over H.M. had gelezen. Ze had de mogelijkheid overwogen haar linker hippocampus en amygdala te laten weghalen om haar toevallen te verzachten. Honderden patiënten met onbehandelbare epilepsie hebben er baat bij gehad als langs chirurgische weg een temporaalkwab gedeeltelijk werd verwijderd. Henry liet ons zien dat het weghalen van de hippocampus aan beide kanten van de hersenen tot onherstelbaar verlies van geheugenfuncties leidt. Bij de amnesiepatiënten van wie ik de gevallen beschreef, F.C. en P.B., was het resultaat net zo verwoestend toen hun linker hippocampus langs chirurgische weg werd verwijderd terwijl hun rechter hippocampus al beschadigd was. Om meer van dit soort tragedies te vermijden ondergaan vele kandidaten voor epilepsiechirurgie tegenwoordig een test waarbij tijdelijk één kant van hun hersenen inactief wordt; zo kunnen dokters aan beide kanten afzonderlijk onderzoeken of taal en geheugen onaangetast zijn. Deze procedure – de Wada-test geheten en tegenwoordig in Amerika de ESAM genoemd (etomidate speech and memory) – voorkomt medische missers. Als de patiënt bijvoorbeeld fouten in een geheugentest maakt wanneer de linkerzijde inactief is, gaat de chirurg niet de rechter hippocampus verwijderen, want dat zou tot een bilaterale hippocampale laesie leiden.

'Terwijl ik in mijn kantoor op de dertiende etage zit,' schreef de vrouw me in 2008, 'met mijn raam aan de kant van de rivier de Connecticut en Hartford Hospital, waar mijnheer Molaison in mijn geboortejaar werd geopereerd, voel ik me verdrietig over zijn dood en dankbaar voor de kennis die hij schonk. Door hem wisten mijn neurologen dat ze de Wada-test moesten doen om zeker te weten dat de hippocampus in mijn rechter temporaalkwab functioneerde eer ze de andere weghaalden.' Ze onderging in 1983 links temporaalkwabectomie en heeft tot de dag van vandaag geen toevallen meer.

Bij het geval-Henry waren niet alleen andere patiënten gebaat, ook de carrières van talloze neurowetenschappers werden erdoor aangezwengeld. Ik interviewde een vooraanstaande neuroloog en geneticus van Children's Hospital Boston over de toekomst van geheugenonderzoek. Aan het eind van het interview wilde hij dolgraag aan me kwijt hoeveel invloed Henry op zijn levenswerk had gehad. 'Zoals voor zo veel andere neurowetenschappers geldt, is H.M. een belangrijke reden dat ik in het vak zit,' zei hij. 'Ik zat op een kleine academie, Bucknell University, en ik had het enorme geluk dat Brenda Milner een cursus kwam geven toen ik er studeerde. Ik volgde destijds fysiologische psychologie. En ze kwam dus inderdaad en gaf college aan de studenten fysiologische psychologie. Ik heb het nooit vergeten. Dat is een belangrijke reden dat ik belangstelling heb voor geheugenstoornissen en cognitieve stoornissen – en probeer te begrijpen hoe we vat kunnen krijgen op de mechanismen van het geheugen.'

Henry had deel aan een periode van ongelooflijke verandering en vooruitgang in ons begrip van de hersenen, hoewel hij zich er niets van kon herinneren. Toen hij voor het eerst het voorwerp van wetenschappelijk onderzoek werd, konden er nog vrijwel geen beelden van de hersenen worden gemaakt en vergaarden wij handmatig gegevens met potlood en papier. In de jaren tachtig werd bij cognitieve tests vooral met de computer gewerkt en in de jaren negentig stelden MRI-scans ons in staat de structuren en functies in zijn hersenen te visualiseren. Toen Henry stierf, konden we zijn hersenen nog preciezer bestuderen. Toen ons onderzoek met Henry begon, waren we allemaal in psychologiefaculteiten ondergebracht en was neurowetenschap nog niet eens een volwassen vakgebied. In november 2010 was neurowetenschap een enorm vakgebied geworden en woonden in San Diego meer dan 30.000 neurowetenschappers uit de hele wereld de veertigste jaarvergadering bij van de Society for Neuroscience. Ik was uitgenodigd om over Henry's bijdrage aan de geheugenwetenschap te spreken – een gepaste manier om hem te herdenken.

Tegenwoordig staat neurowetenschappers een verbijsterend scala aan technieken ter beschikking. Onderzoekers kunnen de moleculaire interacties in en tussen neuronen bekijken, de activiteit zien van grootschalige netwerken in de levende hersenen, het genoom nagaan om de genetische basis van een neurologische aandoening te achterhalen, en complexe computermodellen bouwen van de structuur en functie van de hersenen. Met alle instrumenten die we tegenwoordig hebben om cellen te bestuderen en grote reeksen gegevens te verzamelen, moeten we niet vergeten hoeveel je kunt leren door die instrumenten op één persoon toe te passen. Door langdurig één patiënt te bestuderen kunnen we de lacunes vullen in onze kennis over hoe in de loop van een leven, bij ziekte en gezondheid, diens hersenen functioneren en veranderen. Ons werk met Henry is daarvan een voorbeeld.

Het geval-Henry was revolutionair omdat het de wereld duidelijk maakte dat geheugenvorming zich in een bepaald gebied van de hersenen afspeelde. Voor zijn operatie erkenden artsen en wetenschappers dat de hersenen de zetel waren van het bewuste geheugen, maar ze hadden geen echt bewijs dat het declaratieve geheugen zich in een welomschreven gebied bevindt. Henry gaf ons het causale bewijs dat een bepaald hersengebied diep in de temporaalkwabben absoluut essentieel is om kortetermijnherinneringen in duurzame herinneringen om te kunnen zetten. Door Scovilles operatie raakte Henry dit vermogen kwijt. Op basis van tientallen jaren onderzoek met Henry en tal van patiënten die tijd en inspanning over hadden voor ons laboratorium en vele andere laboratoria in de wereld weten we tegenwoordig veel meer: het kortetermijn- en langetermijngeheugen zijn gescheiden processen die afhangen van andere hersencircuits; het herinneren van unieke gebeurtenissen (episodisch geheugen) en het herinneren van feiten (semantisch geheugen) zijn bij anterograde amnesie allebei aangetast; leren met besef (declaratief geheugen) is bij amnesie aangetast, terwijl leren zonder besef (niet-declaratief geheugen) gewoonlijk niet is aangetast. We begrijpen ook dat een gezonde hippocampus essentieel is voor een levendige weergave van de bijzonderheden van een bruiloft (herinnering), maar dat die niet essentieel is om simpelweg een gezicht te herkennen, zonder het thuis te brengen of in een context te plaatsen (vertrouwdheid). Henry liet ons verder zien dat het vermogen om informatie terug te roepen en te herkennen die voor het begin van de amnesie is opgeslagen afhangt van het feit of het om episodische of semantische informatie gaat: de meeste bijzonderheden van unieke gebeurtenissen gaan verloren (episodisch, autobiografisch geheugen), maar algemene kennis van de wereld blijft bewaard (semantisch geheugen). Het geval-Henry onderstreepte ook hoe belangrijk het is na je dood je hersenen te doneren voor verdere studie – essentieel om onderzoekers hun op levende patiënten gebaseerde hypotheses en speculaties over de hersensubstraten die verantwoordelijk zijn voor specifieke leer- en geheugenprocessen te laten toetsen.

Door de wonderbaarlijke technologische vooruitgang sinds 2005 is het haalbaar geworden op het niveau van afzonderlijke hersencellen de cognitieve en neurale mechanismen in kaart te brengen die ten grondslag liggen aan geheugenvorming. De neurowetenschap beleeft door de geavanceerde technologie als vak een enorme transformatie. We kunnen tegenwoordig veel specifieker de geheimzinnige gebeurtenissen in de levende hersenen volgen. Subtiele technieken zullen nieuwe vormen van informatie opleveren: optogenetische technologie om met behulp van genen specifieke neuronen te reguleren, moleculaire technieken voor het snel en rechtstreeks uitlezen van neurale activiteit, en *connectomics* om de honderd biljoen connecties in kaart te brengen waaruit de neurale netwerken van de hersenen bestaan. Tegelijkertijd blijven cognitieve wetenschappers met theorieën komen over de opdeling en indeling van geheugenprocessen, een uitnodiging aan onderzoekers om nauwkeurig omschreven bewerkingen in bepaalde hersencircuits te plaatsen.

Hoewel al deze vernieuwende technieken op zichzelf fascinerend zijn, is het belangrijker wat ze samen kunnen bereiken. Na tientallen jaren de globale anatomie van de hersenen in kaart te hebben gebracht en op diverse niveaus, van gedragskundig tot en met cellulair, informatie te hebben vergaard, spannen wetenschappers zich nu in om al die informatie tot een alomvattend plaatje te verbinden. Op het gebied van het geheugenonderzoek willen we weten hoe iets zo ontastbaars als een gedachte of een feit zich tientallen jaren in het levende weefsel van de hersenen kan nestelen. Het uiteindelijke doel van de neurowetenschap is begrijpen hoe de miljarden neuronen in de hersenen, allemaal met zo'n 10.000 synapsen, op elkaar inwerken en zo de hersenen laten functioneren.

We zullen dat doel natuurlijk nooit volledig bereiken. Zelfs nu ik deze woorden tik, vraag ik me af wat er precies gaande is in mijn overvolle hersenen. Hoe bundelen mijn neuronennetwerken de complexe stukjes technische informatie die ik heb geleerd, maken ze er gedachten en perspectieven van, en stoppen ze de totaalsom in de woorden die mijn vingers vervolgens geleid worden te typen? Wat opmerkelijk dat de hersenen uit z'n chaos simpele zinnen kunnen vormen. We zullen nooit een formule hebben die volledig verklaart hoe de activiteit van onze hersenen gedachten, emoties en gedrag laat ontstaan. Maar door de grootte van het doel wordt het nastreven ervan alleen maar opwindender. Deze uitdaging trekt briljante avonturiers die niet beducht zijn voor risico's naar ons vakgebied. En ook al zullen we nooit helemaal begrijpen hoe de hersenen werken, elk stukje waarheid dat we kunnen achterhalen brengt ons een stap dichter bij het begrijpen wie wij zijn.

Noten

Proloog

1 Neurowetenschap is een gigantische tent die diverse vakgebieden overdekt, allemaal bedoeld om de kennis te vermeerderen over de hersenen en het zenuwstelsel. 'Systems neuroscience' is een tak van de neurowetenschap met als taakstelling het beschrijven van de specialisatie van bepaalde circuits verbonden neuronen die aanleiding geven tot specifieke soorten gedrag, zoals het declaratieve en niet-declaratieve geheugen. Tot de 'systems' behoren zintuiglijke vermogens zoals zien, horen en tastzin, en hoogwaardige processen zoals probleemoplossing, doelgericht gedrag, ruimtelijke vaardigheid, motorische beheersing en taal. Door het bestuderen van Henry kregen we de bijzondere kans de wetenschap van het menselijke geheugen vooruit te helpen door processen die zich her en der in de hersenen afspelen te bestuderen; W.B. Scoville en B. Milner, 'Loss of Recent Memory after Bilateral Hippocampal Lesions,' *Journal of Neurology, Neurosurgery, and Psychiatry* 20 (1957): 11-21.
2 Scoville en Milner, 'Loss of Recent Memorie after Bilateral Hippocampal Lesions.'
3 Ibid. Bij eerdere tests van Henry's geheugen had Milner testmaterialen gebruikt die via de ogen en het gehoor werden voorgelegd.
4 P.J. Hilts, 'A Brain Unit Seen as Index for Recalling Memories,' *New York Times* (24 september 1991); P.J. Hilts, *Memory's Ghost: The Strange Tale of Mr. M. and the Nature of Memory* (New York: Simon & Schuster, 1995).
5 N.J. Cohen en L.R. Squire, 'Preserved Learning and Retention of Pattern-Analyzing Skill in Amnesia: Dissociation of Knowing How and Knowing That,' *Science* 210 (1980): 207-10.

1 Voorspel van de tragedie

1. O. Temkin, *The Falling Sickness: A History of Epilepsy from the Greeks to the Beginnings of Modern Neurology* (Baltimore, MD: Johns Hopkins Press, 1971).
2. Ibid.
3. Ibid.
4. W. Feindel et al., 'Epilepsy Surgery: Historical Highlights 1909-2009,' *Epilepsia* 50 (2009): 131-51.
5. Ibid.
6. M.D. Niedermeyer et al., 'Rett Syndrome and the Electroencephalogram,' *American Journal of Medical Genetics* 25 (2005): 1096-8628; H. Berger, 'Über das Elektrenkephalogramm des Menschen,' *European Archives of Psychiatry and Clinical Neuroscience* 87 (1929): 527-70.
7. W. Feindel et al., 'Epilepsy Surgery: Historical Highlights 1909-2009,' *Epilepsia* 50 (2009): 131-51; W.B. Scoville et al., 'Observations on Medial Temporal Lobotomy and Uncotomy in the Treatment of Psychotic States; Preliminary Review of 19 Operative Cases Compared with 60 Frontal Lobotomy and Undercutting Cases,' *Proceedings for the Association for Research in Nervous and Mental Disorders* 31 (1953): 347-73; O. Temkin, *The Falling Sickness: A History of Epilepsy from the Greeks to the Beginnings of Modern Neurology* (Baltimore, MD: Johns Hopkins Press, 1971); B.V. White et al., *Stanley Cobb: A Builder of the Modern Neurosciences* (Charlottesville, VA: University Press of Virginia, 1984).
8. W. Feindel et al., 'Epilepsy Surgery: Historical Highlights 1909-2009,' *Epilepsia* 50 (2009): 131-51.
9. Jack Quinlan, 8 oktober 1945.
10. W.B. Scoville, 'Innovations and Perspectives,' *Surgical Neurology* 4 (1975): 528.
11. W.B. Scoville en B. Milner, 'Loss of Recent Memory after Bilateral Hippocampal Lesions,' *Journal of Neurology, Neurosurgery, and Psychiatry* 20 (1957): 11-21.
12. Liselotte K. Fischer, Ongepubliceerd psychologisch testrapport, Hartford Hospital, 24 augustus 1953.

2 'Een echt experimentele operatie'

1 J. El-Hai, *The Lobotomist: A Maverick Medical Genius and His Tragic Quest to Rid the World of Mental Illness* (Hoboken, NJ: J. Wiley, 2005); John F. Kennedy Memorial Library, 'The Kennedy Family: Rosemary Kennedy'; www.jfklibrary.org/JFK/The-Kennedy-Family/Rosemary-Kennedy.aspx (bekeken november 2012).
2 J.L. Stone, 'Dr. Gottlieb Burckhardt – The Pioneer of Psychosurgery,' *Journal of the History of the Neurosciences* 10 (2001): 79-92; El-Hai, *The Lobotomist*.
3 B. Ljunggren et al., 'Ludvig Puusepp and the Birth of Neurosurgery in Russia,' *Neurosurgery Quarterly* 8 (1998): 232-35.
4 C.F. Jacobsen et al., 'An Experimental Analysis of the Functions of the Frontal Association Areas in Primates,' *Journal of Nervous and Mental Disorders* 82 (1935): 1-14.
5 E. Moniz, *Tentatives Opératoires dans le Traitement de Certaines Psychoses* (Paris: Masson, 1936).
6 Ibid.
7 E. Moniz, 'Prefrontal Leucotomy in the Treatment of Mental Disorders,' *American Journal of Psychiatry* 93 (1937): 1379-85; El-Hai, *The Lobotomist*.
8 W. Freeman en J.W. Watts, *Psychosurgery in the Treatment of Mental Disorders and Intractable Pain* (Springfield, IL: C.C. Thomas, 1950); J.D. Pressman, *Last Resort: Psychosurgery and the Limits of Medicine* (Cambridge Studies in the History of Medicine) (New York: Cambridge University Press,1998); El-Hai, *The Lobotomist*.
9 D.G. Stewart en K.L. Davis, 'The Lobotomist,' *American Journal of Psychiatry* 165 (2008): 457-58; El-Hai, *The Lobotomist*.
10 J.E. Rodgers, *Psychosurgery: Damaging the Brain to Save the Mind* (New York: HarperCollins, 1992); El-Hai, The Lobotomist.
11 Pressman, *Last Resort*; El-Hai, *The Lobotomist*.
12 Pressman, *Last Resort*.
13 National Commission for the Protection of Human Subjects of Biomedical and Behavioral Research, *Psychosurgery: Report and Recommendations* (Washington, DC: DHEW Publication No. [OS] 77-0001,1977), online beschikbaar op videocast.nih.gov/pdf/ohrp–psychosurgery.pdf (bekeken november 2012).

14 W.B. Scoville et al., 'Observations on Medial Temporal Lobotomy and Uncotomy in the Treatment of Psychotic States; Preliminary Review of 19 Operative Cases Compared with 60 Frontal Lobotomy and Undercutting Cases,' *Proceedings for the Association for Research in Nervous and Mental Disorders* 31 (1953): 347-73.
15 W. Penfield en M. Baldwin, 'Temporal Lobe Seizures and the Technic of Subtotal Temporal Lobectomy,' *Annals of Surgery* 136 (1952): 625-34, online beschikbaar op www.ncbi.nlm.nih.gov/pmc/articles/PMC1803045/pdf/annsurg01421-0076.pdf (bekeken november 2012); Scoville et al., 'Observations on Medial Temporal Lobotomy and Uncotomy.'
16 W.B. Scoville en B. Milner, 'Loss of Recent Memory after Bilateral Hippocampal Lesions,' *Journal of Neurology, Neurosurgery, and Psychiatry* 20 (1957):11-21, online beschikbaar op jnnp.bmj.com/content/20/1/11.short (bekeken november 2012).
17 Ibid.
18 MacLean, 'Some Psychiatric Implications'; Scoville en Milner, 'Loss of Recent Memory.'
19 Scoville en Milner, 'Loss of Recent Memory'; S. Corkin et al., 'H.M.'s Medial Temporal Lobe Lesion: Findings from MRI,' *Journal of Neuroscience* 17 (1997): 3964-79.
20 P. Andersen et al., *Historical Perspective: Proposed Functions, Biological Characteristics, and Neurobiological Models of the Hippocampus* (New York: Oxford University Press, 2007); J.W. Papez, 'A Proposed Mechanism of Emotion. 1937,' *Journal of Neuropsychiatry and Clinical Neurosciences* 7 (1995):103-12; MacLean, 'Some Psychiatric Implications.'
21 Scoville en Milner, 'Loss of Recent Memory.'

3 Penfield en Milner

1 W. Penfield en B. Milner, 'Memory Deficit Produced by Bilateral Lesions in the Hippocampal Zone,' AMA *Arch NeurPsych* 79:5 (mei 1958) 475-97; B. Milner, 'The Memory Defect in Bilateral Hippocampal Lesions,' *Psychiatric Research Reports of the American Psychiatric Association* 11 (1959): 43-58.

2 W. Penfield, *No Man Alone: A Neurosurgeon's Life* (Boston, MA: Little, Brown, 1977).
3 W. Penfield, 'Oligodendroglia and Its Relation to Classical Neuroglia,' *Brain* 47 (1924): 430-52.
4 O. Foerster en W. Penfield, 'The Structural Basis of Traumatic Epilepsy and Results of Radical Operation,' *Brain* 53 (1930): 99-119.
5 W. Penfield en M. Baldwin, 'Temporal Lobe Seizures and the Technic of Subtotal Temporal Lobectomy,' *Annals of Surgery* 136 (1952): 625-34, online beschikbaar op www.ncbi.nlm.nih.gov/pmc/articles/PMC1803045/pdf/annsurg01421-0076.pdf (bekeken november 2012); P. Robb, *The Development of Neurology at McGill* (Montreal: Osler Library, McGill University, 1989); W. Feindel et al., 'Epilepsy Surgery: Historical Highlights 1909-2009,' *Epilepsia* 50 (2009): 131-51.
6 F.C. Bartlett, *Remembering: A Study in Experimental and Social Psychology.* (New York: Cambridge University Press, 1932); C.W.M. Whitty en O.L. Zangwill, *Amnesia* (London: Butterworths, 1966).
7 Penfield en Milner, 'Memory Deficit Produced by Bilateral Lesions in the Hippocampal Zone'; Milner, 'The Memory Deficit Bilateral Hippocampal Lesions.'
8 Ibid.; W. Penfield en H. Jasper, *Epilepsy and the Functional Anatomy of the Human Brain* (Boston: Little, Brown, 1954).
9 W. Penfield en G. Mathieson, 'Memory: Autopsy Findings and Comments on the Role of Hippocampus in Experiential Recall,' *Archives of Neurology* 31 (1974): 145-54.
10 S. Demeter et al., 'Interhemispheric Pathways of the Hippocampal Formation, Presubiculum, and Entorhinal and Posterior Parahippocampal Cortices in the Rhesus Monkey: The Structure and Organization of the Hippocampal Commissures,' *Journal of Comparative Neurology* 233 (1985): 30-47.
11 Penfield en Milner, 'Memory Deficit Produced by Bilateral Lesions in the Hippocampal Zone'; Milner, 'The Memory Deficit Bilateral Hippocampal Lesions.'
12 B. Milner en W. Penfield, 'The Effect of Hippocampal Lesions on Recent Memory,' *Transactions of the American Neurological Association* (1955-1956): 42-48; W.B. Scoville en B. Milner, 'Loss of Recent Memory after Bilateral Hippocampal Lesions,' *Journal of Neurology, Neurosurgery, and Psychiatry* 20 (1957): 11-21, online beschikbaar op jnnp.bmj.com/

content/20/1/11.short (bekeken november 2012).
13 Scoville en Milner, 'Loss of Recent Memory.'
14 W.B. Scoville, 'The Limbic Lobe in Man,' *Journal of Neurosurgery* 11 (1954): 64-66; Scoville en Milner, 1957.
15 Scoville en Milner, 'Loss of Recent Memory'; B. Milner, 'Psychological Defects Produced by Temporal Lobe Excision,' *Research Publications – Association for Research in Nervous and Mental Disease* 36 (1958): 244-57.
16 Scoville en Milner, 'Loss of Recent Memory.'
17 W.B. Scoville, 'Amnesia after Bilateral Medial Temporal-Lobe Excision: Introduction to Case H.M.,' *Neuropsychologia* 6 (1968): 211-13; W.B. Scoville, 'Innovations and Perspectives,' *Surgical Neurology* 4 (1975): 528-30; L. Dittrich, 'The Brain that Changed Everything,' *Esquire* 154 (november 2010): 112-68.
18 B. Milner, 'Intellectual Function of the Temporal Lobes,' *Psychological Bulletin* 51 (1954): 42-62.
19 W. Penfield en E. Boldrey, 'Somatic Motor and Sensory Representation in the Cerebral Cortex of Man as Studied by Electrical Stimulation,' *Brain* 60 (1937): 389-443; W. Feindel en W. Penfield, 'Localization of Discharge in Temporal Lobe Automatism,' *Archives of Neurology & Psychiatry* 72 (1954): 605-30; W. Penfield en L. Roberts, *Speech and Brain-Mechanisms* (Princeton, NJ: Princeton University Press, 1959).
20 S. Corkin, 'Tactually-Guided Maze Learning in Man: Effects of Unilateral Cortical Excisions and Bilateral Hippocampal Lesions,' *Neuropsychologia* 3 (1965): 339-51, online beschikbaar op web.mit.edu/bnl/pdf/Corkin–1965.pdf (bekeken november 2012).

4 Dertig seconden

1 D.O. Hebb, *The Organization of Behavior: A Neuropsychological Theory* (New York: Wiley, 1949).
2 S.R. Cajal, 'La Fine Structure des Centres Nerveux,' *Proceedings of the Royal Society of London* 55 (1894): 444-68.
3 C.J. Shatz, 'The Developing Brain,' *Scientific American* 267 (1992): 60-67; online beschikbaar op cognitrn.psych.indiana.edu/busey/q551/PDFs/MindBrainCh2.pdf (bekeken november 2012).
4 E.R. Kandel, 'The Molecular Biology of Memory Storage: A Dialogue

between Genes and Synapses,' *Science* 294 (2001): 1030-38; Kandel, *In Search of Memory*.
5   Hebb, *The Organization of Behavior*; Kandel, *In Search of Memory*.
6   L. Prisko, *Short-Term Memory in Focal Cerebral Damage* (ongepubliceerd proefschrift; Montreal: McGill University, 1963).
7   E.K. Warrington et al., 'The Anatomical Localisation of Selective Impairment of Auditory Verbal Short-Term Memory,' *Neuropsychologia* 9 (1971): 377-87.
8   Ibid.
9   N. Kanwisher, 'Functional Specificity in the Human Brain: A Window into the Functional Architecture of the Mind,' *Proceedings of the National Academy of Sciences of the United States of America* 107 (2010): 11163-70.
10 E.K. Miller en J.D. Cohen, 'An Integrative Theory of Prefrontal Cortex Function,' *Annual Review of Neuroscience* 24 (2001): 167-202, online beschikbaar op web.mit.edu/ekmiller/Public/www/miller/Publications/Miller–Cohen–2001.pdf (bekeken november 2012).
11 B. Milner, 'Reflecting on the Field of Brain and Memory,' lezing van 18 november 2008 (Washington, DC: Society for Neuroscience).
12 J. Brown, 'Some Tests of the Decay Theory of Immediate Memory,' *Quarterly Journal of Experimental Psychology* 10 (1958): 12-21.
13 L.R. Peterson en M.J. Peterson, 'Short-Term Retention of Individual Verbal Items,' *Journal of Experimental Psychology* 58 (1959): 193-98, online beschikbaar op hs-psychology.ism-online.org/files/2012/08/Peterson-Peterson-1959-duration-of-STM.pdf (bekeken november 2012).
14 S. Corkin, 'Some Relationships between Global Amnesias and the Memory Impairments in Alzheimer's Disease,' in *Alzheimer's Disease: A Report of Progress in Research*, ed. S. Corkin et al. (New York: Raven Press, 1982), 149-64.
15 B. Milner et al., 'Further Analysis of the Hippocampal Amnesic Syndrome: 14-Year Follow-up Study of H.M.,' *Neuropsychologia* 6 (1968): 215-34.
16 B. Milner, 'Effects of Different Brain Lesions on Card Sorting: The Role of the Frontal Lobes,' *Archives of Neurology* 9 (1963): 100-10.
17 A. Jeneson en L. R. Squire, 'Working Memory, Long-Term Memory, and Medial Temporal Lobe Function,' *Learning & Memory* 19 (2012): 15-25.

18 N. Wiener, *Cybernetics: or, Control and Communication in the Animal and the Machine* (Cambridge: MIT Press, 1948).
19 G.A. Miller et al., *Plans and the Structure of Behavior* (New York: Holt, 1960).
20 R.C. Atkinson en R.M. Shiffrin, 'Human Memory: A Proposed System and Its Control Processes,' in *The Psychology of Learning and Motivation: Advances in Research and Theory*, vol. 2, ed. K.W. Spence en J.T. Spence (New York: Academic Press, 1968), 89-195, online beschikbaar op tinyurl.com/aa4w696 (bekeken november 2012).
21 A.D. Baddeley en G.J.L. Hitch, 'Working Memory,' in *The Psychology of Learning and Motivation: Advances in Research and Theory*, ed. G.H. Bower (New York: Academic Press, 1974), 47-89.
22 B.R. Postle, 'Working Memory as an Emergent Property of the Mind and Brain,' *Neuroscience* 139 (2006): 23-38; M. D'Esposito, 'From Cognitive to Neural Models of Working Memory,' *Philosophical Transactions of the Royal Society of London, Series B: Biological Sciences* 362 (2007): 761-72; J. Jonides et al., 'The Mind and Brain of Short-Term Memory,' *Annual Review of Psychology* 59 (2008): 193-224.
23 Miller en Cohen, 'An Integrative Theory of Prefrontal Cortex Function,' *Annual Review of Neuroscience* 24 (2001): 167-202.
24 Ibid.

5 Stof voor herinneringen

1 Scovilles notities en schetsen waren de basis voor een reeks gedetailleerde tekeningen door een andere neurochirurg, Lamar Roberts, die het artikel van Scoville en Milner uit 1957 vergezelden.
2 P.C. Lauterbur, 'Image Formation by Induced Local Interactions: Examples of Employing Nuclear Magnetic Resonance,' *Nature* 242 (1973): 1901; P. Mansfield en P.K. Grannell, 'NMR "Diffraction" in Solids?,' *Journal of Physics C: Solid State Physics* 6 (1973): L422.
3 S. Corkin et al., 'H.M.'s Medial Temporal Lobe Lesion: Findings from MRI,' *Journal of Neuroscience* 17 (1997): 3964-79.
4 H. Eichenbaum, *The Cognitive Neuroscience of Memory: An Introduction* (New York: Oxford University Press, 2011).
5 B. Milner et al., 'Further Analysis of the Hippocampal Amnesic Syn-

drome:14-Year Follow-up Study of H.M.,' *Neuropsychologia* 6 (1968): 215-34.
6 Ibid.
7 Corkin, 'H.M.'s Medial Temporal Lobe Lesion.'
8 H. Eichenbaum et al., 'Selective Olfactory Deficits in Case H.M.,' *Brain* 106 (1983): 459-72.
9 Ibid.
10 Ibid.
11 Ibid.
12 Henry's problemen bij de vind-je-wegtaak, uitgevoerd als laboratoriumexperiment, versterkten de theorie die naar voren werd gebracht in John O'Keefes en Lynn Nadels klassieke boek uit 1978, *The Hippocampus as a Cognitive Map* (New York: Oxford University Press). Door informatie uit theoretische, gedragskundige, anatomische en psychologische bronnen te combineren kwamen ze op het idee dat de hippocampus cognitief in kaart brengen en het geheugen voor ruimtelijke inrichting regelt en het bewegen in de ruimte ervaart.
13 B. Milner, 'Visually-Guided Maze Learning in Man: Effects of Bilateral Hippocampal, Bilateral Frontal, and Unilateral Cerebral Lesions,' *Neuropsychologia* 3 (1965): 317-38.
14 S. Corkin, 'Tactually-Guided Maze Learning in Man: Effects of Unilateral Cortical Excisions and Bilateral Hippocampal Lesions,' *Neuropsychologia* 3 (1965): 339-51.
15 S. Corkin, 'What's New with the Amnesic Patient H.M.?,' *Nature Reviews Neuroscience* 3 (2002): 153-60.
16 S. Corkin et al., 'H.M.'s Medial Temporal Lobe Lesion.'
17 V.D. Bohbot en S. Corkin, 'Posterior Parahippocampal Place Learning in H.M.,' *Hippocampus* 17 (2007): 863-72.
18 Ibid.

6 'Ruzie met mezelf'

1 J.D. Payne, 'Learning, Memory, and Sleep in Humans,' *Sleep Medicine Clinics* 6 (2011): 15-30; R. Stickgold en M. Tucker, 'Sleep and Memory: In Search of Functionality,' in *Augmenting Cognition*, eds, I. Segev et al. (Boca Raton, FL: CRC Press, 2011), 83-102.

2 P. Broca, 'Sur la Circonvolution Limbique et la Scissure Limbique,' *Bulletins de la Société d'Anthropologie de Paris* 12 (1877): 646-57; J.W. Papez, 'A Proposed Mechanism of Emotion,' *Archives of Neurology and Psychiatry* 38 (1937): 725-43.
3 Papez, 'A Proposed Mechanism of Emotion'; J. Nolte en J.W. Sundsten, *The Human Brain: An Introduction to Its Functional Anatomy* (Philadelphia, PA: Mosby, 2009); K.A. Lindquist et al., 'The Brain Basis of Emotion: A Meta-Analytic Review,' *Behavioral and Brain Sciences* 35 (2012):121-43.
4 P. Ekman, 'Basic Emotions,' in *Handbook of Cognition and Emotion*, eds, T. Dalgleish et al. (New York: Wiley, 1999), 45-60.
5 E.A. Kensinger en S. Corkin, 'Memory Enhancement for Emotional Words: Are Emotional Words More Vividly Remembered Than Neutral Words?,' *Memory and Cognition* 31 (2003): 1169-80; E.A. Kensinger en S. Corkin, 'Two Routes to Emotional Memory: Distinct Neural Processes for Valence and Arousal,' *Proceedings of the National Academy of Sciences* 101 (2004): 3310-5.

7 Coderen, opslaan, terughalen

1 C.E. Shannon, 'A Mathematical Theory of Communication,' *Bell System Technical Journal* 27 (1948): 379-423, 623-56; G.A. Miller, 'The Magical Number Seven, Plus or Minus Two: Some Limits on Our Capacity for Processing Information,' *Psychological Review* 63 (1956): 81-97.
2 A.S. Reber, 'Implicit Learning of Artificial Grammars 1,' *Journal of Verbal Learning and Verbal Behavior* 6 (1967): 855-63; N.J. Cohen en L.R. Squire, 'Preserved Learning and Retention of Pattern-Analyzing Skill in Amnesia: Dissociation of Knowing How and Knowing That,' *Science* 210 (1980): 207-10; L.R. Squire en S. Zola-Morgan, 'Memory: Brain Systems and Behavior,' *Trends in Neuroscience* 11 (1988): 170-5.
3 F.I.M. Craik en R.S. Lockhart, 'Levels of Processing: A Framework for Memory Research,' *Journal of Verbal Learning and Verbal Behavior* 11 (1972): 671-84; F.I.M. Craik en E. Tulving, 'Depth of Processing and the Retention of Words in Episodic Memory,' *Journal of Experimental Psychology* 104 (1975): 268-94.
4 Ibid.

5 S. Corkin, 'Some Relationships between Global Amnesias and the Memory Impairments in Alzheimer's Disease,' in *Alzheimer's Disease: A Report of Progress in Research*, eds, S. Corkin et al. (New York: Raven Press, 1982), 149-64.
6 Ibid.
7 Corkin, 'Some Relationships'; K. Velanova et al., 'Evidence for Frontally Mediated Controlled Processing Differences in Older Adults,' *Cerebral Cortex* 17 (2007): 1033-46.
8 R.L. Buckner en J.M. Logan, 'Frontal Contributions to Episodic Memory Encoding in the Young and Elderly,' in *The Cognitive Neuroscience of Memory*, eds, A. Parker et al. (New York: Psychology Press, 2002), 59-81; U. Wagner et al., 'Effects of Cortisol Suppression on Sleep-Associated Consolidation of Neutral and Emotional Memory,' *Biological Psychiatry* 58 (2005): 885-93.
9 J.A. Ogden, *Trouble in Mind: Stories from a Neuropsychologist's Casebook* (New York: Oxford University Press, 2012).
10 J.D. Spence, *The Memory Palace of Matteo Ricci* (London: Quercus, 1978).
11 A. Raz et al., 'A Slice of Pi: An Exploratory Neuroimaging Study of Digit Encoding and Retrieval in a Superior Memorist,' *Neurocase* 15 (2009): 361-72.
12 Raz, 'A Slice of Pi'; K.A. Ericsson, 'Exceptional Memorizers: Made, Not Born,' *Trends in Cognitive Science* 7 (2003): 233-5.
13 Buckner en Logan, 'Frontal Contributions to Episodic Memory Encoding.'
14 H.A. Lechner et al., '100 Years of Consolidation – Remembering Müller and Pilzecker,' *Learning Memory* 6 (1999): 77-87.
15 Ibid.
16 Ibid.
17 C.P. Duncan, 'The Retroactive Effect of Electroshock on Learning,' *Journal of Comparative Psychology* 42 (1949): 32-44; J.L. McGauch, 'Memory – A Century of Consolidation,' *Science* 287 (2000): 248-51; S.J. Sara en B. Hars, 'In Memory of Consolidation,' *Learning and Memory* 13 (2006): 515-21.
18 H. Eichenbaum, 'Hippocampus: Cognitive Processes and Neural Representations That Underlie Declarative Memory,' *Neuron* 44 (2004): 109-20.

19 Eichenbaum, 'Hippocampus'; D. Shohamy en A.D. Wagner, 'Integrating Memories in the Human Brain: Hippocampal-Midbrain Encoding of Overlapping Events,' *Neuron* 60 (2008): 378-89.
20 W.B. Scoville en B. Milner, 'Loss of Recent Memory after Bilateral Hippocampal Lesions,' *Journal of Neurology, Neurosurgery, and Psychiatry* 20 (1957): 11-21; B. Milner, 'Psychological Defects Produced by Temporal Lobe Excision,' *Research Publications – Association for Research in Nervous and Mental Disease* 36 (1958): 244-57.
21 Ibid.; W. Penfield en B. Milner, 'Memory Deficit Produced by Bilateral Lesians in the Hippocampal Zone,' AMA *Arch NeurPsych* 79 (1950): 475-97. Om de fijne kneepjes te bestuderen van de cognitieve en neurale processen die elk stadium van het geheugen bij mensen ondersteunen, zijn neurowetenschappers experimenten op een aantal diersoorten gaan uitvoeren. Dit onderzoek heeft de geheugenvorming op verschillende niveaus gedocumenteerd – betere geheugenprestaties, toe- of afnemende activiteit van neuronen, en structurele of functionele modificaties in cellen en moleculen. Deze veranderingen zijn allemaal een bewijs voor *neurale plasticiteit*, het vermogen van de hersenen om te veranderen door ervaring. Het uiteindelijke doel van dit onderzoek, dat wordt voortgezet, is het integreren van kennis uit alle niveaus, om een alomvattende beschrijving te kunnen geven van hoe leren en herinneren verlopen.

Apen zijn de meest geschikte dieren voor inzichten over cognitieve processen die op zulke processen bij mensen lijken. Ze kunnen complexere taken leren dan knaagdieren, vooral wanneer het aankomt op cognitieve flexibiliteit – het vermogen je doelen te stellen om vervolgens de gedachten en handelingen uit te voeren om ze te bereiken. Maar apen zijn kostbaar om te huisvesten en hebben maanden training nodig omdat de cognitieve taken die onderzoekers hen willen laten doen zo moeilijk zijn. Daarom worden er op grote schaal ratten en muizen gebruikt voor geheugenonderzoek. Elke soort heeft zijn voordelen. Muizen zijn de ideale proefdieren wanneer er genetische modellen of manipulaties nodig zijn.

De zaden van gen-targeting werden gezaaid in 1977, en de techniek is zo ver ontwikkeld dat die tegenwoordig in duizenden laboratoria over de hele wereld wordt gebruikt. In 2007 werd de Nobelprijs voor fysiologie of geneeskunde toegekend aan Mario Capecchi, Sir Martin Evans en

Oliver Smithies 'voor hun ontdekking van de beginselen voor de toepassing van specifieke genmodificaties door het gebruik van embryonale stamcellen.' Deze methode kan worden gebruikt om de functie in specifieke weefsels van de muis uit te schakelen en daarmee honderden menselijke ziekten te repliceren. Het voordeel van muizenmodellen is dat ze wetenschappers in staat stellen ziekten preciezer te bestuderen dan bij mensen mogelijk is, wat de hoop biedt op nieuwe therapieën die zich op de onderliggende pathologie richten. Zie Gene Targeting 1977-Present. Nobel Prize Lecture http://www.nobelprize.org:nobel-prizes:medicine:laureates:2007:capecchi-lecture.html.

Gen-targeting bij ratten was tot voor kort niet mogelijk, maar ratten zijn in de laboratoria meer uitgesproken wat hun anatomie, fysiologie en gedrag betreft, en door hun grotere hersenen is het registreren van neuronen bij actieve dieren eenvoudiger. In veel neurowetenschappelijk onderzoek worden beide soorten aanvullend gebruikt om onbeantwoorde vragen te lijf te kunnen gaan. Een interessant scala aan andere soorten is voor meer specialistische doelen gebruikt – zebravinken voor de studie van leren zingen, fretten vanwege hun superieure visuele systeem en zelfs zeeslakken, bekend als *aplysia*, vanwege hun enorme en eenvoudig toegankelijke neuronen.

De geschiedenis van het geheugenonderzoek is een synthese van geheugenexperimenten bij allerlei soorten, die allemaal een essentiële bijdrage hebben geleverd. Hoewel talloze vragen onbeantwoord blijven, hebben de afgelopen decades een duizelingwekkende hoeveelheid kennis opgeleverd over hoe een leerervaring tot blijvende veranderingen in hersencircuits wordt omgezet.

22 McGauch, 'Memory – A Century of Consolidation'; theoretici op het gebied van geheugenconsolidering hebben geopperd dat het lange termijn declaratieve geheugen, Henry's grote probleem, afhangt van zo'n nauwe interactie en coördinatie tussen de werkwijze van de hippocampus en de processen in de schors. Henry's intacte hersenschors kon de taak niet alleen aan. In 2012 blijft het onderzoek zich richten op hoe de wisselwerking is tussen het hippocampale systeem en de circuits in de schors bij het consolideren en opslaan van herinneringen. Omdat consolideren geleidelijk verloopt, is het logisch te veronderstellen dat in die tijd uiteenlopende mechanismen in de hippocampus en de schors worden ingezet. Zie D. Marr, 'Simple Memory: A Theory for Archicor-

tex,' *Philosophical Transactions of the Royal Society of London, Series B, Biological Sciences* 262 (1971): 23-81; L.R. Squire et al., 'The Medial Temporal Region and Memory Consolidation: A New Hypothesis,' in *Memory Consolidation: Psychobiology of Cognition*, eds, H. Weingartner et al. (Hillsdale, NJ: Lawrence Erlbaum Associates, 1984), 185-210; en J.L. McClelland et al., 'Why There Are Complementary Learning Systems in the Hippocampus and Neocortex: Insights from the Successes and Failures of Connectionist Models of Learning and Memory,' *Psychological Review* 102 (1995): 419-57.

23 S. Ramón y Cajal, 'La Fine Structure des Centres Nerveux,' *Proceedings of the Royal Society of London* 55 (1894): 444-68; D.O. Hebb, *The Organization of Behavior: A Neuropsychological Theory* (New York: John Wiley & Sons, 1949).

24 T. Lømo, 'Frequency Potentiation of Excitatory Synaptic Activity in the Dentate Areas of the Hippocampal Formation,' *Acta Physiologica Scandinavica* 68 (1966): 128; T.V.P. Bliss en T. Lømo, Long-Lasting Potentiation of Synaptic Transmission in the Dentate Area of the Anaesthetized Rabbit Following Stimulation of the Perforant Path,' *Journal of Physiology* 232 (1973): 331-56; R.M. Douglas en G. Goddard, 'Long-Term Potentiation of the Perforant Path-Granule Cell Synapse in the Rat Hippocampus,' *Brain Research* 86 (1975): 205-15.

25 S.J. Martin et al., 'Synaptic Plasticity and Memory: An Evaluation of the Hypothesis,' *Annual Review of Neuroscience* 23 (2000): 649-711; T. Bliss et al., 'Synaptic Plasticity in the Hippocampus,' in *The Hippocampus Book,* eds, P. Anderson et al. (New York: Oxford University Press, 2007), 343-474.

26 Ibid.

27 Vervolgens vroegen deze wetenschappers zich af of dit leerprobleem voor alle soorten leren gold of specifiek was voor ruimtelijk leren. Hij trainde ratten voor een eenvoudige visuele onderscheidingstaak waarbij ze mochten kiezen tussen twee platforms op basis van hoe die eruitzagen – een grijs platform dat dreef en ontsnapping bood en een zwart-wit gestreept platform dat zonk. De taak vergde geen ruimtelijk leren. De ratten die het middel kregen om LTP te blokkeren deden de visuele onderscheidingstaak gewoon, wat aangaf dat de hippocampus niet nodig was voor deze taak. Het scherpe contrast tussen het enorme probleem bij ruimtelijk (declaratief) leren en het intacte onderschei-

dend (niet-declaratief) leren doet denken aan het feit dat Henry na zijn operatie de wc in het ziekenhuis niet wist te vinden, terwijl hij wel nieuwe motorische vaardigheden kon leren. Zie R.G. Morris et al., 'Selective Impairment of Learning and Blockade of Long-Term Potentiation by an N-Methyl-D-Aspartate Receptor Antagonist, Ap5,' *Nature* 319 (1986): 774-6.

28 J.Z. Tsien, et al., 'Subregion-and Cell Type-Restricted Gene Knockout in Mouse Brain,' *Cell* 87 (1996): 1317-26; T. J. McHugh, et al., 'Impaired Hippocampal Representation of Space in CA1-Specific NMDAR1 Knockout Mice,' *Cell* 87 (1996): 1339-49; A. Rotenberg, et al., 'Mice Expressing Activated CaMKII Lack Low Frequency LTP and Do Not Form Stable Place Cells in the CA1 Region of the Hippocampus,' *Cell* 87 (1996): 1351-61.

29 T.V.P. Bliss en S.F. Cooke, 'Long-Term Potentiation and Long-Term Depression: A Clinical Perspective,' *Clinics* 66 (2011): 3-17.

30 J. O'Keefe en J. Dostrovsky, 'The Hippocampus as a Spatial Map: Preliminary Evidence from Unit Activity in the Freely-Moving Rat,' *Brain Research* 34 (1971): 171-5.

31 Y.L. Qin et al. 'Memory Reprocessing in Corticocortical and Hippocampocortical Neuronal Ensembles,' *Philosophical Transactions of the Royal Society of London, Series B, Biological Sciences* 352 (1997): 1525-33.

32 J.D. Payne, Learning, Memory, and Sleep in Humans,' *Sleep Medicine Clinics* 6 (2011): 145-56.

33 K. Louie en M.A. Wilson, 'Temporally Structured Replay of Awake Hippocampal Ensemble Activity During Rapid Eye Movement Sleep,' *Neuron* 29 (2001): 145-56.

34 Ibid.

35 A.K. Lee en M.A. Wilson, 'Memory of Sequential Experience in the Hippocampus During Slow Wave Sleep,' *Neuron* 36 (2002): 1183-94. Memory-replay bij ratten die *wakker zijn* draagt ook bij aan onze inzichten over consolideren. In 2006 ontdekten Wilson en collega's dat nadat een rat een nieuw spoor had gelopen en vervolgens halt hield om zich op te knappen, met z'n snorharen te bewegen of gewoon stil te staan, de in de hippocampus gevormde herinneringen aan de locaties in de doolhof in omgekeerde volgorde werden teruggespeeld – de met het eind van het spoor verbonden plaatscellen werden het eerst actief en de met het begin verbonden plaatscellen het laatst. Deze onmiddellijke

achterwaartse herhaling wijst erop dat het dier halt hield en letterlijk in de tijd terugdacht om te overwegen, te verwerken en te consolideren wat het zojuist had ervaren. Zoals twee aan Rutgers University verbonden neurowetenschappers in 2007 lieten zien, kunnen ratten dingen ook vooruit opnieuw afspelen – in dezelfde volgorde dus waarin ze zijn ervaren. De grote vraag is: waaraan denken deze ratten, en waarom spelen ze dingen opnieuw af? Als dit geen voldragen denken is, is het in elk geval een enorme sprong in die richting. Zie D.J. Foster en M.A. Wilson, 'Reverse Replay of Behavioural Sequences in Hippocampal Place Cells During the Awake State,' *Nature* 440 (2006): 680-3.

36 Ibid.; en K. Diba en G. Buzsaki, 'Forward and Reverse Hippocampal Place-Cell Sequences During Ripples,' *Nature Neuroscience* 10 (2007): 1241-2.

37 D. Ji en M.A. Wilson, Coordinated Memory Replay in the Visual Cortex and Hippocampus During Sleep,' *Nature Neuroscience* 10 (2007): 100-7.

38 E. Tulving en D.M. Thomson, 'Encoding Specificity and Retrieval Processes in Episodic Memory,' *Psychological Review* 80 (1973): 352-73.

39 H. Schmolck, et al., 'Memory Distortions Develop over Time: Recollections of the O.J. Simpson Trial Verdict after 15 and 32 Months,' *Psychological Science* 11 (2000): 39-45.

40 J. Przybyslawski en S. J. Sara, 'Reconsolidation of Memory after Its Reactivation,' *Behavioural Brain Research* 84 (1997): 241-6.

41 Ibid.

42 O. Hardt et al., 'A Bridge over Troubled Water: Reconsolidation as a Link between Cognitive and Neuroscientific Memory Research Traditions,' *Annual Review of Psychology* 61 (2010): 141-67; Zie ook D. Schiller et al., 'Preventing the Return of Fear in Humans Using Reconsolidation Update Mechanisms,' *Nature* 463 (2010): 49-53.

43 J.T. Wixted, 'The Psychology and Neuroscience of Forgetting,' *Annual Review of Psychology* 55 (2004): 235-69.

44 D.M. Freed et al., 'Forgetting in H.M.: A Second Look,' *Neuropsychologia* 25 (1987): 461-71.

45 Freed, 'Forgetting in H.M.'; D.M. Freed en S. Corkin, 'Rate of Forgetting in H.M.: 6-Month Recognition,' *Behavioral Neuroscience* 102 (1988): 823-7.

46 R.C. Atkinson en J.F. Juola, 'Search and Decision Processes in Recogni-

tion Memory,' in *Contemporary Developments in Mathematical Psychology: Learning, Memory, and Thinking*, eds, D.H. Krantz (San Francisco, CA: W.H. Freeman, 1974), 242-93; G. Mandler, 'Recognizing: The Judgement of Previous Occurrence,' *Psychological Review* 87 (1980): 252-71; L.L. Jacoby, 'A Process Dissociation Framework: Separating Automatic from Intentional Uses of Memory,' *Journal of Memory and Language* 30 (1991): 513-41.

47 J.P. Aggleton en M.W. Brown, 'Episodic Memory, Amnesia, and the Hippocampal-Anterior Thalamic Axis,' *Behavioral and Brain Science* 22 (1999): 425-44.

48 Freed, 'Forgetting in H.M.'; Freed en Corkin, 'Rate of Forgetting in H.M.'; en Aggleton en Brown, 'Episodic Memory.'

49 C. Ranganath et al., 'Dissociable Correlates of Recollection and Familiarity within the Medial Temporal Lobes,' *Neuropsychologia* 42 (203): 2-13.

50 Ibid.

51 Ibid.

52 B. Bowles et al., 'Impaired Familiarity with Preserved Recollection after Anterior Temporal-Lobe Resection That Spares the Hippocampus,' *Proceedings of the National Academy of Sciences* 104 (2007): 16382-7; M.W. Brown et al., 'Recognition Memory: Material, Processes, and Substrates,' *Hippocampus* 20 (2010): 1228-44. In 2011 kwamen cognitieve neurowetenschappers van de New York University met een ander idee over de indeling van het herkenningsgeheugen in mediale temporaalkwabgebieden. Hun functionele MRI-resultaten bij gezonde onderzoeksdeelnemers wekten de indruk dat de perirhinale cortex gespecialiseerd zou zijn in het voorstellen van afzonderlijke objecten, terwijl de parahippocampale cortex gespecialiseerd zou zijn in het voorstellen van scènes. Zie B. P. Staresina et al., 'Perirhinal and Parahippocampal Cortices Differentially Contribute to Later Recollection of Object- and Scene-Related Event Details,' *Journal of Neuroscience* 31 (2011): 8739-47.

8 Geheugen zonder herinnering I

1 A.S. Reber, 'Implicit Learning of Artificial Grammars,' *Journal of Verbal Learning and Verbal Behavior* 6 (1967): 855-63; L.R. Squire en S.

Zola-Morgan, 'Memory: Brain Systems and Behavior,' *Trends in Neuroscience* 11 (1988): 170-75; K.S. Giovanello en M. Verfaellie, 'Memory Systems of the Brain: A Cognitive Neuropsychological Analysis,' *Seminars in Speech and Language* 22 (2001): 107-16.
2 S. Nicolas, 'Experiments on Implicit Memory in a Korsakoff Patient by Claparède (1907),' *Cognitive Neuropsychology* 13 (1996): 1193-99.
3 B. Milner, 'Memory Impairment Accompanying Bilateral Hippocampal Lesions,' in *Psychologie De L'hippocampe*, eds, P. Passouant (Paris: Centre National de la Recherche Scientifique, 1962), 257-72.
4 Ibid.
5 S. Corkin, 'Tactually-Guided Maze Learning in Man: Effects of Unilateral Cortical Excisions and Bilateral Hippocampal Lesions,' *Neuropsychologia* 3 (1965): 339-51.
6 E.K. Miller en J.D. Cohen, 'An Integrative Theory of Prefrontal Cortex Function,' *Annual Review of Neuroscience* 24 (2001): 167-202, online beschikbaar op web.mit.edu/ekmiller/Public/www/miller/Publications/Miller–Cohen–2001.pdf (bekeken september 2012).
7 S. Corkin, 'Acquisition of Motor Skill after Bilateral Medial Temporal-Lobe Excision,' *Neuropsychologia* 6 (1968): 255-65, online beschikbaar op web.mit.edu/bnl/pdf/Corkin procent201968.pdf (bekeken september 2012).
8 Ibid.
9 Ibid.
10 Ibid.
11 Ibid.
12 Ibid.
13 Ibid.
14 G. Ryle, 'Knowing How and Knowing That,' in *The Concept of Mind* (London: Hutchinson's University Library, 1949), 26-60, volledige tekst online beschikbaar op tinyurl.com/8kqedyj (bekeken september 2012). Tientallen jaren na het verschijnen van Ryles boek vond het filosofische onderscheid tussen 'weten hoe' en 'weten dat' zijn weg naar de specialisten in kunstmatige intelligentie. Zoals besproken aan het begin van hoofdstuk 5 heeft onderzoek naar kunstmatige intelligentie vaak bijgedragen aan theorievorming over de hersenen, want men staat daar voor de praktische opdracht om computers zo te programmeren dat ze als menselijke hersenen functioneren. De daaruit voortvloeiende oplos-

singen kunnen neurowetenschappers modellen bieden om te testen en te voorspellen hoe de hersenen werken. In de jaren zeventig bezigden onderzoekers van kunstmatige intelligentie de termen *procedureel* en *declaratief* om twee manieren om kennis voor te stellen te beschrijven. In 1975 publiceerde Terry Winograd een artikel, 'Frame Representations and the Declarative/Procedural Controversy' (in *Representation and Understanding: Studies in Cognitive Sciences*, ed. D. G. Bobrow, et al. [New York: Academic Press],185-210), waarin een discussie tussen de proceduralisten en de declarativisten werd samengevat: 'De proceduralisten stellen dat onze kennis in de eerste plaats een "weten hoe" is. De menselijke informatieprocessor is een opgeslagen programma-apparaat, waarvan de kennis van de wereld is *ingebed* in de programma's. Wat een mens (of robot) weet over de Engelse taal, het schaakspel of de fysieke eigenschappen van zijn wereld heeft dezelfde omvang als de reeks programma's om ermee om te gaan.' (p. 186). Met andere woorden: kennis bestaat uit de specifieke routines die ons gedrag leiden. 'De declarativisten geloven daarentegen niet dat kennis van een onderwerp nauw verbonden is met de procedures om die te gebruiken. Volgens hen berust intelligentie op twee beginselen: een algemene reeks procedures om allerlei soorten feiten te hanteren, en een reeks specifieke feiten die bepaalde kennisdomeinen beschrijven.' Als je op deze manier naar kennis kijkt, zie je die als informatie in plaats van als een reeks verrichtingen. Winograd pleitte ervoor het onderscheid tussen de twee soorten voorstellingen te laten vervagen en stelde voor de middenweg tussen declaratieve en procedurele kennis te bewandelen door te specificeren hoe bepaalde declaratieve uitspraken worden gebruikt. Zijn idee was om in het langetermijngeheugen procedures aan feiten te verbinden.

John Anderson stelde echter dat er een fundamenteel verschil is tussen procedurele en declaratieve kennis. In zijn boek uit 1976, *Language, Memory, and Thought* (Hillsdale, NJ: Psychology Press), wees Anderson, met een verwijzing naar Ryle, op drie verschillen. In de eerste plaats is declaratieve kennis iets wat we hebben of niet hebben, terwijl procedurele kennis geleidelijk kan worden verkregen, telkens een beetje. Een tweede onderscheid, zo schreef hij, 'is dat je declaratieve kennis plotseling verwerft als het je wordt verteld, terwijl je procedurele kennis geleidelijk verwerft door de vaardigheid te verrichten.' (p. 117). Het derde verschil is dat we iemand over onze declaratieve kennis kunnen

vertellen, terwijl we onze procedurele kennis niet kunnen uitleggen. Terwijl theoretici discussieerden over hoe verschillend deze soorten kennis eigenlijk waren, stelde de computerwetenschapper Patrick Winston een compromis voor. In zijn boek uit 1977, *Artificial Intelligence* (Reading, MA: Addison-Wesley), schreef Winston: 'Er zijn argumenten voor en tegen de procedurele en declaratieve stellingname over hoe kennis zou moeten worden opgeslagen. In de meeste omstandigheden kun je de problemen het beste tweeledig benaderen en op talenten van beide zijden van de scheidslijn leunen.' (p. 393). Mensen hebben procedurele en declaratieve kennis nodig om in het alledaagse leven te functioneren, en de hersenen gebruiken verschillende processen en circuits om deze twee vormen van informatie te verwerven en op te slaan. Milner had dit biologische verschil al vijftien jaar eerder aan het licht gebracht toen ze berichtte over Henry's resultaten bij de spiegeltest.
Zie ook Milner, 'Memory Disturbance after Bilateral Hippocampal Lesions.'

15 M. Victor en A. H. Ropper, *Adams and Victor's Principles of Neurology*, 7th ed. (New York: McGraw-Hill, Medical Pub. Division, 2001).

16 Ibid.

17 Aanvullende cognitieve tests ondersteunden onze conclusie dat het probleem met de spiegeltest dat we bij parkinsonpatiënten ontdekten werkelijk een leerstoornis was. Om de mogelijkheid uit te sluiten dat het langzame leren van de patiënten te wijten was aan gebreken bij het verwerken van ruimtelijke indelingen of elementaire motorische functies, vroegen we hen meer tests te doen om deze andere vermogens te onderzoeken. Toen we al de scores in deze andere tests bij onze analyses van de gegevens betrokken, vertoonden ze nog steeds een significante leerstoornis. Deze bevinding onderstreept het standpunt dat de vaardigheid voor de spiegeltest wordt ondersteund door een geheugencircuit dat afhangt van intacte neurotransmissie in het striatum.

18 M.J. Nissen en P. Bullemer, 'Attentional Requirements of Learning: Evidence from Performance Measures,' *Cognitive Psychology* 19 (1987): 1-32.

19 D. Knopman en M.J. Nissen, 'Procedural Learning Is Impaired in Huntington's Disease: Evidence from the Serial Reaction Time Task,' *Neuropsychologia* 29 (1991): 245-54.

20 A. Pascual-Leone et al., 'Procedural Learning in Parkinson's Disease and

Cerebellar Degeneration,' *Annals of Neurology* 34 (1993): 594-602; J.N. Sanes et al., 'Motor Learning in Patients with Cerebellar Dysfunction,' *Brain* 113 (1990): 103-20.
21 T.A. Martin et al., 'Throwing while Looking through Prisms. I. Focal Olivocerebellar Lesions Impair Adaptation,' en 'II. Specificity and Storage of Multiple Gaze-Throw Calibrations,' *Brain* 119 (1996): 1183-98, 1199-211.
22 R. Shadmehr en F.A. Mussa-Ivaldi, 'Adaptive Representation of Dynamics during Learning of a Motor Task,' *Journal of Neuroscience* 14 (1994): 3208-24; online beschikbaar op www.jneurosci.org/content/14/5/3208. full.pdf+html (bekeken september 2012).
Een invloedrijk model uit de neuropsychologie, in 1998 naar voren gebracht door Daniel Willingham, verklaart de stadia waarin het leren van een motorische vaardigheid verloopt. Volgens deze theorie worden bij het leren van motorische vaardigheden los van elkaar twee wegen bewandeld, de ene onbewust en de andere bewust. De onbewuste weg subsumeert drie motorische regelprocessen die buiten het besef om functioneren: ruimtelijke doelen kiezen voor beweging, deze doelen in volgorde plaatsen en ze in spierbevelen omzetten. De bewuste, de aandacht vragende weg ondersteunt het leren van motorische vaardigheden door het kiezen van doelen om de omgeving te veranderen, doelen te kiezen voor beweging en een volgorde van doelen op te stellen. De bewuste weg wordt bewandeld wanneer je het optreden van een expert imiteert. Je leert door de interactie van de onbewuste en bewuste wegen. Willinghams model stelde de onderzoeker in staat voorspellingen te doen over verschillende leerfasen en -processen, en hun neurale fundament. Maar het bracht geen helderheid over de mechanismen waarmee we stap voor stap motorische vaardigheden leren. Zie D.B. Willingham, 'A Neuropsychological Theory of Motor Skill Learning,' *Psychological Review* 105 (1998): 558-84.
23 M. Kawato en D. Wolpert, 'Internal Models for Motor Control,' *Novartis Foundation Symposium* 218 (1998): 291-304.
24 Ibid.
25 Ibid.
26 H. Imamizu en M. Kawato, 'Brain Mechanisms for Predictive Control by Switching Internal Models: Implications for Higher-Order Cognitive Functions,' *Psychological Research* 73 (2009): 527-44.

27 T. Brashers-Krug et al., 'Consolidation in Human Motor Memory,' *Nature* 382 (1996): 252-55, online beschikbaar op tinyurl.com/8hhuga3 (bekeken september 2012).
28 R. Shadmehr et al., 'Time-Dependent Motor Memory Processes in Amnesic Subjects,' *Journal of Neurophysiology* 80 (1998): 1590-97; online beschikbaar op web.mit.edu/bnl/pdf/Shadmehr.pdf (bekeken september 2012).
29 Ibid.
30 Ibid.
31 Ibid.
32 Ibid.
33 A. Karni et al., 'The Acquisition of Skilled Motor Performance: Fast and Slow Experience-Driven Changes in Primary Motor Cortex,' *Proceedings of the National Academy of Sciences* 95 (1998): 861-68.
34 Ibid. Zie ook J.N. Sanes en J.P. Donoghue, 'Plasticity and Primary Motor Cortex,' *Annual Review of Neuroscience* 23 (2000): 393-415, online beschikbaar op tinyurl.com/8oyl87x (bekeken september 2012).
35 E. Dayan en L.G. Cohen, 'Neuroplasticity Subserving Motor Skill Learning,' *Neuron* 72 (2011): 443-54.
36 R.A. Poldrack et al., 'The Neural Correlates of Motor Skill Automaticity,' *Journal of Neuroscience* 25 (2005): 5356-64.
37 C.J. Steele en V.B. Penhune, 'Specific Increases within Global Decreases: A Functional Magnetic Resonance Imaging Investigation of Five Days of Motor Sequence Learning,' *Journal of Neuroscience* 30 (2010): 8332-41.

9 Geheugen zonder herinnering 11

1 I.P. Pavlov, *Conditioned Reflexes: An Investigation of the Physiological Activity of the Cerebral Cortex* (London: Oxford University Press, 1927). De psycholoog Edwin B. Twitmyer deed vrijwel tegelijk bij mensen een vergelijkbare ontdekking. In 1902 nam hij bij toeval waar dat wanneer er net voor een reflexhamertje iemands knie raakte en voor een onwillekeurige kniereflex zorgde een belletje klonk, die persoon de reflex eveneens vertoonde wanneer hij de bel hoorde, ook als de hamer zijn knie niet raakte. In de eeuw sinds de ontdekkingen van Pavlov en Twit-

myer bestudeerden onderzoekers klassieke conditionering bij allerlei soorten, onder meer ratten, krekels, fruitvliegjes, vlooien en zeehazen. E.B. Twitmyer, 'Knee Jerks without Stimulation of the Patellar Tendon,' *Psychological Bulletin* 2 (1905): 43-44; I. Gormezano et al., 'Twenty Years of Classical Conditioning Research with the Rabbit,' in *Progress in Physiological Psychology*, ed, J.M. Sprague et al. (New York: Academic Press, 1983), 197-275.
2 D. Woodruff-Pak, 'Eyeblink Classical Conditioning in H.M.: Delay and Trace Paradigms,' *Behavioral Neuroscience* 107 (1993): 911-25.
3 Ibid.
4 Ibid.
5 Ibid.
6 Ibid.
7 Ibid.
8 R.E. Clark et al., 'Classical Conditioning, Awareness, and Brain Systems,' *Trends in Cognitive Sciences* 6 (2002): 524-31.
9 Ibid.
10 Over perceptueel leren bij amnesie werd voor het eerst bericht in 1968 door de neuropsychologen Elizabeth Warrington en Lawrence Weiskrantz. Deze ontdekking was haast even revolutionair als toen Milner voor de eerste keer liet zien dat Henry's vermogen voor de spiegeltest bewaard was gebleven. Vijf van hun zes amnesiepatiënten hadden het syndroom van Korsakov, waarbij zich celverlies voordoet in de thalamus en de hypothalamus. Daardoor rees de vraag of Henry's laesies in het mediale deel van de temporaalkwab dit vermogen hadden gespaard. Uiteindelijk toonden we aan dat hij inderdaad in staat was tot perceptueel leren. E. K. Warrington en L. Weiskrantz, 'New Method of Testing Long-Term Retention with Special Reference to Amnesic Patients,' *Nature* 217 (1968): 972-74.; B. Milner et al., 'Further Analysis of the Hippocampal Amnesic Syndrome: 14-Year Follow-up Study of H.M.,' *Neuropsychologia* 6 (1968): 215-34, online beschikbaar op www.psychology.uiowa.edu/Faculty/Freeman/Milner–68.pdf (bekeken november 2012).
11 E.S. Gollin,' Developmental Studies of Visual Recognition of Incomplete Objects,' *Perceptual and Motor Skills* 11 (1960): 289-98; Milner et al., 'Further Analysis of the Hippocampal Amnesic Syndrome.'
12 Milner et al., 'Further Analysis of the Hippocampal Amnesic Syndrome.'

13 Ibid.
14 Ibid.
15 J. Sergent et al., 'Functional Neuroanatomy of Face and Object Processing. A Positron Emission Tomography Study,' *Brain* 115 (1992): 15-36; N. Kanwisher, 'Functional Specificity in the Human Brain: A Window into the Functional Architecture of the Mind,' *Proceedings of the National Academy of Sciences* 107 (2010): 11163-70.
16 I. Gauthier et al., 'Expertise for Cars and Birds Recruits Brain Areas Involved in Face Recognition,' *Nature Neuroscience* 3 (2000): 191-97, online beschikbaar op http://www.systems.neurosci.info/FMRI/gauthier00.pdf (bekeken november 2012).
17 C.D. Smith et al., 'MRI Diffusion Tensor Tracking of a New Amygdalo-Fusiform and Hippocampo-Fusiform Pathway System in Humans, *Journal of Magnetic Resonance Imaging* 29(2009): 1248-61.
18 Warrington en Weiskrantz publiceerden het eerste bericht over repetitie-priming in 1970, toen ze ontdekten dat hun amnesiepatiënten een stam van drie letters (MET) van een vooraf bestudeerd woord (METAL) even vaak konden afmaken als controledeelnemers. De prikkels voor deze studie waren twee gefragmenteerde versies van elk woord en het voltooide woord. De onderzoekers creëerden de gefragmenteerde woorden door ze te fotograferen met lapjes die delen van elke letter afdekten. In een eerste studiefase kregen de deelnemers eerst de meest gefragmenteerde versie van alle woorden te zien, vervolgens de minder gefragmenteerde versie van elk woord, en dan het volledige woord – METAL. Hen werd gevraagd het woord zo snel mogelijk thuis te brengen. Het doel van de studie was om drie maatstaven van het vasthouden van herinneringen te vergelijken: twee ervan (terugroepen en herkenning) waren declaratief, en de derde (gedeeltelijk voltooien) was niet-declaratief. De amnesische groep had, zoals verwacht, moeite met het terugroepen en herkennen van de woorden die ze eerder hadden gezien – het kenmerk van amnesie. De grote schok kwam in de erop volgende testfase, toen de deelnemers de eerste drie letters van elk woord zagen en dan een woord van vijf letters moesten bedenken – terughalen door gedeeltelijk voltooien. In deze meting kwamen de amnesiepatiënten met even veel bestudeerde woorden als de controledeelnemers.
Hoewel de onderzoekers dit resultaat destijds niet interpreteerden als een aanwijzing voor gespaarde priming bij amnesie, publiceerden ze

wel degelijk het eerste bewijs van woordstamvoltooiing-priming. Door de methode die ze gebruikten kregen wetenschappers een middel om te kijken naar leren zonder besef bij gezonde personen en bij patiënten met allerlei neurologische en psychiatrische stoornissen. Zie E.K. Warrington en L. Weiskrantz, 'Amnesic Syndrome: Consolidation or Retrieval?,' *Nature* 228 (1970): 628-30.

In de jaren tachtig en negentig verschenen er honderden onderzoeksverslagen over repetitie-priming. Geheugenonderzoekers bestudeerden priming-effecten bij gezonde deelnemers en amnesiepatiënten, met behulp van een breed scala aan tekstprikkels: woorden, pseudowoorden (verzonnen woorden waarin de spellingsregels van het Engels worden gevolgd), woordfragmenten, rubrieken van voorwerpen, homofonen (woorden die eender klinken maar een andere betekenis hebben, zoals *wij* en *wei*), foto's, gefragmenteerde foto's en patronen. In deze elegante studies werden de cognitieve complicaties van het priming-effect belicht, met name bij gezonde jonge volwassenen.

Naarmate de kennis over repetitie-priming groeide, bleef de kwestie van behouden repetitie-priming bij amnesie geheugenexperts bezighouden. In 1984 schreven Peter Graf, Larry Squire en George Mandler een stuk over de resultaten van drie experimenten dat veel aandacht trok. Hun bedoeling was de prestaties van amnesiepatiënten en controledeelnemers met vier maatstaven voor leren te vergelijken: drie ervan (vrij terugroepen, herkenning en op aanwijzing terugroepen) waren declaratief, terwijl de vierde (woordvoltooiing) niet-declaratief was. Eerst bestudeerden de deelnemers een lijst met woorden en vervolgens kregen ze een van de vier net genoemde tests. P. Graf et al., 'The Information That Amnesic Patients Do Not Forget,' *Journal of Experimental Psychology: Learning, Memory, and Cognition* 10 (1984): 164-78.

Voor de vrijeterugroeptest schreven de deelnemers de woorden die ze zich van de studielijst konden herinneren op een vel papier. Voor de herkenningstest kregen ze een van de bestudeerde woorden te zien, tegelijk met twee andere woorden die met dezelfde stam van drie letters begonnen. Wanneer het bestudeerde woord *MARket* was, waren de fopantwoorden *MARy* en *MARble*. De deelnemers moesten het woord uitkiezen dat ze eerder hadden gezien. Voor de tests met op aanwijzing terugroepen en woordvoltooiing kregen de deelnemers de eerste drie letters van de bestudeerde woorden als aanwijzing. Het essentiële verschil tussen deze twee opdrachten lag in de instructies. Bij op aanwijzing terugroepen werd de deelnemers gevraagd met behulp van de aanwijzingen bewust de lijst met woorden terug te roepen. Het was voor alle deelnemers duidelijk dat dit een geheugentest was. Bij woordvoltooiing vertelde men de deelnemers dat de stam van drie letters het begin van een Engels woord was en vroeg men hen van elke stam een woord te maken. Ze werden aangemoedigd het eerste woord op te schrijven dat hen voor de geest kwam, en ze waren zich er niet van bewust dat hun geheugen werd getest.

De bevindingen bevestigden de resultaten uit 1970 van Warrington and Weiskrantz. Met de taken met vrij terugroepen, herkenning en op aanwijzing terugroepen werd steeds het declaratieve geheugen gemeten en het is geen verrassing dat bij de deelnemers met amnesie de prestatie bij deze taken ver achterbleef. De hamvraag was of amnesiepatiënten bij de taak met woordvoltooiing even goed zouden presteren als de controledeelnemers – en dat gebeurde. De wetenschappers verwezen naar de uitleg dat priming een activering is van een gevestigde voorstelling van de bestudeerde woorden en concludeerden dat een dergelijke activering bij amnesie intact is. Dit experiment illustreerde de essentiële rol van instructies bij het onderscheid tussen declaratief en niet-declaratief geheugen. Wanneer de amnesiepatiënten expliciet werd gevraagd de lijst met woorden terug te roepen met behulp van de stam van drie letters, moesten ze toegang krijgen tot hun declaratieve kennis, en daarom bleef hun prestatie ver achter bij die van de gezonde deelnemers. Maar wanneer ze mochten leunen op hun niet-declaratieve kennis en ze simpelweg de stam van drie letters mochten afmaken tot het eerste woord dat bij hen opkwam, konden ze de taak even succesvol uitvoeren als de controledeelnemers. Zie Warrington en Weiskrantz, 'Amnesic Syndrome: Consolidation or Retrieval?'; R. Diamond en P. Rozin, 'Activation of Existing Memories in Anterograde Amnesia,' *Journal of Abnormal Psychology* 93 (1984): 98-105, online beschikbaar op http://www.psych.stanford.edu/~jlm/pdfs/DiamondRozin84.pdf (bekeken november 2012).

Door deze bevindingen rees een essentiële vraag: houdt het priming-effect bij amnesiepatiënten even lang aan als bij controledeelnemers? Wilde men de prestatie van de amnesiepatiënten als normaal aanmerken, dan zou het antwoord op deze vraag ja moeten luiden. De

onderzoekers lieten de deelnemers de studielijst zien en testten hen vervolgens onmiddellijk, na 15 minuten of na 120 minuten, waarbij men bij elke tijdsduur een andere reeks woorden gebruikte. De patiënten haalden even veel juiste antwoorden als de controledeelnemers, en de prestaties van de twee groepen waren bij de drie tijdsduren vergelijkbaar. Dit resultaat wilde zeggen dat het priming-effect bij amnesiepatiënten en bij controledeelnemers even lang (120 minuten) aanhield. Zie Warrington en Weiskrantz, 'Amnesic Syndrome: Consolidation or Retrieval?'; Graf et al., 'The Information That Amnesic Patients Do Not Forget.'
19 J.D.E. Gabrieli et al., 'Dissociation among Structural-Perceptual, Lexical-Semantic, and Event-Fact Memory Systems in Amnesia, Alzheimer's Disease, and Normal Subjects,' *Cortex* 30 (1994): 75-103.
20 Ibid.
21 Ibid.
22 Diamond en Rozin, 'Activation of Existing Memories in Anterograde Amnesia.'
23 Ibid.
24 J.D.E. Gabrieli et al., 'Intact Priming of Patterns Despite Impaired Memory,' *Neuropsychologia* 28 (1990): 417-27, online beschikbaar op http://web.mit.edu/bnl/pdf/Gabrieli–Milberg–Keane–Corkin–1990.pdf (bekeken november 2012).
25 Ibid.
26 Ibid.
27 Ibid.
28 Ibid.
29 M.M. Keane et al., 'Priming in Perceptual Identification of Pseudowords Is Normal in Alzheimer's Disease,' *Neuropsychologia* 32 (1994): 343-56.
30 Keane et al., 'Priming of Perceptual Identification of Pseudowords Is Normal in Alzheimer's Disease'; M.M. Keane et al., 'Evidence for a Dissociation between Perceptual and Conceptual Priming in Alzheimer's Disease,' *Behavioral Neuroscience* 105 (1991): 326-42.
31 Ibid.
32 S.E. Arnold et al., 'The Topographical and Neuroanatomical Distribution of Neurofibrillary Tangles and Neuritic Plaques in the Cerebral Cortex of Patients with Alzheimer's Disease,' *Cerebral Cortex* 1 (1991): 103-16.

33 M.M. Keane et al., 'Double Dissociation of Memory Capacities after Bilateral Occipital-Lobe or Medial Temporal-Lobe Lesions,' *Brain* 118 (1995): 1129-48.

10 Henry's universum

1 J.A. Ogden en S. Corkin, 'Memories of H.M.,' in *Memory Mechanisms: A Tribute to G.V. Goddard*, ed. M. Corballis et al. (Hillsdale, NJ: L. Erlbaum Associates, 1991), 195-215.
2 N. Hebben et al., 'Diminished Ability to Interpret and Report Internal States after Bilateral Medial Temporal Resection: Case H.M.,' *Behavioral Neuroscience* 99 (1985): 1031-39, online beschikbaar op web.mit.edu/bnl/pdf/Diminished procent20Ability.pdf (bekeken november 2012).
3 S. Kobayashi, 'Organization of Neural Systems for Aversive Information Processing: Pain, Error, and Punishment,' *Frontiers in Neuroscience* 6 (2012), online beschikbaar op www.ncbi.nlm.nih.gov/pmc/articles/PMC3448295/ (bekeken november 2012).
4 Hebben et al., 'Diminished Ability'; W.C. Clark, 'Pain Sensitivity and the Report of Pain: An Introduction to Sensory Decision Theory,' *Anesthesiology* 40 (1974): 272-87.
5 Hebben et al., 'Diminished Ability'; C. de Graaf et al., 'Biomarkers of Satiation and Satiety,' *American Journal of Clinical Nutrition* 79 (2004): 946-61.
6 Hebben et al., 'Diminished Ability.'
7 N. Butters en L.S. Cermak, 'A Case Study of the Forgetting of Autobiographical Knowledge: Implications for the Study of Retrograde Amnesia,' in *Autobiographical Memory*, ed. D.C. Rubin (New York: Cambridge University Press, 1986), 253-72.
8 W.B. Scoville en B. Milner, 'Loss of Recent Memory after Bilateral Hippocampal Lesions,' *Journal of Neurology, Neurosurgery, and Psychiatry* 20 (1957): 11-21; B. Milner et al., 'Further Analysis of the Hippocampal Amnesic Syndrome: 14-Year Follow-up Study of H.M.,' *Neuropsychologia* 6 (1968): 215-34, online beschikbaar op www.psychology.uiowa.edu/Faculty/Freeman/Milner–68.pdf (bekeken november 2012).
9 H.J. Sagar et al., 'Dissociations among Processes in Remote Memory,' *Annals of the New York Academy of Sciences* 444 (1985): 533-55.

10 Ibid.
11 Sagar et al., 'Dissociations among Processes'; H.F. Crovitz en H. Schiffman, 'Frequency of Episodic Memories as a Function of Their Age,' *Bulletin of the Psychonomic Society* 4 (1974): 517-18.
12 Sagar et al., 'Dissociations among Processes'; H.J. Sagar et al., 'Temporal Ordering and Short-Term Memory Deficits in Parkinson's Disease,' *Brain* 111 (Pt 3) (1988): 525-39. De theorie van *last in first out* dateert uit 1881, toen de Franse psycholoog Théodule Ribot opmerkte dat retrograad geheugenverlies vaak een tijdgradiënt volgt – nieuwere herinneringen hebben meer kans verloren te raken, terwijl oudere herinneringen meer kans hebben bewaard te blijven. T. Ribot, *Les Maladies de la Mémoire* (Paris: Germer Baillière, 1881).
13 De resultaten van ons gestructureerde interview met Henry lieten zien dat in de vroege klinische verslagen uit de jaren vijftig en zestig de lengte van zijn retrograde amnesie ernstig was onderschat. De processen die nodig waren om herinneringen uit de jaren voor zijn operatie terug te halen waren ernstig verstoord. Op een van onze taken, de Crovitz-test, kregen wij en anderen later kritiek, omdat die niet precies genoeg onderscheid maakte tussen geheugenberichten die nét gedetailleerd genoeg waren om de maximumscore van 3 te halen en andere die ook een 3 kregen maar veel rijker aan details waren. We hadden een test nodig die een beter onderscheid zou maken tussen de beste deelnemers. In onze volgende experimenten werd dat doel bereikt. Crovitz en Schiffman, 'Frequency of Episodic Memories.'
14 Als je ze samenvoegt, hadden onze vroege studies naar Henry's retrograde amnesie strijdige resultaten. Deels omdat ze geen onderscheid maakten tussen persoonlijke verre herinneringen die algemene kennis weerspiegelden, zoals de naam van een middelbare school, en de herinneringen die berustten op het herbeleven van een ervaring, zoals een eerste kus. Zoals we in het geval van Henry zagen kon hij ons vertellen welke middelbare school hij had bezocht, maar niet wat er op de dag dat hij zijn diploma kreeg gebeurde. Toen we hem ondervroegen, was het duidelijk dat er hoewel hij de meeste algemene vragen kon beantwoorden iets ontbrak toen we bij hem aandrongen op bijzonderheden.
15 E. Tulving, 'Episodic and Semantic Memory,' in *Organization of Memory*, ed. E. Tulving en W. Donaldson (New York: Academic Press, 1972), 381-403.

16 L.R. Squire, 'Memory and the Hippocampus: A Synthesis from Findings with Rats, Monkeys, and Humans,' *Psychological Review* 99 (1992): 195-231.
17 L.R. Squire en P.J. Bayley, 'The Neuroscience of Remote Memory,' *Current Opinion in Neurobiology* 17 (2007): 185-96.
18 L. Nadel en M. Moscovitch, 'Memory Consolidation, Retrograde Amnesia and the Hippocampal Complex,' *Current Opinion Neurobiology* 7 (1997): 217-27; ook Moscovitch en Nadel, 'Consolidation and the Hippocampal Complex Revisited: In Defense of the Multiple-Trace Model,' *Current Opinion Neurobiology* 8 (1998): 297-300.
19 B. Milner, 'The Memory Defect in Bilateral Hippocampal Lesions,' *Psychiatric Research Reports of the American Psychiatric Association* 11 (1959): 43-58.
20 S. Steinvorth et al., 'Medial Temporal Lobe Structures Are Needed to Re-experience Remote Autobiographical Memories: Evidence from H.M. and W.R.,' *Neuropsychologia* 43 (2005): 479-96.
21 Ibid.; zie ook E.A. Kensinger en S. Corkin, 'Two Routes to Emotional Memory: Distinct Neural Processes for Valence and Arousal,' *Proceedings of the National Academy of Sciences* 101 (2004): 3310-15, online beschikbaar op www.pnas.org/content/101/9/3310.full.pdf+html (bekeken november 2012).
22 Steinvorth et al., 'Medial Temporal Lobe Structures.'
23 L.R. Squire, 'The Legacy of Patient H.M. for Neuroscience,' *Neuron* 61 (2009): 6-9, online beschikbaar op whoville.ucsd.edu/PDFs/444–Squire–Neuron–2009.pdf (bekeken november 2012); S. Corkin et al., 'H.M.'s Medial Temporal Lobe Lesion: Findings from MRI,' *Journal of Neuroscience* 17 (1997): 3964-79.
24 Steinvorth et al., 'Medial Temporal Lobe Structures Are Needed'; Nadel en Moscovitch, 'Memory Consolidation, Retrograde Amnesia, and the Hippocampal Complex.'
25 Y. Nir en G. Tononi, 'Dreaming and the Brain: From Phenomenology to Neurophysiology,' *Trends in Cognitive Sciences* 14 (2010): 88-100.
26 P. Maquet et al., 'Functional Neuroanatomy of Human Rapid-Eye-Movement Sleep and Dreaming,' *Nature* 383 (1996): 163-66.
27 D.L. Schacter et al., 'Episodic Simulation of Future Events: Concepts, Data, and Applications,' *Annals of the New York Academy of Sciences* 1124 (2008): 39-60.

11 Feiten kennen

1. E.A. Kensinger et al., 'Bilateral Medial Temporal Lobe Damage Does Not Affect Lexical or Grammatical Processing: Evidence from Amnesic Patient H.M.,' *Hippocampus* 11 (2001): 347-60.
2. J.R. Lackner, 'Observations on the Speech Processing Capabilities of an Amnesic Patient: Several Aspects of H.M.'s Language Function,' *Neuropsychologia* 12 (1974): 199-207.
3. D.G. MacKay et al., 'H.M. Revisited: Relations between Language Comprehension, Memory, and the Hippocampus System,' *Journal of Cognitive Neuroscience* 10 (1998): 377-94.
4. Kensinger et al., 'Bilateral Medial Temporal Lobe Damage Does Not Affect Lexical or Grammatical Processing.'
5. Ibid.
6. Ibid.
7. A.D. Friederici, 'The Brain Basis of Language Processing: From Structure to Function,' *Physiological Review* 92 (2011): 1357-92; C.J. Price, 'A Review and Synthesis of the First 20 Years of PET and fMRI Studies of Heard Speech, Spoken Language, and reading,' *Neuroimage* 62 (2012): 816-47.
8. D.C. Park en P. Reuter-Lorenz, 'The Adaptive Brain: Aging and Neurocognitive Scaffolding,' *Annual Review of Psychology* 60 (2009): 173-96.
9. Kensinger et al., 'Bilateral Medial Temporal Lobe Damage Does Not Affect Lexical or Grammatical Processing.'
10. E.K. Warrington en L. Weiskrantz, 'Amnesic Syndrome: Consolidation or Retrieval?,' *Nature* 228 (1970): 628-30; W.D. Marslen-Wilson en H.-L. Teuber, 'Memory for Remote Events in Anterograde Amnesia: Recognition of Public Figures from Newsphotographs,' *Neuropsychologia* 13 (1975): 353-64.
11. M. Kinsbourne en F. Wood, 'Short-Term Memory Processes and the Amnesic Syndrome,' in *Short-Term Memory*, eds. D. Deutsch et al. (San Diego, CA: Academic Press, 1975), 258-93; M. Kinsbourne, 'Brain Mechanisms and Memory,' *Human Neurobiology* 6 (1987): 81-92.
12. J.D. Gabrieli et al., 'The Impaired Learning of Semantic Knowledge Following Bilateral Medial Temporal-Lobe Resection,' *Brain Cognition* 7 (1988): 157-77.
13. Ibid.

14 F.B. Wood et al., 'The Episodic-Semantic Memory Distinction in Memory and Amnesia: Clinical and Experimental Observations,' in *Human Memory and Amnesia*, eds, L. S. Cermak (Hillsdale, NJ: Erlbaum, 1982), 167-94.
15 J.D. Gabrieli et al., 'The Impaired Learning of Semantic Knowledge.'
16 Ibid.
17 Ibid.
18 Ibid.
19 B.R. Postle en S. Corkin, 'Impaired Word-Stem Completion Priming but Intact Perceptual Identification Priming with Novel Words: Evidence from the Amnesic Patient H.M.,' *Neuropsychologia* 36 (1998): 421-40.
20 Ibid.
21 Ibid.
22 Ibid.
23 Ibid.
24 Ibid.
25 Ibid.
26 E. Tulving et al., 'Long-Lasting Perceptual Priming and Semantic Learning in Amnesia: A Case Experiment,' *Journal of Experimental Psychology: Human Learning and Memory* 17 (1991): 595-617; P.J. Bayley en L.R. Squire, 'Medial Temporal Lobe Amnesia: Gradual Acquisition of Factual Information by Nondeclarative Memory,' *Journal of Neuroscience* 22 (2002): 5741-8.
27 G.O'Kane et al., 'Evidence for Semantic Learning in Profound Amnesia: An Investigation with Patient H.M.,' *Hippocampus* 14 (2004); 417-25.
28 Ibid.
29 Ibid.
30 Ibid.
31 Ibid.
32 Ibid.
33 Ibid.
34 Ibid.
35 Ibid.
36 B.G. Skotko et al., 'Puzzling Thoughts for H.M.: Can New Semantic Information Be Anchored to Old Semantic Memories?,' *Neuropsychology* 18 (2004): 756-69.

37 Ibid.
38 Ibid.
39 F.C. Bartlett, Remembering: A Study in Experimental and Social Psychology (Cambridge: University Press, 1932).
40 D. Tse et al., 'Schemas and Memory Consolidation,' *Science* 316 (2007): 76-82.
41 Ibid.

12 Beroemder en ongezonder

1 W.B. Scoville en B. Milner, 'Loss of Recent Memory after Bilateral Hippocampal Lesions,' *Journal of Neurology, Neurosurgery, and Psychiatry* 20 (1957): 11-21.
2 D.H. Salat et al., 'Neuroimaging H.M.: A 10-Year Follow-up Examination,' *Hippocampus* 16 (2006): 936-45.
3 Onze hersenen herbergen miljarden afzonderlijke zenuwcellen of neuronen, waarvan al duizenden verschillende soorten zijn thuisgebracht en andere nog steeds onbekend zijn. Neuronen houden zich bezig met informatieverwerking – het ontvangen, geleiden en uitzenden van elektrische en chemische signalen. Het standaardneuron heeft een cellichaam, vele dendrieten en één axon die zich vertakt. De dendrieten ontvangen signalen van andere cellen en brengen ze over op het cellichaam, terwijl de axon vanuit het cellichaam weg seint om andere neuronen te activeren. Groepen zenuwcellichamen worden grijze stof genoemd, en verzamelingen axonen heten witte stof. De hersenschors bestaat uit grijze stof, terwijl de korte en lange vezelpaden die informatie van het ene gebied naar het andere laten stromen uit witte stof bestaan. Met MRI hebben we de effecten van hersenveroudering op zowel de grijze stof als de witte stof bij gezonde oudere mensen en bij Henry kunnen bestuderen. (E. Diaz, 'A Functional Genomics Guide to the Galaxy of Neuronal Cell Types,' *Nature Neuroscience* 9 (2006): 10-12; K. Sugino et al., 'Molecular Taxonomy of Major Neuronal Classes in the Adult Mouse Forebrain,' *Nature Neuroscience* 9 (2006): 99-107).
Bij sectie op oudere volwassenen die niet dement waren bleek dat de grijze stof in de schors met het toenemen van de leeftijd veel dunner

werd, maar de dikte van de schors had geen correlatie met de prestaties bij een cognitieve test waarbij de algehele geestelijke capaciteit van de persoon kort voor overlijden werd geschat. Deze bevinding wekte de indruk dat kenvermogen bij het ouder worden mogelijk meer samenhangt met het verlies van witte stof dan dat van grijze stof. Wat zou, als dat zo was, het gevolg zijn van de vernietiging van witte stof? Wanneer de witte stof intact is, gaat de overdracht van neurale informatie vlug en regelmatig, een rivier die snel stroomt zonder dat er obstakels zijn. Maar wanneer heel kleine structuren in de witte stof worden aangetast, raakt de rivier vol dammen, rotsblokken, bomen en een deels gezonken boot. De neurale overdracht wordt lastig en ondoelmatig, wat de neurale en cognitieve verwerking vertraagt. (S.H. Freeman et al., 'Preservation of Neuronal Number Despite Age-Related Cortical Brain Atrophy in Elderly Subjects without Alzheimer Disease,' *Journal of Neuropathology and Experimental Neurology* 67 (2008): 1205-12; T. A. Salthouse, 'The Processing-Speed Theory of Adult Age Differences in Cognition,' *Psychological Review* 103 (1996): 403-28).

Hoewel veranderingen in de witte stof in oudere hersenen meer in het oog lopen dan veranderingen in de grijze stof, was het tot voor kort moeilijk deze netwerken in de levende hersenen in kaart te brengen. Met een verbeterd type MRI, tractografie, kun je bij gezonde en zieke levende personen de ongeschondenheid van wittestofweefsel opmeten en in kaart brengen. Met dit instrument vonden onze medewerkers van het Mass General Martinos Center erosie van de witte stof, niet alleen bij oudere deelnemers maar ook bij mensen van middelbare leeftijd, wat onderstreept dat leeftijdgebonden neergang van het geheugen mogelijk ook al op middelbare leeftijd begint, zelfs bij volkomen gezonde mensen.

In 2008 stelden mijn lableden en ik twee sleutelvragen: worden witte stof en grijze stof op een andere manier geraakt door veroudering, en zijn metingen van cognitieve prestaties sterker met veranderingen in de witte stof dan met veranderingen in de grijze stof verbonden? We gebruikten geavanceerde MRI-technieken om overal in de hersenen van jonge en oudere deelnemers de dikte te bepalen van grijze stof en de subtiele veranderingen in de witte stof. De gegevens van de beelden boden informatie over de ongeschondenheid van hersengebieden die over drie soorten vermogens gingen: het episodische geheugen, het vertraagd terugroepen van woordenlijsten en verhalen; het semantische geheugen, dingen benoemen en woordenschat; en cognitieve regelprocessen – opletten, dominante reacties onderdrukken en doelen bereiken. In de cognitieve tests waren de jonge volwassenen beter dan oudere volwassenen op het gebied van het episodische geheugen en cognitieve regeling. Maar zoals je vaak ziet deden de oudere volwassenen het beter dan de jongeren bij de semantische geheugentaken, waarin hun algemene kennis van de wereld werd gemeten. Bij het ouder worden groeien onze woordenschat en informatievoorraad, en worden verfijnder.

Net als in vorige studies was gebeurd, ontdekten we dat gezonde veroudering gepaard gaat met verval van grijze en witte stof. Een nadere analyse van de MRI-beelden leidde tot nieuwe inzichten. Toen we deze metingen van hersenstructuren naast de cognitieve testresultaten van de oudere volwassenen legden, ontdekten we dat er geen verband bestond tussen de dikte van de hersenschors – de indicator voor grijze stof – en de prestaties bij de cognitieve test. Onze resultaten bevestigden juist de gissing dat schade aan de witte stof voor een groot deel verantwoordelijk is voor de cognitieve gebreken die gezond ouder worden kenmerken. We vonden regiospecifieke correlaties tussen cognitieve testscores en metingen van witte stof. Cognitieve regelprocessen hadden een correlatie met de intactheid van witte stof in de frontaalkwab, terwijl het episodische geheugen samenhing met de intactheid van witte stof in de temporaalkwab en de pariëtale kwab. Van ons experiment ging de belangrijke boodschap uit dat wetenschappers die het neurale fundament van cognitief verlies willen begrijpen niet alleen de grijze stof, maar ook de witte stof moeten onderzoeken. Deze suggestie is niet alleen van toepassing op experimenten over veroudering en verouderingskwalen, maar ook op onderzoek met deelnemers van alle leeftijden. (D.A. Ziegler et al., 'Cognition in Healthy Aging Is Related to Regional White Matter Integrity, but Not Cortical Thickness,' *Neurobiology of Aging* 31 (2010): 1912-26; D.H. Salat et al., 'Age- Related Alterations in White Matter Microstructure Measured by Diffusion Tensor Imaging,' *Neurobiology of Aging* 26 (2005): 1215-27.)

4 J.W. Rowe en R.L. Kahn, 'Human Aging: Usual and Successful,' *Science* 237 (1987): 143-9.
5 Salat et al., 'Neuroimaging H.M.'
6 Ibid.

13 Henry's erfenis

1 Ik was er lang van uitgegaan dat het essentieel was om bij het bestuderen van Henry's hersenen na zijn dood de schat aan informatie die zijn deelname aan onderzoek opleverde ten volle te gebruiken. Mijn standpunt over hersendonatie kwam deels voort uit het inzicht hoeveel waarde de informatie had die was verkregen door eerdere secties waarbij parkinson en alzheimer werden onderzocht. In 1960 verrichtte een neurowetenschapper van de universiteit van Wenen sectie op parkinsonpatiënten en ontdekte dat het dopaminepeil in hun hersenen beneden normaal lag. Deze belangrijke ontdekking was de aanzet voor behandelingen om de dopaminefunctie te vervangen en aldus de abnormale bewegingen die parkinson typeren te verminderen.
Bij alzheimer weten we alleen zeker dat een patiënt de ziekte had door bij sectie in de hersenen naar pathologische markers te zoeken. Zelfs in de vroege stadia van de ziekte zijn er een heleboel neurofibrillaire kluwens en amyloïde plaques, en is er aanzienlijke celsterfte.
Hersenen na de dood onderzoeken is ook informatief voor wetenschappers die cognitieve functies bij andere manifestaties van hersenschade bestuderen, hoewel sectie in zulke gevallen zeldzaam is. In dit boek heb ik benadrukt hoeveel we over de rollen van diverse hersencircuits hebben geleerd door het bestuderen van patiënten die het ongeluk hadden de functie in deze gebieden te verliezen. Henry was slechts één bijzonder voorbeeld. Bij ons meeste onderzoek slaan we een slag naar de daadwerkelijke hersenschade. Toen ik bijvoorbeeld hersenletsels bij oorlogsveteranen bestudeerde, moest ik de locatie en ernst van hun hersenlaesies af zien te leiden uit de wonden in hun schedels. Door recente beeldvormende technieken is het mogelijk geworden veel meer details van de hersenanatomie te zien, maar MRI is nog steeds niet volmaakt. De enige manier om hersenafwijkingen werkelijk te zien is om direct naar de hersenen te kijken, wat alleen na de dood mogelijk is. Post mortem studies van deze patiënten vertellen ons, vollediger en met meer details, welke hersenschade tot hun cognitieve gebreken leidde, en ze kunnen de wetenschap informeren over de rol van specifieke hersenstructuren bij het geheugen en andere vermogens.

2 'H.M., an Unforgettable Amnesiac, Dies at 82', www.nytimes.com/2008/12/05/us/05hm.html?pagewanted=all (bekeken december 2012).

Epiloog

1 Experimentele operaties worden uitgevoerd sinds de Oudheid en zijn de basis geweest van vele verbeteringen in de behandeling. Een opzienbarend voorbeeld uit de twintigste eeuw is chirurgie via natuurlijke openingen. Een aantal jaren geleden verwijderde een chirurg van Mass General de galblaas van een vrouw via haar vagina. Hoe onaangenaam het ook klinkt, dit soort chirurgie biedt diverse voordelen boven traditionele methodes. Deze verrichtingen vergen geen incisie omdat ze via een natuurlijke lichaamsopening verlopen – de mond, de anus, de vagina of de urinewegen. Zodoende laten ze geen litteken na en de hersteltijd is veel sneller – dagen in plaats van weken, in het geval van een galblaasverwijdering. Hoewel chirurgie via natuurlijke openingen veilig en effectief lijkt, kunnen we geen harde conclusies trekken over de experimenten, tot elke verrichting en de speciale nieuwe gereedschappen in klinische proeven zijn getest. Henry's experimentele operatie bood daarentegen andere chirurgen onmiddellijk een harde richtlijn – doe deze operatie nooit. Sacha Pfeiffer, 'You Want to Take My What Out of My Where? Hospitals Experiment with Orifice Surgery,' WBUR/NPR News, June 22, 2009, www.wbur.org/2009 /06/22/orifice-surgery (bekeken december 2012).
2 B. Milner en W. Penfield, 'The Effect of Hippocampal Lesions on Recent Memory,' *Transactions of the American Neurological Association* (1955-56): 42-48; W.B. Scoville, 'World Neurosurgery: A Personal History of a Surgical Specialty,' *International Surgery* 58 (1973): 526-35.
3 S. Tigaran et al., 'Evidence of Cardiac Ischemia during Seizures in Drug Refractory Epilepsy Patients,' *Neurology* 60 (2003): 492-95.

Illustratieverantwoording

1. Vier lobben van de hersenschors. Beschikbaar gesteld door André van der Kouwe, Jean Augustinack en Evelina Busa.
2a. Structuren van het mediale deel van de temporaalkwab. Beschikbaar gesteld door André van der Kouwe, Jean Augustinack en Evelina Busa.
2b. Hippocampus, entorinale cortex en perirhinale cortex. Beschikbaar gesteld door André van der Kouwe, Jean Augustinack en Evelina Busa.
3. Henry's MRI. S. Corkin et al., 'H.M.'s Medial Temporal Lobe Lesion: Findings from Magnetic Resonance Imaging,' *Journal of Neuroscience* 17 (1997): 3964 – 79.
4. Mooney Face Test. B. Milner et al., 'Further Analysis of the Hippocampal Amnesic Syndrome: 14-Year Follow-up Study of H.M,' *Neuropsychologia* 6 (1968): 215-34.
5a. Visuele stapsteen doolhof. B. Milner et al., 'Further Analysis of the Hippocampal Amnesic Syndrome: 14-Year Follow-up Study of H.M,' *Neuropsychologia* 6 (1968): 215-34.
5b. Tactiele-stylusdoolhof.
6. Vind-je-wegtaak.
7. Limbisch systeem. Deze afbeelding is geproduceerd door de regering van de V.S. (NIH) en valt onder het publieke domein.
8. Een karakteristiek neuron. L. Heimer, *The Human Brain and Spinal Cord: Functional Neuroanatomy and Dissection Guide* (New York: Springer-Verlag, 1983). Met toestemming van Springer Science+Business Media.
9. De spiegeltest.
10. De *rotor-pursuit*-test.
11. De *bimanual tracking*-taak.
12. De *tapping*-test.

13. *Sequence-learning*-taak.
14. De reiktaak.
15. Basale ganglia. Afbeelding van John Henkel, als auteur in dienst bij de Food and Drug Administration, via Wikimedia Commons.
16. Oogknipperconditioneringsproef. Beschikbaar gesteld door Diana Woodruff-Pak.
17. Gollin Test. B. Milner et al., 'Further Analysis of the Hippocampal Amnesic Syndrome: 14-Year Follow-up Study of H.M,' *Neuropsychologia* 6 (1968): 215-34.
18. Patroon-priming. J. D. Gabrieli et al., 'Intact Priming of Patterns Despite Impaired Memory,' *Neuropsychologia* 28 (1990): 417-27.
19a. Brenda Milner. Foto beschikbaar gesteld door Neuro Media Services.
19b. William Beecher Scoville.
20. Henry op vijfjarige leeftijd.
21. Henry de dierenvriend.
22. Henry voor zijn operatie.
23. Henry, 1958.
24. Henry met zijn ouders.
25. Henry, 1975.
26. Henry is klaar voor een test bij MIT. Foto Jenni Ogden, 1986.
27. Henry in het Bickford Health Care Center.
28. Henry's tekening van de plattegrond van zijn huis. S. Corkin, 'What's New with the Amnesic Patient H.M.?' *Nature Reviews Neuroscience* 3 (2002): 153-160.
29. Henry's lepel.

Woord van dank

Henry Gustave Molaison was meer dan vijftig jaar het onderwerp van breed opgezette experimentele aandacht. Dit onderzoek begon in 1955 in Brenda Milners laboratorium aan het Montreal Neurological Institute en verplaatste zich in 1966 naar MIT. Vanaf 1966 tot 2008 hadden 122 artsen en wetenschappers de gelegenheid Henry te bestuderen, als leden van mijn lab of als onze medewerkers aan andere instellingen. We begrijpen allemaal wat een zeldzaam geschenk het was met hem te werken, en we voelen diepe dankbaarheid voor zijn toewijding aan het onderzoek. Hij leerde ons een heleboel over de cognitieve en neurale inrichting van het geheugen. Het in dit boek beschreven onderzoek met Henry berust op deze vijftig jaar studie.

Tijdens Henry's vijftig bezoeken aan het MIT Clinical Research Center kreeg hij een VIP-behandeling van vele verpleegsters en van de dienst voeding, geleid door Rita Tsay; zij verdienen veel lof voor de geweldige zorg die ze hem gaven. De laatste 28 jaar van zijn leven woonde Henry in het Bickford Health Care Center waar hij met liefde werd verzorgd. Uitgebreide informatie over Henry's activiteiten kwam van personeelsleden van Bickford, en hun berichten verrijkten mijn weergave van zijn verhaal aanzienlijk. Elke keer wanneer ik het kleinste vraagje over Henry had, kwam Eileen Shanahan met een antwoord, en ik bedank haar daarvoor. Meredith Brown deed geweldig werk door 28 jaar bijzonderheden in Henry's dossiers uit te zoeken en de belangrijkste punten samen te vatten.

Mijn dank voor essentiële suggesties en correcties gaat naar Paymon Ashourian, Jean Augustinack, Carol Barnes, Sam Cooke, Damon Corkin, Leyla de Toledo-Morrell, Howard Eichenbaum, Guoping Feng, Matthew Frosch, Jackie Ganem, Isabel Gautier, Maggie Keane, Elizabeth Kensinger, Mark Mapstone, Bruce McNaughton, Chris Moore, Richard Morris, Peter Mortimer, Morris Moscovitch, Lynn Nadel, Ross Pastel, Russel Patterson, Brad Postle, Molly Potter, Nick Rosen, Peter Schiller, Reza Shadmehr,

Brian Skotko, André van der Kouwe, Matt Wilson en David Ziegler. Hun scherpe geesten gaven me briljante en openhartige feedback, waardoor het boek sterk is verbeterd.

Ik heb enorm veel gehad aan stimulerende discussies met collega's uit de neurowetenschap die zo vriendelijk waren me hun ideeën over het belang van Henry's bijdragen en de toekomstige richting van het geheugenonderzoek vast te laten leggen. Ik was van plan deze opwindende stof in hoofdstuk 14 te verwerken, maar jammer genoeg kwam het uiteindelijk op de vloer van de montagekamer terecht. Desondanks ben ik dankbaarheid verschuldigd aan Carol Barnes, Mark Bear, Ed Boyden, Emery Brown, Martha Constantine-Paton, Bob Desimone, Michale Fee, Guoping Feng, Mickey Goldberg, Alan Jasanoff, Yingxi Lin, Troy Littleton, Carlos Lois, Earl Miller, Peter Milner, Mortimer Mishkin, Chris Moore, Richard Morris, Morris Moscovitch, Ken Moya, Elisabeth Murray, Elly Nedivi, Russel Patterson, Tommy Poggio, Terry Sejnowski, Sebastian Seung, Mike Shadlen, Carla Shatz, Edie Sullivan, Mriganka Sur, Locky Taylor, Li-Huei Tsai, Chris Walsh en Matt Wilson. Ik dank Leya Booth voor de snelle en zorgvuldige transcriptie van deze gesprekken.

Nuttige historische informatie kwam uit gesprekken en mails met Brenda Milner, Bill Feindel en Sandra McPherson van het Montreal Neurological Institute, en Marilyn Jonesgotman deelde gul haar interview met Henry uit 1977. Alan Baddeley, Jean Gotman, Jake Kennedy, Ronald Lesser, Yvette Wong Penn, Arthur Reber en Anthony Wagner droegen inzichten bij over cognitieve en neurale processen die met het geheugen samenhangen. Myriam Hyman stelde haar grote kennis van het antieke Grieks beschikbaar, terwijl Emilio Bizzi me onderrichtte over hersenchirurgie en Larry Squire me adviseerde over terminologie. Edie Sullivan hielp me bij het reconstrueren van de testprotocollen die we in de jaren tachtig bedachten en met Henry uitvoerden, en Mary Foley en Larry Wald hielpen bij het documenteren van de activiteiten van de heroïsche nacht na Henry's dood.

Voor het verschaffen van informatie over oriëntatiepunten in Hartford dank ik Brenda Milner, hoofd van het Hartford History Center en curator van de Hartford-verzameling in de Hartford Public Library, en Bill Faude, projecthistoricus van het Hartford History Center van de Hartford Public Library. In de wetenschapsbibliotheek van MIT was Peter Norman behulpzaam bij ons onderzoek. Ik kreeg een nuttige analyse van Henry's memorabele vliegtochtje van Sandra Martin McDonough, pilote en vlieginstructrice. Helen en Bob Sak, en Gyorgy Buzsaki waren zo vriendelijk me hun besprekingen te sturen van het 'off-Broadway'-toneelstuk over Henry.

Voor hun hulp bij de afbeeldingen en foto's dank ik Henry's curator, de heer M., Robert Ajemian, Jean Augustinack, Evelina Busa, Henry Hall, Sarah Holt, producente van NOVA/PBS & Holt Productions, Bettiann McKay, Alex McWhinnie, Laura Pistorino, David Salat, André van der Kouwe, Victoria Vega en Diana Woodruff-Pak.

Diverse mensen hebben me langdurig vergezeld en verdienen een bijzondere vermelding. Bettiann McKay is mijn administratieve assistente, en wat belangrijker is mijn vriendin en reddingslijn. Met haar bijdragen aan mijn werk zou nog een boek van deze omvang zijn te vullen. Laat het volstaan om te zeggen dat ze er altijd was om alle mogelijke hulp te geven wanneer ik die nodig had, en ik zal altijd dankbaar zijn vanwege haar gulheid. John Growdon, meer dan dertig jaar mijn collega, gaf me wijs advies, vanaf mijn eerste idee voor dit boek tot en met de laatste versie ervan. Een heleboel dank komt ook Kathleen Lynch toe, een geweldige redactrice die elk hoofdstuk meer dan eens las en me fijngevoelig commentaar gaf en ook advies over alle aspecten van het publiceren.

Vele vrienden moedigden me aan. Tijdens gedenkwaardige etentjes hielp Lisa Scoville Dittrich me onze bevoorrechte jeugd terug te roepen. Mijn vroegere studenten en postdocs gaven hun enthousiaste steun, evenals vele anderen, onder wie Edna Baginsky, Carol Christ, Holiday Smith Houck, David Margolis, Kerry Tribe en Steve Pinker. Welkome inspiratie kwam ook van Susan Safford Andrews, Bobbi Topor Butler, Becky Crane Rafferty, Nancy Austin Reed en Pat McEnroe Reno in Connecticut; van Doris, Jean-Claude en Karine Welter in Parijs; en van mijn fantastische buren van Pier 7 in de Navy Yard. Mijn hartelijkste dank ook voor mijn jaargenoten op Smith College die altijd een wonderbaarlijke bron van steun waren.

Het verheugt me mijn mede faculteitsleden te groeten van de afdeling Hersen- en Cognitieve Wetenschappen van MIT. Ik heb erg veel gehad aan de tientallen jaren contacten met hen, en ik ben opgewonden en geïnspireerd door hun bijzondere werk. Ik wil ook de geweldige gevorderde studenten en postdocs op onze afdeling bedanken die snel en opgewekt reageerden op mijn mailtjes waarin ik allerlei informatie vroeg die niets met wetenschap had te maken.

Een liefdevol dank jullie wel gaat uit naar mijn kinderen, Zachary Corkin, Jocelyn Corkin Mortimer en Damon Corkin vanwege hun liefde, aanmoediging en lof – en omdat ze me bescheiden hielden. Zij en hun gezinnen zijn een bron van energie en genot. Een van de grote vreugdes bij het schrijven van dit boek was de ontdekking dat Jocelyn een geweldige redactrice is. Ze las zeer nauwgezet vele versies en vond talloze fouten die anderen waren ontgaan. Haar bijdragen hebben het weergeven van Henry's verhaal enorm verbeterd, en ik dank haar zeer oprecht. Ik stel ook bijzonder de eindeloze interesse en het eindeloze enthousiasme van andere familieleden op prijs – Jane Corkin, Donald Corkin, en Patricia en Jake Kennedy en hun gezin.

Ik prijs me gelukkig de steun te hebben gehad van Wyley Agency bij het vervullen van mijn droom dit boek te schrijven. De zeer professionele en getalenteerde stafleden voeren hun diverse verantwoordelijkheden op een indrukwekkende manier uit. Vooral wil ik dank zeggen aan Andrew Wylie, Scott Moyers, Rebecca Nagel en Kristina Moore, het zijn bijzondere mensen om mee te werken.

Bij Perseus Books kreeg ik zeer noodzakelijke redactionele en productionele steun van Lara Heimert, Ben Reynolds, Chris Granville, Katy O'Donnell en Rachel King. Ik ben hun dankbaar voor hun scherpzinnigheid en geduld, evenals voor hun bereidheid ondergedompeld te raken in het leven van Henry Molaison en de neurowetenschap van het geheugen.

Register

Altman, Larry 335
Annese, Jacopo 325, 332-333, 335-339
Atkinson, Richard 91-92, 171

Baddeley, Alan 92-93
Ballantine, H. Thomas 44
Bartlett, Sir Frederic 59, 297
Berger, Hans 26
Bickford, Ken 235
Bickford, Rose 235
Blasko, Lucille Taylor 29
Brown, John 84
Buckler, Arthur 124-125, 134
Bullemer, Peter 190, 207
Burckhardt, Gottlieb 39

Carey, Benedict J. 335, 339
Churchland, Patricia 339
Churchland, Paul 339
Claparède, Édouard 179
Cohen, Jonathan 94
Cohen, Neal 250
Cone, William V. 56-57
Craik, Fergus 140
Cushing, Harvey Williams 24, 53

Dean, John 136, 289
D'Esposito, Mark 93

Dittrich, Luke 66

Eichenbaum, Howard 104-105
Ekman, Paul 129

Fischer, Liselotte 34, 71-72
Foerster, Otfrid 25, 55-56
Foley, Mary 328
Freeman, Walter 38, 42-45
Frosch, Matthew 316-318, 325, 333-336

Galanter, Eugene 90-91
Gibbs, Frederic 26
Goddard, Harvey Burton 31
Grass, Albert 26
Gregg, Alan 58

Haylett, Howard Buckley 33
Hebb, Donald O. 59, 74-75, 77, 154
Herrick, Lillian 230-236, 251, 304-305, 317-343
Hilts, Philip 11, 303
Hitch, Graham 92
Horsley, Victor 24

Jackson, John Hughlings 24
James, William 73

Jasper, Herbert 25, 27, 60-61
Johnson, Duncan 29
Jonides, John 93
Juola, James 171

Kandel, Eric R. 75-77, 157
Kendrick jr., John F. 63
Kennedy, Joseph 37-38
Kennedy, Rosemary 37-38, 43
Kesey, Ken 37
Kouwe, André van der 327, 331, 333
Krause, Fedor 24

Lennox, William Gordon 26
Lima, Almeida 41-42
Lockhart, Robert 140
Lømo, Terje 155

MacLean, Paul 49
Mandler, George 172
Mathieson, Gordon 61
McKay, Bettiann 325-327, 346
Miller, Earl K. 94
Miller, George A. 90-91, 137
Milner, Brenda 10, 52, 59-60, 62-68, 72, 77-78, 80, 82-83, 86-87, 91, 97, 106, 111-112, 118, 127, 138, 152-153, 179-183, 185, 189, 204, 215-216, 245, 256, 301, 334, 341, 344, 351
Molaison, Elizabeth McEvitt (moeder) 17-23, 30-32, 34-35, 50-52, 68, 70, 95, 112-113, 120-121, 123-129, 134, 136, 181, 183, 212, 230-232, 234-236, 239, 246, 249, 251-253, 259, 261, 288, 305, 307, 344, 346, 348
Molaison, Gustave Henry (vader) 17-23, 29, 30-32, 34-35, 50-52, 70, 72, 112-113, 120, 123-124, 128, 133-134, 183, 230-231, 235-236, 249-252, 256, 259, 261, 305, 344, 346, 347
Molaison, Henry *passim*
Moniz, António Egas 39-44
Morris, Richard 156-157, 302
Moscovitch, Morris 254
Müller, Georg Elias 147-149, 168, 253
Murray, Bob 30
Murray, George 133-134
Mussa-Ivaldi, Ferdinando 196

Nadel, Lynn 254
Nissen, Mary Jo 190-191, 207

Ogden, Jenni 238
Osler, William 53

Papez, James 49
Pavlov, Ivan 210
Penfield, Wilder 25, 47, 52-61, 63-64, 66, 68, 74, 87, 185, 348
Peterson, Lloyd 84
Peterson, Margaret 84
Pilzecker, Alfons 147-149, 168, 253
Postle, Bradley 93
Pribram, Karl H. 90-91
Prisko, Lilli 78-80
Puusepp, Ludvig 39

Quinlan, Jack 29

Ramachandran, Vilayanur S. 339
Ramón y Cajal, Santiago 74, 154
Resnick, Susan 331
Ricci, Matteo 143
Río-Hortega, Pío del 54
Ryle, Gilbert 187

Salat, David 329
Schiller, Peter 106
Scoville, William Beecher 9-10, 25, 27, 31-38, 46-51, 59, 63-66, 68, 71, 81-82, 98, 101, 108, 120, 127, 138, 153, 179, 185, 237, 243, 245-246, 301, 309, 333, 341, 347-349, 352
Serkin, Peter 186
Shadmehr, Reza 196, 199-200
Shannon, Claude 136-137
Sherrington, Charles Scott 53
Shiffrin, Richard 91-92
Squire, Larry 253, 261, 339

Steinvorth, Sarah 256-260, 345
Stevens, Allison 327, 336
Sullivan, Edith 288

Teuber, Christopher 127, 130
Teuber, Hans-Lukas 103, 120, 126-132, 278, 301
Théodule, Marie-Laure 346
Tonegawa, Susumu 157
Tribe, Kerry 346
Tulving, Endel 251, 254

Vanda 346

Watts, James 38, 42-43
White, Larry 328
Wiener, Norbert 90
Wilson, Matthew 160-163

Zangwill, Oliver 59